nuevos DESTINOS

nuevos DESTINOS

Spanish in Review

Cynthia B. Medina
York College of Pennsylvania

Contributing writers: Carlos Enrique Ibarra Cantú,
University of Tennessee, Knoxville
Norma Rivera-Hernández, Millersville University

Boston   Burr Ridge, IL   Dubuque, IA   Madison, WI   New York   San Francisco   St. Louis
Bangkok   Bogotá   Caracas   Kuala Lumpur   Lisbon   London   Madrid   Mexico City
Milan   Montreal   New Delhi   Santiago   Seoul   Singapore   Sydney   Taipei   Toronto

DEDICATORIA

To all of my students past, present, and future.

CBM

McGraw-Hill

A Division of The McGraw·Hill Companies

This is an ⎡B⎤ book.

Nuevos Destinos
Spanish in Review

1 2 3 4 5 6 7 8 9 0 WCK / WCK 0 9 8 7 6 5 4 3 2

ISBN 0-07-249259-7 (Student Edition)
ISBN 0-07-249314-3 (Instructor's Edition)

Editor-in-Chief: Thalia Dorwick
Publisher: William R. Glass
Sponsoring editor: Christa Harris
Development editor: Pennie Nichols-Alem
Sr. marketing manager: Nick Agnew
Project manager: Roger Geissler
Production supervisor: Rich DeVitto
Interior and cover designer: Violeta Diaz
Art editor: Holly Rudelitsch
Editorial assistant: Jennifer Chow
Compositor: TechBooks
Typeface: Sabon
Printer: Quebecor-World Color

Grateful acknowledgment is made for use of the following:

Readings: *Page 48* Reprinted with permission of Ernesto Padilla; *93* Reprinted with permission of the heirs of Antonio Machado; *93* Reprinted with permission of the heirs of Juan Ramón Jiménez; *138* Julio Cortázar, 1956, y Herederos Julio Cortázar; *180* Editorial Losada S. A., Buenos Aires, 1998. Used by permission; *181* Editorial Losada S. A., Buenos Aires, 1998. Used by permission, *221* "Me gustas cuando callas" from *Veinte poemas de amor y una canción desesperada* by Pablo Neruda, © Pablo Neruda, 1924, y Fundación Pablo Neruda, *222* "Puedo escribir los versos más tristes esta noche" from *Veinte poemas de amor y una canción desesperada* by Pablo Neruda, © Pablo Neruda, y Fundación Pablo Neruda; *262* Reprinted with permission of Elena Poniatowska; *299* "En paz" by Amado Nervo from *Elevación* (Buenos Aires: Espasa-Calpe, 1942).

Realia *Page 69* © Quino/Quipos; *133* © Quino/Quipos; *306* © Gibson Greetings, Inc. Reprinted with permission of Gibson Greetings, Inc., Cincinnati, Ohio 45237. All rights reserved.

Photographs: *Page 10* Badische Landesbibliothek; *32* Robert Fried/Stock Boston; © Jack Messler/D. Donne Bryant Stock; *82* © Anna Clopet/CORBIS; *104* Bettmann/Corbis; *105* © Mercury Press; *127* © Robbie Jack/CORBIS; *128* © Stuart Cohen/The Image Works; *170* © James Marshall/ CORBIS; *171* © Paul Rodriguez–Latin Focus.com; *192* Reuters/Corbis–Bettmann; *233* © Bettmann/ CORBIS; *252* Annie Griffiths Belt/CORBIS; *273* © ULRIKE WELSCH; *290* Charlie Johnson/ D. Donne Bryant Stock; *309* © Liba Taylor/CORBIS; *310* © Reuters New Media Inc./CORBIS.

http://www.mhhe.com

Tabla de materias

Prefacio xii

Capítulo preliminar 1

Enfoque léxico

¡Hola! 4
En el salón de clase 7
¿Cuál se usa? Tiempo, hora, vez; pedir, preguntar, hacer preguntas 9

Enfoque estructural

P.1   Los sustantivos y los artículos: Género y número 13
P.2   Los adjetivos descriptivos 15
P.3   Los adjetivos posesivos 18
P.4   Los pronombres personales; el tiempo presente de los verbos regulares; la negación 19

Cultura

Nota cultural: ¿Qué hay en un nombre? 12
Enfoque cultural: El origen y la extensión del español 10

Para terminar: Actividad final

Vamos a conocernos mejor 23

v

Comunicación

	Enfoque léxico	Enfoque estructural
Capítulo 1 **Dos abogadas** 25	Las actividades diarias 28 ¿Cuál se usa? Presentar, introducir; jugar, tocar, poner 31	1.1 El presente de indicativo de los verbos de cambio radical y de los verbos irregulares 34 1.2 Los verbos reflexivos 39 1.3 Para expresar gustos 42 1.4 Para hablar del futuro inmediato: **ir**; **ir** + **a** + el infinitivo 44
Capítulo 2 **Encuentros** 51	La familia 54 ¿Cuál se usa? Saber, conocer; buscar, mirar, parecer 58	2.1 ¿**Ser** o **estar**? 60 2.2 Adjetivos y pronombres demostrativos 63 2.3 Los complementos directos; la **a** personal 66 2.4 Los comparativos y superlativos 68
Capítulo 3 **El viaje comienza** 73	El trabajo 77 ¿Cuál se usa? Asistir a, atender; llegar a ser, hacerse, ponerse, volverse 80	3.1 Hablando del pasado usando el pretérito 83 3.2 **Hace** con expresiones de tiempo 86 3.3 Usos de **por** y **para** 88
Capítulo 4 **Datos importantes** 95	La vida en casa 99 ¿Cuál se usa? Cambiar de, mudarse, mover; arriba, arriba de; abajo, abajo de 102	4.1 Más acciones reflexivas 106 4.2 Más verbos irregulares en el pretérito 108 4.3 Otra manera de expresar la posesión: Las formas tónicas de los posesivos 111
Capítulo 5 **Más datos** 117	La comida 122 ¿Cuál se usa? Caliente, calor, picante; agregar, añadir, aumentar, sumar 125	5.1 Los complementos indirectos 128 5.2 **Gustar** y otros verbos similares 131 5.3 Dos usos de **se**: El «**se** impersonal» y la voz pasiva con **se** 134

Cultura

Para terminar

Actividades finales

Nota cultural: El martes trece   43
Enfoque cultural: Los hispanos en los Estados Unidos   32

Los estereotipos   45

Lectura 1: «Ohming Instick», por Ernesto Padilla   48

Nota cultural: Los apellidos   56
Enfoque cultural: La familia hispana   59

Mi árbol geneológico   71

Nota cultural: La «educación» en los países
 hispánicos   80
Enfoque cultural: Pedro Almodóvar   81

Escogiendo una carrera   90

Lectura 2: «XXIX», por Antonio Machado; **«El viaje definitivo»**, por Juan Ramón Jiménez   92

Nota cultural: La vida en casa   103
**Enfoque cultural: La sociedad española después de
 Franco**   104

Un evento importante de mi
vida   114

Nota cultural: ¡A comer en la Argentina!   126
Nota cultural: El voseo   133
Enfoque cultural: La Argentina   126

Una receta   136

Lectura 3: «Continuidad de los parques», por Julio
 Cortázar   137

Comunicación

	Enfoque léxico	**Enfoque estructural**
Capítulo 6 **La búsqueda** 141	¿Qué hay en tu ciudad o pueblo? 146 ¿Cuál se usa? Mismo, igual (que), parecido, similar, semejante; realizar, darse cuenta (de) 148	6.1 Hablando del pasado usando el imperfecto 152 6.2 Acciones en el presente y el pasado usando los tiempos progresivos 155 6.3 Expresiones con **tener** 158
Capítulo 7 **Consejos** 161	En el extranjero 165 ¿Cuál se usa? Todavía, todavía no, ya, ya no 168	7.1 Hablando del pasado usando el pretérito y el imperfecto 172 7.2 Usos de **ser** y **estar** con el participio pasado 176
Capítulo 8 **Malas noticias** 183	El mundo del trabajo 188 ¿Cuál se usa? Pero, sino, sino que; mucho, muy 190	8.1 Hablando del pasado: Los tiempos perfectos 193 8.2 Usando dos pronombres en la misma oración 196
Capítulo 9 **¡Imposible!** 201	De compras 205 ¿Cuál se usa? Extrañar, echar de menos, faltar, perder; debido a, a causa de, porque, como 208	9.1 Pidiendo algo en forma directa: Los mandatos formales 211 9.2 El presente de subjuntivo con expresiones impersonales 214
Capítulo 10 **Pistas** 225	Los buenos modales 229 ¿Cuál se usa? Apoyar, mantener, soportar, aguantar; tratar de, probar, probarse 231	10.1 Expresando deseos, emociones y dudas con el presente de subjuntivo 234 10.2 Pidiendo algo en forma directa: Los mandatos informales 238

Cultura

Para terminar

Actividades finales

Nota cultural: La vida en la calle   147
Enfoque cultural: Tres culturas andinas en el mundo contemporáneo   149

Una presentación de un lugar   159

Nota cultural: El transporte en México y España   166
Enfoque cultural: Venezuela y Colombia   169

Un viaje inolvidable   178

Lectura 4: «Cuadrados y ángulos» y «Peso ancestral», por Alfonsina Storni   180

Nota cultural: Los títulos en el mundo de los negocios   189
Enfoque cultural: La evolución de la mujer en la sociedad   191

Mi currículum vitae   198

Nota cultural: El supermercado en el mundo hispánico   206
Nota cultural: El regateo   208
Enfoque cultural: Puerto Rico   210

En mi propia tienda   219

Lectura 5: «Me gustas cuando callas» y «Puedo escribir los versos más tristes esta noche», por Pablo Neruda   220

Nota cultural: ¿Términos de cariño?   230
Enfoque cultural: Cuba   232

Consejos   241

Comunicación

	Enfoque léxico	Enfoque estructural
Capítulo 11 **Entre** **hermanos** 243	El mundo de hoy 248 ¿Cuál se usa? Ahorrar, guardar, salvar; gastar, pasar, aprobar 251	11.1 El presente de subjuntivo con conjunciones de propósito o condición 255 11.2 El presente de subjuntivo para referirse a lo indefinido o inexistente 257
Capítulo 12 **Asuntos de** **familia** 265	Preocupaciones comunes 269 ¿Cuál se usa? Fallar, fracasar, reprobar; lograr, tener éxito, suceder 271	12.1 El presente de subjuntivo para expresar acciones en el futuro 275 12.2 El presente perfecto de subjuntivo 277
Capítulo 13 **Medidas** **drásticas** 281	Actividades y pasatiempos 285 ¿Cuál se usa? *Words that change meaning according to gender* 287	13.1 Hablando del futuro 291 13.2 Expresando lo que harías: El condicional 293
Capítulo 14 **Voces del** **pasado** 301	Celebraciones y tradiciones 305 ¿Cuál se usa? Actual, actualmente, en realidad, verdadero; fingir, pretender 308	14.1 El imperfecto de subjuntivo; situaciones hipotéticas 311 14.2 Expresando lo que habría pasado: El condicional perfecto 314
Capítulo 15 **Pasado, Presente,** **Futuro** 317	¿Cuál se usa? Tomar, llevar; venir, ir; importar, cuidar 322	

Apéndice 1 **Tabla de verbos** A-1
Apéndice 2 **Índice de personajes** A-7
Vocabulario español-inglés A-10
Índice A-36
Sobre la autora A-39

Cultura

Para terminar

Actividades finales

Nota cultural: La Llorona   247
**Enfoque cultural: La frontera entre México y los Estados
   Unidos**   252

Problemas medioambientales y
sociales   259

Lectura 6: «El recado», por Elena Poniatowska   261

Nota cultural: Ayer y hoy: Las relaciones interpersonales en
   el mundo hispánico   272
**Enfoque cultural: La amistad, el noviazgo y el
   matrimonio**   272

Las relaciones
interpersonales   279

Nota cultural: El tiempo libre   286
Enfoque cultural: La civilización azteca   289

¿Qué harías?   296

Lectura 7: «En paz», por Amado Nervo   299

Nota cultural: Otras fiestas hispánicas   307
**Enfoque cultural: Más sobre las celebraciones
   hispánicas**   309

La evolución de las
tradiciones   316

Pasado, presente, futuro   324

Prefacio

Nuevos Destinos: Cinco años después

Flashback Five Years Ago: Five years ago, the aging Mexican industrialist Fernando Castillo hired Raquel Rodríguez—a skilled lawyer—to investigate a case involving claims made about his past in Spain. After accepting the case, Raquel traveled to Spain where she began her search for a woman who had written a letter to don Fernando, a letter that prompted don Fernando to reveal a secret to his family that he had kept for more than 50 years. What was the secret? And what effect would it have on him and his family at this point in his life? Thus began the adventure for Raquel, whose investigative skills ultimately led her to Argentina, Puerto Rico, and Mexico, in search of the truth. Of course, along the way there were also some intriguing developments in her personal life . . .

This journey was the basis for the highly successful *Destinos* Spanish series, which premiered in 1992. This 52-episode series with accompanying print materials has since introduced thousands of students of Spanish to a unique language learning experience, rich in cultural diversity and compelling human stories. In fact, viewers have become so involved with the story of Raquel and the Castillo family that they wonder what has happened to these characters in the meantime.

Flashforward to the Present: After successfully solving the Castillo family mystery, Raquel returned to her law practice in Los Angeles. Five years have now passed, during which time Raquel has had little contact with the Castillos. This changes, however, when she receives a letter from Ramón Castillo, the son of don Fernando. Ramón has written to inform Raquel of the death of his uncle Pedro, don Fernando's brother. Lucía Hinojosa, a young lawyer from Mexico, has been hired to handle the estate. Ramón has requested that Raquel assist Lucía in any way that she can. Gladly offering her services, Raquel looks forward to meeting Lucía.

So begins another adventure for Raquel Rodríguez, the adventure of *Nuevos Destinos*. In this new four-hour video series, Raquel and Lucía endeavor to unravel numerous legal complications involving the Castillo family and the family estate, La Gavia. Important to the new case, however, are details from Raquel's original investigation. Thus, as the new mystery unfolds, students view a summarized version of the original *Destinos* story and learn what has happened to many of the original characters.

As with the original *Destinos* series, *Nuevos Destinos* provides students a unique video-based language learning experience. The print materials serve to support viewing and discussion of the video, provide cultural content, review vocabulary and grammar, and further develop reading and writing skills in Spanish.

Flexibility: Using *Nuevos Destinos* in Two Different Courses

The *Nuevos Destinos* video provides the foundation for a new Spanish program. It is accompanied by a core student textbook and two separate student manuals that make the text appropriate for two different courses: 1) an intensive or high beginner course and 2) an intermediate grammar review course. Certain features of the textbook, in conjunction with the two separate student manuals, give the *Nuevos Destinos* program the flexibility necessary to serve these two different courses. Information about the print materials—and how these provide flexibility for use in different courses—is provided here.

The Student Textbook

Comprised of a preliminary chapter and 15 regular chapters that correspond to the 15 video episodes, the Textbook offers a comprehensive *review* of vocabulary and major grammatical structures found in most beginning Spanish texts. Activities are appropriately challenging for all students who have a basic foundation in Spanish (i.e., approximately two years of high school Spanish or one year of college Spanish). Additionally, many activities contain a feature (**¡Un desafío!**) that challenges the more advanced students. Although intended for use by instructors who are using *Nuevos Destinos* in an intermediate review course, the **¡Un desafío!** feature can also be used in intensive or high beginner courses if deemed appropriate by the instructor.

Chapter Structure

- The **Metas** section of the chapter opening page provides a brief summary of the video story line (**La trama**) and also identifies the communicative and cultural objectives (**Comunicación, Cultura**) of the chapter.
- **El vídeo** contains pre- and post-viewing video activities that focus on the story line. The inclusion of a unique feature called **Hace cinco años** helps students distinguish between the original story and the new story.
- The **Enfoque léxico** section contains the chapter's theme vocabulary and vocabulary-based activities. In **Vocabulario del tema**, students are presented with vocabulary lists, often accompanied by visuals. Focused vocabulary practice activities follow. Some chapters also have an **Ampliación léxica** feature that contains additional vocabulary items as well as useful information about vocabulary usage. In **¿Cuál se usa?**, students will also review and practice words that are often problematic for English-speaking learners of Spanish, such as **tomar/llevar**. The brief **Nota cultural** boxes are often found in the **Enfoque léxico** sections. These features present useful information about daily life, customs and celebrations, society, and similar topics related to the Spanish-speaking world.
- The **Enfoque cultural** section presents cultural information about the Spanish-speaking world, generally focusing on prominent figures, major regions, and historical and cultural facts. These engaging passages are followed by activities that assess students' comprehension of the cultural information and/or help them make comparisons and contrasts with their own cultural background.
- Grammar points are presented in **Enfoque estructural** sections. Characterized by clear, concise explanations, each grammar point is followed by a set of practice activities that include both structured and open-ended material. The grammar points are numbered consecutively within each chapter and are reflected as such in the **Metas** section of each chapter opener (for example, **P.1** is **Capítulo preliminar**, grammar point one; **4.2** is the second grammar point in **Capítulo 4,** and so forth).
- Each chapter ends with **Para terminar: Actividad final,** a culminating activity that ties together the chapter theme, vocabulary, and grammar presented in the chapter.
- Authentic literary selections (**Lectura**) are presented after every other chapter, beginning with **Capítulo 1.** These selections serve to introduce students to some of the important literary works of the Spanish-speaking world while also helping to improve their reading skills in Spanish.

Changes to the Second Edition

- Many of the **Enfoque cultural** readings in the Textbook have been revised or completely rewritten. New readings include such high-interest cultural topics as life in Spain after Franco, courtship and wedding traditions of Spanish-speaking countries, and border issues and relations between Mexico and the United States.
- In response to the request of many reviewers, the popular **¿Cuál se usa?** sections, formerly found in the Workbook, have been incorporated into the main Textbook. The **¿Cuál se usa?** sections focus on high-frequency lexical items that are particularly problematic for learners of Spanish. The Workbooks now offer additional practice with the items presented in the Textbook.

- A new sidebar feature, **Hace cinco años,** appears in every chapter of the Textbook in the **El vídeo** section. This sidebar feature reminds students of what occurred in the original *Destinos* series, helping them understand what is happening in *Nuevos Destinos.*
- The chapter-culminating **Para terminar** activities have been thoroughly revised and updated, making them even more engaging and satisfying for students and instructors alike.
- Many activities throughout the Textbook have been updated and personalized, giving students more opportunities to talk about themselves and their own interests.
- Two new literary voices have been added to the Second Edition: Pablo Neruda and Alfonsina Storni. The poems of these two literary giants add great depth to the literary selections of the Textbook, and they were selected specifically because of their appeal and accessibility.

The Student Manuals

Depending on the course and the level of the students, instructors will want to have students purchase either The Student Manual for Intensive and High Beginner Courses *or* The Student Manual for Intermediate Grammar Review Courses. The former serves courses that provide an intensive review of first-year Spanish, whereas the latter is intended for intermediate-level courses. The Student Manuals serve different courses, and the content reflects this distinction in level.

- **El vídeo:** written and listening-based activities with **Más allá del episodio** (read in *Intensive and High Beginner Manual* and heard in *Intensive Grammar Review Manual*)
- **Práctica oral y auditiva:** listening-based vocabulary and grammar exercises
- **Pronunciación:** pronunciation practice in **Capítulo preliminar** and **Capítulos 1–7** (*Intensive and High Beginner Manual* only)

- **Práctica escrita:** written vocabulary and grammar exercises
- **Ampliación structural:** presentation and practice of addditional grammar not presented in the textbook (*Intermediate Grammar Review Manual* only)
- **¿Cuál se usa?:** practice with the **¿Cuál se usa?** words from the textbook
- **¡Manos a la obra!:** guided writing exercise
- **Enfoque cultural:** cultural readings and follow-up exercise on different aspects of the Spanish-speaking world (*Intensive and High Beginner Manual,* even-numbered chapters only)
- **Lectura:** literary reading passage with follow-up exercise (*Intermediate Grammar Review Manual* only, even-numbered chapters)

A Word about the Past Tense

You might be struck by the early use of the past tense forms (both preterite and imperfect) in the Textbook and Student Manuals. The unique nature of the *Nuevos Destinos* video, which retells a story from five years ago while simultaneously revealing the current story line, necessitates the introduction of the past tense almost immediately. In order to present activities that are based on the original story line, past tense forms are utilized.

Although it is assumed that students will be able to recognize and understand these forms, only minimal and very guided production of these forms is required before they are actively reviewed in **Capítulo 3** (preterite) and **Capítulo 6** (imperfect) is to expect too much.

Nonetheless, students should quickly review the preterite and imperfect tenses before beginning *Nuevos Destinos.* This rapid review will ensure that all students are starting with the minimal knowledge necessary to complete the activities successfully. (See the Instructor's Manual for additional suggestions and sample activities for reviewing the simple past tenses.)

Multimedia: *Nuevos Destinos* Video, CD-ROM, and Website

Video

This is Raquel Rodríguez, a Mexican-American lawyer from Los Angeles, California. Five years ago, Raquel investigated a case for the wealthy Castillo family of Mexico. Now, another case involving the Castillo family has arisen, one that is puzzling right up to the very end.

This is Lucía Hinojosa, a lawyer from Mexico City. Lucía, the executor of the Castillo estate, has been asked to consult Raquel about the original investigation carried out five years ago. Her task is to solve the current mystery surrounding the Castillo family.

The engaging four-hour video that provides the foundation for the *Nuevos Destinos* materials is comprised of 15 episodes, each approximately 15 minutes in length. This manageable length allows instructors to show the episodes in class if they desire or if time permits. Other instructors may decide to assign the viewing of the video as an out-of-class lab assignment. Either decision is compatible with the pedagogy of *Nuevos Destinos.*

In each episode, students will watch the story unfold between Raquel and Lucía as they investigate the current legal mysteries surrounding the Castillo family. There will also be numerous flashback scenes from the original *Destinos* series as Raquel recounts that investigation to Lucía.

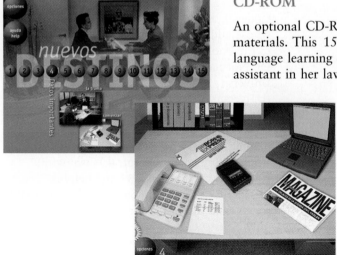

CD-ROM

An optional CD-ROM accompanies the *Nuevos Destinos* materials. This 15-lesson CD provides an interactive task-based language learning experience in which students serve as Raquel's assistant in her law office. In each lesson, as students complete various tasks, they gather additional information about the video story. They also learn interesting extra details about the characters and the story, details that can be found only in the CD-ROM.

The tasks that students complete include: reading letters from the video characters, newspaper articles about their lives, as well as other documents; receiving and making phone calls; organizing notecards and photo albums; and sending and receiving faxes and e-mail messages. These real-world tasks provide students exciting opportunities to review grammar and vocabulary further and develop their four skills in Spanish in a uniquely engaging, purposeful fashion. Many of the documents (both written and listening-based) include a **¿cuánto entiendes?** feature that assesses students' comprehension of the document.

A set of reference materials available on the CD-ROM gives students access to family albums, correspondence and publications from the lessons, and Raquel's notecards and audiocassettes describing her original journey. There is also an album containing "magic maps" of Spain, Argentina, Puerto Rico, and Mexico, the four countries visited in the original *Destinos*. These maps, enhanced by the use of video clips, audio, and graphics, provide general information about each country as well as story-specific information about certain cities.

The *Nuevos Destinos* Website

The interactive website that accompanies *Nuevos Destinos* will offer additional vocabulary and grammar practice, as well as other engaging activities that reinforce the Textbook materials. It also contains additional information about the *Nuevos Destinos* video series and characters. It can be found at **www.mhhe.com/nuevosdestinos.**

Other Supplementary Materials

- **Instructor's Edition** by Rodney Bransdorfer (Central Washington University) with on-page suggestions, information, and additional activities
- **Instructor's Manual, Testbank, Audioscripts, Videoscript** with teaching guidelines of multimedia and print materials
- **Picture File:** 50 color photos of key characters and scenes
- **Instructor's Guide to the CD-ROM:** detailed explanation and suggestions for using the CD-ROM

Acknowledgments

I would like to gratefully acknowledge the following friends and colleagues for their suggestions, advice, and involvement in this project.

- Dr. Bill VanPatten (University of Illinois, Urbana-Champaign), whose innovative and creative work on the original *Destinos* provided the foundation and inspiration for *Nuevos Destinos.*
- Dr. Robert Blake (University of California, Davis), whose role as Chief Academic Consultant on the video and CD-ROM set a standard of creativity and excellence for the entire *Nuevos Destinos* project.
- Margarita Casas (Colorado State University, Fort Collins), María Sabló-Yates (Delta College), and Vanisa Sellers (Ohio University), whose additional writing added creative insight to the book.
- Dr. Norma Rivera-Hernández (Millersville University) and Carlos Enrique Ibarra Cantú (University of Tennessee, Knoxville), for writing the new **Enfoque cultural** readings. These engaging and thoughtfully written readings greatly enhance the Second Edition.
- Rodney Bransdorfer (Central Washington University), whose creative and helpful Instructor's Edition annotations provide useful suggestions and notes for experienced and novice instructors alike.
- Ana María Pérez-Gironés (Wesleyan University), for her brilliant work in weaving

the old and new story line together. Her wonderful work can also be seen in the CD-ROM, as she cowrote those materials.

- Susan Giráldez, for her work on the CD-ROM.
- Laura Chastain (El Salvador), whose invaluable contributions to the text have contributed to its linguistic and cultural authenticity.
- Theodore Sicker (WGBH), whose role as executive producer and project director for the video and CD-ROM is evident in the high production quality seen in those products.
- Julia Whitney (WGBH) for her invaluable contributions to the CD-ROM to accompany *Nuevos Destinos* in her role as Director of Interactive Design
- Erin Delaney and Christina Ragazzi (WGBH), for their roles in providing video and CD-ROM materials for publication in this book.
- Members of the Annenberg/CPB Project and WGBH Advisory Board, for their valuable input and comments on all phases of this project:
  Dr. Deborah Baldini (University of Missouri, St. Louis)
  Dr. Ray Elliott (University of Texas, Arlington)
  Dr. Otmar Foelsche (Dartmouth College)
  Dr. Sharon Foerster (University of Texas, Austin)
  Dr. John Underwood (Western Washington University)
  Dr. Barbara Welder (Bee County Community College)
  Dr. Philippa Brown Yen (Cleveland State College)

In addition, we wish to thank the following instructors and professional friends across the country, whose valuable suggestions contributed greatly to the Second Edition. The appearance of their names in this list does not necessarily constitute their endorsement of the text or its methodology.

Carol Beresiwsky (Kapiolani Community College)

Diana Franzten (Indiana University)

Julie E. George Garkov (Mary Baldwin College)

Alicia Gignoux (University of Montana)

Florence Moorehead-Rosenberg (Boise State University)

Carla K. Phillips (University of Tennessee, Knoxville)

Georgia Schlau (College of Charleston)

Gretchen Trautmann (University of Georgia)

Mercedes Valle (Smith College)

Dolly J. Young (University of Tennessee, Knoxville)

Many individuals at McGraw-Hill deserve my thanks and appreciation for their help and support: Rich Devitto and the McGraw-Hill production group, especially Roger Geissler, whose efficient project management skills ensured that the production process ran smoothly; Violeta Diaz for the wonderful design of the book; Holly Rudelitsch, who beautifully coordinated the art program; and Nick Agnew and Rachel Amparo, for their eager and continuous support in the marketing of the *Nuevos Destinos* program.

Special thanks to Thalia Dorwick, Editor-in-Chief and Vice President, for all of her work on the original *Destinos* series and for her continuing support of *Nuevos Destinos*. Thanks also go to William R. Glass, Publisher, for his valuable contributions to the development of the Second Edition, and to Christa Harris, Sponsoring Editor, for her support and guidance as she monitored the development of the project. Thanks also go to Pennie Nichols-Alem for her wonderful developmental editing and fine attention to detail as she carefully edited and refined materials throughout the book, and to Jennifer Chow, Editorial Assistant, for the valuable assistance she cheerfully provided throughout the publication process.

My family and friends have given me invaluable support throughout the first and second editions of this book. First, I thank my sons, Brian, Mark, and Erik, for their love, patience, and good humor. I also want to thank my friends at First Presbyterian Church and at York College of Pennsylvania for their continued enthusiasm and support. Finally, I want to thank two special friends, Lucy and Silvia, for their faithful friendship, guidance, and ability to brighten any day.

Cynthia B. Medina
York, Pennsylvania
November 2002

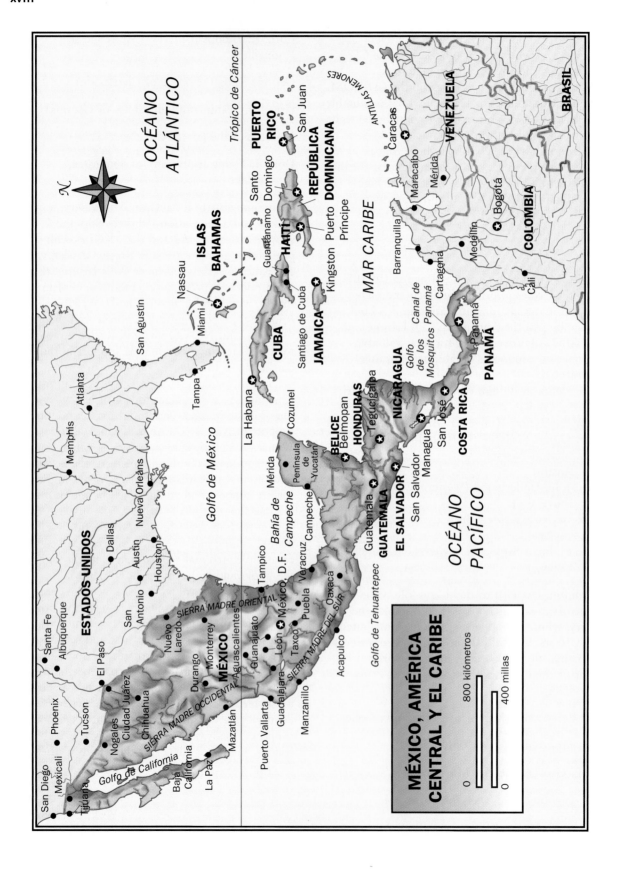

MÉXICO, AMÉRICA CENTRAL Y EL CARIBE

OCÉANO ATLÁNTICO

OCÉANO PACÍFICO

MAR CARIBE

Golfo de México

Golfo de California

Trópico de Cáncer

ESTADOS UNIDOS

MÉXICO

SIERRA MADRE ORIENTAL

SIERRA MADRE OCCIDENTAL

SIERRA MADRE DEL SUR

ISLAS BAHAMAS

CUBA

HAITÍ

REPÚBLICA DOMINICANA

PUERTO RICO

JAMAICA

BELICE

GUATEMALA

HONDURAS

EL SALVADOR

NICARAGUA

COSTA RICA

PANAMÁ

COLOMBIA

VENEZUELA

BRASIL

ANTILLAS MENORES

San Diego
Mexicali
Tijuana
La Paz
Baja California
Mazatlán
Phoenix
Tucson
Nogales
Ciudad Juárez
Chihuahua
Durango
El Paso
Santa Fe
Albuquerque
San Antonio
Austin
Dallas
Houston
Nuevo Laredo
Monterrey
Memphis
Atlanta
Nueva Orleans
Puerto Vallarta
Guadalajara
León
Aguascalientes
Guanajuato
Taxco
Tampico
México, D.F.
Puebla
Veracruz
Oaxaca
Acapulco
Manzanillo
Golfo de Tehuantepec
Bahía de Campeche
Mérida
Península de Yucatán
Cozumel
Campeche
San Agustín
Tampa
Miami
Nassau
La Habana
Santiago de Cuba
Guantánamo
Kingston
Puerto Príncipe
Santo Domingo
San Juan
Belmopan
Guatemala
San Salvador
Tegucigalpa
Managua
San José
Golfo de los Mosquitos
Canal de Panamá
Panamá
Barranquilla
Cartagena
Medellín
Bogotá
Cali
Maracaibo
Mérida
Caracas

0   800 kilómetros
0   400 millas

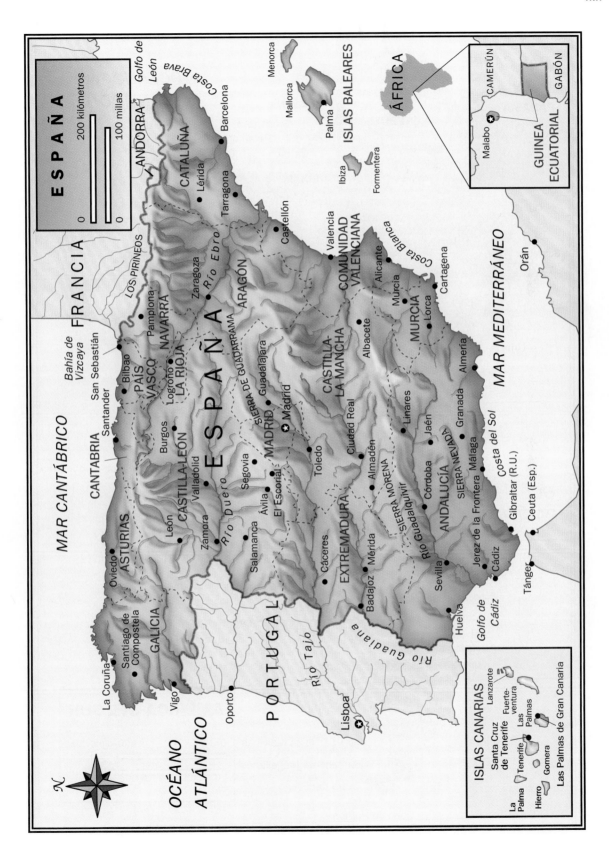

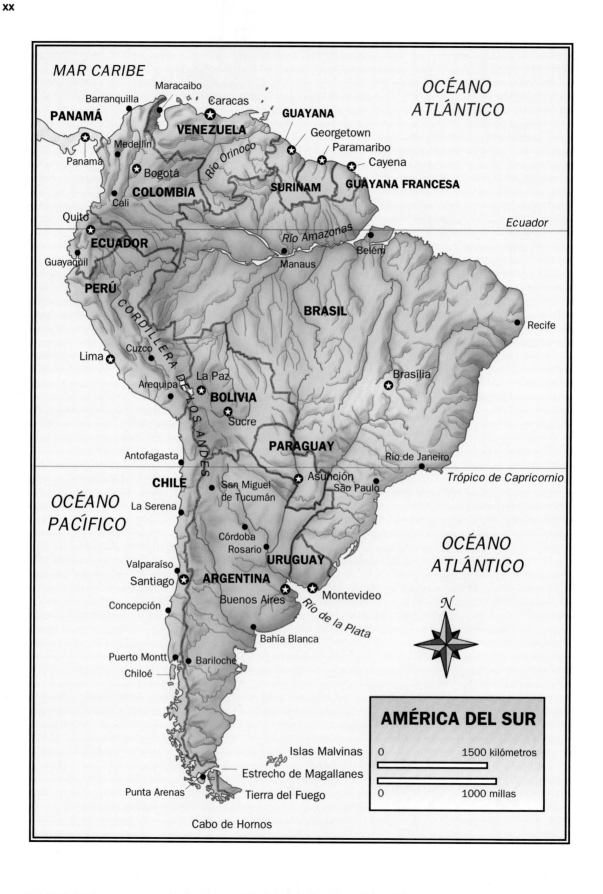

MAR CARIBE

OCÉANO ATLÁNTICO

Maracaibo
Barranquilla
PANAMÁ
Caracas
VENEZUELA
GUAYANA
Medellín
Georgetown
Panamá
Paramaribo
Río Orinoco
Cayena
Bogotá
COLOMBIA
SURINAM
GUAYANA FRANCESA
Cali

Quito
Ecuador
ECUADOR
Río Amazonas
Belém
Guayaquil
Manaus

PERÚ
BRASIL
Recife

Lima
Cuzco
CORDILLERA DE LOS ANDES
La Paz
Brasília
Arequipa
BOLIVIA
Sucre

Antofagasta
PARAGUAY
Río de Janeiro
Trópico de Capricornio
CHILE
San Miguel
de Tucumán
Asunción
São Paulo
La Serena
OCÉANO PACÍFICO

OCÉANO ATLÁNTICO

Córdoba
Rosario
URUGUAY
Valparaíso
ARGENTINA
Santiago
Montevideo
Concepción
Buenos Aires
Río de la Plata
N
Bahía Blanca

Puerto Montt
Bariloche
Chiloé

Islas Malvinas
Estrecho de Magallanes
Punta Arenas
Tierra del Fuego

Cabo de Hornos

AMÉRICA DEL SUR

0   1500 kilómetros

0   1000 millas

METAS

LA TRAMA

Raquel Rodríguez is an important character that you will come to know as you watch the *Nuevos Destinos* video series. In this chapter, she will introduce herself in a letter and provide some background information on the series.

RAQUEL: ¡Lucía! ¡Adelante!
LUCÍA: Buenos días. ¿Qué tal?
RAQUEL: Muy bien.

CULTURA

As you work through the chapter, you will also find out about

- the origins of the Spanish language and where it is spoken today (**Enfoque cultural: El origen y la extensión del español**)
- the diversity of names for the general term *Hispanic* (**Nota cultural: ¿Qué hay en un nombre?**)

COMUNICACIÓN

In this chapter of *Nuevos Destinos*, you will

- greet people and ask questions (**Enfoque léxico: ¡Hola!**)
- talk about classroom items (**Enfoque léxico: En el salón de clase**)
- review the uses of **tiempo, hora, vez; pedir, preguntar, hacer preguntas** (**Enfoque léxico: ¿Cuál se usa?**)
- talk about and describe people, places, and things (**Enfoque estructural P.1, P.2**)
- say to whom something belongs (**P.3**)
- talk about actions and states in the present (**P.4**)

El vídeo

Una carta de Raquel Rodríguez

You are about to embark on an exciting adventure filled with travels to many interesting places, mystery, intrigue, romance, nostalgia, laughter—and lots of Spanish as well!

Throughout the fifteen video episodes of *Nuevos Destinos*, you will meet many characters, both from the present and the past, involved in the investigations conducted by a Mexican-American lawyer, Raquel Rodríguez.

In the letter on the following page, Raquel introduces herself to you and tells you some of the facts behind her original investigation. So read on, and welcome to *Nuevos Destinos*! The adventure is about to begin . . . again!

Actividad

Hace cinco años

Raquel Rodríguez es una mujer simpática, dinámica e inteligente. Es mexico-americana y vive en Los Ángeles donde trabaja como abogada. Hace cinco años trabajó en un caso interesante para un señor mexicano, Fernando Castillo Saavedra. Ahora, cinco años después, Raquel va a contarle partes de la historia a una colega que trabaja para la familia Castillo.

En cada capítulo vas a encontrar información de *Hace cinco años* que te va a ayudar a entender mejor la historia y a disfrutarla más.

La carta de Raquel

Paso 1 Lee la carta de Raquel Rodríguez que aparece en la siguiente página.

PALABRAS Y EXPRESIONES ÚTILES DE LA CARTA

inquietantes	unsettling
orgulloso/a	proud
herencia	heritage
me da gusto	it gives me pleasure
disfrutar	to enjoy

Paso 2 Contesta las siguientes preguntas sobre la carta de Raquel.

1. ¿Dónde vive Raquel?
2. ¿Qué profesión practica?
3. ¿Qué recibió don Fernando Castillo?
4. ¿Quién contrató a Raquel para el caso?
5. ¿Cuánto tiempo hace que Raquel trabajó en el caso?

Para pensar*

En la carta, Raquel escribe de una investigación que tuvo lugar (*took place*) hace cinco años. También te informa que vas a saber más de esa investigación. ¿Qué crees que va a pasar? ¿Te va a contar toda la historia del caso? ¿Van a aparecer (*appear*) personajes de esa investigación? ¿Va a surgir (*arise*) un nuevo caso?

**Para pensar means *Something to think about*. This repeating feature will suggest things for you to think about as you work with the video and textbook.

GOODMAN POTTER & MARTINEZ

11759 Wilshire Boulevard
Los Angeles, CA 90025
Telephone: (310) 555-3201 Fax: (310) 555-1212

Queridos estudiantes:

Me llamo Raquel Rodríguez y vivo en Los Ángeles, California. Soy abogada y trabajo en la firma de Goodman, Potter & Martínez.

Hace cinco años, trabajé en un caso muy interesante para la familia Castillo. Resulta que un señor mexicano, quien se llamaba Fernando Castillo Saavedra, había recibido una carta con unas noticias sorprendentes e inquietantes. Don Fernando consideró que era muy importante para él y para su familia verificar si la información en la carta era cierta o no. Su hermano, Pedro, era abogado, pero como ya no era joven, no quería hacer él mismo la investigación. Pedro admiraba mis habilidades como investigadora y me pidió que yo hiciera ese trabajo. Nunca me imaginé que esa investigación iba a ser tan complicada y que me llevaría a tantos lugares... ¡y que me traería tantas sorpresas también!

En las próximas semanas ustedes van a descubrir el secreto de esa carta. También van a conocer a la familia Castillo y a otros personajes interesantes. Han pasado muchas cosas desde que trabajé en ese caso. Todavía mantengo contacto con algunos miembros de la familia, pero no los he visto recientemente porque tengo mucho trabajo aquí en Los Ángeles.

Me gusta que ustedes quieran estudiar el español. Yo estoy muy orgullosa de mi herencia cultural, y siempre me da gusto saber que otras personas tienen interés en nuestro idioma y en nuestra cultura. Espero que disfruten de sus estudios y les deseo mucha suerte.

Cordialmente,

Raquel Rodríguez

Lengua y cultura

Enfoque léxico ¡Hola!

VOCABULARIO DEL TEMA

Saludos y despedidas

RAQUEL: **Soy Raquel Rodríguez.**
ELENA: **Elena Ramírez. Mucho gusto.**

Here are three dialogues that contain useful words and phrases that you may remember from your previous encounters with Spanish. You can use these expressions to greet people, introduce yourself, and say good-bye. More helpful expressions are listed on the inside front and back covers of this text.

1. —Buenas tardes. ¿Cómo se llama usted?
   —Me llamo Raquel Rodríguez.
   —Soy Miguel Ruiz. Encantado, señorita Rodríguez.
   —Igualmente.

2. —Hola, Raquel. ¿Cómo estás?
   —Bien, Pedro, gracias. Y usted, ¿cómo está?
   —Muy bien. Hasta pronto, ¿eh?
   —Sí. Adiós.

3. —¿Qué tal, Ramón?
   —Regular. Y tú, Carlos, ¿cómo estás?
   —Más o menos.

Actividad **¿Cómo te llamas?**

Paso 1 Tú y un compañero / una compañera de clase deben presentarse (*introduce yourselves*) según el modelo. Recuerden darse la mano (*to shake hands*) en el momento de saludarse.

MODELO: ESTUDIANTE 1 (E1): Buenas tardes. ¿Cómo te llamas?
ESTUDIANTE 2 (E2): Hola. Me llamo Kevin.

E1: Mucho gusto, Kevin. Mi nombre es Amanda.

E2: Mucho gusto. (Encantado.)

E1: ¿Cómo estás?

E2: Bien, gracias...

Paso 2　Ahora en grupos de cuatro estudiantes, preséntense. Primero, indiquen quiénes van a hacer las presentaciones.

MODELO:　E1: Hola. Me llamo Amanda y éste es mi amigo Kevin.

E3: Encantada. Mi nombre es Caitlin. Les presento a (*I'd like to introduce you to*) mi amiga Ana.

TODOS: Mucho gusto.

VOCABULARIO DEL TEMA

Las palabras interrogativas

¿adónde?	where (to)?
¿cómo?	how?
¿cuál(es)?	what? which (one)?
¿cuándo?	when?
¿cuánto/a?	how much?
¿cuántos/as?	how many?
¿de dónde?	from where?
¿dónde?	where?
¿por qué?	why?
¿qué?	what? which?
¿quién(es)?	who? whom?

¡OJO! Note the written accents used on these interrogative words. Also note the upside-down question mark associated with Spanish questions.

AMPLIACIÓN LÉXICA

Note that **¿qué?** and **¿cuál(es)?** can both mean *what?* or *which?* Here is a quick explanation of the correct word to use, depending on the context.

- **¿Qué?** asks for a definition or an explanation.

¿Qué es eso?	*What is that?*
¿Qué quieres?	*What do you want?*

- **¿Qué?** can also be directly followed by a noun.

¿Qué vídeo buscas?	*What video are you looking for?*

- **¿Cuál(es)?** expresses *what?* or *which?* in all other circumstances.

¿Cuál es tu teléfono?	*What's your telephone number?*

¿Quién es esta persona? ¿Cómo se llama? ¿Dónde vive? ¿Qué importancia tiene en la historia de *Nuevos Destinos*?

Actividad

Algunos documentos importantes

Primero examina estos documentos: una tarjeta de presentación (*business card*) y un pasaporte. Luego contesta las siguientes preguntas, basando tus respuestas en la información contenida en los documentos.

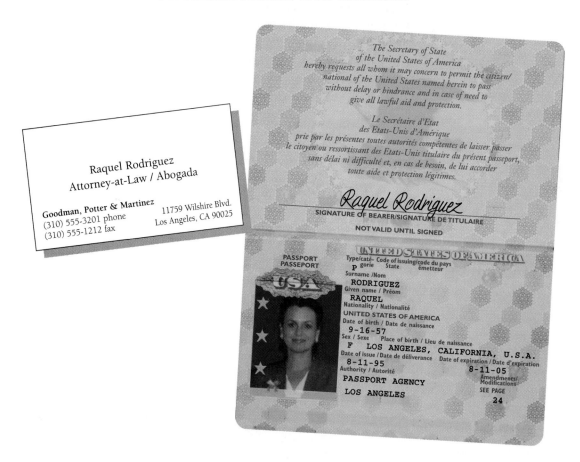

1. ¿De quién son estos documentos?
2. ¿Qué profesión tiene esta persona?
3. ¿Cómo se llaman los socios (*partners*) de la oficina?
4. ¿Cuál es la dirección completa de la oficina?
5. ¿Cuál es el número de teléfono de la oficina? ¿y el del fax?
6. ¿Cuándo nació (*was born*) esta persona?
7. ¿Dónde nació?
8. ¿Cuándo vence (*expires*) su pasaporte?

Actividad

Tengo algunas preguntas

Paso 1   Completa cada pregunta con la palabra interrogativa apropiada.

1. ¿_____ estás? ¿Bien? ¿Regular?
2. ¿_____ te llamas?
3. ¿De _____ eres?
4. ¿_____ vives ahora?

5. ¿Con _____ vives?

6. ¿_____ son tus clases este semestre/trimestre, fáciles o difíciles?

7. ¿_____ clases tienes? ¿Tres? ¿Cuatro? ¿Más de cuatro?

8. ¿_____ es tu clase favorita?

Paso 2 Con un compañero / una compañera, haz y contesta las preguntas del Paso 1.

Actividad **C**   **¿Cuál es la pregunta?**

Con un compañero / una compañera, indica la pregunta lógica para la parte subrayada de cada una de las afirmaciones.

MODELO: E1: Tengo veinte años.

E2: ¿Cuántos años tienes?

1. Tengo cinco clases este semestre.

2. Voy al cine mañana.

3. Ahora voy a la biblioteca.

4. Mi profesor(a) de español es muy simpático/a.

5. Vivo en una residencia.

6. Mi mejor amigo es de Colombia.

7. Quiero tomar un refresco.

8. Mi color favorito es el azul.

Enfoque léxico   **En el salón de clase**

VOCABULARIO DEL TEMA

Cosas y personas en la clase

1. el pupitre
2. el estudiante
3. la estudiante
4. la profesora
5. la pizarra
6. el mapa
7. la mesa
8. la silla
9. la puerta
10. las luces
11. el lápiz
12. la mochila
13. el libro
14. el cuaderno
15. el bolígrafo
16. el reloj
17. el papel

Más cosas		*Los colores*			
la computadora (portátil)	(laptop) computer	**amarillo/a**	yellow	**marrón, pardo/a**	brown
el escritorio	(instructor's) desk	**anaranjado/a**	orange	**morado/a**	purple
la pared	wall	**azul**	blue	**negro/a**	black
la ventana	window	**blanco/a**	white	**rojo/a**	red
		gris	gray	**verde**	green

Actividad **¿Qué hay* en el salón de clase?**

Paso 1   Con un compañero / una compañera, di si en el dibujo del salón de clase (página 7) hay las siguientes cosas y personas.

MODELOS: una mesa →
  E1: ¿Hay una mesa?
  E2: Sí, hay una.

  una computadora →
  E1: ¿Hay una computadora?
  E2: No, no hay.

1. unos estudiantes
2. un mapa
3. una pizarra
4. una puerta
5. unas luces
6. unas computadoras
7. unos pupitres
8. un profesor
9. un escritorio
10. unos lápices
11. una mochila
12. una ventana

Paso 2   Ahora comparen su salón de clase con el del dibujo y hagan oraciones para indicar las diferencias.

MODELO: En el salón del dibujo, no hay ventanas, pero en nuestro (*our*) salón sí hay unas.

Actividad **¿De qué color son?**

Con otro/a estudiante, indica los colores de los artículos del salón de clase en el dibujo (página 7).

MODELO: los pupitres / anaranjados →
  E1: ¿De qué color son los pupitres? ¿Son anaranjados?
  E2: No, no son anaranjados. Son rojos.

1. la pizarra / negra
2. los lápices / amarillos
3. la puerta / verde
4. la silla / negra
5. la mochila / azul
6. la mesa / anaranjada
7. el papel / blanco
8. el libro / morado
9. el cuaderno / gris
10. el bolígrafo / marrón

---

*The verb form **hay** means *there is* or *there are*. Unlike other verbs in Spanish, **hay** does not change for number agreement.

¿CUÁL SE USA?

	Ejemplos	**Notas**
tiempo	No tengo mucho **tiempo** libre. *I don't have much free time.* Hace buen **tiempo** hoy. *The weather is nice today.*	Time in a general sense is expressed with **tiempo.** Weather is expressed with **tiempo.**
hora	¿Qué **hora** es? *What time is it?* La película dura dos **horas.** *The film lasts two hours.*	A specific time of day or amount of time is expressed with **hora.**
vez	Tengo clase de español tres **veces** por semana. *I have Spanish class three times a week.*	To refer to a specific number of occasions, use **vez.**
pedir	Algunos estudiantes **piden** más tiempo para terminar el examen. *Some students ask for more time to finish the exam.*	**Pedir** is used when permission is sought or a request is made. Also use **pedir** for ordering food or beverage.
preguntar	¿Qué me **preguntaste?** *What did you ask me?*	When a question is implied, use **preguntar.**
hacer preguntas	Quiero **hacerte una pregunta.** *I want to ask you a question.*	**Hacer una pregunta** is used when the word for question is stated.

Actividad **A**

Un diálogo

Completa el siguiente diálogo con las palabras más apropiadas, según el contexto. Escoge entre **tiempo, hora, vez, pedir, preguntar** y **hacer preguntas.**

PROFESORA: ¿Alguien tiene algo que _____ me[1] sobre lo que aprendimos en clase la _____[2] pasada?

ESTUDIANTE 1: Sí, profesora. ¿Le puedo _____[3] sobre los adjetivos? Cada _____[4] que salgo de clase, me siento más confundido.

(*Más tarde, conversa con otro estudiante.*)

ESTUDIANTE 2: No estoy muy seguro de algunas cosas que dijo hoy la profesora, pero no me gusta _____[5] en clase.

ESTUDIANTE 1: No te preocupes. Una _____,[6] la profesora pasó mucho _____[7] en su oficina explicándome lo que yo no entendía. Me dijo que siempre le puedo _____[8] ayuda durante sus _____[9] de oficina.

Actividad **B**   **Preguntas para los compañeros de clase**

Con un compañero / una compañera, haz y contesta las siguientes preguntas para conocerse mejor.

1. ¿Qué haces en tu tiempo libre?
2. ¿A qué hora es tu primera clase?
3. ¿Cuántas veces por mes comes en restaurantes?
4. ¿Qué te gusta pedir generalmente cuando comes en un restaurante?
5. ¿Te gusta hacer preguntas en clase? ¿Por qué sí o no?
6. Qué es lo primero que preguntas cuando conoces a una nueva persona?
7. Cuando tienes un problema, ¿pides consejos o tratas de resolver el problema solo/a?

Enfoque cultural

El origen y la extensión del español

¿Cuál es el origen de la lengua española? ¿Dónde se habla? ¿Cuántas personas hablan el español como lengua nativa? En este Enfoque cultural, aprenderás (*you will learn*) más sobre el idioma que estudias.

¿Qué es el español?

El español tiene su origen en el latín vulgar, la lengua que hablaban los romanos que invadieron la Península Ibérica unos doscientos años a.C. (antes de Cristo). El español también se llama castellano porque fue la lengua de la región de Castilla en el centro del país. La palabra **España** viene de **Hispania,** nombre que en el latín de aquel entonces quería decir[a] «tierra de conejos».[b]

El castellano pertenece[c] a la familia lingüística conocida como neolatina o romance. Este nombre no se relaciona con lo «romántico», sino[d] con lo «romano». Además del español o castellano, son parte de esta familia el portugués, el francés, el italiano, el rumano, el provenzal, el gallego, el catalán y otros dialectos de la región del Mediterráneo. En 1492, el mismo año de la llegada de Cristóbal Colón a América, Antonio de Nebrija publicó la primera gramática del español. *La gramática castellana* fue también la primera gramática de una lengua romance.

Aquí se ve parte de un manuscrito de Ramón Llull, filósofo español del siglo XIII. El folio está escrito en catalán y latín.

[a]quería... *meant*   [b]«tierra... *"land of rabbits"*   [c]*belongs*   [d]*but rather*

¿Dónde se habla español?

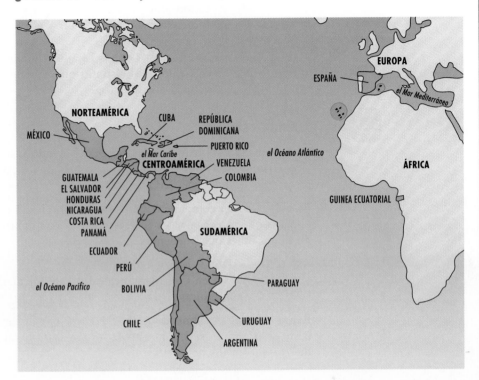

Los países del mundo hispánico

El español se habla en muchas partes del mundo, y es el más difundido[e] de los idiomas de origen romance. Es la lengua oficial de 21 naciones que se extienden desde el Mediterráneo en el este, la Tierra del Fuego en el sur y hasta Norteamérica. El país de habla española más poblado es México, y el de mayor extensión territorial es la Argentina. El país de habla española más pequeño es El Salvador.

Hasta[f] en los Estados Unidos hay más de 31 millones de hispanohablantes. Este grupo de personas de culturas variadas ha hecho[g] grandes contribuciones a la cultura y vida estadounidense. En el Capítulo 1, aprenderás más sobre los hispanos en los Estados Unidos.

[e]*widespread*   [f]*Even*   [g]*ha... has made*

Actividad   **A**   ### ¿Cuánto recuerdas?

Indica si las siguientes afirmaciones (*statements*) sobre el origen y la extensión del español son ciertas (**C**) o falsas (**F**).

C F **1.** El español tiene su origen en otro idioma que hablaban los romanos invasores de la Península Ibérica.

C F **2.** El castellano es, además del español, otro idioma que se habla en España.

C F **3.** Los idiomas romances se identifican con el amor (*love*) y las relaciones amorosas.

C F **4.** El libro *La gramática castellana* fue escrito por Cristóbal
         Colón antes de hacer su primer viaje a las Américas.

C F **5.** Entre el español, el francés y el italiano, el español es el
         idioma más hablado.

C F **6.** Los hispanos en los Estados Unidos son personas de heren-
         cias culturales distintas que han enriquecido (*enriched*) la
         cultura de este país.

Actividad   **¿Dónde está?**

Paso 1   Estudia el mapa de los países del mundo hispánico en la página anterior. Fíjate en (*Pay attention to*) los nombres de los países, los continentes y
los cuerpos (*bodies*) de agua.

Paso 2   Con un compañero / una compañera, haz y contesta preguntas sobre
el mapa que ustedes acaban* de estudiar. A continuación hay una lista de expresiones útiles que pueden usar.

MODELO: E1: ¿Dónde está Guatemala?
          E2: Está en Centroamérica (al sur de México, al norte de
              Honduras...).

Expresiones útiles: al norte de (*to the north of*), al sur de (*to the south of*), al
oeste de (*to the west of*), al este de (*to the east of*); al lado de (*next to*), cerca
de (*close to*), lejos de (*far from*)

NOTA *cultural* • *¿Qué hay en un nombre?*

E n los Estados Unidos, hay más hispanohablantes que cualquier otro grupo minoritario. Sin embargo,
no hay consenso sobre el término más apropiado para referirse a la gente originaria de los lugares
de habla española, aunque la palabra más común en los Estados Unidos es *Hispanic*.

En general, el término *Hispanic* se usa muy poco entre la gente «hispana». Se usan con orgullo
los términos más específicos que identifican a la persona con su lugar de origen: *mexicano, colombiano, puertorriqueño, cubano,* etcétera. También es común el uso del término *latino,* aunque esta
palabra tampoco es muy precisa. Otros términos y palabras tienen alguna connotación que los dis-
tingue de otros. Por ejemplo, *chicano* y *la raza* implican una postura política, lo que los hace diferentes del término *mexicoamericano.*

Entonces, ¿cuál es la solución de este problema que presentan los nombres? No se puede ofrecer una respuesta definitiva. En gran parte, una persona es lo que siente que es. Lo importante es
respetar la individualidad de cada persona que forma parte de la cultura en cuestión.

---

*__*Acabar de__ + infinitive is used to express *to have just done (something)*.*

Enfoque estructural

P.1 Los sustantivos y los artículos: Género y número

In Spanish, all nouns are either masculine or feminine. When a Spanish noun refers to a human being or an animal, the gender of the noun "agrees" with the gender of that person or animal (**el gato** = *the* [*male*] *cat;* **la profesora** = *the* [*female*] *professor*). The gender of other types of nouns does not follow any logical pattern. In other words, there is nothing inherently feminine about a chair (**la silla**) nor masculine about a book (**el libro**).

In addition to gender, all nouns also have number; that is, they are singular or plural.

Here are some general guidelines about the gender and number of nouns in Spanish.

● Most nouns ending in **-o** are masculine and are used with a masculine article.

	SINGULAR		PLURAL	
los artículos definidos	el niño	*the boy*	los niños	*the boys*
los artículos indefinidos	un niño	*a boy*	unos niños	*some boys*

● Most nouns ending in **-a** are feminine and are used with a feminine article.

	SINGULAR		PLURAL	
los artículos definidos	la niña	*the girl*	las niñas	*the girls*
los artículos indefinidos	una niña	*a girl*	unas niñas	*some girls*

¡OJO! There are a few exceptions to this rule: some nouns that end in **-a** are masculine and some nouns that end in **-o** are feminine.

MASCULINO

el día *day*	**el** mapa *map*
el idioma *language*	**el** problema *problem*

FEMENINO

la mano *hand*	**la** radio *radio* (medium)

Note: Some feminine words that end in -**o** are actually abbreviations of feminine words that end in -**a**: **la foto(grafía)** (*photograph*), **la moto(cicleta)** (*motorcycle*).

● Words that end in -**dad, -tad, -tud,** and -**ción/-sión** are feminine.

la universi**dad** *university*	**la** acti**tud** *attitude*
la liber**tad** *liberty*	**la** educa**ción** *education*

● Feminine words beginning with a stressed **a-** or **ha-** use the masculine definite article **el** for the singular form. This is done for ease of pronunciation and does not change the gender of the word.

el agua *water*	**las** aguas *waters*
el águila *eagle*	**las** águilas *eagles*
el hacha *hatchet*	**las** hachas *hatchets*

● Some nouns use the same form for males and females. The article identifies the gender of the person spoken about: **el estudiante, la estudiante; el cliente, la cliente.**

● The gender of some nouns isn't governed by any of these general rules and must be memorized: **el lápiz, la luz.**

● Nouns are made plural by adding -**s** to words that end in an unaccented vowel and -**es** to those that end in an accented vowel (very uncommon) or a consonant.

el libro *book*	los libros *books*
la mesa *table*	las mesas *tables*
la clase *class*	las clases *classes*
el papel *paper*	los papeles *papers*
el tabú *taboo*	los tabúes *taboos*

● If a word ends in -**z,** the -**z** changes to -**c** before adding -**es** for the plural.

el lápi**z** *pencil*	los lápi**ces** *pencils*
la lu**z** *light*	las lu**ces** *lights*

● If a word ends in an unstressed vowel with an -**s,** the singular and plural forms of the word are the same.

la crisis *crisis*	las crisis *crises*
el lunes *Monday*	los lunes *Mondays*

Práctica   **A**

Asociaciones

Paso 1   Indica lo que (*what*) asocias con las siguientes palabras. No te olvides de (*Don't forget*) usar el artículo definido con las asociaciones.

MODELO: el cuaderno → el papel, el bolígrafo, la composición...

1. el pupitre
2. el diccionario
3. la luz
4. el reloj
5. la mano
6. la mochila
7. el salón de clase
8. el lápiz

Paso 2   Compara tus asociaciones con las de un compañero / una compañera. ¿Son semejantes (*similar*) o diferentes sus asociaciones?

Práctica **B**   **¡No es cierto!**

Inventa oraciones usando las indicaciones a continuación. Puedes incluir tantos detalles como quieras. **¡OJO!** Inventa algunas de tus oraciones con información incorrecta. Tu compañero/a debe indicar si tus oraciones son ciertas o falsas, dando la información correcta cuando alguna oración es falsa.

MODELOS: lápiz →
   E1: El lápiz es amarillo. Se usa para escribir.
   E2: Es cierto.

   cuaderno →
   E1: Para guardar los libros se usa un cuaderno.
   E2: No es cierto. Para guardar los libros se usa una mochila. (Un cuaderno se usa para tomar apuntes [*take notes*].)

Frases útiles: Es una persona (cosa, lugar…) que… ; Se usa para…

Verbos útiles: aprender (*to learn*), enseñar (*to teach*), leer (*to read*), llevar (*to take, carry*), poner (*to put, place*), sentarse (ie) (*to sit down*)

1. cuaderno
2. papel
3. profesora
4. mesa
5. libro
6. estudiante
7. computadora portátil
8. silla
9. calendario
10. salón de clase

P.2 | Los adjetivos descriptivos

To describe the characteristics of a person, place, or thing, use the verb **ser** and an adjective. Here are the present tense forms of **ser.**

ser (*to be*)			
SINGULAR		PLURAL	
soy	*I am*	**somos**	*we are*
eres	*you* (fam.) *are*	**sois**	*you* (fam., Sp.) *are*
es	*you* (form.) *are;* *he/she/it is*	**son**	*you* (form.) *are;* *they are*

Most adjectives agree in gender and number with the nouns they describe. In Spanish, adjectives usually *follow* the nouns they describe. The plural of adjectives is formed by the same rules that apply to nouns.

Mi *profesora* de español es muy simpát**ica** y divertid**a**, pero sus *exámenes* son muy larg**os** y difícil**es**.

My Spanish professor is very nice and lots of fun, but her exams are very long and difficult.

Here are some common adjectives used to describe people, places, and things.

aburrido/a	boring	guapo/a	handsome; pretty
alto/a	tall	joven	young
antipático/a	mean	malo/a*	bad
bajo/a	short	moreno/a	brunette, dark-haired
bonito/a	pretty	nuevo/a	new
bueno/a*	good	pequeño/a	small, little
delgado/a	thin	perezoso/a	lazy
divertido/a	fun	rubio/a	blond(e)
feo/a	ugly	simpático/a	nice
gordo/a	fat	trabajador(a)	hard-working
grande	big	viejo/a	old

● When an adjective ends in **-dor,** add a final **-a** for feminine gender agreement.

un hombre conserva**dor**   una mujer conserva**dora**
un profesor trabaja**dor**   una profesora trabaja**dora**
   (*hard-working*)

● When an adjective of nationality ends in a consonant, add a final **-a** for feminine gender agreement.

un niño españo**l**   una niña español**a**
un estudiante francé**s**   una estudiante frances**a**

● Some adjectives do not show gender agreement. However, they do show number agreement.

un profesor difícil   una clase difícil
unos profesores difícil**es**   unas clases difícil**es**

un libro verde   una mochila verde
unos libros verde**s**   unas mochilas verde**s**

● If an adjective is used to talk about a group that includes both masculine and feminine nouns, the masculine plural form is used.

Los profesores de esta universidad son muy buen**os.**
The professors (both male and female) *at this university are very good.*

Paso 1   Piensa en el amigo / la amiga ideal e indica las tres cualidades que, en tu opinión, él/ella debe tener.

Práctica **El amigo / La amiga ideal**

Mi amigo/a ideal es...

_____ cómico/a   _____ extrovertido/a
_____ divertido/a   _____ generoso/a

---

*The adjectives **bueno/a** and **malo/a** may be placed in front of the noun they modify. When this occurs, they shorten to **buen** and **mal**, respectively, when describing masculine singular nouns: **un buen estudiante, un mal día,** *but* **una buena estudiante, unos malos días.**

_____ honrado/a (*honest*)   _____ sabio/a (*wise*)
_____ inteligente   _____ sensible (*sensitive*)
_____ justo/a (*fair*)   _____ simpático/a
_____ realista   _____ trabajador(a)
_____ responsable   _____ tranquilo/a (*easy-going*)

Paso 2 Compara tus impresiones con las de otro/a estudiante.

MODELO: E1: Mi amiga ideal es divertida, cómica y extrovertida. ¿Y tu amigo ideal?
          E2: Mi amigo ideal es generoso.

Paso 3 Ahora, con toda la clase, compara las respuestas de todos para saber cuáles son las características más apreciadas en los amigos.

Práctica **B**

¿Cómo son los personajes (*characters*) de *Nuevos Destinos*?

Antes de ver el primer episodio de *Nuevos Destinos,* vamos a conocer a algunos de los personajes. Nota las fotos de seis de los miembros de la familia Castillo.

Paso 1 Con un compañero / una compañera, describe las características físicas de los personajes en las fotos. Escojan una o dos descripciones entre las opciones de la lista que sigue el modelo.

MODELO: E1: ¿Cómo es Maricarmen?
          E2: Es pequeña y bonita.

alto/bajo   joven/viejo   pequeño/grande
delgado/gordo   guapo/bonito/feo   rubio/moreno

1. Mercedes

2. Consuelo

3. don Fernando

4. Carlitos

5. Juan

Paso 2 ¿Cómo creen ustedes que son estos personajes? Agreguen (*Add*) detalles a sus descripciones, concentrándose en la personalidad de ellos.

MODELO: E1: ¿Cómo es Consuelo?

E2: Creo que es muy simpática y divertida.

P.3 Los adjetivos posesivos

There are several ways to indicate possession in Spanish. One way is with the verb **ser** and the preposition **de.**

Esta casa **es de** Guillermo.   *This is Guillermo's house. (This house belongs to Guillermo.)*

Another way to express possession is with possessive adjectives. These correspond to English *my, your, his,* and so forth. The possessive adjective refers to the owner/possessor, but the agreement is with the thing or things possessed. In Spanish, all possessive adjectives agree in number with the item that is possessed. Only the forms of **nuestro** and **vuestro** agree both in number *and* gender.

LOS ADJETIVOS POSESIVOS

my	**mi** cuaderno/silla	*our*	**nuestro** cuaderno	**nuestra** silla
	mis cuadernos/sillas		**nuestros** cuadernos	**nuestras** sillas
your (fam.)	**tu** cuaderno/silla	*your* (fam., Sp.)	**vuestro** cuaderno	**vuestra** silla
	tus cuadernos/sillas		**vuestros** cuadernos	**vuestras** sillas
your (form.)		*your* (form.)	**su** cuaderno/silla	
his	**su** cuaderno/silla	*their*	**sus** cuadernos/sillas	
hers	**sus** cuadernos/sillas			
its				

In order to clarify the meaning of **su** and **sus, ser + de** is often used.

—¿Es **su** casa?   —*Is it his house?*

—Sí, es la casa **de él.**   —*Yes, it's his house.*

Práctica **Mis cosas favoritas**

Paso 1 Con un compañero / una compañera de clase, comenta sus preferencias en las siguientes categorías, según el modelo. ¡OJO! Usen **¿cuáles son?** cuando la categoría es plural.

MODELO: materia →

E1: ¿Cuál es tu materia favorita?

E2: ¡Mi materia favorita es español! ¿Y tú? ¿Cuáles son tus materias favoritas?

E1: Mis materias favoritas son la historia y la música.

Categorías: canciones (*songs*), deporte (*sport*), libro, película (*film*), programas de televisión, restaurantes

Paso 2   Ahora comparte (*share*) con el resto de la clase la preferencia más interesante de tu compañero/a.

MODELO: La película favorita de Emily es...

Práctica **B**   **¿Qué piensan ustedes de su universidad?**

Con otro/a estudiante, comenta las siguientes cosas y personas en su universidad.

MODELO: E1: ¿Qué piensas de la cafetería aquí?
                   E2: Nuestra cafetería es muy buena.

Categorías: biblioteca, campus (*m.*), estudiantes, gimnasio, librería, profesores, residencias

P.4 Los pronombres personales; el tiempo presente de los verbos regulares; la negación

Los pronombres personales

As in English, Spanish subject pronouns are used to indicate who is performing an action. Here is the complete list of Spanish subject pronouns.

yo	*I*	nosotros, nosotras	*we*
tú	*you*	vosotros, vosotras	*you*
usted (Ud.)*	*you*	ustedes (Uds.)*	*you*
él	*he*	ellos	*they* (males; males and females)
ella	*she*	ellas	*they* (females only)

  Note that there are several ways of addressing someone as *you*. When speaking with someone in Spanish, you must decide whether to use the polite, formal pronoun **usted (Ud.)** or the familiar **tú**. There is not a precise rule that guides this decision, but it is best to use **usted** with someone you do not know well, with someone in a position of authority, or with someone who is older than you. Some people are less formal than others and may prefer to use **tú**. If you have doubts about how to address someone, it is often best to use **usted** and wait until he or she suggests using **tú**.

  Vosotros forms are generally used only in Spain and with a group of people singularly addressed as **tú**. Ustedes (Uds.) is more commonly used in Latin America with a group of people you would individually address as **tú** and is used in both areas with a group of people individually addressed as **usted**.

---

*The pronouns **usted** and **ustedes** are often used in their abbreviated forms: **Ud.** and **Uds.** After this introduction, the abbreviated forms will be used in this text.

The use of subject pronouns with conjugated verbs is often optional in Spanish. They are most often used for emphasis or clarification.

Yo no hablo ruso, pero **ella** sí.   *I don't speak Russian, but she does.*

El tiempo presente de los verbos regulares

The present-tense forms of verbs in Spanish correspond to the following English equivalents.

canto	*I sing*	simple present tense
	I am singing	present progressive
	I do sing	emphasis in the present
	I will sing	near future

—¿Quién **canta?**
—Es Isabel. Siempre **canta.** Ella **canta** en el coro.

—*Who's singing?*
—*It's Isabel. She's always singing. She sings in the chorus.*

—¿Tú **cantas?**
—Yo sí **canto,** pero no como Isabel. Esta noche **cantamos** en el auditorio.

—*Do you sing?*
—*I do sing, but not like Isabel. Tonight we're going to sing (we'll sing) in the auditorium.*

Regular verbs are those verbs whose endings follow a predictable pattern and whose stems do not change when conjugated. Here are the present-tense conjugations of regular verbs.

-ar: cantar (*to sing*)	-er: comer (*to eat*)	-ir: escribir (*to write*)
(yo) canto	como	escribo
(tú) cantas	comes	escribes
(Ud., él, ella) canta	come	escribe
(nosotros/as) cantamos	comemos	escribimos
(vosotros/as) cantáis	coméis	escribís
(Uds., ellos/as) cantan	comen	escriben

Here are some common regular verbs in Spanish.

asistir (a)	to attend, go to (*a function*)	**comprar**	to buy
		escuchar	to listen to
bailar	to dance	**estudiar**	to study
beber	to drink	**hablar**	to speak

llamar	to call	**tomar**	to take; to eat or drink
necesitar	to need		
practicar	to practice; to play (*a sport*)	**trabajar**	to work
		leer	to read
mirar	to watch	**vivir**	to live
tocar	to play (*a musical instrument*)		

La negación

To make a statement negative, place the word **no** before a conjugated verb.

—Estudio español. **No** estudio francés.

—*I study Spanish. I don't study French.*

—¿Necesitas ayuda?

—*Do you need help?*

—**No, no** necesito ayuda en este momento.

—*No, I don't need help right now.*

¡OJO! There is no Spanish equivalent to the English auxiliary verb *do.*

—¿Estudias portugués?

—*Do you study Portuguese?*

—No.

—*No. (No, I don't.)*

Práctica **A**

En la clase de español

Paso 1   Indica las actividades que lógicamente se asocian con la clase de español.

En la clase de español, es común…

1. _____ hablar español.
2. _____ cantar en español.
3. _____ leer cuentos (*stories*) de terror.
4. _____ escribir oraciones.
5. _____ tomar apuntes (*notes*).
6. _____ mirar vídeos.
7. _____ comer dulces (*candy*).
8. _____ bailar.
9. _____ practicar la pronunciación.
10. _____ beber refrescos.

Paso 2   Ahora haz oraciones completas según tus respuestas en el Paso 1.

MODELO: Hablamos español en clase. No leemos cuentos de terror.

Práctica **B**

¿Con qué frecuencia?

Paso 1   Indica en una escala del 1 al 5 la frecuencia con la que haces las actividades en la siguiente página.

1 = nunca (*never*)
2 = casi (*almost*) nunca
3 = de vez en cuando (*once in a while*)
4 = con frecuencia
5 = siempre (*always*)

1. _____ llamar a tus padres/hijos por teléfono
2. _____ asistir a ~~una~~ fiesta**s**
3. _____ consultar con un profesor / una profesora en su oficina
4. _____ comprar comida
5. _____ mirar la televisión
6. _____ limpiar (*to clean*) tu cuarto/apartamento/casa
7. _____ practicar algún deporte, como el béisbol o el vólibol
8. _____ levantarte (*to get up*) después de las once de la mañana
9. _____ comer en un restaurante
10. _____ trabajar

Paso 2 Con un compañero / una compañera, compara la frecuencia de sus actividades.

MODELO: E1: ¿Llamas a tus padres por teléfono?
E2: Sí, llamo a mis padres con frecuencia. ¿Y tú?
E1: No, casi nunca llamo a mis padres.

Práctica **¿Sí o no?**

Paso 1 Con otro/a estudiante, haz y contesta preguntas con información verdadera para Uds.

MODELO: mirar mucho la televisión →
E1: ¿Miras mucho la televisión?
E2: Sí, miro mucho la televisión. (No. No miro mucho la televisión. / Casi nunca miro la televisión.)

1. escuchar música todos los días
2. trabajar hoy
3. comer en la cafetería de la universidad
4. vivir en una residencia
5. tocar un instrumento musical
6. leer muchas novelas
7. comprar mucha ropa (*clothing*)
8. escribir muchas composiciones
9. beber café
10. tomar apuntes en todas las clases

Paso 2

¡UN DESAFÍO! Ahora háganse preguntas para saber más detalles sobre las respuestas que Uds. dieron (*gave*) en el Paso 1. Usen las palabras interrogativas que estudiaron al principio de este capítulo.

MODELOS: E1: ¿Miras mucho la televisión?
E2: Sí, miro mucho la televisión.
E1: ¿Qué programas miras?
E2: Miro las noticias (*news*) y los programas de detectives.

E1: ¿Miras mucho la televisión?
E2: No. Casi nunca miro la televisión.
E1: ¿Por qué no?
E2: Porque me gusta más leer un buen libro.

Para terminar

Actividad final | Vamos a conocernos mejor

En este capítulo preliminar de *Nuevos Destinos,* empezaste (*you began*) el repaso de varios grupos temáticos y puntos gramaticales. También conociste (*you met*) a algunos de tus compañeros de clase. En esta actividad final, vas a conocerlos mejor y continuar repasando y mejorando tu conocimiento (*knowledge*) del español.

Paso 1 Hazles preguntas a tus compañeros de clase, según las categorías que aparecen a continuación. Tus compañeros de clase deben contestar con oraciones completas. Si alguien contesta afirmativamente, pide su firma (*ask for his/her signature*) en una hoja de papel aparte (*separate sheet of paper*). Si contesta negativamente, dale las gracias y hazle la misma pregunta a otra persona. Sigue el modelo.

MODELO: vivir en un apartamento →
E1: ¿Vives en un apartamento?
E2: No. Vivo en una residencia.
E1: Gracias. Y tú, ¿vives en un apartamento?
E3: Sí, vivo en un apartamento con dos compañeros de cuarto.
E1: ¡Firma aquí, por favor! (*Sign here, please!*)

1. comer y mirar la televisión al mismo tiempo
2. tomar Coca-Cola u otro refresco por la mañana
3. vivir en una residencia
4. leer el periódico todos los días
5. recibir por lo menos (*at least*) dos revistas
6. manejar (*to drive*) su carro para ir (*to go*) a la universidad
7. tocar por lo menos dos instrumentos musicales
8. trabajar más de treinta horas a la semana

Paso 2 ¿Sacaste (*Did you get*) firmas para todas las categorías? Compara tus resultados con los de tus compañeros de clase. ¿Hay alguna categoría que nadie (*no one*) firmó? ¿Qué aprendiste (*did you learn*) de tus compañeros de clase?

ocabulario

¡Hola!

¿Cómo te llamas? ¿Cómo se llama usted?
 Me llamo... / Mi nombre es... / Soy...
Mucho gusto. Encantado/a. Igualmente.
¿Cómo estás? ¿Cómo está usted? ¿Qué tal?
 (Muy) Bien. Más o menos. Regular.
Buenos días. Buenas tardes. Buenas noches.
Adiós. Hasta luego. Hasta mañana. Hasta pronto.

Las palabras interrogativas

¿adónde?	where (to)?
¿cómo?	how?
¿cuál(es)?	what? which (one)?
¿cuándo?	when?
¿cuánto/a?	how much?
¿cuántos/as?	how many?
¿de dónde?	from where?
¿dónde?	where?
¿por qué?	why?
¿qué?	what? which?
¿quién(es)?	who? whom?

En el salón de clase

el bolígrafo	pen
la computadora (portátil)	(laptop) computer
el cuaderno	notebook
el escritorio	(instructor's) desk
el lápiz (pl. lápices)	pencil
el libro	book
la luz (pl. luces)	light
la mesa	table
la mochila	backpack
el papel	(sheet of) paper
la pared	wall
la pizarra	chalkboard
la puerta	door
el pupitre	(student's) desk
el reloj	clock; watch
la silla	chair
la ventana	window

Cognado: el mapa

el/la amigo/a	friend
el/la compañero/a de clase	classmate
el/la estudiante	student
el/la profesor(a)	professor

Los colores

amarillo/a	yellow
anaranjado/a	orange
azul	blue
blanco/a	white
gris	gray
marrón	brown
morado/a	purple
negro/a	black
pardo/a	brown
rojo/a	red
verde	green

Los verbos

hay	there is, there are
asistir (a)	to attend, go to (a function)
bailar	to dance
beber	to drink
cantar	to sing
comer	to eat
comprar	to buy
escribir	to write
escuchar	to listen to
hablar	to speak
leer	to read
llamar por teléfono	to call on the phone
mirar	to watch
necesitar	to need
practicar	to practice
practicar deportes	to practice, play sports
ser (irreg.)	to be
tocar	to play (a musical instrument)
tomar	to take; to eat or drink
tomar apuntes	to take notes
trabajar	to work
vivir	to live

Los adjetivos

aburrido/a	boring
alto/a	tall
antipático/a	mean
bajo/a	short
bonito/a	pretty
buen, bueno/a	good
delgado/a	thin
difícil	difficult, hard
divertido/a	fun
fácil	easy
feo/a	ugly
gordo/a	fat
grande	big
guapo/a	handsome; pretty
joven	young
mal, malo/a	bad
moreno/a	brunette, dark-haired
nuevo/a	new
pequeño/a	small, little
perezoso/a	lazy
rubio/a	blond(e)
simpático/a	nice
trabajador(a)	hard-working
viejo/a	old

Los adjetivos posesivos

mi(s), tu(s), su(s), nuestro/a/os/as, vuestro/a/os/as, su(s)

¿Con qué frecuencia?

siempre	always
con frecuencia	often
de vez en cuando	once in a while
casi nunca	almost never
nunca	never

Palabras y expresiones útiles

el café	coffee
la comida	food
el hombre	man
la mano	hand
la mujer	woman
la residencia (estudiantil)	dormitory
la revista	magazine

¿Cuál se usa?

hacer preguntas	to ask questions
la hora	hour
pedir	to ask for
preguntar	to ask
el tiempo	time
la vez	time

1 Dos abogadas

METAS

LA TRAMA

Día 1: Five years ago, Raquel Rodríguez, a lawyer from Los Angeles, California, worked on a case for the Castillo family of Mexico. Today she receives some bad news about that family. Lucía Hinojosa, a young lawyer from Mexico City, has been assigned to work with Raquel on a new case pertaining to the bad news that Raquel received.

LUCÍA: Lucía Hinojosa, ¿bueno?
RAQUEL: Buenos días. Habla la abogada Raquel Rodríguez de la oficina de Los Ángeles…

CULTURA

As you work through the chapter, you will also find out about

- Hispanics in the United States (**Enfoque cultural: Los hispanos en los Estados Unidos**)
- an unlucky day for many Spanish-speakers (**Nota cultural: El martes trece**)

COMUNICACIÓN

In this chapter of *Nuevos Destinos,* you will

- talk about daily activities, as well as use affirmative and negative words and expressions (**Enfoque léxico: Las actividades diarias**)
- review the uses of **presentar, introducir; jugar, tocar, poner** (**Enfoque léxico: ¿Cuál se usa?**)
- talk about actions in the present (**Enfoque estructural 1.1**)
- talk about actions generally expressed with English *-self* or *-selves* (**1.2**)
- express likes and dislikes (**1.3**)
- talk about future events (**1.4**)

El vídeo

Preparación para el vídeo

Actividad

Una carta con malas noticias

Paso 1 En este episodio, Raquel Rodríguez va a recibir una carta con noticias tristes. ¿De qué se tratará (*will deal with*) la carta? A continuación hay una serie de oraciones sobre esa carta, algunas ciertas y otras falsas. Indica si piensas que cada oración sobre la carta es probable (**P**) o improbable (**I**).

La carta...

P   I   **1.** es de sus padres.
P   I   **2.** dice que alguien está muy enfermo.
P   I   **3.** anuncia la muerte de alguien.
P   I   **4.** dice que un médico necesita hablar con Raquel.

In **Episodio 1** of the CD-ROM to accompany *Nuevos Destinos,* you can read the entire letter from Ramón Castillo to Raquel Rodríguez.

ADIVINANZA

No tiene pies y camina desde lejanos[a] lugares, sin hablar te da noticias de amigos y familiares.

[a]*faraway*

INDUSTRIAS
CASTILLO SAAVEDRA S. A.
Las Almendras No 465 • 20065 Toluca, México
Teléfono: (52) (42) 07 02 66 • Fax: (52) (42) 07 02 68

Toluca, 18 de febrero

Licenciada Raquel Rodríguez
Goodman, Potter & Martinez
11759 Wilshire Boulevard
Los Angeles, CA 90025

Estimada Raquel:

Lamento tener que informarle de la muerte de mi tío Pedro. Ha sido algo inesperado que nos ha dejado a todos profundamente consternados. Como Ud. bien sabe, Pedro no sólo era muy unido a todos nosotros, sino que también era el principal asesor de nuestra familia.

P I **5.** es de México.
P I **6.** dice que una abogada necesita hablar con Raquel.
P I **7.** da detalles sobre un accidente trágico.

Paso 2 Después de ver el Episodio 1, verifica tus respuestas.

¿Qué tal es tu memoria?

Actividad   **A**

¿Quién es?

¿A quién se refiere cada una de las siguientes oraciones?

¡UN DESAFÍO!   Indica a los personajes sin mirar las opciones de abajo.

1. Era el tío de los Castillo.
2. Va a llevar los asuntos del testamento (*will*).
3. Recibe una carta de la familia Castillo.
4. Murió de un ataque al corazón.
5. Escribe una carta dando las malas noticias.
6. Narra la historia de la familia Castillo.

Opciones: don Fernando, Lucía, Pedro, Ramón, Raquel.

Actividad   **B**

Hace cinco años

Don Fernando nace en Bilbao, España, y se casa muy joven con Rosario. Vive con ella en Guernica cuando comienza la Guerra Civil española. Después del bombardeo de Guernica busca a Rosario, pero no la encuentra. Concluye que ella está muerta y al final de la guerra, decide irse a vivir a México. La carta que recibe de Teresa Suárez le abre otra vez ese capítulo tan doloroso de su pasado.

Hace cinco años   **¿Quién era don Fernando?**

En este episodio hay mucha información sobre don Fernando Castillo. ¿Cuáles de las siguientes palabras o frases se aplican a él? Indica si lo que dice cada una es cierto (**C**) o falso (**F**).

Don Fernando era...

C F **1.** español.
C F **2.** dueño (*owner*) de un castillo en España.
C F **3.** esposo de Rosario.
C F **4.** hermano de Pedro.
C F **5.** un hombre con mala suerte en los negocios.
C F **6.** abogado.
C F **7.** dueño de una hacienda mexicana.

Lengua y cultura

Las actividades diarias

VOCABULARIO DEL TEMA

correr

almorzar (ue)*

vestirse (i)*   manejar   pasear

nadar   levantarse

Algunas actividades

caminar	to walk
cenar	to have (eat) dinner
desayunar	to have (eat) breakfast
descansar	to rest
dormir (ue)*	to sleep
llegar	to arrive
llevar	to take; to carry; to wear
preparar	to prepare
recibir	to receive
regresar	to return
visitar	to visit

La rutina diaria†

acostarse (ue)*	to go to bed
afeitarse	to shave
bañarse	to take a bath
cepillarse los dientes	to brush one's teeth
despertarse (ie)*	to wake up
dormirse (ue)*	to fall asleep
ducharse	to take a shower
peinarse	to comb one's hair

---

*These verbs are stem-changing verbs, as indicated by the vowel changes in parentheses. You will learn more about these verbs in **Enfoque estructural 1.1** and **1.2**.

†All the verbs in this section are *reflexive* verbs, meaning actions that one does to one's self. **Me baño** means *I take a bath* or, literally, *I bathe myself*. You will learn more about these verbs in **Enfoque estructural 1.2**.

Expresiones indefinidas y negativas

algo ≠ **nada**	something/nothing
alguien ≠ **nadie**	someone, anyone/ no one, nobody
algún ≠ **ningún**	some, any/none, not one
alguno/a/os/as ≠ **ninguno/a**	some, any/none, not one
también ≠ **tampoco**	also/neither
Repaso: siempre ≠ **nunca**	

¡OJO! En español se suele usar (*is usually used*) la doble negación, es decir, construcciones con **no** + una palabra negativa. También se puede poner la palabra negativa al principio de la oración, pero sin usar **no**.

No como sopa nunca.
Nunca como sopa. } I never eat soup.

AMPLIACIÓN LÉXICA

Más expresiones de frecuencia y tiempo

a veces	sometimes
una vez	once
esta mañana (tarde); esta noche	this morning (afternoon); tonight
por la mañana (tarde, noche)	in the morning (afternoon, evening)
todas las mañanas (tardes, noches)	every morning (afternoon, evening/night)
mañana	tomorrow
pasado mañana	the day after tomorrow
la semana pasada	last week
la próxima semana	next week

Actividad

Asociaciones

Paso 1 Relaciona cada verbo a continuación con una de las palabras en la lista de sustantivos. Puede haber más de una asociación lógica en algunos casos.

MODELO: dormir →
la cama, el cuarto,...

VERBOS

1. _____ correr
2. _____ almorzar
3. _____ nadar
4. _____ descansar
5. _____ vestirse
6. _____ visitar
7. _____ cepillarse
8. _____ regresar
9. _____ manejar
10. _____ recibir
11. _____ pasear
12. _____ ducharse

SUSTANTIVOS

a. el carro
b. la casa
c. el baño
d. el parque
e. los dientes
f. las cartas
g. la cama
h. los amigos
i. el cuarto
j. la cocina
k. la cafetería
l. la piscina

Paso 2   Con un compañero / una compañera, haz oraciones completas con las asociaciones que formaron en el Paso 1.

¡UN DESAFÍO!   Agreguen tantos detalles como pueden a sus oraciones.

MODELO: Con frecuencia recibo cartas de mi novio. Él vive en otro estado.

Actividad   **B**   ### Las rutinas diarias

Paso 1   Con un compañero / una compañera, haz y contesta preguntas sobre lo que Uds. hacen en un día típico. Tomen apuntes sobre lo que dice su compañero/a. También deben tratar de incluir palabras de la lista a continuación cuando sea posible.

MODELO: E1: ¿Qué haces por la mañana?
          E2: Primero, me levanto a las ocho. Luego, desayuno y después me ducho...

Palabras útiles: antes de (*before*), después (de) (*after*), luego (*then, next*), primero (*first*)

Paso 2   Ahora cuéntales a los demás miembros de la clase cómo es la rutina diaria de tu compañero/a. Haz comparaciones entre su rutina diaria y la tuya (*yours*).

MODELO: Kelly se levanta todos los días a las ocho, pero yo me levanto a las siete. Ella desayuna antes de ducharse, pero yo prefiero ducharme primero y desayunar después...

REFRÁN

 El que no arriesga, nada tiene. »*

Actividad   **C**   ### No quiero nada

Paso 1   Contesta las siguientes preguntas con respuestas negativas, según el modelo.

MODELO: ¿Quieres tomar algo? →
          No, no quiero tomar nada.

1. ¿Hay alguien estudioso en la clase de español?
2. ¿Practicas algún deporte?
3. ¿Quieres visitar a alguien este verano?
4. ¿Hay algunas personas talentosas en tu familia?[†]
5. ¿Te gustaría (*Would you like*) comer algo en la cafetería?
6. ¿Siempre llegas a esta clase a tiempo (*on time*)?

Paso 2   Con un compañero / una compañera, haz y contesta preguntas basadas en las del Paso 1. Cambien los detalles para que las oraciones sean verdaderas para Uds.

---

*"*Nothing ventured, nothing gained.*"
[†]¡OJO! La forma negativa casi siempre se usa en singular.

MODELO: E1: ¿Quieres tomar algo?

E2: Sí, me gustaría tomar una cerveza. (No, no quiero tomar nada en este momento. Acabo de* tomar un refresco.)

¿CUÁL SE USA?

	Ejemplos	**Notas**
presentar	Quiero **presentarle** a mi amiga Amy. *I want to introduce you to my friend Amy.*	**Presentar** is used to introduce a person to another person.
introducir	Cada día se **introducen** nuevos productos. *Every day new products are introduced.*	To introduce a product or bring up a topic, use **introducir.**
jugar	—¿**Juegas** algún deporte? —Sí, **juego al** tenis. —*Do you play any sport?* —*Yes, I play tennis.*	To play a sport or game is expressed with **jugar** (usually followed by **a** + definite article before a specific sport or game).
tocar	¿Qué tipo de música **toca** ese conjunto? *What kind of music does that group play?*	To refer to playing music or a musical instrument, use **tocar.**
poner	Algunas personas **ponen** la música demasiado fuerte para mi gusto. *Some people play music too loudly for my taste.*	If the subject of the sentence does not actually play the instruments, use **poner.**

Actividad **¿Qué verbo se usa?**

Completa cada oración con la forma correcta del verbo apropiado. Escoge entre **presentar, introducir, jugar, tocar** y **poner.**

1. En los países latinos se _____ más al fútbol que al baloncesto.
2. En el mundo de la música, cada generación _____ un nuevo sonido.
3. ¡Tienes tantos discos muy buenos! ¿Por qué no _____ uno?
4. Quiero escuchar el nuevo CD de ese conjunto. ¡Ellos _____ muy bien!
5. ¿Te gusta _____ a las cartas?
6. Los cantantes se _____ al principio del concierto.
7. ¡Qué bien _____ la flauta (*flute*) esa niña!
8. Vamos al parque a _____ a la pelota con mi perro.

---

*To say that you or others have just done something, use **acabar** + **de: Acabamos de jugar al tenis** (*We just played tennis*).

Una entrevista con un compañero / una compañera

Con un compañero / una compañera, haz y contesta las siguientes preguntas.

1. ¿Juegas en algún equipo en la universidad? ¿En cuál?
2. ¿Siempre presentas a tus amigos a tus padres?
3. ¿Tocas algún instrumento musical? ¿Cuál?
4. ¿Qué tipo de música pones cuando vas en el coche?
5. ¿Qué dices cuando tienes que introducir un tema difícil a tu familia?
6. ¿Te gusta jugar a las cartas? ¿Cuál es tu juego favorito?

Enfoque cultural

Los hispanos en los Estados Unidos

En los Estados Unidos hay varios grupos de gente de origen hispánico. Algunos grupos comparten ciertas tradiciones y costumbres, mientras que otros no. Pero todos tienen por lo menos dos cosas en común: la lengua española y su contribución al enriquecimiento[a] y diversificación de la cultura estadounidense.

Los mexicoamericanos

Los mexicoamericanos forman el grupo más numeroso de los hispanos que viven en los Estados Unidos: constituyen el 65 por ciento. Muchos de ellos son descendientes de personas que vivían en el oeste y el suroeste de los Estados Unidos cuando esta región pertenecía a México. Otros han inmigrado más recientemente.

Estos mexicoamericanos celebran el Cinco de Mayo en San Francisco, California.

La región del suroeste pasó a ser parte de este país como consecuencia de la guerra entre los Estados Unidos y México (1846–1848). Muchas de las tradiciones de los habitantes de esta región datan de la época colonial, cuando México se llamaba Nueva España. Estas personas y sus tradiciones han influido mucho en la vida y cultura de esta región. Esta influencia se puede ver en muchas áreas distintas: en la música, la comida, el arte y hasta en el idioma inglés. Por ejemplo, la palabra inglesa *canyon* viene de cañón, que se refiere al espacio entre dos montañas. Y el nombre del estado de Colorado significa *red*.

Muchos de los inmigrantes mexicanos llegan a los Estados Unidos en busca de mejores oportunidades económicas para ellos y sus familias. Como muchas familias mexicoamericanas que han vivido en el suroeste desde hace siglos, muchos de los recién llegados se han instalado en ciudades fronterizas,[b] como San Diego, California, y El Paso, Texas. Y el número de inmigrantes sigue aumentando. Se proyecta que para el año 2050, las personas de ascendencia hispánica constituirán la mitad de la población del estado de California.

[a]*enrichment*   [b]*border*

Los caribeños

Otro de los grupos hispánicos que predomina en los Estados Unidos es el de los caribeños: los dominicanos, los puertorriqueños y los cubanos. Es notable, sobre todo, la influencia de estos dos últimos grupos.

El 10 por ciento de los hispanos de este país es de origen puertorriqueño, y se concentran principalmente en Nueva York y Nueva Jersey, en el este de los Estados Unidos. En 1898, como resultado de la guerra de este país contra España, la entonces colonia española de Puerto Rico pasó a ser de los Estados Unidos. Ahora Puerto Rico es Estado Libre Asociado a los Estados Unidos, y los habitantes de la Isla son ciudadanos estadounidenses. Por eso, no se puede considerar a los puertorriqueños como inmigrantes propiamente dicho. Y aunque la Isla es territorio estadounidense, conserva su soberanía.[c]

Otro grupo caribeño que se destaca[d] en este país es el de los cubanos. Muchos de ellos emigraron a los Estados Unidos para escapar de la tiranía del dictador comunista Fidel Castro, quien se mantiene en el poder en Cuba desde 1959. La mayoría de ellos se ha establecido en Miami, Florida, a sólo unos 180 kilómetros de distancia de Cuba, donde el clima tropical es muy semejante al de su tierra natal. Su influencia se nota tanto que más del 50 por ciento de la población de Miami es de habla española. Tanto han influido los cubanoamericanos en la vida y cultura de Miami que al famoso barrio Calle Ocho también se le llama la Pequeña Habana.

Un festival en el barrio Calle Ocho de Miami.

Los centroamericanos

El grupo más reciente llegado a los Estados Unidos es el de los centroamericanos. Muchos de ellos han emigrado, no sólo por razones económicas, sino también por razones políticas, pues Centroamérica ha sido últimamente escena de desastrosas guerras civiles. Pero las regiones de este país donde muchos salvadoreños, guatemaltecos y nicaragüenses se han establecido, como el área de la Bahía de San Francisco, en California, se han beneficiado mucho de las ricas tradiciones y herencia cultural que estas personas aportan.

[c]*sovereignty*   [d]*se... stands out*

Actividad

¿Cuánto entiendes?

Todas las siguientes afirmaciones sobre los hispanos en los Estados Unidos son falsas. Modifícalas para que sean (*they are*) ciertas.

1. Todas las personas de ascendencia (*ancestry*) mexicana que viven en los Estados Unidos son recién llegados.
2. El gobierno de los Estados Unidos compró territorios al gobierno mexicano en 1848.
3. Hoy en día, muchos inmigrantes mexicanos prefieren instalarse tan lejos de México como pueden.
4. Últimamente, la población hispánica de California va disminuyendo (*is growing smaller*) poco a poco.
5. Los inmigrantes de los países hispánicos han perdido toda su identidad cultural.
6. Los puertorriqueños necesitan pasaporte y visado para viajar entre la Isla y los Estados Unidos.
7. Muchos cubanos emigran de Cuba a la Florida porque les gustan las playas y el ambiente (*environment*) relajado.

Actividad

En el extranjero

Imagínate que tuvieras que (*you had to*) irte a vivir a otro país de habla española para siempre. ¿A qué país te irías (*would you go*)? ¿Cuáles de las tradiciones y costumbres que tienes ahora continuarías practicando en ese lugar? ¿A qué tipo de tradiciones no te podrías acostumbrar? ¿Cómo crees que influiría en ti la cultura de tu nuevo país?

Paso 1 En grupos de tres o cuatro estudiantes, imagínense que se van a vivir a otro país. Comenten a qué lugar van, qué hacen allí para ganarse la vida (*earn a living*) y qué tradiciones y costumbres de este país llevan a su nuevo país. Después, escriban sus ideas en uno o dos párrafos.

Paso 2 Presenten su plan ante el resto de la clase. ¿En qué difieren los planes de todos los grupos? ¿En qué son similares? ¿Hay algo que a todos les interese o preocupe? ¿Qué es?

Enfoque estructural

1.1 El presente de indicativo de los verbos de cambio radical y de los verbos irregulares

Los verbos de cambio radical

In the **Capítulo preliminar** you reviewed the present indicative of regular -**ar,** -**er,** and -**ir** verbs. There are also a number of verbs that have changes in their *stem* or *root*. These verbs are called **verbos de cambio radical.** Examples of such verbs are grouped on pages 37–38 according to the type of stem change that occurs. Word lists in *Nuevos Destinos* will include the type of stem change in parentheses after the verb listed.

For stem-changing verbs in the present tense, stem changes occur in all verb forms except the **nosotros** and **vosotros** forms.

● e → ie verbs

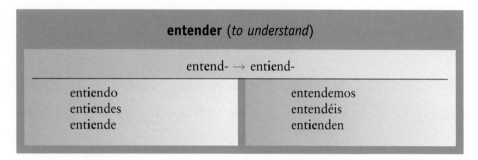

entender (*to understand*)	
entend- → entiend-	
entiendo	entendemos
entiendes	entendéis
entiende	entienden

Here are some other common e → ie stem-changing verbs.

-ar		**-er**		**-ir**	
cerrar	to close	perder	to lose	preferir	to prefer
comenzar	to begin	querer	to want		
empezar	to begin				
pensar (en)	to think (about)				

● o → ue verbs

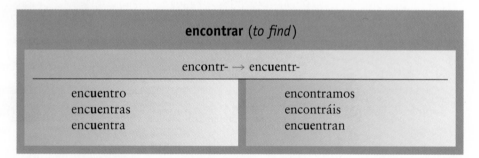

encontrar (*to find*)	
encontr- → encuentr-	
encuentro	encontramos
encuentras	encontráis
encuentra	encuentran

Here are some other o → ue stem-changing verbs.

-ar		**-er**		**-ir**	
almorzar	to have (eat) lunch	poder	to be able; can	dormir	to sleep
contar	to tell; to count	volver	to return	morir	to die
jugar (a)*	to play (*a sport*)				
mostrar	to show				
soñar (con)	to dream (about)				

---

*Although **jugar** does not have an **-o** in the stem, it is listed with the o → ue stem-changing verbs because it follows the same pattern. It is the only u → ue stem-changing verb in Spanish.

● e → i verbs

pedir (*to ask for, request*)	
ped- → pid-	
pido	pedimos
pides	pedís
pide	piden

Here are some other **-ir** verbs with the **e → i** stem change.

repetir to repeat   **seguir** to follow; to continue

Los verbos irregulares

● **Verbs with an irregular first-person singular (*yo*) form** These verbs fit into two categories in Spanish. The first category includes verbs that have an **-oy** ending in the **yo** form. (Note also the stressed syllables on some forms of **estar.**)

dar (*to give*)		**estar** (*to be*)	
doy	damos	estoy	estamos
das	dais	estás	estáis
da	dan	está	están

The second category includes verbs whose **yo** forms end in **-go.**

decir* (*to say, tell*)	**hacer** (*to do; to make*)	**oír*** (*to hear*)	**poner** (*to put, place*)	**tener*** (*to have*)	**traer** (*to bring*)	**venir*** (*to come*)
digo	hago	oigo	pongo	**tengo**	traigo	**vengo**
dices	haces	oyes	pones	tienes	traes	vienes
dice	hace	oye	pone	tiene	trae	viene
decimos	hacemos	oímos	ponemos	tenemos	traemos	venimos
decís	hacéis	oís	ponéis	tenéis	traéis	venís
dicen	hacen	oyen	ponen	tienen	traen	vienen

---

*Note that **decir, oír, tener,** and **venir** have additional changes. Except for the **yo** form, **decir** follows the **e → i** stem-changing pattern. Some forms of **oír** have an **i** to **y** change, which occurs in the conjugations in which the **-i** would come between two vowels. **Tener** and **venir** both follow the **e → ie** stem-changing pattern, except for the **yo** form.

●   **Other Irregular Verbs**   Finally, there are several irregular verbs that do not fit any specific category. They are conjugated below.

ir (to go)	saber (to know facts, information)	ser (to be)	ver (to see)
voy	sé	soy	veo
vas	sabes	eres	ves
va	sabe	es	ve
vamos	sabemos	somos	vemos
vais	sabéis	sois	veis
van	saben	son	ven

●   The forms of **ir** are almost always followed by the preposition **a.** You will learn more about the use of **ir** + **a** and **ir** + **a** + *infinitive* in **Enfoque estructural 1.4.**

Voy al supermercado.	*I'm going to the supermarket.*
¿Quieres algo?	*Do you want anything?*
No puedo salir esta noche	*I can't go out tonight because*
porque **voy a** estudiar.	*I'm going to study.*

●   When used with an infinitive, **saber** means *to know how to (do something).*

| —¿**Sabes patinar** en línea? | —*Do you know how to in-line skate?* |
| —No, pero sí **sé patinar** sobre hielo. | —*No, but I do know how to ice skate.* |

●   As you have seen by now, **ser** and **estar** both mean *to be.* You will learn more about the uses of **ser** and **estar** in **Enfoque estructural 2.1.**

Práctica **A**

Las actividades de Lucía

Paso 1   Mira los dibujos en la siguiente página que narran un día típico de Lucía Hinojosa, la abogada de la oficina en México, D.F. Usa las indicaciones en la lista de actividades u otras palabras, si quieres. También incluye las expresiones de tiempo que ves debajo de cada dibujo.

Actividades: almorzar con una amiga, hacer ejercicios, ir a la oficina, jugar al tenis, mostrar la evidencia, pedir información sobre sus clientes, pensar en asuntos legales, ver la televisión, volver a casa

MODELO: **1.** todos los días
Todos los días Lucía hace ejercicios.

2. por la mañana

3. a lo largo del (*throughout the*) día

4. dos veces a la semana

5. a veces

6. de vez en cuando

7. con frecuencia

8. a las siete u ocho

9. todas las noches

Paso 2   Con un compañero / una compañera, habla de tus actividades. Utilicen las expresiones de tiempo en sus declaraciones.

MODELO: De vez en cuando voy al cine con mis amigos.

Práctica **B**

¡Firma aquí, por favor!

Paso 1 Hazles preguntas a tus compañeros de clase para averiguar quiénes de la clase hacen las siguientes actividades. Tus compañeros de clase deben contestar con oraciones completas. Si alguien contesta afirmativamente, pide su firma en una hoja de papel aparte («¡Firma aquí, por favor!»). Si contesta negativamente, dale las gracias y hazle la misma pregunta a otra persona. Sigue el modelo.

MODELO: soñar con ser rico/a algún día →
 E1: ¿Sueñas con ser rica algún día?
 E2: Sí, ¡siempre sueño con ser rica!
 E1: ¡Firma aquí, por favor!

1. soñar con tener familia e hijos
2. saber cocinar bien
3. jugar al ráquetbol
4. oír música mientras estudiar
5. ir a museos con frecuencia
6. tener una mascota (*pet*)
7. preferir la comida china a la comida mexicana
8. contar muchos chistes (*jokes*)

Paso 2 Ahora, Uds. deben examinar sus hojas de papel con las firmas de sus compañeros. ¿Hay alguna pregunta que quedó (*was left*) sin firma?

1.2   Los verbos reflexivos

REFRÁN

« De la suerte y de la muerte no hay quien *se escape*. »*

Many of the verbs used to talk about daily routines are reflexive. These verbs can be easily recognized because of the pronoun -**se** that follows the infinitive ending. When a verb is reflexive, the subject performing the action also receives the action of the verb. A reflexive pronoun is used to show who is receiving the action and comes before the conjugated verb. Here is the complete list of reflexive pronouns in Spanish.

REFLEXIVE PRONOUNS	
me	nos
te	os
se	se

---

* *"Death and taxes are inevitable."* (lit. *"From fate and death there's none that will escape."*)

● Many reflexive verbs can also be used nonreflexively. Observe the contrast between the reflexive and nonreflexive use of the verbs in the drawings below.

Me acuesto a las
once y media.

Acuesto a mis
hijos a las nueve.

Mi esposo y yo **nos
despertamos** temprano.

También **despertamos**
a los niños temprano.

● When a reflexive verb is used in the infinitive, the reflexive pronoun is attached to the infinitive.

Prefiero **acostarme** a las once y media.	*I prefer to go to bed at eleven thirty.*
Mi esposo y yo queremos **levantarnos** temprano.	*My husband and I want to get up early.*

● Here are some common reflexive verbs. You have already seen and used many of them in this chapter.

acostarse (ue)	to go to bed
afeitarse	to shave
bañarse	to take a bath
cepillarse los dientes	to brush one's teeth
despertarse (ie)	to wake up
divertirse (ie)	to have fun, enjoy oneself
dormirse (ue)	to fall asleep
ducharse	to take a shower
enamorarse (de)	to fall in love (with)
enfermarse	to get sick
enojarse	to become angry
levantarse	to get up
olvidarse de	to forget
peinarse	to comb one's hair
ponerse	to put on (*clothing*)
quitarse	to take off (*clothing*)
vestirse (i)	to get dressed

Note that some verbs slightly change in meaning when a reflexive pronoun is added.

dormir   to sleep   **poner**   to put, place
dormirse to fall asleep   **ponerse** to put on (*clothing*)

Práctica   **A**

¿Con qué frecuencia lo haces?

Paso 1 Indica la frecuencia con que haces las siguientes actividades.

a. nunca
b. 1–3 veces a la semana
c. todos los días
d. siempre
e. ¿otro?

1. _____ Me baño/ducho.
2. _____ Me afeito.
3. _____ Me cepillo los dientes.
4. _____ Me levanto tarde para alguna clase.
5. _____ Me enojo con alguien.
6. _____ Me enamoro.
7. _____ Me enfermo.

Paso 2 Ahora con un compañero / una compañera de clase, haz y contesta preguntas, basándote en las respuestas que diste en el Paso 1.

MODELO: E1: ¿Con qué frecuencia te bañas o te duchas?
         E2: Me ducho todos los días.

Práctica   **B**

¿Qué hace tu compañero/a?

Paso 1 Pregúntale a un compañero / una compañera de clase si hace las siguientes actividades. Escribe sus respuestas en una hoja de papel aparte.

MODELO: acostarse antes de las diez →
         E1: ¿Te acuestas antes de las diez?
         E2: Sí. Me acuesto a las nueve y media.

1. acostarse antes de las diez
2. ducharse por más de veinte minutos
3. despertarse antes de las siete de la mañana
4. enfermarse antes de un examen
5. divertirse en la clase de español
6. vestirse en menos de cinco minutos
7. dormirse en alguna clase (¿cuáles?)
8. olvidarse de la tarea con frecuencia
9. ponerse ropa elegante para ir a clases
10. quitarse los zapatos al llegar a casa

Paso 2 Comparte los resultados de tu entrevista con todos los miembros de la clase.

MODELO: Juan se acuesta temprano, por lo general. Se acuesta a las nueve y media.

1.3   Para expresar gustos

The Spanish verb **gustar** is used to express likes and dislikes. Although **gustar** is often translated as *to like,* the verb is more similar in structure to English *to appeal* or *to please.* The verb form of **gustar** always agrees with the thing that is appealing or pleasing. The following phrases are all accompanied by indirect object pronouns, which you will learn more about later in **Enfoque estructural 5.1.** But for now, you can use the following phrases to tell what you and others like and don't like.

me gusta(n)	I like	**nos gusta(n)**	we like
te gusta(n)	you (*fam.*) like	**os gusta(n)**	you (*fam., Sp.*) like
le gusta(n)	you (*form.*) like; he, she likes	**les gusta(n)**	you (*form.*), they like

Nos gusta hablar español.   **Le gusta** enseñar.   **Me gusta** leer.

Note that the third-person singular form of **gustar** is used when the verb is followed by an infinitive.

A prepositional phrase can be used with **gustar** to add clarification for **le** or **les,** as well as emphasis. Use the preposition **a** before the noun or pronoun that refers to the person who likes or dislikes an activity.

—¿**Te gusta** la comida mexicana?   —*Do you like Mexican food?*
—Sí, **a mí me gusta** mucho.   —*Yes, I like it a lot.*

—¿**A Juan le gusta** bailar?   —*Does Juan like to dance?*
—Sí, **a él le gusta** mucho.   —*Yes, he likes it a lot.*

¡OJO! The third-person plural form of **gustar** is used when the thing that is appealing or pleasing is plural.

—¿**A ti te gustan** los tacos?   —*Do you like tacos?*
—No, no **me gustan** mucho.   —*No, I don't like them very much.*

NOTA *cultural* • *El martes trece*

Para pensar | Y a ti, ¿te preocupa salir de casa el viernes 13? ¿Haces algo para evitar la mala suerte? ¿Qué es?

Práctica **¿Qué (no) les gusta hacer?**

Haz ocho oraciones lógicas para expresar los gustos o disgustos de las personas en la primera columna. No te olvides de usar un complemento indirecto.

MODELO: A mis hijos (no) les gusta comer en restaurantes elegantes.

A mí		jugar al...
A ti		correr
Al presidente de los Estados Unidos		dormir
		ir al cine / a fiestas
A mi profesor(a)		bailar
A nosotros, los estudiantes	gusta	llorar (*to cry*)
		estudiar
A los bebés		trabajar
A los artistas de cine		comprar regalos
A mis padres/hijos		enseñar
¿ ?		¿ ?

Práctica **Los gustos de mis compañeros**

¿Cuáles son los gustos y preferencias de tus compañeros de clase? En grupos de tres estudiantes, háganse preguntas usando las indicaciones en la siguiente página. Contéstenlas según el modelo.

¡UN DESAFÍO! Agreguen detalles para explicar más a fondo (*in depth*) sus gustos y preferencias.

MODELO:　E1: ¿Te gusta más el día o la noche?
　　　　　E2: Me gusta más el día (porque tengo más energía).

　　　　　E1: ¿Te gustan más las ciencias o los idiomas?
　　　　　E2: Me gustan más los idiomas (porque son más prácticas para la
　　　　　　　carrera que pienso seguir).

1. los perros / los gatos
2. la primavera / el otoño
3. viajar en tren / en avión
4. leer novelas / mirar la televisión
5. las frutas y verduras / los dulces y pasteles
6. practicar deportes / ver una película
7. ir a las fiestas / estudiar
8. estar en casa / salir con amigos

Práctica **C**

Las actividades favoritas del grupo

Paso 1　A continuación hay una lista de diez actividades. Para cada una de las actividades, escribe el orden de preferencia (del 1 al 10) para ti, usando el número 10 para tu actividad favorita.

a. _____ bailar
b. _____ mirar la televisión
c. _____ afeitarse
d. _____ pasear
e. _____ oír música

f. _____ ir de compras
g. _____ leer
h. _____ practicar un deporte
i. _____ estudiar
j. _____ dormir

Paso 2　En grupos de tres o cuatro estudiantes, sumen el total para cada actividad y comparen los resultados con el resto de la clase.

MODELO:　En nuestro grupo, la actividad que más nos gusta es oír música. (En nuestro grupo, no hay una sola actividad favorita; nos gustan diferentes actividades.)

1.4　Para hablar del futuro inmediato: *ir; ir + a +* el infinitivo

In this section, you will review three uses of the verb **ir**. See **Enfoque estructural 1.1** for the present-tense forms of **ir**.

● **Ir** is used to say where you or others are going.

　　　Mis padres **van al*** cine.　　　　　*My parents are going to the*
　　　　　　　　　　　　　　　　　　　　　movies.

● **Ir** can be used with the preposition **a** and an infinitive to describe actions or events in the near future.

　　　Voy a repasar los verbos　　　　*I'm going to review the*
　　　irregulares esta noche.　　　　　*irregular verbs tonight.*

● Use **vamos a** plus an infinitive to say *Let's . . .*

　　　¡Vamos a celebrar tu cumpleaños!　*Let's celebrate your birthday!*

────────────────

*Use **al** or **a los** if the noun that follows is masculine, **a la** or **a las** if the noun is feminine.

Práctica **A**   **¿Qué vas a hacer?**

Con otro/a estudiante, haz y contesta preguntas sobre los planes en el futuro. Pueden usar las opciones de abajo u otras, si quieren.

¡UN DESAFÍO!   Continúen la conversación con otras preguntas para saber más de los planes futuros.

MODELO: esta tarde →
          E1: ¿Qué vas a hacer esta tarde?
          E2: Voy a estudiar.

Desafío:

          E1: ¿Qué vas a estudiar?
          E2: Voy a estudiar para un examen de antropología.

1. mañana a las diez
2. este fin de semana
3. durante las próximas vacaciones
4. esta noche
5. después de graduarte
6. antes del próximo examen

Actividades: asistir a la clase de ____, correr, dormir, estudiar ____, hacer ejercicio, salir con amigos, trabajar en ____, viajar a ____, visitar a ____, ¿ ?

Práctica **B**   **¿Adónde vas?**

Trabaja con la misma persona de la Práctica A y pregúntense adónde van.

MODELO: hoy a las dos de la tarde →
          E1: ¿Adónde vas hoy a las dos de la tarde?
          E2: Voy a mi casa.

1. este fin de semana
2. para estudiar
3. esta noche

4. cuando quieres estar solo/a (*alone*)
5. cuando sales con tus amigos
6. después de esta clase

Para terminar

Actividad final   Los estereotipos

En este capítulo supiste sobre diferentes aspectos de los hispanos en los Estados Unidos. En los demás capítulos, vas a aprender más sobre su historia, su lengua y su cultura. Cuando llegamos a conclusiones generales sobre un grupo de gente, siempre existe el peligro de formar esteorotipos. En esta actividad vas a analizar algunas impresiones que los hispanos tienen sobre la gente norteamericana.

Paso 1   A continuación hay una lista de doce de las impresiones que tienen muchos hispanos de los norteamericanos según el libro *Cultura gerencial.**
Indica en una escala de 0 a 3 si estás de acuerdo con estas afirmaciones.

3 = Estoy muy de acuerdo.

2 = Estoy algo de acuerdo.

1 = No estoy de acuerdo.

0 = No estoy nada de acuerdo.

1. _____ Los norteamericanos consideran que es una debilidad mostrar sus emociones en público.
2. _____ El concepto del tiempo en los Estados Unidos es que «el tiempo es dinero».
3. _____ En la vida de los norteamericanos, los amigos tienen más influencia que la familia.
4. _____ Los norteamericanos viven para trabajar.
5. _____ El estatus del norteamericano se basa en la posesión de bienes materiales.
6. _____ La gente norteamericana da mucha importancia a la honradez y la diligencia.
7. _____ La educación, es decir los buenos modales, no tiene gran importancia en los Estados Unidos.
8. _____ Para los norteamericanos, la comodidad es más importante que la moda.
9. _____ En la cultura norteamericana, la religión es algo personal y no se mezcla con el trabajo.
10. _____ En los Estados Unidos, el trabajo es más importante que la familia.
11. _____ El ciudadano norteamericano es muy patriota.
12. _____ La gente norteamericana es muy directa cuando expresa sus opiniones.

Paso 2   En grupos de cuatro estudiantes, comparen sus resultados. ¿Hay algunos estereotipos que les parecen ciertos a todos los del grupo? ¿Hay algunos que ninguno de Uds. considera ciertos? ¿Hay algunos que les resultan ofensivos? ¿Por qué?

Paso 3   Intercambien sus impresiones con las de los otros grupos. ¿Qué aprendieron sobre los estereotipos? ¿En qué se basan los estereotipos?

Para pensar

¿Cómo podemos estudiar otra cultura sin formar estereotipos?

Cultura gerencial: México-Estados Unidos por Eva S. de Kras (Grupo Editorial Iberoamérica, S. A. de C. V., 1990).

Vocabulario

Los verbos

almorzar (ue)	to have (eat) lunch
caminar	to walk
cenar	to have (eat) dinner
cerrar (ie)	to close
comenzar (ie)	to begin
contar (ue)	to tell; to count
correr	to run; to jog
dar (*irreg.*)	to give
decir (*irreg.*)	to say, tell
desayunar	to have (eat) breakfast
descansar	to rest
divertirse (ie)	to have fun, enjoy oneself
dormir (ue)	to sleep
empezar (ie)	to begin
enamorarse (de)	to fall in love (with)
encontrar (ue)	to find
enfermarse	to get sick
enojarse	to become angry
enseñar	to teach
entender (ie)	to understand
estar (*irreg.*)	to be
hacer (*irreg.*)	to do; to make
ir (*irreg.*)	to go
jugar (ue) (a)	to play (*a sport*)
llegar	to arrive
llevar	to take; to carry; to wear
manejar	to drive
morir (ue)	to die
mostrar (ue)	to show
nadar	to swim
oír (*irreg.*)	to hear
olvidarse de	to forget
pasear	to take a walk, stroll

pedir (i)	to ask for, request
pensar (ie) (en)	to think (about)
poder (ue)	to be able; can
poner (*irreg.*)	to put, place
preferir (ie)	to prefer
preparar	to prepare
querer (ie)	to want
recibir	to receive
regresar	to return (*to a place*)
repetir (i)	to repeat
saber (*irreg.*)	to know (*facts, information*)
seguir (i)	to follow; to continue
soñar (ue) (con)	to dream (about)
tener (*irreg.*)	to have
traer (*irreg.*)	to bring
venir (*irreg.*)	to come
ver (*irreg.*)	to see
visitar	to visit
volver (ue)	to return (*to a place*)

Repaso: ser

La rutina diaria

acostarse (ue)	to go to bed
afeitarse	to shave
bañarse	to take a bath
cepillarse los dientes	to brush one's teeth
despertarse (ie)	to wake up
dormirse (ue)	to fall asleep
ducharse	to take a shower
gustar	to be pleasing
levantarse	to get up
peinarse	to comb one's hair

ponerse (*irreg.*)	to put on (*clothing*)
quitarse	to take off (*clothing*)
vestirse (i)	to get dressed

Expresiones indefinidas y negativas

algo	something
alguien	someone, anyone
algún, alguno/a/os/as	some, any
también	also
nada	nothing
nadie	no one, nobody
ningún, ninguno/a	none, not one
tampoco	neither

Repaso: nunca, siempre

Otras palabras y expresiones útiles

el/la abogado/a	lawyer
el/la dueño/a	owner
vamos a + *inf.*	let's (*do something*)

¿Cuál se usa?

introducir	to introduce (*product, topic*)
jugar	to play (*a sport*)
poner	to put, play (*music on radio/CD, etc.*)
presentar	to introduce (*person*)
tocar	to play (*musical instrument*)

47

ectura 1

Antes de leer

Vas a leer un poema escrito por Ernesto Padilla (1944–), poeta mexicoamericano que vive en California. El poema presenta algunos problemas de comunicación que enfrenta un niño extranjero.

Actividad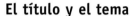

El título y el tema

Paso 1 Échale un vistazo (*Take a quick glance*) al poema. Nota que el poeta escribe en inglés y en español. Pronuncia en voz alta el título del poema. ¿A qué se refiere el título? ¿Sabes qué significa? ¿Por qué lo escribe así el poeta?

Paso 2 Emigrar a otro país puede ser muy difícil, sobre todo para los niños. Haz una lista de problemas que la emigración le puede causar a un niño / una niña. Luego, compara tu lista con la de un compañero / una compañera de clase. ¿Pensaron en los mismos problemas?

Ohming Instick

«The Peacock
as you see in Heidi's drawing here,
is a big colorful bird.
it belongs to the same family as . . .»
5   ...Habla de Pavos[a]
    ya yo sueño
       de pavos magníficos
  con
    plumas[b] azules;
10   como el cielo
      cuando él se esconde 'tras las nubes[c]
    a mediodía,
    plumas rojas:
  que se hacen anaranjosas[d]
15   como en la tarde
    al caer bajo
  las sierras,
      el sol tira para todo
  el cielo[e] rayos
20   anaranjándose
    con tiempo...

[a]*Peacocks* (**pavo real** is the usual term for *peacock*) [b]*feathers* [c]*se... hides behind the clouds* [d]anaranjadas [e]*tira... casts over the whole sky*

«. . . and the pigeon, which all of you should already know what it looks like. The pigeon can be trained to return to his home, even if it is taken far away . . .»

25 ...¡Ahora habla de palomas!...
«. . . This is called the Pigeon's 'homing instinct,' and . . .»
...Mi palomita, Lenchita,
que me quitaron
porque iba a volar[f] en las olimpiadas
30 ¡lloré entonces!
y lloré también
cuando entre las miles de palomas que
enseñaron[g] en la televisión
el primer día
35 de las olimpiadas,
¡Yo miré a mi Lenchita!

y después Lenchita volvió a casa
ya lo sabía...

«ALRIGHT!
40 Are you kids in the corner paying attention?»
«Armando, what is a Peacock? What does homing instinct mean? . . .»
¿A MÍ ME HABLA?
¡SOY MUY TONTO!

45 «Aohming instick eis . . . eis . . . como Lenchita . . .»
«Armando, haven't I told you not to speak Spa . . .»
¡Caramba,
me van a pegar[h]!...
«It's bad for you . . . Go see Mr. Mann»
50 ...Mañana
sí iré con papá.

¡Piscaré mucho algodón... [i] ■

[f]to fly [g]mostraron [h]to hit [i]¡Piscaré... I'll pick a lot of cotton . . .

Después de leer

Actividad   A   ## Comprensión

Selecciona la respuesta apropiada, según el poema.

1. _____ Las personas del poema están en...
   a. una clase.   b. una casa.   c. una iglesia.

2. ____ Mientras habla la maestra, Armando...
   a. sueña con México.   c. habla con otro estudiante.
   b. piensa en otras cosas.
3. ____ Lenchita es...
   a. la novia de Armando.   c. un animal.
   b. la madre de Armando.
4. ____ Después de las olimpiadas, Lenchita...
   a. vuelve a su casa.   b. desaparece.   c. muere.
5. ____ Mañana, Armando...
   a. va a asistir a la escuela.
   b. va a ir con su papá a trabajar.
   c. va a pasar el día con Mr. Mann.

Actividad **B**

Opinión

1. En tu opinión, ¿cuál es el mensaje de este poema? De las afirmaciones a continuación, indica la que te parece más apropiada. Piensa en algunas razones para justificar tu selección.
   ☐ La mejor manera de adaptarse a un nuevo país es aprender la lengua predominante y olvidarse del pasado.
   ☐ Todos los inmigrantes deben recibir tratamiento especial, como el estudiar en programas bilingües.
   ☐ La asimilación es necesaria para ser parte de una nueva cultura.
   ☐ Es posible ser «un buen ciudadano» y también mantener los valores y las tradiciones de otra cultura.
   ☐ ¿Otro?
2. ¿Piensas que para los extranjeros la asimilación es siempre la mejor manera de adaptación? ¿Cuáles son algunas otras opciones que tienen?
3. ¿Cómo es Armando? Indica los adjetivos que lo describen. Compara tus respuestas con las de otra persona.

____ arrogante	____ impresionado	____ resentido (*resentful*)
____ contento	____ malo	____ solitario
____ enojado	____ nervioso	____ tímido
____ estúpido	____ nostálgico	____ triste

4. El «Ohming Instick» se les aplica a las palomas en este poema. ¿A quién(es) más se le(s) aplica?

Actividad **C**

Expansión

¿Qué problemas tienen los extranjeros con una cultura diferente de la de ellos? ¿Qué problemas tienen en la escuela? ¿en casa? Piensa en la lista que hiciste en el Paso 2 de Antes de leer. En grupos de tres o cuatro, identifiquen las dudas, preocupaciones o problemas de las personas a continuación. Después, indiquen unos posibles consejos o soluciones para resolver los problemas.

1. una mujer mexicana que ha vivido diez años en los Estados Unidos
2. una familia mexicana recién llegada a los Estados Unidos

CAPÍTULO 2 *Encuentros*

METAS

LA TRAMA

Día 2: You will join Raquel as she meets Lucía in person and tells her about don Fernando's family and the secret that he kept from them for so many years. And you will find out more about the family hacienda, La Gavia. Also, Raquel and Lucía talk about the similarities among their family origins.

LUCÍA: Una familia bastante grande... ¿Y qué sabes de La Gavia?
RAQUEL: La Gavia es una hacienda colonial preciosa y muy grande...

CULTURA

As you work through the chapter, you will also find out about

- last names in Hispanic countries (**Nota cultural: Los apellidos**)
- different cultural perceptions regarding families (**Enfoque cultural: La familia hispánica**)

COMUNICACIÓN

In this chapter of *Nuevos Destinos*, you will

- talk about family relationships, as well as review ordinal numbers (**Enfoque léxico: La familia**)
- review the uses of **saber, conocer; buscar, mirar, parecer** (**Enfoque léxico: ¿Cuál se usa?**)
- discuss different ways of expressing *to be* (**Enfoque estructural 2.1**)
- talk about *this one* or *that one* (**2.2**)
- use the Spanish equivalents of words like *it* and *them* to talk about people and things (**2.3**)
- make comparisons (**2.4**)

El vídeo

El episodio previo

Actividad A

¿Qué pasó?

Paso 1 Al comienzo del Episodio 1, conociste a Raquel Rodríguez. Lee las siguientes oraciones e indica si son ciertas (**C**) o falsas (**F**).

C F **1.** Raquel recibió una carta de don Fernando.
C F **2.** Pedro Castillo ya murió (*already died*).
C F **3.** Ahora Raquel va a llevar los asuntos del testamento de don Fernando.
C F **4.** Lucía Hinojosa y Raquel ya son muy buenas amigas.
C F **5.** Lucía es una abogada de la oficina filial de México.

Paso 2 Trabajando con un compañero / una compañera, modifica las oraciones falsas para que sean ciertas.

Actividad **B**

In **Episodio 2** of the CD-ROM to accompany *Nuevos Destinos,* you can read a magazine article about don Fernando.

Hace cinco años   Don Fernando y su secreto

En el episodio previo, Raquel reveló unos detalles sobre el caso original. ¿Qué información recuerdas? Empareja información de las dos columnas.

1. _____ el país de origen de don Fernando
2. _____ el nombre de la primera esposa de don Fernando
3. _____ la persona que le escribió una carta a don Fernando
4. _____ el acontecimiento trágico que les separó a don Fernando y su primera esposa
5. _____ el país a que don Fernando se fue después de la guerra

a. México
b. la Guerra Civil española
c. España
d. Teresa Suárez
e. Rosario

Hace cinco años

En México, don Fernando se casa con Carmen y tiene cuatro hijos: Mercedes, Ramón, Carlos y Juan. Carmen siempre cree que él tiene un gran secreto en España, pero él nunca habla de su pasado. El secreto de don Fernando es una gran sorpresa para sus hijos. La búsqueda de Raquel comienza cuando don Fernando recibe la carta de Teresa Suárez.

Episodio 2: Día 2

Preparación para el vídeo

Actividad **A**   **¿Qué va a pasar?**

Contesta las siguientes preguntas de acuerdo con lo que tú crees que va a pasar en este episodio.

1. ¿Quiénes van a conocerse (*meet each other*)?
2. ¿Quién va a viajar a Los Ángeles?
3. ¿Dónde va a quedarse (*to stay*) esa persona?
4. ¿Crees que van a llevarse bien (*get along well*) esas personas?

Actividad **B**   **¿Raquel, Lucía o las dos?**

Ya sabes algo sobre Raquel y Lucía, pero en este episodio vas a saber más de ellas. ¿A quién crees que se refiere cada una de las descripciones a continuación, a Raquel (**R**), a Lucía (**L**) o a las dos (**D**)?

R   L   D   **1.** Es de México.
R   L   D   **2.** Es abogada.
R   L   D   **3.** Sus padres viven en Los Ángeles.
R   L   D   **4.** Vive en California.
R   L   D   **5.** Conoce a toda la familia Castillo.

¿Qué tal es tu memoria?

Actividad   **La familia de don Fernando**

Completa las siguientes oraciones sobre la familia de don Fernando. Usa las opciones de las listas de abajo. **¡OJO!** No se usan todas las opciones.

1. Pedro Castillo era el _____ menor de don Fernando.
2. Don Fernando tenía una hija, que se llama _____, y tres hijos que se llaman _____, _____ y _____.
3. _____ es profesor de literatura y vive en _____.
4. Carlos vivía antes en _____, pero ahora Raquel no sabe con seguridad dónde vive.
5. Ramón y su esposa, _____, viven en La Gavia.
6. Juan está casado con _____.
7. _____ es la esposa de Carlos y tienen dos hijos, _____ y _____.
8. Carmen era la _____ de don Fernando. Murió años antes que él.

Los nombres: Carlitos, Carlos, Consuelo, Gloria, Juan, Juanita, Maricarmen, Mercedes, Pati, Ramón

Las relaciones familiares: esposo, esposa, hermano, hermana, hijo, hija

Los lugares: España, La Gavia, México, Miami, Nueva York

Lengua y cultura

VOCABULARIO DEL TEMA

Miembros de la familia

los esposos	el esposo/marido	husband
	la esposa/mujer	wife
los padres	el padre	father
	la madre	mother
los hijos	el hijo	son
	la hija	daughter
los hermanos	el hermano	brother
	la hermana	sister
los abuelos	el abuelo	grandfather
	la abuela	grandmother
los nietos	el nieto	grandson
	la nieta	granddaughter
los tíos	el tío	uncle
	la tía	aunt
los primos	el primo	(male) cousin
	la prima	(female) cousin
los sobrinos	el sobrino	nephew
	la sobrina	niece

AMPLIACIÓN LÉXICA

Los parientes políticos

el suegro	father-in-law
la suegra	mother-in-law
el yerno	son-in-law
la nuera	daughter-in-law
el cuñado	brother-in-law
la cuñada	sister-in-law

Pedro Castillo Saavedra   Fernando Castillo Saavedra   Q. E. P. D.   Carmen Márquez de Castillo

Mercedes Castillo de Martínez   Ramón Castillo Márquez   Consuelo Alonso de Castillo   Carlos Castillo Márquez   Gloria Montiel de Castillo   Juan Castillo Márquez   Pati Reyes de Castillo

Maricarmen Castillo Alonso   Juanita Castillo Montiel   Carlitos Castillo Montiel

Actividad **A**

La familia Castillo

Paso 1 Con un compañero / una compañera, haz y contesta las siguientes preguntas, usando el árbol genealógico de la familia Castillo como referencia. ¡OJO! No todas las respuestas se refieren al parentesco (*family relationship*) entre los Castillo.

¡UN DESAFÍO!   Trata de hacer la actividad sin mirar el árbol genealógico.

1. ¿Cuál es el apellido completo de don Fernando?
2. ¿Cuál es el apellido de soltera de la esposa de don Fernando?
3. ¿Cuántos sobrinos tiene Pedro Castillo?
4. ¿Cuántos nietos tiene don Fernando?
5. ¿Cuántas hijas tiene don Fernando?
6. ¿Cuántos sobrinos tiene Juan Castillo?
7. ¿Quién es el padre de Maricarmen?
8. ¿Quiénes son los primos de Maricarmen?

Paso 2 Ahora, inventen preguntas para conseguir más información sobre la familia Castillo. Pueden usar las preguntas y respuestas del Paso 1 como punto de partida o pueden mirar el árbol genealógico para hacer las preguntas.

Episodio 2 of the CD-ROM to accompany *Nuevos Destinos* contains an activity based on the Castillo family tree.

MODELO: E1: ¿Cómo se llama la esposa de don Fernando?
E2: Se llama Carmen Márquez de Castillo.

REFRÁN

**《 De tal palo, tal astilla. 》*

Actividad **B**

Mi familia

Paso 1   Con un compañero / una compañera, haz y contesta las siguientes preguntas sobre sus familias.

1. ¿Cuántas personas hay en tu familia, incluyendo tíos, primos, etcétera?
2. ¿Cuántos hermanos (hijos) tienes? ¿Cómo se llama(n)?
3. ¿Tienes un gato (perro)? ¿Cómo se llama?
4. ¿Tienes abuelos? ¿De qué origen son ellos?
5. ¿Quién es tu pariente favorito? ¿Cómo es?
6. ¿Cuál es tu actividad favorita con tu familia?

Paso 2   Trabaja con otro/a estudiante y cuéntale lo que te acuerdas (*what you remember*) de la familia de tu compañero/a del Paso 1.

NOTA *cultural* • *Los apellidos*

E n los países hispánicos, es común usar dos apellidos. En un nombre, primero va el apellido del padre, y luego el de la madre. Mira esta parte del árbol genealógico de la familia Castillo. ¿Cuál es el apellido completo de don Fernando? ¿Cuál es el apellido de soltera[a] de doña Carmen?

Después de que se casó, Carmen era conocida como la señora de Castillo o Carmen de Castillo porque era la esposa de Fernando Castillo. De todas maneras, en todos sus documentos oficiales, tales como su pasaporte y su licencia de manejar, aparecía sólo su apellido de soltera. Esto se les aplica a las mujeres españolas y a otras hispanas también, pero el sistema varía de país en país.

¿Cuál es tu apellido completo, según el sistema hispánico?

[a]apellido... *maiden name*

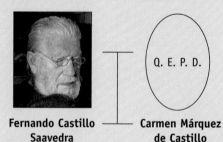

Fernando Castillo
Saavedra ——— Carmen Márquez
de Castillo

Q. E. P. D.

Para pensar   En los Estados Unidos, es cada vez más frecuente ver apellidos compuestos. ¿Es esta costumbre similar a la de los países hispánicos o es diferente?

---

*"*Like father, like son.*" (lit. "*From such a stick comes such a splinter.*")

VOCABULARIO DEL TEMA

Los números ordinales

¿Quién era la **primera** esposa de don Fernando? No era Carmen; ella era la **segunda.** Rosario era su **primera** esposa.

Who was don Fernando's first wife? It wasn't Carmen; she was the second one. Rosario was his first wife.

The ordinal numbers from first to tenth in Spanish are:

primero/a   segundo/a   tercero/a   cuarto/a   quinto/a
sexto/a   séptimo/a   octavo/a   noveno/a   décimo/a

The final **-o** of **primero** and **tercero** is dropped before a singular masculine noun.

En el **primer** episodio, supimos del secreto de don Fernando. ¿Qué vamos a saber en el **tercer** episodio?

In the first episode, we learned about don Fernando's secret. What are we going to learn in the third episode?

Actividad

Mis parientes favoritos

Paso 1   Haz una lista de por lo menos cuatro de tus parientes favoritos y ponlos en orden de preferencia para ti. Piensa también en las razones por las cuales son tus parientes favoritos.

¡UN DESAFÍO!   Haz una lista de tus cinco parientes favoritos.

Paso 2   Trabajando con un compañero / una compañera, describe a cada uno de tus parientes en el orden de preferencia para ti y di por qué éste es uno de tus favoritos. Debes usar los números ordinales.

MODELO: Mi primer pariente favorito es mi tío Juan. Es mi favorito entre todos porque es muy cómico.

¿CUÁL SE USA?

	Ejemplos	Notas
saber	No **sé** la respuesta. *I don't know the answer.* ¿**Sabes** tocar la guitarra? *Do you know how to play the guitar?*	**Saber** is used to refer to the knowledge of factual information. **Saber**, along with an infinitive, is also used to talk about knowing how to do something.
conocer	¿**Conoces** a mi hermana? *Do you know my sister?* No **conozco** España, pero me gusta su música. *I don't know (I've never been to) Spain, but I like its music.*	Use **conocer** to refer to knowing a person. **Conocer** is also used to refer to being familiar with a place, work of art, music, and so on.
buscar	¿Qué **buscas**? *What are you looking for?*	**Buscar** means *to look*; the English word *for* is implied in the verb.
mirar	¡**Mira** a esa niña! *Look at that little girl!*	*To look at* or *to watch* is expressed with **mirar.**
parecer	Me **parece** una buena idea. *It seems like a good idea to me.* **Parece** que no entiendes. *It appears that you don't understand.*	**Parecer** is used to convey the meaning of *to seem* or *to appear.*

Actividad **A**

¿Qué verbo debo usar?

Completa las siguientes oraciones con la forma correcta de **saber, conocer, buscar, mirar** o **parecer.**

ESTUDIANTE 1: Necesito llamar a Elena Ramírez. ¿La _____¹?

ESTUDIANTE 2: ¿Elena Ramírez? No, no la _____,² pero como _____³ su nombre, ¿por qué no _____⁴ su número en la guía telefónica?

ESTUDIANTE 1: Buena idea. (*después de buscar su número*) Me _____⁵ que ella tiene un número privado; no está en la guía. (*asomando por la ventana*) ¡Qué suerte! _____⁶ a esa chica que acaba de pasar —es Elena. Voy ahora a preguntarle su número.

Actividad **B**

Impresiones de la universidad

Con un compañero / una compañera, haz y contesta las siguientes preguntas.

1. ¿A quién conoces en esta clase?
2. ¿Qué te parece esta universidad en general? ¿y tus clases?
3. ¿Cuál es tu horario de clases? ¿Ya lo sabes de memoria?
4. ¿Sabes los nombres de todos los compañeros en esta clase?

5. ¿Cuántas horas <del>por</del> *a la* semana miras la televisión? ¿Cuál es tu programa favorito?

6. ¿Dónde buscas información cuando haces un informe para tus clases?

Enfoque cultural ⟶ La familia <del>hispánica</del> *hispana*

¿A quiénes consideras parte de tu familia? La unidad familiar es muy importante tanto en la sociedad estadounidense como en la hispánica, y los valores culturales influyen en la organización de las familias en ambas sociedades. A pesar de ser una generalización, se puede decir que el concepto hispánico de la familia es más amplio[a] que el estadounidense porque incluye no sólo a la familia nuclear, es decir, a los padres e hijos, sino también a los abuelos, tíos, primos y sobrinos. En algunos casos, ciertos miembros de esta familia «extendida» viven en la

misma casa. Esto ocurre, sobre todo, en el caso de los abuelos u otros parientes ancianos que necesitan de cuidado personal. Esto representa un aspecto del fuerte sentido de respeto a los mayores[b] que caracteriza a las familias hispánicas. La lealtad[c] y el apoyo fraterno en situaciones de necesidad son también valores profundos en la educación familiar. La comunicación constante, abierta y frecuentemente efusiva como resultado de la educación desde la infancia es otra característica especial de los hogares hispánicos.

Sin embargo, una de las diferencias culturales más importantes entre las familias de los Estados Unidos y las hispánicas se refiere a la independencia de los hijos. En los Estados Unidos se considera esencial educar a los hijos para vivir de forma independiente, mientras que en los países hispánicos la tendencia de los jóvenes a vivir solos y aparte de su familia después de finalizar sus estudios es menos común. Muchos viven con sus padres hasta casarse, y frecuentemente, aún después de casarse, los hijos viven en la misma ciudad o cerca de la casa de sus padres, como en el caso de Ramón Castillo. Por otro lado, según las circunstancias, muchos hijos viven lejos de sus padres y hermanos, como Carlos y Juan Castillo, que viven en los Estados Unidos.

[a]*más... broader* [b]*elders* [c]*loyalty*

Actividad

La familia

Paso 1   Piensa en tu familia —tu familia nuclear y tu familia extendida— y haz un mapa semántico* sobre ella. Luego, organiza tus ideas sobre tu familia bajo las cuatro categorías a continuación y una categoría original.

---

*Un mapa semántico is a word association activity sometimes called a *word web* in English. Begin in the middle of the page. Write **mi familia** and circle it. Draw lines from this first word to other words and ideas you associate with it. You'll also circle and draw more lines from the new words to more associations, creating a web.

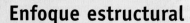

| LA UNIDAD: ACTIVIDADES QUE HACEMOS JUNTOS | LAS FECHAS IMPORTANTES QUE CELEBRAMOS | LAS RESPONSABILIDADES Y LOS QUEHACERES | LOS CONSEJOS | ¿ ? |

Paso 2 Trata de organizar la información de este Enfoque cultural en estas categorías. Puedes añadir información que sabes de la familia hispánica, si quieres.

Paso 3 Ahora, compara las listas que hiciste con las de otros compañeros. Traten de identificar las categorías o los elementos que son semejantes entre las familias de Uds. y también entre sus familias y la familia hispánica. ¿Cuáles, en la opinión de Uds., son las diferencias notables? Explica las ventajas y las desventajas de cada uno.

Para pensar

¿Qué piensas de los resultados de la actividad? ¿Crees que las afirmaciones representan bien el concepto de La familia? ¿Crees que las generalizaciones que hicieron sobre la clase son ciertas para la mayoría de las familias de este país? ¿Cuál de las afirmaciones es la más importante para ti?

Enfoque estructural

2.1 ¿Ser o estar?

The English verb *to be* can be expressed by a number of verbs in Spanish. The two most common are **ser** and **estar**. In some expressions, a different verb is used (see **Enfoque estructural 6.3** for some examples using **tener**). In this chapter, you will learn some of the uses of **ser** and **estar**.

ser

You have already seen and used forms of the verb **ser**. For a review of the forms, see **Enfoque estructural P.2**.

Ser can be used:

- to identify a person or object in various instances

     origin: Raquel Rodríguez **es** de Los Ángeles.
     nationality: ¿**Eres** (tú) mexicana?
     profession: Lucía Hinojosa y Raquel Rodríguez **son** abogadas.
     relationship: Raquel y Lucía **son** colegas.
     physical characteristics: Don Fernando **es** viejo.
     personality traits: Raquel **es** simpática.
     definition or identification: **Es** una telenovela llena de misterio.

- to express the time, date, and place of an event

  time: —¿Qué hora **es?**
  —**Es** la una. (**Son** las tres.)
  date: —¿Qué día **es** hoy?
  —Hoy **es** el cinco de octubre.
  event: —¿Dónde **es** el examen?
  —**Es** en este salón.

¡OJO! **Ser** is used when referring to the location of an event. —¿Dónde **es** la fiesta? —**Es** en mi casa.

- with **de** to indicate possession or the material that something is made of

  possession: —¿**De** quién **es** la hacienda La Gavia?
  —**Es de** la familia Castillo.
  material: La fuente del patio de la hacienda **es de** piedra.

- with **para** to indicate for whom something is intended

  recipient: La carta de Ramón **es para** Raquel.

Here are some useful expressions with **ser** to talk about families or family relationships.

Es soltero/a.	*He/She is single.*
Es viudo/a.	*He/She is a widower/widow.*

estar

You have also seen and used **estar** in a number of situations. For a review of the forms of **estar,** see **Enfoque estructural 1.1.**

Estar can be used:

- to tell the location of people and things

  ¿Dónde **está** la carta que escribió Teresa Suárez?

- to talk about someone's health or feelings at a given moment

  health: —¿Cómo **está** Raquel?
  —**Está** cansada.
  feelings: Parece que **está** muy triste por la muerte de Pedro.

- with the present progressive tense* to talk about something that is happening right now

  En este momento, Lucía y Raquel **están hablando** de la familia Castillo.

Here are some useful expressions with **estar** to talk about families or family relationships.

---

*You will learn more about the progressive tenses in **Enfoque estructural 6.2.**

Está casado/a.*	*He/She is married.*
Está divorciado/a.	*He/She is divorced.*
Está vivo/a.	*He/She is alive (living).*

¡OJO! Many English speakers would express the opposite of **Está vivo/a** as **Está muerto/a**, but this is not entirely correct. The more common and correct phrase to express that someone is dead would be **(Ya) Murió** (*He/She [already] died.*)

¡OJO! Remember that **hay** is used to express *there is* or *there are.*

En la familia Castillo **hay** tres nietos.   *There are three grandchildren in the Castillo family.*

Práctica   ## ¿*Ser* o *estar*?

Completa las siguientes oraciones con la forma correcta del presente indicativo de **ser** o **estar**.

1. ¿Qué día _____ hoy?
2. ¿Qué te pasa? Parece que _____ preocupada.
3. En este momento, mis padres _____ de viaje.
4. Tengo una prima que también _____ mi mejor amiga.
5. El concierto esta noche _____ en el auditorio.
6. Voy a quedarme en casa hoy. _____ enfermo.
7. ¿Sabes dónde _____ mis llaves? No las encuentro en ninguna parte (*anywhere*).
8. Mis abuelos maternos viven cerca de mi casa, pero mis abuelos paternos ya _____ muertos.

Práctica   ## Hablando de tu mejor amigo/a

Paso 1   Con un compañero / una compañera, haz y contesta preguntas sobre el mejor amigo / la mejor amiga de cada uno/a. Usen las indicaciones para formar sus preguntas.

¡UN DESAFÍO!   Inventa tres preguntas originales para hacerle a tu compañero/a.

MODELO: ¿quién? →
E1: ¿Quién es tu mejor amigo o amiga?
E2: Es Jenny.

¿lugar ahora? →
E1: ¿Dónde está Jenny ahora?
E2: Está en Arizona.

1. ¿quién?
2. ¿de dónde?
3. ¿lugar ahora?

---

*In some Spanish-speaking countries, people tend to say **Es casado/a.** Although both **Está casado/a** and **Es casado/a** are correct, they tend to mean slightly different things. **Está casado/a** usually means *He/She is married*, whereas **Es casado/a** generally translates as *He/She is a married person.*

4. ¿personalidad?

5. ¿características físicas?

6. ¿estado civil (*marital status*)?

Paso 2 Trabajando con otro/a estudiante, cuéntale cómo es el mejor amigo / la mejor amiga de tu compañero/a del Paso 1.

MODELO: La mejor amiga de Terri es Jenny. Ahora Jenny está en Arizona, pero es de Massachusetts...

2.2 Adjetivos y pronombres demostrativos

Los adjetivos demostrativos

The function of demonstrative adjectives is to point out (demonstrate) nouns. In English, there are four demonstrative adjectives: *this, that, these,* and *those.* Notice that English demonstrative adjectives show number agreement. In Spanish, demonstrative adjectives must agree in number *and* gender with the noun they modify. In Spanish, there is also a way to indicate something far away from the speaker and/or listener (**aquel** and its various forms).

LOS ADJETIVOS DEMOSTRATIVOS					
SINGULAR			**PLURAL**		
this	**este** libro	**esta** mesa	*these*	**estos** libros	**estas** mesas
that	**ese** libro	**esa** mesa	*those*	**esos** libros	**esas** mesas
	aquel libro (allí)	**aquella** mesa (allí)		**aquellos** libros (allí)	**aquellas** mesas (allí)

Episodio 2 of the CD-ROM to accompany *Nuevos Destinos* contains information and an activity on La Gavia.

La Gavia es una hacienda hermosa. **Esta** fuente está en el patio principal. **Esa** capilla era uno de los lugares favoritos de don Fernando. Y **aquella** muralla al otro lado del patio rodea toda la propiedad.

La Gavia is a beautiful estate. This fountain is in the main patio. That chapel was one of don Fernando's favorite places. And that wall (over there) on the other side of the patio surrounds the entire property.

The neuter forms **esto, eso,** and **aquello** are used to refer to an idea, concept, or a noun of unknown gender.

¿Qué es **esto?**	*What is this?*
No sé nada de **eso.**	*I don't know anything about that.*
¡Aquello es terrible!	*That's terrible!*

Los pronombres demostrativos

The same demonstrative forms can be used as pronouns to say *this one, that one, these,* or *those.* An accent mark is added to indicate that the adjective is being used as a pronoun.*

Aquel hombre en el fondo es don Fernando y **ésos** son miembros de su familia.	*That man in the background is don Fernando and those (people) are members of his family.*

Práctica   ### ¿Quiénes son?

Con un compañero / una compañera, haz y contesta por lo menos cinco preguntas según el modelo en la siguiente página. Indica quién es cada persona y su parentesco con respecto a don Fernando.

¡UN DESAFÍO!   En vez de señalar con el dedo (*pointing*) a las personas en las fotos, descríbelas.

---

*According to the **Real Academia de la Lengua** of Spain, it is now acceptable to omit the accent on these forms when context makes the meaning clear and no ambiguity is possible. You will see the accent used on demonstrative pronouns throughout *Nuevos Destinos.*

Tú

MODELO: E1: ¿Quién es *este* hombre viejo?
E2: Es don Fernando.
E1: ¿Y quiénes son *aquellos* niños?
E2: Son Juanita y Carlitos, nietos de don Fernando.

Práctica **La niña difícil**

Una mamá lleva a su hija de compras y la niña siempre quiere exactamente lo opuesto (*the opposite*) de lo que sugiere la mamá. Indica el adjetivo demostrativo adecuado para cada respuesta, según el modelo.

MODELO: MAMÁ: ¿Te gusta *esta* blusa? →
HIJA: No, me gusta *ésa.*

1. ¿Te gustan estos pantalones?
2. ¿Quieres ese vestido?
3. ¿Quieres esa computadora?
4. ¿Te gusta esta mochila?
5. ¿Quieres este cuaderno?
6. ¿Te gusta este reloj?
7. ¿Quieres esas medias?
8. ¿Te gustan esos zapatos?

2.3   Los complementos directos; la *a* personal

Los complementos directos y sus pronombres

In Spanish, just as in English, a direct object indicates *whom* or *what* receives the action of a verb.

Don Fernando recibió una carta.   *Don Fernando received a letter.*

In the above sentence, **una carta** answers the question "Whom or what did don Fernando receive?"; thus, it is the direct object of the sentence.

A direct object pronoun can be used to avoid repeating a noun that has already been mentioned. The pronoun used must agree in number and gender with the noun it replaces. It is placed before a conjugated verb and can be attached to an infinitive.

LOS PRONOMBRES DE COMPLEMENTO DIRECTO			
me	me	**nos**	us
te	you (*fam. sing.*)	**os**	you (*fam. pl., Sp.*)
lo	you (*form. sing.*), him, it (*m.*)	**los**	you (*form. pl.*), them (*m., m. + f.*)
la	you (*form. sing.*), her, it (*f.*)	**las**	you (*form. pl.*), them (*f.*)

For example, your teacher may ask, "**¿Tienes tu libro?**" You could answer, "**Sí, tengo *mi libro*,**" but it sounds more natural to respond, "**Sí, *lo* tengo,**" because you both know that you are talking about the book.

La *a* personal

When the direct object of a verb is a person, the **a personal** is used.

—¿Viste **a tu** mamá ayer?	*Did you see your mom yesterday?*
—Sí, **la** vi.	*Yes, I saw her.*

Note that when you answer the question with a direct object pronoun, the **a personal** is not used.

¡OJO! The **a personal** has no English equivalent.

Observe the use of the **a personal** from the following conversation between Raquel and Lucía in Episodio 2.

RAQUEL: ¿Conoces **a** todos los miembros de la familia Castillo?

LUCÍA: No, no **a** todos.

Práctica

Preguntas sobre la historia

Paso 1 Para cada pregunta a continuación, identifica el complemento directo.

MODELO: ¿Quién escribe la carta con malas noticias sobre Pedro Castillo? →
la carta

1. ¿Quién guarda el secreto por muchos años?
2. ¿Quién escribe la carta sobre Rosario y su hijo?
3. ¿Quién contrata a Raquel para la investigación?
4. ¿Quién visita muchos países durante la investigación?
5. ¿Dónde enseña literatura Juan?
6. ¿Quién toma el vuelo a Los Ángeles para hablar con Raquel?
7. ¿Quién cuenta la historia de la familia Castillo?
8. ¿Quién tiene muchos documentos sobre don Fernando y su familia?

Paso 2 Ahora contesta las preguntas del Paso 1, reemplazando los complementos directos con pronombres.

MODELO: ¿Quién escribe la carta con malas noticias sobre Pedro Castillo? →
La escribe Ramón Castillo.

Práctica

Preguntas personales

Con un compañero / una compañera, haz y contesta las siguientes preguntas, usando pronombres del complemento directo.

1. ¿Dónde estudias el español, generalmente?
2. ¿Con quién o quiénes practicas el español?
3. ¿Cómo escribes tus composiciones, en una computadora o a mano?
4. Por lo general, ¿cuándo haces la tarea, por la mañana o por la noche?
5. ¿Con qué frecuencia ves a tus padres (hijos, abuelos, tíos...)?
6. ¿Con quién o quiénes ves los episodios de *Nuevos Destinos*?
7. ¿Con qué frecuencia escribes cartas?

2.4 | Los comparativos y superlativos

Comparaciones de desigualdad

REFRÁN

《 *Más* **vale pájaro en mano** *que* **cien volando. 》** *

● When we speak about the qualities of people, places, things, or general concepts, we often like to make comparisons. These comparisons may be made by using the following pattern.

$$\left.\begin{matrix} \text{más} \\ \\ \text{menos} \end{matrix}\right\} + \left\{\begin{matrix} \textit{adjective} \\ \textit{noun} \\ \textit{adverb} \end{matrix}\right\} + \text{que}$$

El estado de California es **más grande que** el estado de Nuevo México.	*California is bigger than New Mexico.*
En Idaho hay **menos hispanohablantes que** en Arizona.	*In Idaho there are fewer Spanish speakers than in Arizona.*
En Los Ángeles se oye hablar español **más frecuentemente que** en Portland.	*In Los Angeles you hear Spanish more often than in Portland.*

● The following irregular comparatives are exceptions to the formula above and do not include the word **más.**

mejor better	**menor** younger
peor worse	**mayor** older

Raquel es **mayor que** Lucía.	*Raquel is older than Lucía.*

Comparaciones de igualdad

● To make a comparison of equality using an adjective or adverb, the following pattern is used.

$$\text{tan} + \left\{\begin{matrix} \textit{adjective} \\ \\ \textit{adverb} \end{matrix}\right\} + \text{como}$$

Mercedes está **tan triste como** sus hermanos por la muerte de su tío.	*Mercedes is as sad as her brothers about the death of their uncle.*
Lucía ejerce su profesión **tan bien como** Raquel.	*Lucía practices her profession as well as Raquel (does).*

---

* *"A bird in the hand is worth two in the bush."*

To make a comparison of equality using a noun, use the form of **tanto** that agrees with the noun to which it refers. Use the following formula.

tanto/a/os/as + *noun* + **como**

| La Gavia tiene **tantas habitaciones como** algunos hoteles. | *La Gavia has as many bedrooms as some hotels (do).* |

Los superlativos

To indicate that something is the "most" or "least" in a category, a formula similar to that of comparatives is used. However, for superlatives a definite article and noun are used with an adjective, and the word **de** replaces **que** in the formula. The article must agree in number and gender with the noun to which it refers.

el/la/los/las + *noun* + **más/menos** + *adjective* + **de**

| Para la familia Castillo, La Gavia es **la hacienda más bonita de** todo México. | *For the Castillo family, La Gavia is the most beautiful estate in all of Mexico.* |

Superlatives can also be used with irregular comparatives. In this case, you simply use the definite article with an irregular comparative plus **de.**

| Juan es **el menor de** los hermanos Castillo. | *Juan is the youngest of the Castillo siblings.* |

Práctica **A**   ## Mi amigo/a y yo

Compárate con tu mejor amigo/a según el modelo.

MODELO: estudioso/a → Soy más estudioso/a que mi amigo Brian.

1. alto/a
2. extrovertido/a
3. simpático/a
4. atlético/a

5. divertido/a
6. intelectual
7. perezoso/a
8. conservador(a)

Práctica **B**   ## Haciendo comparaciones

Escribe por lo menos cinco oraciones en las que haces comparaciones entre las personas del siguiente dibujo.

Mickey
21 años

Ana
23 años

Práctica **C**   ## En la clase de español

Paso 1   Escribe oraciones en las que identificas a un compañero / una compañera de clase que es...

1. el/la más alto/a.
2. el/la más cómico/a.
3. el/la más extrovertido/a.
4. el/la más hablador(a) (*talkative*).
5. el/la más serio/a.

Paso 2   Ahora escribe dos oraciones que te describen a ti, usando las oraciones del Paso 1 como modelo. ¡Sé (*Be*) honesto/a!

Para terminar

Actividad final | Mi árbol genealógico

En este capítulo, repasaste el tema de la familia en general y supiste (*you found out*) más sobre la familia Castillo en particular. También supiste un poco sobre la familia de algunos de tus compañeros. Ahora vas a dibujar (*draw*) tu árbol genealógico.

Paso 1 Escribe una lista de las personas que vas a incluir en tu árbol genealógico. Si tienes una familia muy grande, incluye sólo a los que conoces bien o que ves con frecuencia.

Paso 2 Usando el árbol en la página 59 como guía, dibuja un árbol genealógico de tu familia en clase o como tarea. Piensa en por lo menos un detalle que puedes mencionar sobre cada persona que incluyes en el árbol. No te olvides de (*Don't forget*) los animales domésticos. Si es posible, también trae fotos a clase de algunos de los miembros de tu familia.

Paso 3 En grupos de cuatro, describan a sus familias. Recuerden de incluir los detalles más interesantes de cada miembro familiar.

Vocabulario

Los verbos

conocer (*irreg.*)	to know, be familiar with; to meet

Repaso: estar, ser

La familia

el/la abuelo/a	grandfather, grandmother
el/la esposo/a	husband, wife
el/la hermano/a	brother, sister
el/la hijo/a	son, daughter
la madre	mother
el marido	husband
la mujer	wife
el/la nieto/a	grandson, granddaughter
el padre	father
el/la primo/a	cousin
el/la sobrino/a	nephew, niece
el/la tío/a	uncle, aunt

Expresiones para referirse a las personas

es soltero/a	he/she is single
es viudo/a	he/she is a widower/widow
está casado/a	he/she is married
está divorciado/a	he/she is divorced
está vivo/a	he/she is alive (living)
(ya) murió	he/she (already) died

Otras palabras y expresiones útiles

el apellido	last name, family name
el apellido de soltera	maiden name
el estado civil	marital status
el parentesco	family relationship
unido/a	close, close-knit

Los números ordinales

primer(o/a), segundo/a, tercer(o/a), cuarto/a, quinto/a, sexto/a, séptimo/a, octavo/a, noveno/a, décimo/a

Los adjetivos demostrativos

este/a, estos/as
ese/a, esos/as
aquel, aquella, aquellos/as

Los pronombres demostrativos

éste/a, éstos/as
ése/a, ésos/as
aquél, aquélla, aquéllos/as

eso, esto, aquello

Los comparativos

más... que	more . . . than
menos... que	less . . . than
tan... como	as . . . as
tanto/a/os/as... como	as much/many . . . as
mejor	better
peor	worse
mayor	older
menor	younger

Los superlativos

el/la mejor	the best
el/la peor	the worst
el/la mayor	the oldest
el/la menor	the youngest

¿Cuál se usa?

buscar	to look for
conocer	to know
mirar	to look at, to watch
parecer	to seem, appear
saber	to know

3 El viaje comienza

METAS

LA TRAMA

Día 2 (*continuación*): Raquel tells Lucía about the beginning of her investigation, which took her first to Sevilla and then to Madrid. Raquel describes the obstacles she encountered while attempting to locate the woman who wrote don Fernando the important letter. As Raquel tells Lucía about her trip, an important package arrives for Lucía. What could it be?

RAQUEL: ¿La Sra. Suárez nunca le habló de Rosario o de don Fernando?
ELENA: No. Nunca. Jamás. Posiblemente le haya mencionado algo a mi esposo.

CULTURA

As you work through the chapter, you will also find out about

- "education" in Spanish-speaking countries (**Nota cultural: La «educación» en los países hispánicos**)
- a famous Spanish film director (**Enfoque cultural: Pedro Almodóvar**)

COMUNICACIÓN

In this chapter of *Nuevos Destinos,* you will

- talk about education and professions (**Enfoque léxico: El trabajo**)
- review the uses of **asistir a, atender; llegar a ser, hacerse, ponerse, volverse** (**Enfoque léxico: ¿Cuál se usa?**)
- describe actions completed in the past (**Enfoque estructural 3.1**)
- talk about how long something has been happening or how long ago something happened (**3.2**)
- use **por** and **para** to express a number of situations (**3.3**)

El vídeo

El episodio previo

Actividad **A**

Lucía Hinojosa

Paso 1   En el Episodio 2, supiste algo más sobre Lucía Hinojosa. Lee las siguientes oraciones e indica si son ciertas (**C**) o falsas (**F**).

C   F   **1.** Lucía nació en México pero ahora vive en California.
C   F   **2.** Ella es menor que Raquel.
C   F   **3.** Lucía era la asistente de Raquel durante la investigación original.
C   F   **4.** La familia de Lucía vive en Los Ángeles.
C   F   **5.** Ella es una sobrina de Pedro Castillo.

Paso 2   Ahora compara tus respuestas con las de un compañero / una compañera de clase.

Actividad **B**

 Hace cinco años   **La familia de don Fernando**

Paso 1   Raquel le contó a Lucía muchos detalles de la familia de don Fernando. ¿A quién se refiere cada una de las siguientes oraciones? Escoge entre los nombres de la lista. **¡OJO!** No se usan todos los nombres.

¡UN DESAFÍO!   Trata de recordar los nombres sin mirar la lista de opciones.

1. Era el hermano menor de don Fernando.
2. Es profesor de literatura en Nueva York.
3. Está casado con Gloria.
4. Es la esposa de Ramón.
5. Es la única hija de don Fernando.
6. Era la madre de cuatro hijos de don Fernando.
7. Son los hijos de Carlos.
8. Es la esposa de Juan.
9. Era la primera esposa de don Fernando.
10. Es el hijo mayor de don Fernando.

Nombres: Carlitos, Carlos, Carmen, Consuelo, Gloria, Juan, Juanita, Maricarmen, Mercedes, Pati, Pedro, Ramón, Rosario

Paso 2   Compara tus respuestas con las de un compañero / una compañera. ¿Acertaron (*Did you get right*) todas las respuestas? Si no las acertaron todas, hagan los cambios necesarios.

74

Episodio 3: Día 2 (*continuación*)

Preparación para el vídeo

Actividad **A**

¿Qué le va a contar Raquel a Lucía?

En este episodio Raquel continúa relatando información sobre la investigación de la carta de Teresa Suárez. ¿Qué crees que le va a decir a Lucía? Indica lo que crees para cada una de las siguientes frases.

Raquel le va a dar a Lucía información sobre...

_____ el destino (*fate*) de Rosario, la primera esposa de don Fernando.
_____ la amistad (*friendship*) entre Teresa Suárez y Rosario.
_____ los padres de don Fernando.
_____ la autenticidad de la carta de Teresa Suárez.

Actividad **B**

La búsqueda de Teresa Suárez

¿Cómo va a ser la búsqueda que hace Raquel para encontrar a Teresa Suárez? Lee las siguientes oraciones e indica tu opinión sobre cada una de ellas.

Opiniones:

a. Es muy probable.
b. Es posible, pero lo dudo.
c. ¡Imposible! Eso no va a pasar.

1. _____ Raquel va a encontrar a Teresa Suárez en el lugar de la dirección de la carta.
2. _____ Raquel va a descubrir que Teresa Suárez ya murió.
3. _____ Raquel va a conocer a una persona llamada Teresa Súarez, pero no va a ser la misma (*the same one*) que le escribió una carta a don Fernando.

4. _____ Raquel va a tener que viajar a otra ciudad para conocer a Teresa Suárez.
5. _____ Un hijo de Teresa Suárez va a llevar a Raquel a la casa de su madre.
6. _____ Ramón le va a recomendar a Raquel que suspenda (*that she temporarily stop*) la búsqueda.

¿Qué tal es tu memoria?

Actividad **A**

Hace cinco años ◀ «Ando buscando a una señora»

¿Qué pasó en Sevilla hace cinco años? Indica si las siguientes afirmaciones son ciertas (**C**) o falsas (**F**). Si son falsas, modifícalas para que sean ciertas.

C F **1.** Raquel va al Barrio de Triana en tren.
C F **2.** Raquel busca el número 21 de la calle Pureza.
C F **3.** En la calle, Raquel conoce a los hijos de Teresa Suárez.
C F **4.** Los chicos dicen que ahora Teresa Suárez vive en Barcelona.
C F **5.** En el mercado, Raquel conoce a Elena Ramírez, la nuera de Teresa Suárez.
C F **6.** Esa misma noche, conoce a Miguel Ruiz, esposo de Elena.
C F **7.** Raquel tiene que viajar a Madrid para hablar con Teresa Suárez.

In **Episodio 3** of the CD-ROM to accompany *Nuevos Destinos,* you can listen to and watch a summary of Raquel's train trip from Sevilla to Madrid.

Actividad **B**

Hace cinco años ◀ De Sevilla a Madrid

Hace cinco años
Raquel va primero a Sevilla donde conoce a los miembros de la familia Ruiz. Miguel Ruiz, un hijo de Teresa Suárez, le ayuda a Raquel a ponerse en contacto con la madre de él que vive ahora en Madrid. En camino a Madrid, Raquel conoce a Alfredo Sánchez, un reportero de televisión muy persistente que quiere saber todos los detalles de su investigación.

Paso 1   Los siguientes acontecimientos tienen que ver (*have to do*) con el viaje que toma Raquel de Sevilla a Madrid. Pon los acontecimientos en el orden cronológico apropiado, del 1 al 7.

_____ Raquel conoce a Alfredo Sánchez, un reportero.
_____ Raquel deja su cartera en el taxi.
_____ El tren de Raquel llega a Madrid después de un viaje de seis horas y media.
_____ Alfredo le acompaña a Raquel hasta la parada de taxis (*taxi stand*).
_____ Raquel se despide de (*says good-bye to*) la familia Ruiz.
_____ Raquel conoce a Federico Ruiz, uno de los hijos de Teresa Suárez.
_____ Alfredo le hace muchas preguntas a Raquel en el vagón comedor (*dining car*).

Paso 2

¡UN DESAFÍO!   En un párrafo breve, describe lo que pasó en el viaje de Raquel de Sevilla a Madrid. No te olvides de usar palabras de transición como **primero, luego, antes (de), después (de),** etcétera.

Lengua y cultura

El trabajo

VOCABULARIO DEL TEMA

Las profesiones y los oficios

Pati: *profesora*

Raquel y Pedro: *abogados*

Roberto: *taxista*

Jaime y Miguel: *estudiantes*

Alfredo: *reportero*

Profesiones

el/la contador(a)	accountant
el/la enfermero/a	nurse
el hombre / la mujer de negocios	businessman, businesswoman
el/la maestro/a	teacher
el/la periodista	journalist
el policía / la mujer policía	policeman, policewoman

el/la trabajador(a) social	social worker
el/la traductor(a)	translator

Cognados: el/la arquitecto/a, el/la banquero/a, el/la dentista, el/la ingeniero/a, el/la médico/a, el/la piloto/a, el/la psicólogo/a, el/la psiquiatra, el/la veterinario/a

Oficios

el bombero/la mujer bombero	firefighter
el/la cajero/a	cashier
el/la cartero/a	mail carrier
el/la cocinero/a	cook
el/la comerciante	merchant
el/la mesero/a	server (*restaurant*)
el/la obrero/a	worker
el/la peluquero/a	hairstylist
el/la vendedor(a)	salesperson

Cognados: **el/la carpintero/a, el/la electricista, el/la fotógrafo/a, el/la mecánico/a, el/la músico/a, el/la pintor(a), el/la plomero/a, el/la secretario/a, el/la técnico/a**

AMPLIACIÓN LÉXICA

el/la empleado/a	employee
el/la gerente	manager
el/la jefe/a	boss
la empresa	company, business
el puesto	position, job
el sueldo	salary

Actividad **A**

¿Para qué carrera estudias?

Paso 1   En grupos de cuatro estudiantes, busquen la siguiente información sobre cada uno de los miembros del grupo.

MODELO: E1: Megan, ¿en qué año estás? ¿Para qué carrera estudias?
E2: Estoy en segundo año y estudio para enfermera.*

Paso 2   Ahora determinen cuáles son las tres características más importantes para cada una de las especializaciones de los miembros del grupo. Pueden escoger entre las cualidades de la lista.

MODELO: Para ser buena enfermera, uno debe ser puntual, paciente y eficiente.

Cualidades: agresivo/a, ambicioso/a, curioso/a, discreto/a, eficiente, entusiasta, honesto/a, independiente, inteligente, organizado/a, paciente, puntual, responsable, serio/a

Paso 3   Compartan la información con los demás miembros de la clase.

¿Cuáles son las características necesarias para ser reportero?

---

*When talking about professions in this manner, the verb **ser** is often implied and can be omitted: ...**estudia para (ser) enfermera.**

Actividad **Descripciones**

Con un compañero / una compañera, haz descripciones de profesiones u oficios, sin decir cuáles son. La otra persona tiene que adivinar (*guess*) qué profesión u oficio se describe. Cada persona debe hacer por lo menos tres descripciones.

MODELO: E1: Esta persona ayuda a cuidar a las personas enfermas. Generalmente lleva ropa blanca. Hoy en día hay cada vez más hombres que ejercen esta profesión.
          E2: ¿Es un enfermero o una enfermera?
          E1: ¡Sí!

VOCABULARIO DEL TEMA

Las especializaciones y las materias

Las ciencias naturales y las matemáticas

el álgebra	el cálculo
la anatomía	la física
la astronomía	la geometría
la biología	la química

Las ciencias sociales

la antropología	la geografía
las ciencias políticas	la historia
las comunicaciones	la psicología
la economía	la sociología

Las humanidades

el arte	las lenguas extranjeras	la música
la filosofía	la literatura	la religión

el teatro

Hace cinco años, Miguel Ruiz Ramírez estudiaba siete materias. Sus favoritas eran las ciencias naturales.

Actividad

¿Qué se necesita* estudiar?

Paso 1 Indica las materias que uno debe estudiar para ejercer cada una de las profesiones a continuación.

MODELO: médico/a →
Se necesita estudiar la anatomía, la biología y la química.

Profesiones: contador(a), ingeniero/a, hombre/mujer de negocios, maestro/a, periodista, psiquiatra, traductor(a)

Paso 2 Comparte tus ideas con un compañero / una compañera. ¿Indicaron Uds. las mismas materias para cada profesión?

Paso 3 Ahora indica cuáles son las materias más importantes para la profesión que tú piensas ejercer algún día.

NOTA *cultural* • *La «educación» en los países hispánicos*

Cuando se piensa en la palabra **educación,** lo primero que viene a la mente es la escuela. Pero en español, la palabra **educación** se refiere al proceso total de educar[a] al individuo. Por lo tanto, se usa la expresión «mal educada» para describir a una persona grosera[b] o a alguien que no tiene buenos modales.[c] Para referirse sólo a la instrucción que uno recibe en la escuela, es común usar la palabra **enseñanza.**

[a]preparar la inteligencia y el carácter de los niños para poder participar en la sociedad   [b]*rude*   [c]*manners*

¿CUÁL SE USA?

	Ejemplos	Notas
asistir a	Es importante **asistir a** clase. *It's important to attend class.*	**Asistir a** means *to attend* a function or *to be present.*
atender	**Atienden** bien a los clientes en esa tienda. *They tend to (help) the clients well in that store.*	When *attend* means *to take care of,* to *assist,* or *to pay attention,* **atender** is used.

*The phrase **se necesita** may be translated in English as *one needs,* as in "What does one need to study?" This use of **se,** known as the **se impersonal,** will be presented in **Enfoque estructural 5.3.**

llegar a ser	Don Fernando **llegó a ser** muy rico en México. *Don Fernando became very rich in Mexico.*	Both **llegar a ser** and **hacerse** mean *to become* and imply a change over time. **Llegar a ser** is often used for situations that are more a matter of circumstance than effort.
hacerse	Lucía **se hizo** abogada. *Lucía became a lawyer.*	**Hacerse** is often used with professions and implies a conscious effort.
ponerse	Raquel **se puso** triste cuando supo de la muerte de Pedro. *Raquel became sad when she found out about Pedro's death.*	**Ponerse** and **volverse** also mean *to become* when talking about a change in physical or emotional state. **Volverse** may indicate a more drastic and irreversible change.
volverse	La búsqueda de Rosario **se volvió** una obsesión para don Fernando. *The search for Rosario became an obsession for don Fernando.*	

Actividad

Firma aquí

Paso 1 Hazles preguntas a tus compañeros de clase, usando las expresiones que aprendiste en esta sección de **¿Cuál se usa?** Tú y tus compañeros deben usar preguntas y respuestas con oraciones completas, según el modelo.

MODELO: esperar llegar a ser famoso/a algún día →
E1: ¿Esperas llegar a ser famoso algún día?
E2: Sí, espero llegar a ser famoso.
E1: Firma aquí, por favor.

1. asistir a clase siempre
2. esperar llegar a ser famoso/a algún día
3. pensar hacerse político/a en el futuro
4. atender lo que dicen los padres siempre
5. ponerse triste cuando está lejos de casa

Paso 2 Ahora comparten más detalles sobre las respuestas en el Paso 1.

MODELO: E1: ¿Cómo esperas llegarte a ser famoso, Tim?
E2: Espero llegar a ser famoso como arqueólogo (periodista, actor, etcétera)

Enfoque cultural   Pedro Almodóvar

Sus orígenes y su educación primaria

Pedro Almodóvar es indudablemente el director y creador de cine en español más importante de los últimos veinte años. Nació en 1949 en Calzada de Calatrava, una pequeña villa de la provincia de Ciudad Real, en el centro-sur

In **Episodio 3** of the CD-ROM to accompany *Nuevos Destinos,* you can work with an atlas that shows the geography of Spain.

de España. Cuando Almodóvar tenía ocho años de edad, su familia se mudó[a] a la comunidad autónoma de Extremadura, donde los padres[b] salesianos fueron sus maestros para la educación primaria y secundaria.

Madrid y su empleo en Telefónica

Almodóvar fue, desde muy joven, un gran aficionado al cine, y a los dieciséis años se mudó a Madrid para estudiar arte cinematográfico y hacer películas. Desafortunadamente, la Escuela oficial de arte cinematográfico había sido clausurada[c] por el dictador Francisco Franco. A pesar de esa inconveniencia, Almodóvar gozaba de muchas oportunidades en la capital. A principios de los años 80, Almodóvar comenzó a asociarse con el movimiento subterráneo[d] de rock punk del Madrid y el arte correspondiente: la fotografía, el diseño y la pintura. Trabajó en una variedad de puestos efímeros, hasta conseguir una posición administrativa fija en la compañía nacional de teléfonos de España, llamada Telefónica, donde trabajó unos doce años. En Telefónica, ganó suficiente dinero para comprar su primera cámara Super 8, con la que comenzó a filmar su primera película en 1974. Esta película de diez minutos se titula *Historia de amor que termina en boda* y se hizo con actores totalmente desconocidos.[e]

El primer largometraje[f] y las influencias en sus filmes

Almodóvar hizo una serie de trece filmes cortos e independientes, casi todos creados en formato Super 8. En 1978 produce su primera película de noventa minutos, y escribe ese mismo año el guión[g] para su primer proyecto comercial: *Pepi, Luci, Bom y otras chicas del montón.*[h] Como todavía necesitaba trabajar en Telefónica para mantenerse, tuvo que dirigir y filmar esta película por las tardes y durante los fines de semana. Esta película, a pesar de algunas imperfecciones técnicas y cinematográficas, llamó la atención de muchos y estableció a Almodóvar como un creador de filmes enfocados especialmente en personajes femeninos.[i] Como escritor y director, ofrece un punto de vista crítico y punzante,[j] en el que las situaciones cómicas y las ironías reflejan la profundidad de su comprensión de la personalidad española contemporánea. Las influencias más fuertes en la obra de Almodóvar incluyen su contacto con el mundo subterráneo, el feminismo, el machismo y aspectos de la cultura española, como la tauromaquia[k] y el catolicismo. Estos elementos se exploran dentro del ambiente de una clase media[l] que va descubriendo el consumismo.

Fama internacional

Almodóvar suele trabajar con el mismo grupo de actores, muchos de los cuales han llegado a ser famosos fuera de España. Las «chicas» de Almodóvar incluyen a Penélope Cruz, Carmen Maura, Cecilia Roth, Victoria Abril y Marissa Paredes. Otros actores famosos que empezaron con Almodóvar son Antonio Banderas y Miguel Bosé.

[a]se... *moved* [b]*friars* [c]*closed* [d]*underground* [e]*unknown* [f]*full-length film* [g]*script* [h]del... *from the Heap* [i]personajes... *female characters* [j]*poignant* [k]*bullfighting* [l]clase... *middle class*

Almodóvar escribe mucho. Ha dirigido unas dieciséis películas comerciales, casi todas escritas por él. También ha escrito cuatro libros. Ha recibido premios, por muchos de sus esfuerzos, en festivales internacionales de cine, incluyendo el Festival de Cannes y el Globo de Oro. En 2000, la película *Todo sobre mi madre* de Pedro Almodóvar ganó el Oscar para la mejor película extranjera. Muchas consideran esta película la obra maestra[m] de Almodóvar.

[m]obra... *masterpiece*

Actividad

Paso 1   En grupos de tres o cuatro estudiantes, hagan un lista de lo que saben de Almodóvar. Usen información del Enfoque cultural y busquen también información en el Internet o de publicaciones.

1. su educación y entrenamiento (*training*)
2. sus películas (su primera película, las películas más importantes, etcétera)
3. su «tropa» de actores
4. sus premios

Paso 2   Escojan una cosa de su lista del Paso 1, por ejemplo, uno de los actores, películas o premios. Busquen información más detallada sobre ese tema. Organicen la información para presentársela a la clase.

Enfoque estructural

3.1   Hablando del pasado usando el pretérito

Spanish has two simple past tenses: the preterite and the imperfect. (The imperfect tense is presented in **Enfoque estructural 6.1.**) To talk about events begun and completed in the past, the preterite tense is used. The preterite of regular verbs is formed by replacing the infinitive ending with preterite endings, according to the chart below. Note that **-er** and **-ir** verbs have the same endings.

-ar	-er	-ir
conversar	comer	decidir
conversé	comí	decidí
conversaste	comiste	decidiste
conversó	comió	decidió
conversamos	comimos	decidimos
conversasteis	comisteis	decidisteis
conversaron	comieron	decidieron

Cambios ortográficos

For verbs ending in **-car, -gar,** and **-zar,** the last letter in the verb stem undergoes a change in the first-person singular (**yo**) form of the preterite.

> buscar: bus**qué,** buscaste, buscó...
> llegar: lle**gué,** llegaste, llegó...
> comenzar: comen**cé,** comenzaste, comenzó...

Other common verbs of this type that you have seen and used include the following.

> **-car:** explicar, practicar, sacar, tocar
> **-gar:** jugar, pagar
> **-zar:** almorzar, empezar

-Ar and **-er** stem-changing verbs in the present tense do not have the stem change in the preterite.

	PRESENT	PRETERITE
cerrar (e → ie)	tú cierras	tú cerraste
encontrar (o → ue)	yo encuentro	yo encontré

Cambios radicales

For **-ir** verbs that have a stem change in the present tense, the stem vowel in the preterite changes from **e → i** or from **o → u** only in the third-person singular and plural forms.

	PRESENT	PRETERITE
preferir (ie, i)*	él prefiere	él prefirió
	Uds. prefieren	Uds. prefirieron
dormir (ue, u)*	Ud. duerme	Ud. durmió
	ellas duermen	ellas durmieron

Other common verbs of this type that you have seen and used include the following.

> **(e → i):** conseguir, divertirse, repetir, seguir, servir, vestirse
> **(o → u):** morir

---

*-**Ir** verbs with a stem change in the preterite will be displayed with both present and preterite stem changes in *Nuevos Destinos* vocabulary lists.

● When the stem of a regular **-er** or **-ir** verb ends in a vowel, the **-ió** ending changes to **-yó** in the third-person singular (**Ud./él/ella**) form. The **-ieron** ending changes to **-yeron** in the third-person plural (**Uds./ellos/ellas**) form.

> **caerse** (*to fall down*): ella **se** cayó, ellas **se** cayeron
> **creer** (*to think, believe*): él creyó, ellos creyeron
> **oír:** ella oyó, ellas oyeron

Another verb of this type that you have seen and used is **leer.**

Verbos irregulares en el pretérito

Some verbs do not follow the aforementioned patterns. Here are some common irregular verbs in the preterite. (Additional irregular verbs in the preterite are presented in **Enfoque estructural 4.2.**)

ser/ir	dar	hacer
fui	di	hice
fuiste	diste	hiciste
fue	dio	hizo*
fuimos	dimos	hicimos
fuisteis	disteis	hicisteis
fueron	dieron	hicieron

¡OJO! **Ser** and **ir** have the same preterite forms. Context clarifies the meaning.

> Mis abuelos **fueron** maestros.   *My grandparents were teachers.*
> **Fueron** a Londres en su luna   *They went to London on their*
> de miel.   *honeymoon.*

Práctica **A**

▶ *Hace cinco años* ◀   **La investigación comienza**

A continuación hay ocho preguntas y respuestas sobre el comienzo de la investigación de Raquel. Empareja cada pregunta con la respuesta apropiada.

a. con sorpresa   **d.** Madrid   **g.** con Elena Ramírez
b. en taxi   **e.** Federico Ruiz   **h.** a Alfredo Sánchez
c. su cartera   **f.** Sevilla

1. _____ ¿Como llegó Raquel al Barrio de Triana?
2. _____ ¿Con quién habló Raquel en el mercado?
3. _____ ¿Cómo reaccionó Elena ante las noticias de Raquel?
4. _____ ¿En qué ciudad subió (*got on*) el tren Raquel?
5. _____ ¿Para dónde salió Raquel después de estar en Sevilla?
6. _____ ¿A quién conoció Raquel en el tren?
7. _____ ¿Qué dejó Raquel en el taxi en Madrid?
8. _____ ¿Quién llegó al hotel en Madrid para conocer a Raquel?

---

*In order to maintain intact the [s] sound of the infinitive, the -c- changes to a -z- in the third-person singular form of **hacer** in the preterite.

Práctica **¿Qué hicieron?**

¿Qué hicieron las siguientes personas para cumplir con los oficios de su profesión? Usa las indicaciones de abajo u otras, si quieres. **¡OJO!** Algunas personas pudieron haber hecho (*could have done*) varias actividades.

MODELO: la fotógrafa →
          La fotógrafa sacó fotos.

1. la contadora	**6.** la veterinaria
2. la mujer de negocios	**7.** la reportera
3. el maestro	**8.** el cartero
4. el periodista	**9.** el carpintero
5. el psicólogo	**10.** el secretario

Actividades: construir (**¡OJO!**) una casa, contestar el teléfono, cuidar a perros y gatos, dar un reportaje en la televisión, enseñar matemáticas e historia, entregar cartas y paquetes, escribir artículos, escuchar problemas, hacer llamadas telefónicas importantes, investigar casos, organizar el archivo (*files*), reunirse con clientes, revisar las cuentas (*bills*), trabajar al aire libre (*outdoors*).

Práctica **C** **¿Lo hiciste de verdad?**

Paso 1 ¿Qué hiciste ayer? Escribe cuatro oraciones indicando lo que hiciste (o no) ayer. Trata de usar cuatro verbos diferentes en tus oraciones. Puedes ser totalmente honesto/a o inventar cualquier actividad.

Paso 2 Ahora cada estudiante debe leer sus oraciones y los demás deben decidir si lo que dice es cierto o falso.

Paso 3 ¿Quién hizo las cosas más interesantes? ¿Quién pudo engañar (*managed to fool*) al grupo mejor?

3.2 *Hace* con expresiones de tiempo

To talk about how long an action has been going on, or to say how long ago an event took place, Spanish uses expressions with **hace** in the following manner.

● For an event that began in the past and continues into the present, use **hace** + *time* + **que** + *present tense.*

> **Hace dos años que estudio** español.   *I've been studying Spanish (for) two years.*

You can also begin the sentence with the verb. In this case you delete the word **que**, and add **desde** (*for, since*) to the sentence.

> **Estudio** español **desde hace** dos años.   *I've been studying Spanish (for) two years.*

● For an event that began and/or ended some time ago, use **hace** + *time* + **que** + *preterite tense.*

> **Hace tres años que estudié** francés.   *I studied French three years ago.*

You can also begin this type of sentence with the verb. In this case you still omit the word **que**, but do not use **desde**.

Estudié francés **hace tres años.**   *I studied French three years ago.*

Práctica **Vamos a conocernos mejor**

En una hoja de papel aparte, apunta (*jot down*) las siguientes actividades. Luego, hazles preguntas a tus compañeros de clase para saber quiénes las hacen. Cuando encuentres a alguien que conteste afirmativamente, pregúntale cuánto tiempo hace que practica esa actividad y pídele que firme tu hoja de papel.

¡UN DESAFÍO!   Hazles otras preguntas a tus compañeros para saber más información.

MODELO: usar una computadora →
          E1: ¿Usas una computadora?
          E2: Sí.
          E1: ¿Cuánto tiempo hace que la usas?
          E2: Hace cinco años que la uso. (La uso desde hace cinco años.)
          E1: ¡Firma aquí, por favor!

   Desafío:

   E1: ¿Qué tipo de computadora usas?
   E2: Uso una Power Mac.

1. usar una computadora
2. tomar una clase de ciencias naturales
3. saber esquiar
4. tocar algún instrumento musical
5. practicar algún deporte
6. usar un teléfono celular
7. llevar lentes de contacto

Práctica **¿Cuándo lo hiciste?**

Con un compañero / una compañera, haz y contesta preguntas sobre lo que hicieron en el pasado, según el modelo.

MODELO: E1: ¿Cuándo empezaste a estudiar español?
          E2: Hace tres años que empecé a estudiar español. (Empecé a estudiar español hace tres años.)

1. ¿Cuándo empezaste a estudiar español?
2. ¿Cuándo conociste a tu compañero/a de cuarto (novio/a, esposo/a, mejor amigo/a)?
3. ¿Cuándo empezaste a trabajar?
4. ¿Cuándo aprendiste a andar en bicicleta (nadar, leer, manejar)?
5. ¿Cuándo sacaste la peor nota (*grade*) de tu vida?
6. ¿Cuándo te graduaste de la escuela secundaria?

3.3   Usos de *por* y *para*

REFRÁN

《 *Por* uno que salga chueco, no todos están torcidos. 》*

The Spanish words **por** and **para** have many uses and are often translated as English *for* or *by*. However, sometimes their translation is not equivalent to either of these English words. In any case, their uses in Spanish are not interchangeable.

● **por**
Use the preposition **por** to express the following.

■ cause or motive

> Los hijos de don Fernando están preocupados **por** la salud de su padre.
> *Don Fernando's children are worried about the health of their father.*

■ motion

> El tren pasó **por** muchos pueblos antes de llegar a Madrid.
> *The train went through many towns before arriving in Madrid.*

■ means of transportation

> Raquel viajó a España **por** avión.
> *Raquel traveled to Spain by plane.*

■ period of time

> Raquel conoció a Elena Ramírez **por** la tarde.
> *Raquel met Elena Ramírez in the afternoon.*

■ exchange

> El taxista recibió dinero **por** llevar a Raquel al Barrio de Triana.
> *The taxi driver received money for taking Raquel to the Barrio de Triana.*

■ unit of measure

> ¿Cuántos kilómetros **por** hora viaja el rápido de Sevilla a Madrid?
> *How many kilometers per hour does the rapid train from Sevilla to Madrid travel?*

Por is also used in many fixed expressions. Here are some of the more common ones.

por ejemplo	for example	**por lo menos**	at least
por eso	for that reason; that's why	**¿por qué?**	why?
		por suerte	luckily
por favor	please	**por supuesto**	of course
por fin	finally		

---

*Don't judge a group by one of its members." (lit. One's turning out twisted doesn't mean that all are crooked.)

● **para**

Use the preposition **para** to express the following.

▪ destination in space or time

> Raquel va a salir **para** Madrid pasado mañana.
> *Raquel's going to leave for Madrid the day after tomorrow.*

> Miguel Ruiz tiene que terminar una composición **para** el miércoles.
> *Miguel Ruiz has to finish a composition by Wednesday.*

▪ purpose

> Raquel está en España **para** investigar el secreto de don Fernando.
> *Raquel is in Spain to investigate don Fernando's secret.*

▪ intended recipient

> La carta llegó de España **para** don Fernando.
> *The letter arrived from Spain for don Fernando.*

Práctica   ▶ *Hace cinco años* ◀   **Más sobre la investigación de Raquel**

Completa las siguientes oraciones con **por** o **para**, según el contexto.

¡UN DESAFÍO!   Inventa tres oraciones más sobre la investigación de Raquel, usando **por** y **para**.

1. La familia Castillo está triste _____ la enfermedad de don Fernando.
2. Raquel salió _____ España en avión.
3. _____ las noches, Raquel resume sus apuntes.
4. _____ fin, Raquel conoció a algunos miembros de la familia de Teresa Suárez.
5. El taxista y Raquel encontraron a los nietos de Teresa Suárez caminando _____ el Barrio de Triana.
6. Raquel viajó _____ tren a Madrid.
7. Raquel espera hablar con Teresa Suárez _____ saber más de la vida de Rosario.
8. Alfredo Sánchez piensa que el caso de don Fernando puede ser interesante _____ un reportaje de la televisión.
9. Federico Ruiz invita a Raquel a su casa _____ cenar con él y su madre.

Práctica   **Oraciones originales**

Inventa por lo menos cinco oraciones originales usando palabras de las tres columnas u otras, si quieres.

yo	preocuparse por	el próximo examen
tú, (*nombre*)	salir para	a Europa para las próximas vacaciones
mi compañero/a de cuarto (novio/a, esposo/a, hijo/a)	escribir composiciones para	el parque todos los días
nosotros, los estudiantes	caminar por	el viernes (jueves, miércoles, ¿ ?)
el profesor / la profesora de español	estudiar para	la universidad muy temprano por la mañana
¿ ?	pensar viajar por avión (barco, tren, ¿ ?)	la salud de la familia
	¿ ?	¿ ?

Para terminar

Actividad final Escogiendo una carrera

En este capítulo, exploraste más a fondo el mundo del trabajo. Como sabes, hay muchos factores importantes que considerar cuando uno piensa en la carrera que va a seguir y el tipo de trabajo que va a hacer. ¿Ya has escogido tú la carrera que quieres? (¿Ya ejerces esa profesión?) Para ti, ¿qué es lo más importante de considerar antes de tomar esa decisión? En esta actividad final, vas a indicar lo más importante para ti en cuanto a la selección de una carrera.

Paso 1 A continuación, hay una lista de siete factores que tomar en cuenta al escoger tu futuro trabajo. (Puedes agregar otro a la lista.) Indica tu opinión sobre la importancia para ti de cada factor al escoger una carrera y un futuro trabajo. Escribe del 1 (el más importante) al 7 u 8 (el menos importante).

1. _____ el salario que puedo ganar
2. _____ la contribución que puedo hacer a la sociedad
3. _____ las otras personas con quienes voy a trabajar
4. _____ la responsabilidad del puesto
5. _____ la oportunidad de viajar
6. _____ el horario de trabajo
7. _____ mis intereses y habilidades
8. _____ (otro)

Paso 2 En parejas o en grupo, comparen las prioridades indicadas por cada persona. Expliquen por qué escogieron esos factores.

Paso 3

¡UN DESAFÍO! Haz una presentación oral a la clase en la cual explicas tus planes para el futuro y cómo escogiste tu especialización y la carrera que piensas seguir. Incluye información sobre tus intereses y habilidades para explicar el porqué de tu elección.

Vocabulario

Los verbos

caer (y)	to fall
creer (y)	to think, believe
ejercer (ejerzo)	to practice (*a profession*)
mudarse	to move (*residence*)
salir (*irreg.*)	to leave
subir	to get in or on (*a car, bus, train, etc.*)

Profesiones y oficios

el bombero / la mujer bombero	firefighter
el/la cajero/a	cashier
el/la cartero/a	mail carrier
el/la cocinero/a	cook
el/la comerciante	merchant
el/la contador(a)	accountant
el/la enfermero/a	nurse
el hombre / la mujer de negocios	businessman, businesswoman
el/la maestro/a	teacher
el/la mesero/a	server (*restaurant*)
el/la obrero/a	worker
el/la peluquero/a	hairstylist
el/la periodista	journalist
el policía / la mujer policía	policeman, policewoman
el/la trabajador(a) social	social worker
el/la traductor(a)	translator
el/la vendedor(a)	salesperson

Cognados: el/la arquitecto/a, el/la banquero/a, el/la carpintero/a, el/la dentista, el/la electricista, el/la fotógrafo/a, el/la ingeniero/a, el/la mecánico/a, el/la médico/a, el/la músico, el/la piloto/a, el/la pintor(a), el/la plomero/a, el/la psicólogo/a, el/la psiquiatra, el/la reportero/a, el/la secretario/a, el/la taxista, el/la técnico/a, el/la veterinario/a

Repaso: el/la abogodo/a, el/la estudiante, el/la profesor(a)

Las especializaciones y materias

Las ciencias naturales y las matemáticas: el álgebra, la anatomía, la astronomía, la biología, el cálculo, la física, la geometría, la química

Las ciencias sociales: la antropología, las ciencias políticas, las comunicaciones, la economía, la geografía, la historia, la psicología, la sociología

Las humanidades: el arte, la filosofía, las lenguas extranjeras, la literatura, la música, la religión, el teatro

Expresiones con por

por ejemplo	for example
por eso	for that reason; that's why
por favor	please
por fin	finally
por lo menos	at least
por suerte	luckily
por supuesto	of course

Repaso: ¿por qué?

Otras palabras y expresiones útiles

el aguinaldo	holiday bonus
la carrera	career
desde	from, since
hace + *time* + que + *present*	I (you, he . . .) have/has been (*doing something*) for (*time*)
hace + *time* + que + *preterite*	I (you, he . . .) (*did something*) (*time*) ago

¿Cuál se usa?

asistir a	to attend (*a function*); to be present
atender	to take care of; to assist; to pay attention
hacerse	to become
llegar a ser	to become
ponerse	to become
volverse	to become

Lectura 2

Antes de leer

La poesía del poeta y escritor sevillano Antonio Machado (1875–1939) es de profunda espiritualidad. Se concentró en los temas del tiempo, de la muerte y de Dios. El poema que vas a leer (número XXIX) es parte de una colección que se llama «Proverbios y cantares».

Juan Ramón Jiménez (1881–1958) también es español. Escribió muchos poemas y su mayor preocupacion fue la estética.* En 1956, poco antes de morir, recibió el premio Nóbel de Literatura. «El viaje definitivo» es uno de sus poemas más conocidos.

Actividad

Mapas semánticos: la muerte y la vida

Paso 1 ¿Qué asocias con la muerte? Entre todos de la clase, escriban en la pizarra un mapa semántico de la muerte. Deben incluir todo lo que se asocia con ese concepto. Aquí están algunas ideas para comenzar.

Paso 2 Ahora, piensen en todo lo relacionado con la vida y hagan un mapa semántico de ese concepto.

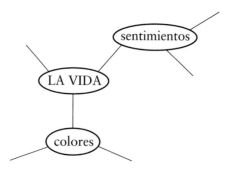

---

*In English: *aesthetics*, or that which is concerned with emotion and sensation as opposed to intellectuality.

XXIX

Caminante, son tus huellas[a]
el camino, y nada más;
caminante, no hay camino,
se hace camino al andar.
5 Al andar se hace camino
y al volver la vista atrás
se ve la senda que nunca
se ha de volver a pisar.[b]
Caminante, no hay camino,
10 sino estelas,[c] en la mar. ■

[a]*footprints* [b]nunca... *one never has to tread on again* [c]*wakes*

El viaje definitivo

...Yo me iré.* Y se quedarán los pájaros
cantando;
y se quedará mi huerto,[a] con su verde árbol,
y con su pozo[b] blanco.
5   Todas las tardes, el cielo será azul y plácido;
y tocarán, como esta tarde están tocando,
las campanas del campanario.[c]
    Se morirán aquellos que me amaron;
y el pueblo se hará[d] nuevo cada año;
10 y en el rincón aquel de mi huerto florido y encalado,[e]
mi espíritu errará, nostáljico... [f]
    Y yo me iré; y estaré solo, sin hogar, sin árbol
verde, sin pozo blanco,
sin cielo azul y plácido...
15 Y se quedarán los pájaros cantando. ■

[a]*garden* [b]*well* [c]*bell tower* [d]se... *will become* (**hará** = *irregular form of* **hacer** *in the future tense*) [e]*whitewashed*
[f]antigua manera de deletrear **nostálgico**

---

*Me iré = *I will go;* many verbs in this poem are used in the future tense, which will be reviewed in **Enfoque estructural 13.1.** For now, just learn to recognize verb forms with the following construction: *infinitive* + -é, -ás, -á, -emos, -éis, -án.

Después de leer

Actividad A

Comprensión

1. El uso del lenguaje figurado es muy común en la poesía. Una de las razones por esto es que, por lo general, un poema consiste en pocas palabras, y una sola palabra bien intencionada puede provocar varios sentimientos. Primero busca la definición literal de las siguientes palabras que aparecen en el poema número XXIX de «Proverbios y cantares». Después escribe su sentido figurado.

   el caminante   el camino   la senda

2. En «El viaje definitivo» se hacen varias referencias a la naturaleza. Busca todas esas referencias. ¿Se refieren a cosas «permanentes» o «temporales»? ¿Qué colores se asocian con estas cosas?

3. Vuelve a los mapas semánticos que hiciste con compañeros en Antes de leer. Ahora que has leído los poemas, haz más asociaciones en los mapas. Compara tus nuevos mapas con los de un compañero / una compañera.

4. El mensaje principal de los dos poemas es...

   _____ Sólo se puede vivir la vida una vez, y hay que disfrutarla.

   _____ No hay vida después de la muerte.

   _____ Es imposible evitar la muerte y hay que estar preparados para morir.

   _____ Aunque exista la muerte, la vida va a continuar.

   _____ ¿otro?

Actividad B

Opinión

1. Completa la siguiente oración según lo que opinas. Usa la siguiente escala: 1 = siempre, 2 = a veces, 3 = nunca.

Hablar de la muerte es...

_____ mala suerte	_____ aterrador	_____ interesante
_____ triste	(*frightening*)	_____ necesario
_____ de mal gusto	_____ terapéutico	_____ difícil
	_____ deprimente	

2. ¿Indica las emociones que sientes al leer estos dos poemas.

_____ tristeza	_____ tranquilidad	_____ depresión	_____ ¿otro?
_____ felicidad	_____ resignación	_____ miedo	

Actividad C

Expansión

Se dice que en el momento de morir, uno recuerda los momentos más importantes de la vida. Imagínate que estás a punto de morir. ¿Qué episodios de tu vida vas a recordar? ¿En qué vas a pensar?

4 *Datos importantes*

METAS

LA TRAMA

Día 2 (*continuación*): At the end of the previous episode, Lucía received a package. Who sent the package, and what important information does it contain? Meanwhile, Raquel continues her story about the search for Teresa Suárez, the only person who could tell her about Rosario. What do you suppose she found out?

LUCÍA: Una carta de Ramón Castillo. Dice que acaba de recibir la carta que adjunta. ¿Qué es esto? Una carta oficial de la Secretaría de Hacienda y Crédito Público...

CULTURA

As you work through the chapter, you will also find out about

- how some rooms of a house are used in many Spanish-speaking countries (**Nota cultural: La vida en casa**)
- Spanish society after Franco (**Enfoque cultural: La sociedad española después de Franco**)

COMUNICACIÓN

In this chapter of *Nuevos Destinos*, you will

- talk about your home and household activities (**Enfoque léxico: La vida en casa**)
- review the uses of **cambiar de, mudarse, mover; arriba, arriba de; abajo, debajo de** (**Enfoque léxico: ¿Cuál se usa?**)
- use more reflexive verbs to talk about emotions and other actions (**Enfoque estructural 4.1**)
- continue to talk about events in the past (**4.2**)
- learn another way to talk about to whom something belongs (**4.3**)

El vídeo

El episodio previo

Actividad **A**

▶ *Hace cinco años* ◀ **¿De quién se habla?**

Paso 1 Lee las siguientes oraciones sobre los personajes del Episodio 3 e indica a quién se refiere cada una.

¡UN DESAFÍO! Haz el ejercicio sin mirar las opciones de la lista a continuación.

1. _____ Es la abuela de Miguel y Jaime Ruiz.
2. _____ Tienen dos hijos jóvenes.
3. _____ Lleva a Raquel al Barrio de Triana.
4. _____ Quiere que Raquel vaya a Madrid.
5. _____ Vive en México y está muy enfermo.
6. _____ Está en el mercado cuando llega Raquel al Barrio de Triana.
7. _____ Ayuda a Raquel a buscar la casa de Teresa Suárez.
8. _____ Era la esposa de don Fernando antes de la Guerra Civil española.
9. _____ Llevan a Raquel al mercado a buscar a la madre de ellos.
10. _____ Le cuenta la historia de la carta a Elena Ramírez.

Nombres: don Fernando, el taxista, Elena, Jaime, Miguel (hijo), Miguel (padre), Raquel, Rosario, Teresa Suárez

Paso 2 Compara tus respuestas con las de otro/a estudiante, y haga los cambios necesarios.

Actividad **B**

▶ *Hace cinco años* ◀ **Una semana decisiva**

Paso 1 Los siguientes acontecimientos tuvieron lugar hace cinco años durante una semana muy decisiva en la vida de la familia Castillo. Pon los acontecimientos en el orden cronológico apropiado, empezando con el número 1.

_____ Raquel viajó a Sevilla en busca de Teresa Suárez.
_____ Don Fernando recibió una carta de Teresa Suárez.
_____ Raquel fue al Barrio de Triana.
_____ Miguel, el hijo de Teresa Suárez, conversó con su madre sobre la llegada de Raquel a España.
_____ Raquel conoció a Federico, el hijo menor de Teresa Suárez.
_____ Raquel encontró a Elena en el mercado.
_____ Don Fernando reveló el secreto a su familia.
_____ Raquel dejó su cartera en un taxi.
_____ Pedro habló con Raquel y ella aceptó el caso.
_____ Raquel conoció a un reportero en el tren.

Paso 2 Con un compañero / una compañera, verifica tus respuestas.

Episodio 4: Día 2 (*continuación*)

Preparación para el vídeo

Actividad **A**

Otra carta de Ramón

En este episodio Lucía recibe un paquete. El paquete contiene una carta de Ramón Castillo más otro documento importante. Indica si las siguientes oraciones son ciertas (**C**) o falsas (**F**), según lo que crees que va a pasar.

C F **1.** El documento que acompaña la carta de Ramón es el testamento de Pedro Castillo.

C F **2.** El gobierno mexicano hace reclamaciones (*claims*) sobre la propiedad de La Gavia.

C F **3.** Otro miembro de la familia Castillo murió.

C F **4.** En su carta, Ramón dice que no quiere que Lucía esté involucrada (*involved*) en el caso de la familia Castillo.

C F **5.** Raquel y Lucía tienen que viajar a México.

C F **6.** Lucía se entera de que es una de los herederos del testamento de Pedro.

Actividad **B**

Episodio 4 of the CD-ROM to accompany *Nuevos Destinos* contains the magazine article about don Fernando that Teresa Suárez read, as well as a tape-recorded summary of Raquel's visit to Madrid.

▶ *Hace cinco años* ◀ **El encuentro con Teresa Suárez**

Paso 1 En este episodio, Raquel va a conocer a Teresa Suárez. ¿Cómo será ese encuentro? Escoge las palabras o frases que mejor reflejen tu opinión.

1. Raquel va a conocer a la Sra. Suárez en...
  a. un hotel.   **b.** un restaurante.
  c. la casa de la Sra. Suárez.

2. La Sra. Suárez va a ser... con Raquel.
  a. simpática   **b.** tensa   **c.** reservada

3. La Sra. Suárez dice que le escribió la carta a don Fernando porque quería informarle sobre...
  a. Rosario.
  b. una herencia que dejó Rosario.
  c. un hijo que él tuvo con Rosario.

4. La Sra. Suárez va a decirle a Raquel que Rosario...
  a. ya murió.   **b.** vive en otro país.   **c.** no quiere ver a don Fernando.

5. La Sra. Suárez le va a mostrar a Raquel...
  a. cartas de Rosario.   **b.** una foto reciente de Rosario.
  c. la foto de bodas (*wedding*) de don Fernando y Rosario.

Paso 2 Después de ver el Episodio 4, vuelve a leer tus respuestas y haz los cambios necesarios.

¿Qué tal es tu memoria?

Actividad A

Episodio 4 of the CD-ROM to accompany *Nuevos Destinos* contains the letter from the Mexican government and Lucía's flight schedule back to Mexico, as well as accompanying activities.

Una reclamación del gobierno mexicano

Lucía recibió una carta de Ramón sobre una reclamación del gobierno mexicano. ¿Cuánto sabes de esa situación? Completa las oraciones según lo que supiste en el episodio.

1. La carta que recibió Ramón era... (¿de qué oficina del gobierno?)
2. El gobierno reclama... (¿qué?)
3. El motivo de la reclamación es que... (¿por qué lo hace el gobierno?)
4. Lucía necesita mandar... (¿qué tiene que mandar al gobierno?)
5. Lucía tiene que viajar... (¿adónde?)
6. Para viajar hoy, es necesario cambiar... (¿qué?)
7. Raquel va a hacerle a Lucía el favor de... (¿qué va a hacer Raquel?)

INDUSTRIAS
CASTILLO SAAVEDRA S. A.
Las Almendras No 465 • 20065 Toluca, México
Teléfono: (52) (42) 07 02 66 • Fax: (52) (42) 07 02 68

Toluca, 24 de febrero

Licenciada Lucía Hinojosa Dávila
Goodman, Potter & Martinez
Avenida Chapultepec 870, Colonia Juárez
01020 México, D.F.

Estimada licenciada Hinojosa:
Acabo de recibir la carta que adjunto. No tenemos ninguna idea de los motivos para esta reclamación. Por favor, llámeme en cuanto sepa algo.
Gracias.

Ramón Castillo

Hace cinco años

¡Qué historia tan trágica! Rosario cree que don Fernando ha muerto en el bombardeo y él piensa lo mismo de ella. Rosario tiene un hijo de don Fernando en Sevilla y allí conoce a Teresa Suárez. Rosario se casa de nuevo con un argentino llamado Martín Iglesias. Ahora Raquel tiene que viajar a la Argentina a la dirección de la carta de Rosario que le ha dado la Sra. Suárez.

Actividad B

Episodio 4 of the CD-ROM to accompany *Nuevos Destinos* contains a tape-recorded summary of the events mentioned in **Actividad B.**

> *Hace cinco años*   **Noticias interesantes sobre Rosario**

En Madrid, Raquel conversó con Teresa Suárez y la información que ésta le dio va a afectar el resto de su investigación. Indica si las oraciones a continuación son ciertas (**C**), falsas (**F**) o no se sabe (**NS**), según lo que dijo Teresa Suárez.

Rosario...

C	F	NS	**1.**	vivió un tiempo en Madrid después de la Guerra Civil española.
C	F	NS	**2.**	conoció a Teresa Suárez en Sevilla.
C	F	NS	**3.**	pensaba que don Fernando la abandonó.
C	F	NS	**4.**	leyó noticias sobre don Fernando en una revista.
C	F	NS	**5.**	tuvo un hijo a quien le puso el nombre de Ángel.
C	F	NS	**6.**	se casó de nuevo, esta vez con un hombre venezolano.
C	F	NS	**7.**	tuvo otros hijos con su segundo esposo.

Lengua y cultura

VOCABULARIO DEL TEMA

Los cuartos y otras partes de una casa o un apartamento

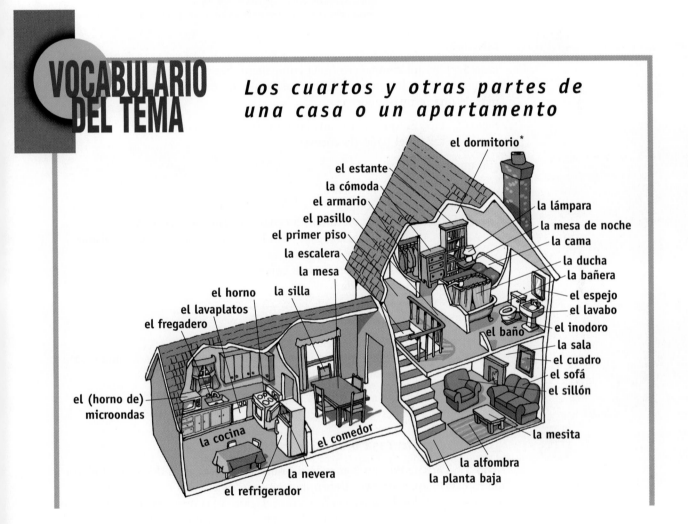

el dormitorio*
el estante
la cómoda
el armario
el pasillo
el primer piso
la escalera
la mesa
la silla
el horno
el lavaplatos
el fregadero
el (horno de) microondas
la cocina
la nevera
el refrigerador
el comedor
la lámpara
la mesa de noche
la cama
la ducha
la bañera
el espejo
el lavabo
el inodoro
el baño
la sala
el cuadro
el sofá
el sillón
la mesita
la alfombra
la planta baja

---

*Hay muchas palabras en español que significan *bedroom*. Aunque se emplea la palabra **dormitorio** por todo el mundo hispánico, también se usan las palabras **la alcoba** (España), **el cuarto** (Puerto Rico y otros países), **la recámara** (México) y **la habitación**. Aunque ésta sí puede referirse a *bedroom*, para muchos hispanohablantes quiere decir «cuarto de un hotel».

Cognados: **el balcón, la chimenea, el estudio, el garaje, el jardín, el patio, la terraza**

AMPLIACIÓN LÉXICA

el ascensor / el elevador*	elevator
la piscina	swimming pool
el piso	floor
el techo	roof

Actividad **A**

En casa

Paso 1   Con un compañero / una compañera, haz y contesta las siguientes preguntas sobre los cuartos de una casa o un apartamento. ¡OJO! A veces hay más de una respuesta correcta.

MODELO: E1: ¿En qué cuarto nos lavamos (*we wash*) las manos?
          E2: En el baño (la cocina).

¿En qué cuarto...

1. dormimos por la noche?
2. preparamos la comida?
3. nos sentamos (*we sit down*) a cenar con amigos y familiares?
4. nos sentamos a charlar (*chat*) con las personas que vienen de visita?
5. nos duchamos o nos bañamos?
6. lavamos los platos después de comer?
7. guardamos la comida?
8. nos vestimos?
9. leemos para relajarnos?
10. estudiamos?

Paso 2   Ahora indiquen qué muebles (*furniture*) u otras partes de una casa o un apartamento se usan para hacer las actividades del Paso 1.

MODELO: E1: ¿Dónde nos lavamos las manos?
          E2: En el lavabo (el fregadero).

Actividad **B**

¿Qué hay en tu casa o apartamento?

Paso 1   Túrnate con un compañero / una compañera para describir el plano de tu casa o apartamento. Deben indicar cuántos cuartos hay, qué tipo de cuartos son y dónde se encuentran con relación a las otras partes de la casa o el apartamento. No se olviden de decir también qué muebles u otras cosas hay en ellos. Mientras uno/a describe, la otra persona debe dibujar el plano.

MODELO: En mi apartamento, hay seis cuartos: una sala, un comedor, una cocina, dos dormitorios y un baño. Cuando se entra en la casa, la sala está a la izquierda. Allí tenemos un sofá, un estéreo, una mesita...

---

*El ascensor** is used primarily in Spain, and **el elevador** is used in Latin America.

Palabras útiles: a la derecha (*to the right*), a la izquierda (*to the left*), al lado de (*next to*), al otro lado de (*on the other side of*), enfrente de (*in front of*)

Paso 2   Ahora revisa el plano que dibujó tu compañero/a. ¿Se parece a tu casa o apartamento? Modifica el dibujo de tu compañero/a, si es necesario, para que se parezca más a tu vivienda.

Algunos aparatos y quehaceres domésticos

Los aparatos eléctricos

la cafetera	coffee maker
el calentador	heater
la lavadora	washing machine
la plancha	iron
la secadora	dryer
el ventilador	fan

Cognados: el radio,* el televisor,* el tostador

Para el baño, el dormitorio y la cocina

la almohada	pillow
el basurero	trashcan, wastebasket
la cobija / la manta	blanket
la escoba	broom
el gabinete	cabinet

el jabón	soap
la sábana	sheet
la toalla	towel

Los quehaceres domésticos

barrer (el suelo)	to sweep (the floor)
cocinar	to cook
lavar (la ropa, los platos)	to wash (the clothes, the dishes)
limpiar	to clean
pasar la aspiradora	to vacuum
planchar	to iron
poner la mesa	to set the table
quitar la mesa	to clear the table
sacar la basura	to take out the trash
sacudir (los muebles)	to dust (the furniture)
secar	to dry
tender (ie) la cama	to make the bed

Actividad **A**

¿Qué se usa?

Indica el aparato doméstico u otro artículo que se usa para las siguientes actividades.

1. mantener la comida en buen estado
2. refrescar un cuarto cuando hace mucho calor
3. calentar rápidamente la comida
4. planchar la ropa
5. ver tu programa favorito
6. preparar un buen café por la mañana
7. barrer el suelo
8. cocinar (¡OJO! Hay más de una respuesta posible.)

---

*El **radio** and el **televisor** are used to refer to the appliances. La **radio** (short for la **radiofonía**) and la **televisión** are used to speak of the media of radio and TV.

9. lavar la ropa sucia
10. limpiar la alfombra
11. secar la ropa

Actividad **B**

Asociaciones

Completa las siguientes oraciones con la respuesta más lógica.

1. Para bañarte necesitas (jabón / una escoba).
2. Es mejor lavar los platos en (el lavabo / el fregadero).
3. Después de bañarte, te secas con (una toalla / una sábana).
4. Para dormir cómodamente, debes usar (una almohada / una plancha).
5. Se usa (el lavaplatos / el gabinete) para guardar los platos.
6. Si no tienes (una bañera / un inodoro) en casa, te duchas.
7. Después de comer, pones los platos en (el basurero / el lavaplatos).
8. Durante el invierno, muchas personas duermen con (una manta / un tostador).

Actividad **C**

De compras

Paso 1 Imagínate que necesitas comprar algunos aparatos para tu nuevo apartamento, pero no tienes mucho dinero y sólo puedes comprar seis. ¿Cuáles compras?

Paso 2 Compara tu lista con la de un compañero / una compañera. ¿Cuáles son los aparatos domésticos más necesarios, según tu opinión y la de tu compañero/a?

¿CUÁL SE USA?

	Ejemplos	Notas
cambiar de	Quiero **cambiar de** asiento. *I want to change seats.*	**Cambiar de** is used to express *to move* to another location unless it is to a new address, in which case **mudarse** is used.
mudarse	Carlos **se mudó** a la Florida. *Carlos moved to Florida.*	
mover	No es fácil **mover** un piano. *It's not easy to move a piano.*	**Mover** is used to express *to move* an object or part of the body.
arriba	Las oficinas están **arriba**. *The offices are upstairs.*	**Arriba** expresses the direction *up*, and is also used to mean *upstairs*.
arriba de	Hay un reloj **arriba de** la pizarra. *There's a clock above the chalkboard.*	The prepositional phrase with *de* indicates the position *above* or *over*.

abajo	Cuando subo una escalera prefiero no mirar **abajo.** *When I go up a ladder, I prefer not to look down.*	**Abajo** is the opposite of **arriba** and indicates *down* or *downstairs.*
debajo de	Encontré las llaves **debajo de** muchos papeles. *I found my keys under a lot of papers.*	**Debajo de** indicates the position *under* or *underneath.*

Actividad A

¿Cuál se usa?

Completa cada una de las siguientes oraciones con **cambiar de, mudarse, mover, arriba, arriba de, abajo** o **debajo de.**

1. ¿Puedes _____ tu brazo un poco? No tengo espacio.
2. La oficina de la profesora está _____ en el tercer piso.
3. Si no ves bien desde tu asiento, puedes _____ lugar.
4. Vivimos en Kentucky por muchos años, pero vamos a _____ Michigan.
5. Hay un baño en el segundo piso y otro _____, en el primer piso.
6. Raquel tiene una foto de sus padres _____ su cama.
7. El gato se escondió _____ la mesa cuando llegaron los invitados.

Actividad B

Lo contrario

Con un compañero / una compañera, haz y contesta las siguientes preguntas. Usen las expresiones de esta sección de **¿Cuál se usa?** en sus respuestas.

1. ¿Te gusta vivir siempre en el mismo lugar?
2. En tu casa, ¿tu habitación está abajo?
3. En tu cocina, ¿cuelgas los cucharones (*ladles*) debajo de la estufa?
4. ¿Quieres quedarte en el mismo asiento todo el semestre?
5. ¿La cola (*tail*) de un perro se queda inmóvil cuando llegan los dueños a la casa?

NOTA *cultural* • *La vida en casa*

En muchos países hispánicos los cuartos de una casa se utilizan de una manera diferente de cómo se usan en los Estados Unidos. Por ejemplo, en la cocina se concentra gran parte de la vida familiar. Como no es costumbre de comer comidas de lata[a] o congeladas,[b] la familia hispanoamericana pasa mucho tiempo en la cocina, y pueden platicar mientras preparan la comida, mientras ponen la mesa o también después de comer, cuando llega la hora de limpiar la cocina.

Por lo general, la sala se emplea sólo para recibir a las visitas, y el televisor está en un dormitorio. Es socialmente inaceptable que los amigos del sexo opuesto entren al dormitorio de uno, porque es un lugar privado, y la visita puede malinterpretarse. Por supuesto, estas costumbres varían entre los países hispanos. En España, por lo general, las costumbres tienden a ser menos conservadoras que en Latinoamérica.

[a]de... *canned* [b]*frozen*

Enfoque cultural

La sociedad española después de Franco

El franquismo

En la Guerra Civil española (1936–1939), el ejército de la Falange Española Tradicionalista, una organización fascista de varios grupos militares y derechistas, derrotó[a] a las tropas republicanas, es decir, al gobierno de la Segunda República Española. La Falange se distinguía de otros grupos fascistas por su fuerte énfasis en la tradición nacionalista, por eso, también se conocen como nacionalistas. Al terminar la guerra, el general Francisco Franco, el líder nacionalista que había unido a los partidos nacionalistas con la Falange, se hizo jefe de estado. Su jefatura llegó a ser vitalicia: fue dictador de España por unos treinta y siete años, hasta su muerte en 1975.

El régimen[b] de Franco se caracterizó, especialmente durante los primeros años, por una estricta represión contra ciertos grupos sociales y organizaciones políticas. En muchos aspectos, esta dictadura creó una sociedad conservadora, cerrada y aislada.[c] Dentro de pocos años, Franco empezó a promulgar leyes y hacer cambios para ganar el favor y apoyo económico de los Estados Unidos. En 1947, declaró que España era un reino, del que él era regente hasta nombrar al sucesor. En 1969, nombró sucesor al príncipe Juan Carlos.

El General Francisco Franco se dirige a los ciudadanos de España.

Nuevos aires de libertad

Después de la muerte del general Franco, Juan Carlos de Borbón llegó a ser rey y líder de España. El Rey Juan Carlos fue una figura clave[d] para la transición democrática. En Washington, D.C., el 2 de junio de 1976, prometió: «el acceso al poder de las distintas alternativas de gobierno». En 1977 se organizaron las primeras elecciones libres en cuarenta y un años. Adolfo Suárez fue elegido presidente de España. Aunque hubo un atentado golpe de estado,[e] en 1982 hubo otras elecciones en las que el candidato del Partido Socialista Obrero[f] Español, Felipe González, ganó la presidencia. Con González comenzó definitivamente el fin del aislamiento[g] de España.

Una serie de cambios sociales y culturales acompañan el final del franquismo. En 1977 el poeta Vicente Aleixandre ganó el premio Nóbel de Literatura y en 1978 se aprobó la nueva constitución. En 1982 el Papa Juan Pablo II visitó España por primera vez, y este mismo año se organizó la Copa Mundial de Fútbol. En 1983 la película *Volver a empezar* (1982) de José Luis Garci obtuvo el premio Oscar a la mejor película extranjera. En 1986 España se hizo miembro de la Comunidad Europea y se integró al Tratado del Atlántico Norte. En 1989 Camilo José Cela ganó el premio Nóbel de Literatura.

[a]*defeated* [b]*government* [c]*isolated* [d]*key* [e]*golpe... coup d'état* [f]*Partido... Socialist Labor Party* [g]*isolation*

El destape español y la movida madrileña

Las transformaciones sociales, políticas y culturales también se reflejan en las artes. Surgen los cinematógrafos Bigas Luna y Pedro Almodóvar dentro del ámbito del movimiento **el destape,**[h] que se asocia con la abolición de la censura y con la libertad de abordar[i] en las películas temas controvertidos.

El grupo español Mecano

Almodóvar es también, y quizás más, un producto de la **movida**[j] **madrileña,** el término que describe la atmósfera de libertad artística que se produjo en Madrid entre 1978 y 1984. En estos años existió un proceso de creación acelerada y explosiva en el cine, el diseño, la pintura y la música por parte de los jóvenes madrileños. Las primeras películas de Almodóvar y el grupo pop Mecano son las obras y los artistas más representativos de este movimiento.

Apertura[k] social y nuevos estilos de vida

España se abre a las ideas progresistas de otros países de Europa, se aprueba la ley del divorcio en 1981 y esta sociedad naciente[l] comienza a aceptar nuevos estilos de vida. Hay una nueva tolerancia hacia el divorcio, la unión entre solteros, el homosexualismo y las madres solteras. En cuanto a la religión, el gobierno democrático dejó de imponer el catolicismo como la única religión aceptada, y aunque la influencia de la iglesia católica se va disminuyendo, se nota la aceptación de otras religiones.

La brusca transición a la democracia y a una sociedad más abierta que España hizo fue difícil y, al principio, las dificultades causaron dudas y nostalgia. Aunque casi todos los españoles concuerdan[m] en que las libertades de palabra, de religión y de prensa —todas severamente reprimidas bajo Franco— son libertades básicas y vitales al éxito de una sociedad democrática, aun hoy algunas personas de las generaciones mayores recuerdan los años bajo Franco con un sentido de pérdida por la tasa baja[n] de crimen, drogadicción y de las personas sin hogar. Los que conformaron bajo el régimen de Franco se sentían seguros, pero casi todos saben que esa seguridad se consiguió a través de la fuerte y, para muchos, inaguantable[o] opresión del fascismo.

[h]*liberalization (literally, uncovering)* [i]*tackle* [j]*scene* [k]*Liberalization (Opening)* [l]*rising; fledgling* [m]*agree* [n]*tasa... low rate* [o]*unbearable*

Actividad

Paso 1 Con un compañero / una compañera, divide en dos o tres categorías los términos de abajo y en la siguiente página. Antes de organizarlas, lean todos los términos y decidan qué categorías deben usar.

1. el falangista
2. el destape
3. la Segunda República Española
4. Francisco Franco
5. los fascistas
6. la libertad de palabra

7. el nacionalismo
8. la movida madrileña

9. Juan Carlos de Borbón
10. las elecciones

Paso 2 Ahora, traten de añadir por los menos tres términos más en cada categoría. Escriban una breve explicación de cómo y por qué los términos de cada categoría están relacionados.

Paso 3 Comparen sus categorías con las de otros estudiantes. ¿En qué son diferentes sus listas? ¿En qué son semejantes? Hablen de la importancia de cada término de sus listas, especialmente de los términos que añadieron, dentro del contexto de la historia española.

Enfoque estructural

4.1 Más acciones reflexivas

REFRÁN

« **Cuando estés en la abundancia, *acuérdate de* la calamidad.** »*

You have already learned many reflexive verbs in **Enfoque estructural 1.2** and have practiced using them with reflexive pronouns. Many of the reflexive verbs that you already know are used to talk about daily routines. Others can be used to talk about emotions or other actions not usually associated with daily routines. You have already seen and used some of the following verbs.

La familia Castillo se preocupa por la salud de don Fernando.

acordarse (ue) de	to remember	portarse bien/mal	to behave well/poorly
alegrarse (de)	to become happy (about)	preocuparse (por)	to worry (about)
enfadarse	to become angry	quejarse (de)	to complain (about)
irse	to go away		
llamarse	to be called, named	reírse (i, i) (de)	to laugh (at)
		relajarse	to relax
ponerse + *adj.*	to become + *adj.*	sentarse (ie)	to sit down
		sentirse (ie, i)	to feel
ponerse a + *inf.*	to begin (*doing something*)		

Repaso: divertirse (ie, i), enamorarse (de), enfermarse, enojarse, olvidarse de

---

* "When things are going well, remember the times they weren't."

As you learned in **Capítulo 1,** many reflexive verbs can also be used nonre-flexively. In many of these cases, the recipient of the action is not the speaker, but someone or something else. Following are some reflexive verbs you know that can also be used nonreflexively.

acostarse	to go to bed	**acostar**	to put (*someone*) to bed
afeitarse	to shave	**afeitar**	to shave (*someone*)
bañarse	to take a bath	**bañar**	to bathe (*someone*)
despertarse	to wake up	**despertar**	to awaken (*someone*)
lavarse	to wash oneself	**lavar**	to wash (*someone or*
llamarse	to call oneself, be called		*something*)
		llamar	to call

In some cases, the meaning of the verb changes slightly.

caerse	to fall down	**caer**	to fall
dormirse	to fall asleep	**dormir**	to sleep
irse	to go away	**ir**	to go
ponerse	to put on (*clothing*)	**poner**	to put, place

Práctica **A**

Vamos a conocernos mejor

Con otro/a estudiante, haz y contesta las siguientes preguntas sobre las situa-ciones o circunstancias en las cuales Uds. reaccionan de la manera indicada.

MODELO: E1: ¿Cuándo te enojas?
            E2: Me enojo cuando mi compañera de cuarto no limpia su parte del cuarto.

¿Cuándo...	¿Cómo...	¿De qué...
1. te preocupas?	**5.** te relajas?	**8.** no te acuerdas nunca?
2. te diviertes?	**6.** te sientes cuando tienes mucha tarea?	
3. te enfadas?		**9.** te ríes mucho?
4. te pones triste?	**7.** te portas en clase?	**10.** te quejas siempre?

Práctica **B**

¡Firma aquí, por favor!

Paso 1 Hazles preguntas a tus compañeros de clase para saber cómo reaccionan en las siguientes situaciones. Tus compañeros de clase deben contestar con oraciones completas. Si alguien contesta afirmativamente, pide su firma en una hoja de papel aparte («¡Firma aquí, por favor!»). Si alguien contesta negativamente, dale las gracias y hazle la misma pregunta a otra persona. Sigue el modelo.

MODELO: E1: ¿Te sientes nervioso antes de tomar un examen?
            E2: Sí, generalmente me siento *muy* nervioso antes de tomar un examen.
            E1: ¡Firma aquí, por favor!

1. ¿Te enfadas mucho cuando pierdes algo?
2. ¿Te enamoras fácilmente?
3. ¿Te pones a hacer la tarea al regresar a casa?
4. ¿Te vas a algún lugar cuando te sientes mucho estrés?
5. ¿Te preocupas por las notas en las clases?

6. ¿Te sientas a cenar enfrente del televisor?

7. ¿Te quejas de los gastos mensuales (*monthly expenses*)?

Paso 2 Ahora que sabes un poco más sobre tus compañeros de clase, ¿qué generalizaciones puedes hacer sobre ellos?

4.2 Más verbos irregulares en el pretérito

In **Enfoque estructural 3.1** you reviewed the formation of the preterite of regular verbs in Spanish and also of four irregular verbs: **dar, hacer, ir,** and **ser.** There are additional irregular verbs in the preterite whose stem and endings are different from those of regular verbs.

In addition to the irregular verb stems, the first- and third-person singular forms (**yo** and **él/ella/Ud.**) end in -e and -o, respectively. Unlike regular verbs in the preterite, the endings of these first- and third-person forms are not stressed.

INFINITIVE	NEW STEM	PRETERITE ENDINGS
andar (*to walk*)	**anduv-**	
estar	**estuv-**	-e
hacer	**hic-***	-iste
poder	**pud-**	-o
poner	**pus-**	-imos
querer	**quis-**	-isteis
saber	**sup-**	-ieron
tener	**tuv-**	
venir	**vin-**	

The preterite form of **hay** (from **haber**) is **hubo.**

The preterite stems of the following verbs include a **-j.** As with the verbs above, the first- and third-person endings are not stressed. The third-person plural form (**ellos/ellas/Uds.**) is **-eron** instead of **-ieron.**

INFINITIVE	NEW STEM	PRETERITE ENDINGS
		-e
		-iste
decir	**dij-**	**-o**
traducir	**traduj-**	**-imos**
traer	**traj-**	**-isteis**
		-eron

---

*Remember that the third-person singular form for **hacer** in the preterite is **hizo,** to maintain the [s] sound of the stem.

Other verbs that end in **-cir** and follow this pattern include **conducir** (*to drive*) and **producir.**

● Some verbs and expressions convey a special meaning in the preterite that is different from their English equivalents. The most common of these verbs are summarized in the following table. In **Enfoque estructural 7.1,** you will learn additional differences of the meaning in the preterite and imperfect of these verbs (the imperfect is presented in **Enfoque estructural 6.1**).

INFINITIVE	PRESENT-TENSE MEANING	PRETERITE MEANING
conocer	*to know*	*met*
poder	*to be able*	*managed to, succeeded in doing something*
no poder	*not to be able*	*failed, was/were unsuccessful*
querer	*to want*	*tried, intended*
no querer	*not to want*	*refused*
saber	*to know*	*found out*
tener	*to have*	*received, got*
tener que	*to have to*	*had to and did*

Raquel **conoció** a la familia Castillo hace cinco años.

Raquel met the Castillo family five years ago.

Raquel **pudo** ayudar a Pedro en la búsqueda.

Raquel succeeded in helping Pedro in the search.

Raquel **no pudo** encontrar a Teresa Suárez en Sevilla.

Raquel failed to find Teresa Suárez in Sevilla.

Teresa Suárez **quiso** informarle a don Fernando sobre lo que le pasó a Rosario.

Teresa Suárez intended to inform don Fernando about what happened to Rosario.

Antes de recibir la carta, don Fernando **no quiso** hablar de Rosario.

Before receiving the letter, don Fernando refused to talk about Rosario.

La familia **supo** la verdad sobre Rosario por la carta.

The family found out the truth about Rosario because of the letter.

Don Fernando **tuvo** una carta que cambió su vida, y **tuvo que** decidir qué hacer.

Don Fernando received a letter that changed his life, and he had to decide what to do.

Práctica **¡Ya lo hice!**

Imagínate que vienen de visita algunos amigos de otra ciudad. Tu compañero/a de cuarto está ansioso/a porque quiere que todo esté bien preparado. Por eso, te hace muchísimas preguntas. Trabaja con un compañero / una compañera y hagan los papeles (*play the roles*) de los compañeros / las compañeras de cuarto, según el modelo. Cambien los complementos directos a pronombres.

MODELO: limpiar el cuarto →
E1: ¿Limpiaste tu cuarto?
E2: Sí, ya lo limpié.

1. cambiar las toallas
2. tender las camas
3. poner los libros en los estantes
4. pasar la aspiradora
5. limpiar la cocina

6. hacer las compras (*shopping*)
7. traer refrescos también
8. poner la mesa
9. sacudir los muebles
10. sacar la basura

Práctica  **Hace cinco años** **Un resumen de la historia**

A continuación hay un resumen de algunos hechos importantes de la historia de don Fernando y del caso que Raquel investigó hace cinco años. Vuelve a contar la historia, cambiando los verbos en *letra cursiva* al pretérito. ¡OJO! Tendrás que usar el imperfecto para uno de los verbos, marcado con un asterisco (*). Sustituye **tiene** por **tenía.**

La historia *comienza* cuando don Fernando Castillo *recibe* una carta de Teresa Suárez, una señora española. Después de leerla, don Fernando *habla* con su hermano, Pedro, sobre el contenido de la carta. Pedro *se pone* en contacto con Raquel Rodríguez para investigar el caso. Ella *se va* a México para hablar con Pedro y luego *acepta* el trabajo.

Primero, Raquel *hace* un viaje a Sevilla, España, para buscar a Teresa

Suárez. Un taxista la *lleva* al Barrio de Triana, a la dirección en la carta. No *encuentra* allí a la Sra. Suárez, pero en ese momento los nietos de ella *vienen* de regreso a casa. Unos minutos después, Raquel *conoce* a Elena Ramírez, la nuera de Teresa Suárez. Raquel le *cuenta* la historia de don Fernando y Elena le *promete*[1] hablar con Miguel Ruiz, su esposo. Ellas *deciden* encontrarse más tarde.

Esa noche, *se reúnen* Raquel, Miguel, Elena y sus dos hijos. Miguel le *dice* a Raquel que tiene* que viajar a Madrid para poder hablar con la madre de él, Teresa Suárez. Raquel *quiere* ir inmediatamente a Madrid pero, desafortunadamente, Teresa Suárez *está* en Barcelona con Julio, uno de los hermanos de Miguel. Así que Raquel no *puede* ir a Madrid hasta dos días después.

[1]*promises*

Práctica **C** **¿Cuándo fue la última vez que... ?**

Trabaja con un compañero / una compañera y entrevístense, usando las indicaciones a continuación como base de la entrevista. Si no has hecho lo que te pregunta tu compañero/a, di «Nunca lo he hecho».

¡UN DESAFÍO! Trata de sacarle más información a su compañero/a para saber más detalles.

MODELO: preparar una cena romántica →
E1: ¿Cuándo fue la última vez que preparaste una cena romántica?
E2: Preparé una hace dos meses.

Desafío:

E1: ¿Para quién la preparaste? (¿Qué preparaste?)

1. comprar un aparato doméstico
2. leer el periódico
3. recibir un regalo
4. hacer ejercicios aeróbicos
5. escribir un trabajo de investigación (*research paper*)
6. abrir una cuenta en el banco
7. saber datos interesantes sobre tus antepasados (*ancestors*)
8. ver un programa deportivo en la televisión
9. dar una fiesta
10. limpiar el refrigerador

4.3 Otra manera de expresar la posesión: las formas tónicas de los posesivos

Los adjetivos posesivos

In **Enfoque estructural P.3** you reviewed the use of possessive adjectives, which are used to indicate to whom something belongs. Those *unstressed* (short) forms correspond to English *my, your, her,* and so on.

Each possessive adjective also has a *stressed* (long) form (**la forma tónica**) that functions in the same manner as *of mine, of yours, of theirs,* and so on. Note the difference in meaning in the examples with the unstressed possessive adjectives and the stressed forms.

UNSTRESSED:	**Mi** amiga toca el piano.	*My friend plays the piano.*
STRESSED:	Una amiga **mía** toca el piano.	*A friend of mine plays the piano.*

Remember that the unstressed forms agree with the nouns they modify in number, but only the forms of **nuestro** and **vuestro** match the gender of the nouns. In the stressed forms, however, all possessive adjectives agree in gender and number with the nouns they modify. Here is the complete list of stressed possessive adjectives.

	SINGULAR	PLURAL
mine, of mine	mío, mía	míos, mías
yours, of yours	tuyo, tuya	tuyos, tuyas
his, of his / hers, of hers / yours, of yours	suyo, suya	suyos, suyas
ours, of ours	nuestro, nuestra	nuestros, nuestras
yours, of yours	vuestro, vuestra	vuestros, vuestras
theirs, of theirs / yours, of yours	suyo, suya	suyos, suyas

Los pronombres posesivos

A stressed possessive adjective, when combined with a definite article, may also be used as a pronoun, replacing an aforementioned noun in a sentence. Possessive pronouns are used for emphasis or to avoid repeating a noun. As with possessive adjectives, both the pronoun and the article agree in number and gender with the noun being modified.

▪ use of possessive pronouns to avoid repetition

Éstos son mis libros y ésos son (los)* **tuyos.**	*These are my books and those are yours.*

▪ use of possessive pronouns for emphasis

Mis libros fueron muy caros este semestre, pero **los tuyos** fueron baratos.	*My books were very expensive this semester, but yours were inexpensive.*

---

*After forms of **ser**, the definite article may be omitted.

As in the case of the possessive adjectives **su** and **sus,** the pronouns **suyo/a** and **suyos/as** can have several meanings. In order to clarify any ambiguity, a prepositional phrase with **de** may be used instead of a possessive pronoun.

- ambiguous possessive adjective

    Su carro es viejo.   *His/Her/Your/Their car is old.*

- possession clarified by using prepositional phrase with **de**

    El carro **de mi vecina** es viejo.   *My neighbor's car is old.*

- ambiguous possessive pronoun

    El **suyo** es nuevo.   *His/Hers/Yours/Theirs is new.*

- possession clarified by using prepositional phrase with **de**

    El **de mi hermana** es nuevo.   *My sister's is new.*

As with all pronouns, possessive pronouns take the place of nouns. Therefore, only in context will this type of replacement make sense. Note that, in the last of the previous examples, even the clarification with a prepositional phrase is meaningless without the previous mention of a car.

Práctica **A**

Un cuarto desordenado

Paso 1 Imagínate que tú y tu compañero/a de cuarto están limpiando su cuarto, y hay cosas por todos lados. Ahora tienen que determinar a quién le pertenecen los siguientes artículos. Con otro/a estudiante, haz y contesta preguntas, según el modelo.

MODELO: camisa →
    E1: ¿De quién es esta camisa?
    E2: Creo que es (la) tuya. (Es [la] mía.)

1. cuaderno
2. mochila
3. boletos (*tickets*) para un concierto
4. toallas
5. bolígrafo

6. zapatos
7. raqueta de tenis
8. manta
9. hojas de papel
10. pantalones

Paso 2

¡UN DESAFÍO!   Agreguen otra frase a las respuestas del Paso 1, según el modelo.

MODELO: camisa →
    E1: ¿Es ésta tu camisa?
    E2: No, es tuya. Ya guardé la mía. (*I already put mine away.*)

Práctica **B**

Comparaciones

Paso 1 Con un compañero / una compañera, haz y contesta preguntas según el modelo, usando las indicaciones a continuación.

MODELO: la familia →
    E1: ¿Cómo es tu familia?
    E2: Mi familia es grande.
    E1: Pues, la mía es muy pequeña.

1. el compañero / la compañera de cuarto
2. los amigos
3. las clases este semestre
4. el horario de clases
5. los profesores este semestre
6. el coche / la bicicleta
7. el apartamento / la residencia
8. la computadora

Palabras útiles: aburrido/a, accesible (*approachable*), amplio/a (*spacious*), antiguo/a, cómico/a, distante, elegante, excelente, grande, lento/a (*slow*), moderno/a, pequeño/a, perezoso/a (*lazy*), pésimo/a (*awful*), rápido/a, trabajador(a)

Paso 2 En grupos de cuatro estudiantes, expliquen las semejanzas y diferencias que encontraron en la entrevista.

MODELO: Mi familia es grande, pero la de Amy es muy pequeña.

Para terminar

Actividad final   Un evento importante de mi vida

En este episodio, Raquel describe la investigación que realizó en España hace cinco años. La carta que Teresa Suárez le escribe a don Fernando cambia la vida de él para siempre. Él ya es un hombre viejo y enfermo. Piensa que Rosario ha muerto en el bombardeo, así que comienza una nueva vida en México. Imagínate la sorpresa y la inquietud que siente cuando llega la carta. Esa carta no sólo cambia la vida de don Fernando, sino la de toda su familia. En los siguientes episodios vamos a ver cómo también le cambia la vida a Raquel. En esta actividad, vas a pensar en alguna noticia o algún evento que te ha cambiado la vida a ti y que estás dispuesto/a (*you are willing*) a compartir con tus compañeros de clase. Si no puedes pensar en algo tan dramático como la historia de don Fernando, piensa en algún momento importante en tu vida que nunca olvidarás.

Episodios 3 and **4** of the CD-ROM to accompany *Nuevos Destinos* contain tape-recorded summaries of Raquel's investigation in Spain.

Paso 1 Haz un bosquejo (*outline*) de los datos importantes. Aquí hay algunas preguntas que puedes usar como punto de partida (*point of departure*).

- ¿Quiénes son las personas importantes de tu historia? ¿Por qué son importantes?
- ¿Cuáles son los lugares importantes de tu historia? ¿Qué importancia tienen?
- ¿Cómo cambió tu vida después de este evento? ¿Cómo cambiaste como persona?

Paso 2 Escribe un resumen del evento, usando el bosquejo del Paso 1. Trata de incluir tantos detalles como puedas.

Paso 3 Intercambia tu resumen con el de un compañero / una compañera, para ayudarse (*help each other*) a escribir una composición basada en la historia. Agreguen y quiten detalles según sea necesario.

Paso 4 En clase, o como tarea, vuelve a escribir tu historia, haciendo los cambios necesarios, y entrégala a tu profesor(a).

Vocabulario

Los verbos

acordarse (ue) de	to remember
alegrarse (de)	to become happy (about)
andar (*irreg.*)	to walk
caerse (*irreg.*)	to fall down
conducir (*irreg.*)	to drive
enfadarse	to become angry
guardar	to put; to keep
irse (*irreg.*)	to go away
llamarse	to be called, named
ponerse (*irreg.*) + *adj.*	to become + *adj.*
ponerse a + *inf.*	to begin (*doing something*)
portarse bien/mal	to behave well/poorly
preocuparse (por)	to worry (about)
quejarse (de)	to complain (about)
reclamar	to claim
reírse (i, i) (de)	to laugh (at)
relajarse	to relax
sentarse (ie)	to sit down
sentirse (ie, i)	to feel

Repaso: divertirse (ie, i), enamorarse (de), enfermarse, enojarse, olvidarse de

Los cuartos y las otras partes de una casa o un apartamento

el baño	bathroom
la cocina	kitchen
el comedor	dining room
el dormitorio	bedroom
la escalera	stairway, stairs
el pasillo	hall
la sala	living room
la alfombra	rug, carpet
la almohada	pillow
el armario	closet
la bañera	bathtub
el basurero	trashcan, wastebasket
la cama	bed
la cobija / la manta	blanket
la cómoda	dresser, chest of drawers
el cuadro	picture, painting
la ducha	shower
la escoba	broom
el espejo	mirror
el estante	shelf
el fregadero	kitchen sink
el gabinete	cabinet
el inodoro	toilet
el jabón	soap
el lavabo	bathroom sink
la mesa de noche	night table
la mesita	coffee table
el mueble	piece of furniture
la sábana	sheet
el sillón	armchair
la toalla	towel

Cognados: el balcón, la chimenea, el estudio, el garaje, el jardín, la lámpara, el patio, el sofá, la terraza

Repaso: la mesa, la silla

Algunos aparatos eléctricos

la cafetera	coffee maker
el calentador	heater

el horno	oven	**pasar la aspiradora**	to vacuum	**la planta baja**	ground floor
el (horno de) microondas	microwave oven	**planchar**	to iron	**el primer (segundo...)**	second (third
la lavadora	washing	**poner la mesa**	to set the table	**piso**	. . .) floor
	machine	**quitar la mesa**	to clear the		
el lavaplatos	dishwasher		table		

el horno — oven
el (horno de) microondas — microwave oven
la lavadora — washing machine
el lavaplatos — dishwasher
la nevera — freezer
la plancha — iron
la secadora — dryer
el ventilador — fan

Cognados: **el radio, el refrigerador, el televisor, el tostador**

Algunos quehaceres domésticos

barrer (el suelo) — to sweep (the floor)
cocinar — to cook
lavar (la ropa, los platos) — to wash (the clothes, the dishes)
limpiar — to clean

pasar la aspiradora — to vacuum
planchar — to iron
poner la mesa — to set the table
quitar la mesa — to clear the table
sacar la basura — to take out the trash
sacudir (los muebles) — to dust (the furniture)
secar — to dry
tender (ie) la cama — to make the bed

Las formas tónicas de los adjetivos posesivos

mío/a/os/as, tuyo/a/os/as, suyo/a/os/as, nuestro/a/os/as, vuestro/a/os/as

Otras palabras y expresiones útiles

el dato — piece of information
la reclamación — claim

la planta baja — ground floor
el primer (segundo...) piso — second (third . . .) floor

¿Cuál se usa?

abajo — down; downstairs
arriba — up; upstairs
arriba de — above; over
cambiar de — to move; change location
debajo de — under; underneath
mover — to move
mudarse — to move

METAS

LA TRAMA

Día 2 (*continuación*): Lucía has returned to Mexico to find out more about the Mexican government's claim as to the legality of don Fernando's will. Meanwhile, Raquel is at home recording the story about her continuing search for Rosario. She tells about her trip to Argentina, where she meets an important member of Rosario's family. Who could it be?

RAQUEL: Muchas gracias.
SRA. SUÁREZ: Y algo más. Hay algo más en la vida que el trabajo. Hay que dedicarle tiempo al corazón.

CULTURA

As you work through the chapter, you will also find out about

■ mealtimes in and typical dishes of Argentina (**Nota cultural: ¡A comer en la Argentina!**)
■ the capital, population, and folkloric life of Argentina (**Enfoque cultural: La Argentina**)
■ another way to address someone as *you* (**Nota cultural: El voseo**)

COMUNICACIÓN

In this chapter of *Nuevos Destinos*, you will

■ talk about food and food preparation (**Enfoque léxico: La comida**)
■ review the uses of **caliente, calor, picante; agregar, añadir, aumentar, sumar** (**Enfoque léxico: ¿Cuál se usa?**)
■ tell to whom or for whom an action is performed (**Enfoque estructural 5.1**)
■ learn more about **gustar** and other verbs with a similar construction (**5.2**)
■ use the pronoun **se** to give instructions and tell what people usually do (**5.3**)

El vídeo

El episodio previo

Actividad

> **Hace cinco años** **No es cierto**

Paso 1 En las siguientes oraciones, hay un error de hecho (*fact*) en las palabras o frases en *letra cursiva*. Modifica las oraciones con información verdadera.

1. Raquel conoció a la Sra. Suárez *en Sevilla*.
2. Rosario le puso el nombre *Arturo* al hijo de don Fernando.
3. Después de la guerra, Rosario se fue a vivir a *Chile*.
4. Rosario se casó con un hombre llamado *Ángel Iglesias*.
5. El hijo de Rosario y Fernando nació en *1939*.
6. Raquel llamó a *Miguel* para pedirle ayuda para conseguir el certificado de nacimiento de Ángel.

Paso 2

¡UN DESAFÍO! Con un compañero / una compañera, haz y contesta preguntas, usando las oraciones del Paso 1.

MODELO: ¿Dónde conoció Raquel a la Sra. Suárez?

TIMBRE DEL ESTADO

5 PTA

CINCO PESETAS

CLASE 8.ª

1B6058633

CERTIFICADO DE NACIMIENTO'

Hago saber que:

Don Ángel Castillo del Valle nació en Sevilla, España el II de Enero de 1937.

Doy fé, como notario oficial del reino, de la legitimidad de estos datos y de este documento.

DOCUMENTO OFICIAL

NOTARIO SEVILLA ESPAÑA

Actividad

Episodio 5 of the CD-ROM to accompany *Nuevos Destinos* contains an activity with a newspaper clipping about the Mexican government's claim on La Gavia.

Dudas sobre el testamento

En el Episodio 4, Lucía supo que el gobierno mexicano hacía una reclamación de La Gavia. ¿Cuánto recuerdas de esa reclamación? Completa el siguiente párrafo con palabras de la lista de abajo. ¡OJO! No se usan todas las opciones.

Secretaría de Hacienda y Crédito Público
Palacio Nacional Primer Patio
Mariano Piso 3-3045, Colonia Central
06066 México, D.F.

Sr. Ramón Castillo, Presidente   Ciudad de México, 21 de febrero
Industrias Castillo Saavedra S.A.
Las Almendras No 465
20065 Toluca
México

Se informa a: Hermanos Castillo Márquez

Con dirección en: Hacienda La Gavia, Toluca

Propiedad en reclamación:
La Secretaría de Hacienda y Crédito Público de los Estados Unidos Mexicanos reclama la hacienda "La Gavia", antigua propiedad de Fernando Castillo Saavedra, ya fallecido, como propiedad de interés nacional.

Motivo de la reclamación:
El gobierno mexicano cuestiona la legalidad del testamento del finado Fernando Castillo Saavedra.

Para presentar recurso contra esta reclamación, es necesario aportar de antemano toda la documentación pertinente a:
(1) la hacienda "La Gavia"
(2) los herederos del finado Fernando Castillo Saavedra.

El gobierno mexicano reclama La Gavia como zona de interés _____.[1] La _____[2] no permite que personas que no sean _____[3] mexicanos hereden tierra mexicana. Ahora Lucía necesita mandar _____[4] sobre La Gavia y los _____[5] de don Fernando. Lucía cree que el problema puede estar relacionado con _____[6] de Rosario y don Fernando.

Opciones: artículos, asuntos legales, ciudadanos, documentación, el hijo, herederos, internacional, la muerte, ley, nacional

Episodio 5: Día 2 (*continuación*)

Preparación para el vídeo

Actividad

▶ *Hace cinco años* ◀   **Raquel viaja a la Argentina**

Raquel le dijo a Lucía que tuvo que viajar a la Argentina para buscar a Rosario. ¿Qué crees que encontró allá? Aquí hay algunas fotos del comienzo del viaje de Raquel a la Argentina. Indica tu opinión sobre lo que se representa en cada foto.

1. Raquel habla con...

_____ Ángel, el hijo de Rosario y Fernando.
_____ Martín Iglesias, el segundo esposo de Rosario.
_____ un gaucho que trabaja en la estancia Santa Susana.

2. Raquel toca a la puerta de...

_____ la casa de Rosario en Buenos Aires.
_____ un consultorio médico.
_____ la casa de Ángel.

3. Este hombre es...

_____ Ángel Castillo.
_____ un buen amigo de Ángel.
_____ el medio hermano de Ángel.

4. Raquel saca una fotografía de la tumba de...

_____ Martín Iglesias.
_____ Rosario.
_____ Ángel.

Actividad **B**   ## La reclamación

En el Episodio 4, supiste que el gobierno mexicano reclama La Gavia. Con un compañero / una compañera, comenta las razones posibles por esta reclamación, según lo que dijeron Raquel y Lucía y según lo que dice la carta del gobierno mexicano.

¿Qué tal es tu memoria?

Actividad **A**   ## ¿En qué pensaba Raquel?

En el Episodio 5, viste la reacción de Raquel ante dos personas importantes en su vida, su madre y Arturo. Por la conversación con su madre y por sus gestos ante la foto de Arturo, ¿en qué pensaba Raquel? Indica las oraciones que reflejan tu opinión sobre los sentimientos de Raquel en este episodio. Hay más de una respuesta posible en cada caso.

Raquel y su madre
1. _____ Raquel estaba irritada con su mamá porque le hacía muchas preguntas sobre su vida personal.
2. _____ Raquel estaba triste porque no podía pasar más tiempo con sus padres.
3. _____ Raquel estaba contenta con la invitación de su mamá a cenar.
4. _____ Raquel estaba preocupada por su trabajo y no quería hablar mucho con su mamá.

Raquel y Arturo
5. _____ Raquel estaba nostálgica porque pensaba en Arturo.
6. _____ Raquel estaba preocupada por sus relaciones con Arturo.
7. _____ Raquel estaba enojada con Arturo porque él estaba de viaje.
8. _____ Raquel estaba pensando que no quería volver a ver a Arturo.

Actividad **B**

Hace cinco años

Raquel llega a Buenos Aires después de un largo viaje. En la estancia Santa Susana habla con un gaucho, Cirilo, quien le dice que Rosario ya no vive allí, sino en Buenos Aires. Raquel conoce a Arturo Iglesias, hijo del segundo matrimonio de Rosario. Arturo le cuenta la historia de su medio hermano, Ángel, y de la muerte de Rosario. ¡Qué triste para don Fernando!

▶ *Hace cinco años* ◀ **¿Quién habla?**

Paso 1 Identifica quién habla en cada una de las siguientes citas (*quotes*) del Episodio 5.

1. _____ «Para mí es un gusto conocerla. Así que, ¿Ud. anda buscando a la Sra. Rosario?»
2. _____ «¡Ah! Disculpe. Pensé que era una paciente.»
3. _____ «Voy a preguntar en esa casa si conocen a Ángel Castillo.»
4. _____ «Vea, moza, ella vivía con el hijo, el doctor… »
5. _____ «Debe haber un error… él murió en la Guerra Civil española.»
6. _____ «Tengo entendido que su hijo, Ángel Castillo, es médico y vive, o vivía, en esta calle.»

Nombres: Arturo, Cirilo, Raquel

Paso 2

 Con otro/a estudiante, explica el contexto de cada cita del Paso 1.

Actividad **C**

Episodio 5 of the CD-ROM to accompany *Nuevos Destinos* contains a tape-recorded summary of the events mentioned in **Actividad C.**

▶ *Hace cinco años* ◀ **Raquel busca a Rosario**

En este episodio, Raquel averiguó más información sobre la persona y la vida de Rosario. Indica si las siguientes afirmaciones sobre la investigación son ciertas (**C**), falsas (**F**) o si no estás seguro/a (**NS**).

C F NS **1.** Raquel encontró a Rosario en la estancia Santa Susana.
C F NS **2.** Raquel conoció a Ángel en Buenos Aires.
C F NS **3.** Arturo es hijo de Rosario.
C F NS **4.** Arturo no sabe dónde vive Ángel.
C F NS **5.** Arturo creía que don Fernando había muerto en la Guerra Civil española.
C F NS **6.** Arturo no quiere saber nada más de la investigación.

Lengua y cultura

VOCABULARIO DEL TEMA

Frutas y verduras

el durazno
las cerezas   las fresas   la manzana   la naranja

la piña   los plátanos   la toronja   las uvas
la sandía

las aceitunas   el apio   la cebolla   los champiñones

los frijoles   los guisantes   la lechuga   el maíz
la papa   las zanahorias

Las frutas

Cognados: el limón, el melón, la pera

Las verduras

Cognados: el bróculi, la coliflor, el chile, las espinacas, el tomate

AMPLIACIÓN LÉXICA

el aguacate	avocado
la ciruela	plum
la guayaba	guava
la calabaza	squash
el chile verde/rojo	green/red pepper
el pepino	cucumber

Actividad

La cara de verduras

A la derecha hay una foto de una cara hecha de verduras. ¿Cuántas puedes identificar?

Actividad

Identificaciones

Identifica las frutas o verduras que se describen a continuación.

1. Esta fruta puede ser roja o verde. Tradicionalmente, se come esto para evitar las visitas al consultorio médico.
2. Se usan para hacer el vino.
3. Es una fruta tropical que tiene espinas en la piel (*skin*).
4. Es una verdura que sabe bien (*tastes good*) con mantequilla de cacahuete (*peanut butter*).
5. Es un producto agrícola nativo a este continente. Sirve de base culinaria para muchas culturas, entre ellas las indígenas de este hemisferio. Es la ingrediente principal en las tortillas mexicanas.
6. También es nativo a este hemisferio, pero fue trasladado al Mundo Antiguo. Poco después, los italianos lo cultivan y lo convierten en ingrediente principal en las salsas que preparan.
7. Es, supuestamente, una fruta preferida por los chimpancés.

Actividad

Preferencias personales

Trabaja con un compañero / una compañera y entrevístense sobre los siguientes temas para saber los gustos de cada uno/a en cuanto a las frutas y las verduras.

¡UN DESAFÍO!   Háganse preguntas adicionales para saber más detalles sobre la respuesta de su compañero/a.

MODELO: E1: ¿Cuál es la verdura que más te gusta?
E2: La verdura que más me gusta es el bróculi.

Desafío:

E1: ¿Cómo te gusta prepararlo?
E2: Me gusta el bróculi crudo (*raw*) con salsa ranchera.

1. la verdura que más te gusta
2. la verdura que más detestas
3. tu fruta favorita
4. los ingredientes de tu ensalada favorita

Palabras y expresiones útiles: al horno (*baked*), al vapor (*steamed*), crudo/a

ADIVINANZAS

1. Tengo hojitas[a] blancas, gruesa cabellera,[b] y conmigo llora toda cocinera.
2. Oro[c] no es, plata[d] no es. Quítale el ropón[e] y verás lo que es.
3. Blanca por dentro, verde por fuera, si quieres que te lo diga, espera.

[a]*little leaves* [b]*gruesa… thick head of hair* [c]*Gold* [d]*silver* [e]*covering (lit. nightgown)*

VOCABULARIO DEL TEMA

Otros alimentos comunes

La carne y las aves

la carne de cerdo	pork
el huevo	egg
el jamón	ham
el pavo (asado)	(roast) turkey
el pollo	chicken
el tocino	bacon

Cognados: **el bistec, la hamburguesa**

El pescado y los mariscos

los camarones	shrimp
la langosta	lobster

Cognados: **el atún, el salmón**

Los productos lácteos

la leche	milk
el queso	cheese

Cognado: **el yogur**

Los granos

el arroz	rice
el pan	bread

Cognados: **los cereales, la pasta**

Los postres

la galleta	cookie
el helado	ice cream
el pastel	cake; pie

Las bebidas

la cerveza	beer
el jugo (de naranja, manzana...)	(orange, apple, . . .) juice
el refresco	soft drink
el vino (tinto, blanco)	(red, white) wine

Cognados: **el café, el té**

Los condimentos

el aceite	oil
el azúcar	sugar
la mantequilla	butter
la pimienta	pepper
la sal	salt

Cognados: **la mayonesa, la mermelada**

Actividad **A**

Asociaciones

¿Qué ingredientes asocias con las siguientes comidas? Haz una lista completa de ellos.

1. un sándwich
2. una cena elegante
3. un desayuno rápido
4. una ensalada
5. un almuerzo bajo en grasa (*low-fat*)
6. una cena en casa con los amigos

Actividad **B**

Mis comidas favoritas

Paso 1 Haz una lista completa de lo que más te gusta comer para las tres comidas del día: el desayuno, el almuerzo y la cena. Si no sabes el nombre de algunos alimentos, pídele ayuda a tu profesor(a).

¡UN DESAFÍO! Escribe tu lista en forma de un ensayo para luego entregárselo a tu profesor(a).

Paso 2 Comparte tu lista con la de un compañero / una compañera. ¿Qué gustos y preferencias tienen en común? ¿Hay algo que no le guste a ninguno/a de los/las dos? Comenten los alimentos que no les gustan para nada.

¿CUÁL SE USA?

	Ejemplos	Notas
caliente	No toques la estufa; está **caliente.** *Don't touch the stove, it's hot.*	The adjective **caliente** refers to hot temperature, except with weather, in which case the noun **calor** is used.
calor	¡Hace muchísimo **calor!** ¿No tienes calor? *It's very hot! You're not hot?*	**Hace calor** is used to express that the weather is hot; **tener calor** is used with people and animals.
picante	Esta salsa es **picante.** *This sauce is hot (spicy).*	**Picante** is used to refer to a hot, spicy taste.
agregar **añadir**	Necesitas **agregar (añadir)** agua. *You need to add water.*	*To add* an ingredient or additional item is expressed with either **agregar** or **añadir.**
aumentar	La contaminación **ha aumentado.** *The pollution has increased.*	To express *to increase* something, use **aumentar.**
sumar	**Suma** estos números para saber el costo total. *Add up these numbers to find out the total cost.*	When *to add* means to total figures or sum up, use **sumar.**

Actividad A

La matrícula

Completa la siguiente conversación con los verbos entre paréntesis correctos.

ESTEBAN: ¿Qué pasa con la matrícula? ¿Por qué ha _____[1] (agregado / aumentado / sumado) tanto este año?

LAURA: La universidad ha hecho muchas renovaciones. Cuando hicieron los cambios a la facultad de ciencias, _____[2] (agregaron / aumentaron / sumaron) un nuevo laboratorio de biología. También han comprado mucho equipo para las clases de lenguas. ¿Has visto todas las computadoras que han _____[3] (añadido / aumentado / sumado) al laboratorio de idiomas? Creo que vale la pena.

ESTEBAN: A lo mejor tienes razón. Si _____[4] (añado / aumento / sumo) todos los gastos que tuvo la universidad para hacer los cambios, veo que es justo lo que cobran.

Actividad **B**

Preguntas

Con un compañero / una compañera, haz y contesta las siguientes preguntas, tratando de usar las palabras **calor, caliente** y **picante** en sus respuestas.

1. ¿Qué tiempo hace hoy?
2. ¿Te gustan los chiles rellenos?
3. ¿Cómo te quemaste (*burned*) el dedo?
4. ¿Por qué te quitaste el suéter?
5. ¿Prefieres té helado?

NOTA *cultural* • ¡A comer en la Argentina!

*L*os horarios de las comidas en los países latinoamericanos son un poco diferentes de los de este país. Por ejemplo, en la Argentina el desayuno es entre las 7:00 y las 9:00 de la mañana y, por lo general, se toma café con leche, té o mate* con pan o galletas. El almuerzo es una comida importante que se toma entre las 12:00 y las 2:00 de la tarde. Después, entre las 4:00 y las 6:00, se toma la merienda, una comida ligera parecida al desayuno. Por último, la cena es entre las 8:00 y las 10:00 de la noche. Es una comida más fuerte que el almuerzo y frecuentemente se come carne, una especialidad argentina.

Los nombres de los alimentos varían de un país hispánico a otro, y la Argentina no es ninguna excepción. Por ejemplo, en la Argentina se les llama **el pomelo** a la toronja, **el ananás** a la piña y **la frutilla** a la fresa. En cuanto a otros alimentos, se les llama **la panceta** al tocino, **el langostino** al camarón y **la manteca** a la mantequilla.

Para pensar

¿Varían los nombres de los alimentos en los países de habla inglesa? Por ejemplo, ¿cómo les llamas tú a las papas fritas? ¿Cómo les llama una persona de Inglaterra? ¿Varían también los nombres de los alimentos en este país según la región? ¿Cuáles son esos alimentos y sus nombres distintos?

Enfoque cultural La Argentina

In **Episodio 5** of the CD-ROM to accompany *Nuevos Destinos,* you can work with an atlas that shows the geography of Argentina.

La Argentina, Chile y el Uruguay forman el Cono Sur, llamado así por la forma que tiene la parte sur del continente sudamericano. En la Argentina se observan dos formas de vida muy típicas: la vida de las grandes ciudades como Buenos Aires, la capital de la Argentina, que tiene fama de ser la

---

*El mate es una bebida argentina amarga (*bitter*) parecida al té. Se toma la infusión con una bombilla, o sea una paja (*straw*) larga. El mate contiene una fuerte dosis de cafeína, de manera que es una bebida muy estimulante.

ciudad más cosmopolita del continente, y la vida de la Pampa, reflejo de las tradiciones y folklore del campo[a] argentino.

La capital, la inmigración y el tango

El tango es un baile típicamente argentino.

La ciudad de Buenos Aires es conocida como «el París de Sudamérica». Tiene centros culturales muy elegantes como el Teatro Colón, y monumentos y parques hermosos como El Rosedal. La posición de la ciudad capital en el estuario del Río de la Plata le ha dado un gran poder económico. Como puerto, entre 1850 y 1940 vio llegar a millones de inmigrantes italianos, españoles, franceses, británicos, alemanes, rusos, polacos, irlandeses y turcos a bordo de barcos. Como consecuencia, y a diferencia del resto de los países latinoamericanos, la Argentina tiene relativamente pocos mestizos[b] e indígenas, ya que[c] aproximadamente el 85 por ciento de la población es descendiente de europeos.

Dos manifestaciones populares, resultado de esta inmigración, son el lunfardo y el tango. El lunfardo se originó como un argot[d] de las clases bajas de la ciudad. Es mezcla de palabras italianas, napolitanas, genovesas y furbescas. El tango surgió como la expresión musical de este lenguaje popular, mezclado con ricas influencias del interior del país. Este baile llegó a ser famoso en todo el mundo y estrechamente asociado con la sociedad urbana argentina. El tango tradicional narra historias llenas de poesía, romance, drama y nostalgia, y su principal exponente es el memorable cantante Carlos Gardel.

La Pampa y los gauchos

La Pampa es un inmenso llano en el interior del país donde se crían ganado, caballos y ovejas[e]. De allí proviene uno de los productos principales de la Argentina: la carne. En la parte occidental de la Pampa, una de las regiones más fértiles del país, se cultivan trigo[f] y otros cereales que son de gran importancia para la economía del país. La Argentina también es gran exportadora de productos agrícolas.

Es también en la Pampa en donde se han originado el folklore y tradiciones de Argentina. Los gauchos argentinos, similares a los *cowboys* o vaqueros de los Estados Unidos, son parte fundamental de la imagen tradicional de la Pampa y tienen su origen en el siglo XVI. Rechazaban[g] la vida urbana y preferían vivir como nómadas en la Pampa, criando ganado. Con la llegada de los inmigrantes europeos, cuyo interés en la tierra era principalmente económico, la vida de los gauchos empezó a cambiar. Hoy en día los gauchos existen sólo como atracciones para turistas (como en la estancia que visitó Raquel cuando conoció al gaucho Cirilo) y en la literatura, la música y el folklore del país. Uno de los mejores ejemplos de la literatura de gauchos es el poema épico *Martín Fierro,* publicado en 1872, y escrito por el argentino José Hernández.

La comida típica de la Pampa es el asado[h] argentino, debido al abundante ganado y a la extensión de los pastos. Antiguamente las reses[i] se asaban ente-

[a]*countryside* [b]*people of both Native American and European descent* [c]*ya... since* [d]*slang* [e]*se... cattle, horses, and sheep are raised* [f]*wheat* [g]*They rejected* [h]*roast* [i]*animals*

Un asado argentino

ras y según la costumbre, esto duraba hasta dos días. Ahora la tradición del asado puede compararse con la barbacoa de los Estados Unidos. A pesar de que existen muchas maneras de asar la carne, el secreto de un buen asado reside en la administración del fuego y el corte de la carne. Como parte de la tradición popular relacionada con esta comida, surgió el asado familiar, en que se reunían las familias originalmente los sábados, aunque ahora se denomina «asador dominguero» al hombre que organiza el asado los domingos para la familia y amigos. Este tipo de comida se complementa con vino, ensaladas, postres, helados y frutas.

Actividad

Las tradiciones de la Argentina

Paso 1   En grupos de cuatro o cinco, escojan uno de los temas de la lista u otro tema sobre la Argentina que les interese. Hagan una lista de información que ya saben y una lista de preguntas que tienen sobre el tema.

el tango   el gaucho   el asado (las parrilladas)   la literatura   la política

Paso 2   Busquen información sobre el tema en la biblioteca y en el Internet. Pueden «especializar» individualmente en algún aspecto de su tema si quieren para que la información que encuentren sea variada. Por ejemplo, si su tema es el tango, uno/a puede buscar información sobre la historia, otro/a sobre los cantantes, otro/a sobre los bailadores, etcétera.

Paso 3   Preparen una presentación sobre su tema. Pueden escribir un informe oral, un cartel con imágenes, un vídeo y/o una actividad. Todo el grupo debe participar en la presentación para la clase.

Enfoque estructural

5.1   Los complementos indirectos

In **Enfoque estructural 1.3,** you used indirect object pronous with **gustar** to talk about likes and preferences. Indirect objects generally answer the questions *to whom* or *for whom* an action is performed. Like direct object pronouns, indirect object pronouns replace a noun, the recipient of the action. Here is the complete list of indirect object pronouns.

LOS PRONOMBRES DE COMPLEMENTO INDIRECTO			
me	to/for me	**nos**	to/for us
te	to/for you (*fam.*)	**os**	to/for you (*fam., Sp.*)
le	to/for you (*form.*), him, her, it	**les**	to/for you (*form.*), them

A prepositional phrase introduced by **a** can be used with indirect object pronouns for clarification or emphasis.

Me gusta la comida mexicana.
I like Mexican food.
A mí me gusta la comida mexicana.
I like Mexican food. (emphasis)

Le gusta la comida española.
You/He/She likes Spanish food.
A Raquel le gusta la comida española.
Raquel likes Spanish food. (clarification)

¡OJO! Although a prepositional phrase can be used for clarity in the case of **le** and **les,** such a phrase does not substitute the indirect object pronoun. Speakers of English may find the use of an indirect object pronoun redundant in these cases. However, its use is not optional in Spanish.

Some common verbs frequently require the use of indirect object pronouns. The following are verbs of exchange, some of which you have already seen and used.

dar (*irreg.*)	to give	**regalar**	to give (*as a gift*)
mandar	to send	**servir** (**i, i**)	to serve
ofrecer (**ofrezco**)	to offer	**traer** (*irreg.*)	to bring
prestar	to lend		

La Sra. Suárez **le mandó** una carta a don Fernando.
Mrs. Suárez sent a letter to don Fernando.

También **le dio** a Raquel unas cartas de Rosario.
She also gave Raquel some letters from Rosario.

The following verbs of communication, many of which you have seen and used, also frequently require the use of indirect object pronouns.

contar (ue)	to tell	hablar	to speak
contestar	to answer	leer	to read
decir (*irreg.*)	to say	pedir (i, i)	to ask
enseñar	to teach; to show	preguntar	to ask
escribir	to write		(*a question*)
explicar	to explain	prometer	to promise
		recomendar (ie)	to recommend

● As with direct object pronouns, indirect object pronouns are generally placed before the conjugated verb in a sentence or attached to an infinitive.

> Raquel **le** va a contar a Lucía la historia de su viaje a la Argentina.
> Raquel va a contar**le** a Lucía la historia de su viaje a la Argentina.

Raquel is going to tell Lucía the story about her trip to Argentina.

● Indirect object pronouns can also be used to indicate possession when the possessive adjective is not used in Spanish.

> La peluquera **me lavó** el pelo.

The hairdresser washed my hair.

> No **te voy a planchar** las camisas.

I'm not going to iron your shirts (for you).

Práctica **A**

¿Con qué frecuencia?

Indica con qué frecuencia haces las siguientes actividades.

	MUCHAS VECES	A VECES	RARA VEZ
1. Les mando cartas a mis amigos.	☐	☐	☐
2. Le ofrezco ayuda (*help*) a mi mejor amigo/a.	☐	☐	☐
3. Les hago regalos (*gifts*) a mis profesores.	☐	☐	☐
4. Le digo mentiras (*lies*) a mi novio/a (esposo/a, mejor amigo/a).	☐	☐	☐
5. Les pido favores a mis compañeros de clase.	☐	☐	☐
6. Les cuento chistes (*jokes*) a mis tíos (primos, abuelos).	☐	☐	☐
7. Les recomiendo restaurantes a mis amigos.	☐	☐	☐

Práctica **B**

¿Qué va a pasar en la clase de español?

Contesta las siguientes preguntas sobre tu opinión de lo que va a pasar en tu clase de español.

MODELO: ¿Uds. le van a contar chistes a su profesor(a)?
Sí, (No, no) le vamos a contar chistes.
(Sí, [No, no] vamos a contarle chistes.)

1. ¿El profesor / La profesora les va a preparar una comida?
2. ¿Tú le vas a leer una composición a otro estudiante?
3. ¿Uds. le van a hacer muchas preguntas a su profesor(a)?
4. ¿El profesor / La profesora les va a hacer sugerencias sobre cómo estudiar?
5. ¿Tú le vas a hablar siempre en español a tu profesor(a)?
6. ¿Tus compañeros te van a prestar sus apuntes si faltas a (*you miss*) alguna clase?
7. ¿El profesor / La profesora les va a explicar la gramática cuando Uds. no entienden?
8. ¿Uds. le van a prometer a su profesor(a) poner mucho esfuerzo (*effort*) en esta clase?

Práctica **C**

Cuéntame más sobre la historia

Con un compañero / una compañera, haz y contesta las siguientes preguntas sobre la historia. Usen un complemento indirecto en sus respuestas.

¡UN DESAFÍO! Ya sabes toda la información necesaria para contestar estas preguntas. El desafío es explicarlo todo en español.

MODELO: ¿Quién le mandó una carta a don Fernando?
La Sra. Suárez le mandó una carta.

1. ¿Quien le informó a Raquel sobre la muerte de Pedro?
2. ¿Por qué le cuenta Raquel a Lucía toda la historia de la familia Castillo?
3. ¿Qué le dijo Lucía de su familia a Raquel?
4. ¿Por qué le va a grabar la historia Raquel a Lucía?

▶ *Hace cinco años* ◀

5. ¿Por qué le pide ayuda Pedro a Raquel en la investigación?
6. ¿Qué le dice la Sra. Suárez a Raquel sobre Rosario?
7. ¿Qué le enseña Raquel a Arturo como prueba (*proof*) de la historia de don Fernando y Rosario?
8. ¿Por qué quiere Raquel tomar una foto de la tumba de Rosario.

5.2 *Gustar* y otros verbos similares

In **Enfoque estructural 1.4** you reviewed the verb **gustar.** In this chapter, you will learn to use other verbs that have a similar construction. As in the case of **gustar,** these verbs are used with indirect object pronouns. These verbs may be followed by an infinitive or a noun. Here are some of the verbs that are structurally similar to **gustar.** You have already seen and used many of them.

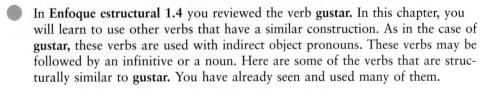

caer bien/mal	to like/dislike (*someone*)	**fascinar**	to fascinate
encantar	to love; to be delighted	**importar**	to be important; to matter
faltar	to be missing or lacking; to need	**interesar**	to interest
		molestar	to bother, annoy

parecer (parezco) to seem, appear	**resultar** to turn out; to work out
pasar to happen, occur	

A Raquel **le cae bien** Arturo porque es muy simpático.	*Raquel likes Arturo because he's very nice.*
A don Fernando **le faltan** datos sobre lo que **le pasó** a Rosario.	*Don Fernando is lacking information about what happened to Rosario.*
La investigación **le resulta** más difícil a Raquel de lo que pensaba.	*The investigation is turning out more difficult for Raquel than she thought it would.*

Note that you must also use the preposition **a** before a noun or pronoun that refers to the person or people affected by the verb.

—¿**A Uds. les gusta** ver los episodios de *Nuevos Destinos*?

—Sí, **nos encanta**. También **a nuestro profesor le encanta**.

—*Do you like watching* Nuevos Destinos *episodes?*

—*Yes, we love it. Our professor loves it also.*

Práctica Mis compañeros de clase

Paso 1   Indica el nombre de un compañero / una compañera de clase para cada una de las siguientes oraciones.

1. A _____ no le faltan ganas (*desires*) de hablar español.
2. A _____ le interesan mucho sus estudios.
3. A _____ le parece muy importante hacer ejercicio.
4. A _____ le importa mucho la política.
5. A _____ le parece fácil esta clase.
6. A _____ le importa mucho la moda (*fashion*).
7. A _____ le molestan los estudiantes que hablan mientras habla el profesor / la profesora.

Paso 2   Ahora comparte algunas de tus oraciones con el resto de la clase. ¿Qué dicen los compañeros que nombraste? ¿Están de acuerdo?

Práctica B Gustos y preferencias

Con un compañero / una compañera, haz y contesta preguntas sobre sus gustos en cuanto a la comida y las bebidas. Si te gusta algo mucho, usa el verbo **encantar**. Si no te gusta en absoluto (*not at all*), puedes contestar con **No me gusta(n) nada**.

MODELO: el pavo asado →
    E1: ¿Te gusta el pavo asado?
    E2: Sí, me encanta (el pavo asado).

1. la comida mexicana
2. los postres
3. las ensaladas de fruta
4. las espinacas
5. el pescado
6. los frijoles negros
7. el vino
8. el jugo de zanahoria

Práctica C **La vida estudiantil**

Paso 1 Piensa en una respuesta para cada pregunta a continuación. Escribe tus respuestas en una hoja de papel aparte.

MODELO: ¿Qué es lo que más te gusta de estudiar otro idioma?
Lo que más me gusta es conversar con gente de otros países (leer en otro idioma, saber más de la cultura de otros países, ¿ ?).

1. ¿Qué es lo que más te gusta de esta universidad?
2. ¿Qué es lo que te cae mal de otros estudiantes?
3. ¿Qué es lo que más te interesa en cuanto a los estudios?
4. ¿Qué es lo que te falta para recibir mejores notas?
5. ¿Qué es lo que más te encanta hacer cuando no hay clases?
6. ¿Qué es lo que te resulta más difícil de ser estudiante?

Paso 2 Entrevista a otro/a estudiante e intercambien ideas y opiniones sobre las preguntas del Paso 1.

NOTA *cultural* • *El voseo*

En algunos países de Latinoamérica, se usa el pronombre familiar **vos** en vez de **tú**, que se usa en el resto del mundo hispanohablante. A este empleo del pronombre **vos** se le llama el voseo, y se usa, sobre todo, en la Argentina.

Las formas verbales del voseo también difieren de[a] las formas del tuteo (el uso de **tú**). En vez de acentuar la penúltima[b] sílaba de los verbos, en el voseo se acentúa la última silaba de la forma verbal. Compara las dos formas.

EL TUTEO: **¿Sabes?** Tú **cantas** muy bien.   } *You know what? You sing very well.*
EL VOSEO: **¿Sabés?** Vos **cantás** muy bien.

Otra de las diferencias es que en el voseo no hay diptongo en la forma familiar de los verbos de cambio radical, como ocurre en el tuteo. Compara las formas con el verbo **querer.**

EL TUTEO: **¿Quieres** una rebanada de pan?   } *Do you want a slice of bread?*
EL VOSEO: **¿Querés** una rebanada de pan?

En los Episodios 5 a 7 de *Nuevos Destinos,* que corresponden al viaje a la Argentina, vas a oír algunos ejemplos del voseo.

[a]difieren... *are different from*   [b]*second-to-last*   [c]¿Qué... *What the devil is that*

5.3 Dos usos de *se*: El «*se* impersonal» y la voz pasiva con *se*

REFRÁN

《 Con lo que no cuesta, *se hace* fiesta. 》 *

El *se* impersonal

The "impersonal **se**" construction is used in Spanish for situations in which no specific subject is identified. For lack of such a construction in English, it is common to hear people refer to *one, you,* or *they*. This construction is often used when giving advice or giving directions and instructions. Compare these sentences.

SPECIFIC SUBJECT

Cuando comemos en la cafetería, tenemos que hacer cola.

When we eat in the cafeteria, we have to wait in line.

NO SPECIFIC SUBJECT

Cuando **se come** en la cafetería, **se tiene que** hacer cola.

When one eats in the cafeteria, one must wait in line.

La voz pasiva con *se*

The passive voice is a way to express an action as performed *by* someone or something. Compare the following English sentences, in which the passive and active voices are contrasted.

ACTIVE: The boy kicked the ball hard.
PASSIVE: The ball was kicked hard.

One way to form the passive voice in Spanish is with the passive **se** construction. This form is used when the subject performing the action is not expressed or implied. The emphasis is on the person or thing that receives the action, and the verb agrees in number with that receiver.

Los asuntos legales de la familia Castillo no **se resuelven** fácilmente.

The legal matters of the Castillo family are not easily resolved.

Parte de La Gavia **se convirtió** en un orfanato.

Part of La Gavia was converted into an orphanage.

Note in each of the preceding examples that the verb agrees with the receiver of the action (**asuntos** and **parte,** respectively).

The passive **se** is also commonly used in street signs, directions for food preparation, instructions for assembling items, and other similar situations.

---

*"The best things in life are free." (lit. "With something that costs nothing, one has a party.")

Para hacer un buen guacamole, primero **se corta** el aguacate en trozos pequeños. Luego, **se añaden** jugo de limón, ajo, cilantro y sal. Después, **se mezclan** bien todos los ingredientes. Finalmente, **se sirve** el guacamole con tortillas fritas de maíz.	*To make good guacamole, first the avocado is cut into small pieces. Then lemon juice, garlic, cilantro, and salt are added. Afterward, all the ingredients are mixed well. Finally, the guacamole is served with corn chips.*

Práctica **¿Qué se hace en tu universidad?**

Un nuevo estudiante acaba de llegar a tu universidad, pero no sabe mucho de las costumbres y otras ocurrencias allí. Contesta sus preguntas, usando el «**se** impersonal» en las respuestas. A continuación hay algunas sugerencias que puedes usar en las respuestas.

MODELO: ¿Dónde se paga la matrícula?
        Se paga la matrícula en la oficina de la administración.

1. ¿Dónde se compran libros para las clases?
2. ¿Dónde se encuentran las residencias estudiantiles?
3. ¿Dónde se escuchan las cintas para la clase de español?
4. ¿Qué se necesita para sacar libros de la biblioteca?
5. ¿Dónde se estacionan (*park*) los coches?
6. ¿Cuándo se toman los exámenes finales?
7. ¿Dónde se pide un préstamo estudiantil (*student loan*)?
8. ¿Dónde se compran sándwiches y refrescos?

Lugares: la biblioteca, la cafetería, el estacionamiento (*parking lot*), el laboratorio de lenguas, la librería, la oficina de ayuda financiera

Cosas: la tarjeta de identificación

Práctica **¿En qué orden se hacen?**

Paso 1 Cuando invitas a personas a cenar en casa, necesitas hacer muchos preparativos. Indica el orden, del 1 (primero) al 10 (décimo) en que se deben hacer los siguientes pasos, según tu opinión.

_____ Se pone la mesa.
_____ Se necesita comprar las bebidas.
_____ Se debe invitar a los invitados.
_____ Se tiene que limpiar la casa.
_____ Se sirve la comida.
_____ Se prepara la comida.
_____ Se planea el menú.
_____ Se lavan los platos.
_____ Se compran los ingredientes para la comida.
_____ Se hace una lista de compras.

Paso 2 Conversa con otro estudiante sobre el orden que se debe seguir para hacer las actividades del Paso 1. Si hay diferencias de opiniones, justifiquen sus decisiones.

Para terminar

Actividad final — Una receta (*recipe*)

En este capítulo, has aprendido los nombres de muchos alimentos y has hablado de tus preferencias en cuanto a las comidas y bebidas. También supiste usar el «se impersonal» y la voz pasiva con **se**. En esta actividad final, vas a buscar un sitio Web de comida hispana para encontrar una receta para un plato que sirva a seis personas.

Paso 1 Busca una receta para un plato principal y selecciona una escrita con los verbos en el infinitivo (**mezclar, batir,** etcétera.) Escribe una lista de los ingredientes necesarios, dividiéndolos en dos grupos: los que ya tienes en casa y los que necesitas comprar.

Paso 2 Usando las listas del Paso 1, escribe las instrucciones sobre cómo hacer ese plato. Cambia los verbos en la receta del infinitivo por la construcción con **se**. A continuación hay una lista de verbos que te pueden servir en tus instrucciones.

Verbos: aderezar (*to dress, season*), agregar/añadir (*to add*), batir (*to beat*), calentar (ie) (*to heat; to warm up*), cortar (*to cut*), dorar (*to brown*), freír (i, i) (*to fry*), hervir (ie, i) (*to boil*), hornear (*to bake*), mezclar (*to mix*), pelar (*to peel*)

Paso 3

¡UN DESAFÍO! En grupos de tres o cuatro estudiantes, preparen uno de los platos que Uds. escogieron y luego tráiganlo a clase para compartir entre todos. También deben traer suficientes copias de la receta para distribuir en clase. Si quieren, pueden hacer presentaciones orales para demostrar la preparación de la receta.

Vocabulario

Los verbos

caer (*irreg.*) **bien/mal**	to like/dislike (*someone*)	**explicar**	to explain
contestar	to answer	**faltar**	to be missing, lacking; to need
encantar	to love; to be delighted	**fascinar**	to fascinate
estacionar	to park	**importar**	to be important; to matter
		interesar	to interest
		mandar	to send
		molestar	to bother, annoy
		ofrecer (ofrezco)	to offer
		parecer (parezco)	to seem, appear

pasar	to happen, occur
preguntar	to ask (*a question*)
prestar	to lend
prometer	to promise
recomendar (ie)	to recommend
regalar	to give (*as a gift*)
resultar	to turn out; to work out
servir (i, i)	to serve

Repaso: contar (ue), dar, decir, enseñar, escribir, gustar, hablar, leer, pedir (i, i), traer

Frutas y verduras

la aceituna	olive
el apio	celery
la cebolla	onion
la cereza	cherry
el champiñón	mushroom
el durazno	peach
la fresa	strawberry
el frijol	bean
el guisante	pea
la lechuga	lettuce
el maíz	corn
la manzana	apple
la naranja	orange
la papa	potato
la piña	pineapple
el plátano	banana
la sandía	watermelon
la toronja	grapefruit
la uva	grape
la zanahoria	carrot

Cognados: el brócoli, la coliflor, el chile, las espinacas, el limón, el melón, la pera, el tomate

Carne, aves, pescado y mariscos

los camarones	shrimp
la carne de cerdo	pork
el huevo	egg
el jamón	ham
la langosta	lobster
el pavo	turkey
el pollo	chicken
el tocino	bacon

Cognados: el atún, el bistec, la hamburguesa, el salmón

Otros comestibles

el arroz	rice
la galleta	cookie
el helado	ice cream
el pan	bread
el pastel	cake; pie
el queso	cheese

Cognados: los cereales, la ensalada, la pasta, el sándwich, el yogur

Bebidas

el jugo	juice
la leche	milk
el refresco	soft drink
el vino (tinto, blanco)	(red, white) wine

Cognado: el té

Repaso: el café, la cerveza

Los condimentos

el aceite	oil
el azúcar	sugar
la mantequilla	butter
la pimienta	pepper
la sal	salt

Cognados: la mayonesa, la mermelada

Las comidas

el almuerzo	lunch
la cena	dinner
el desayuno	breakfast

Para hablar de la comida

el alimento	food item
el plato	dish, meal
el postre	dessert
al horno	baked
al vapor	steamed
asado/a	roast(ed)
crudo/a	raw
lácteo/a	dairy

Otras palabras útiles

la ayuda	help
el chiste	joke
el estacionamiento	parking lot

¿Cuál se usa?

agregar	to add
añadir	to add
aumentar	to increase
caliente	hot
calor	heat
hace calor	it is hot (*weather*)
tener calor	to be (feel) hot
picante	hot, spicy
sumar	to add, sum up

Lectura 3

Antes de leer

Julio Cortázar (1914–1984) nació en Bélgica, de padres argentinos, y murió en Francia. Fue maestro, traductor y un escritor famoso. El cuento «Continuidad de los parques» es parte de su libro *Final del juego*, una colección de cuentos que se publicó en 1956.

Actividad ■ **Palabras para clasificar**

Mira esta lista de palabras y expresiones que aparecen en el cuento.

la cabaña del monte   *cabin in the woods*
el parque de los robles   *grove of oak trees*
la mujer recelosa   *suspicious woman*
el amante   *lover*
el puñal   *dagger*
la libertad agazapada   *restricted freedom*
la bruma malva del crepúsculo   *mauve-colored mist of twilight*

En tu opinión, ¿qué tipo de cuento es? Probablemente es un cuento...

_____ misterioso.
_____ de terror.
_____ de aventuras/acción.
_____ romántico.
_____ de ciencia ficción.

Continuidad de los parques

*H*abía empezado a leer la novela unos días antes. La abandonó por negocios urgentes, volvió a abrirla cuando regresaba en tren a la finca;[a] se dejaba interesar lentamente por la trama, por el dibujo de los personajes. Esa tarde, después de escribir una carta a su apoderado[b] y discutir con el mayordomo[c] una cuestión de aparcerías,[d] volvió al libro en la tranquilidad del estudio que miraba hacia el parque de los robles. Arrellanado[e] en su sillón favorito, de espaldas a la puerta que lo hubiera molestado como una irritante posibilidad de intrusiones, dejó que su mano izquierda acariciara una y otra vez el terciopelo[f] verde y se puso a leer los últimos capítulos. Su memoria retenía sin esfuerzo los nombres y las imágenes de los protagonistas; la ilusión novelesca lo ganó casi en seguida. Gozaba del placer casi perverso de irse desgajando[g] línea a línea de lo que lo rodeaba, y sentir a la vez que su cabeza descansaba cómodamente en el terciopelo del alto respaldo, que los cigarrillos seguían al alcance de la mano, que más allá de los ventanales danzaba el aire del atardecer[h] bajo los robles. Palabra a palabra, absorbido por la sórdida disyuntiva de los héroes, dejándose ir hacia las imágenes que se concertaban y adquirían color y movimiento, fue testigo del último encuentro en la cabaña del monte. Primero entraba la mujer, recelosa; ahora llegaba el amante, lastimada la cara por el chicotazo[i] de una rama. Admirablemente restañaba ella la sangre[j] con sus besos, pero él rechazaba las caricias, no había venido para repetir las ceremonias de una pasión secreta, protegida por un mundo de hojas secas y senderos furtivos. El puñal se entibiaba[k] contra su pecho, y debajo latía[l] la libertad agazapada. Un diálogo anhelante[m] corría por las páginas como un arroyo de serpientes, y se sentía que todo estaba decidido desde siempre. Hasta esas caricias que enredaban

25 el cuerpo del amante como queriendo retenerlo y disuadirlo, dibujaban abominable-
mente la figura de otro cuerpo que era necesario destruir. Nada había sido olvi-
dado: coartadas, azares,[n] posibles errores. A partir de esa hora cada instante tenía
su empleo minuciosamente atribuido. El doble repaso despiadado[o] se interrumpía
apenas para que una mano acariciara una mejilla. Empezaba a anochecer.

30   Sin mirarse ya, atados[p] rígidamente a la tarea que los esperaba, se separaron
en la puerta de la cabaña. Ella debía seguir por la senda que iba al norte. Desde la
senda opuesta él se volvió un instante para verla correr con el pelo suelto. Corrió a
su vez, parapetándose[q] en los árboles y los setos,[r] hasta distinguir en la bruma
malva del crepúsculo la alameda que llevaba a la casa. Los perros no debían
35 ladrar,[s] y no ladraron. El mayordomo no estaría a esa hora, y no estaba. Subió los
tres peldaños[t] del porche y entró. Desde la sangre galopando en sus oídos le llega-
ban las palabras de la mujer: primero una sala azul, después una galería, una escalera alfombrada. En lo alto, dos puertas. Nadie en la primera habitación, nadie en
la segunda. La puerta del salón, y entonces el puñal en la mano, la luz de los ven-
40 tanales, el alto respaldo de un sillón de terciopelo verde, la cabeza del hombre en
el sillón leyendo una novela. ■

[a]*farm* [b]*abogado* [c]*foreman* [d]*cuestión... sharecropping matter* [e]*Stretched out* [f]*velvet* [g]*picking apart* [h]*dusk* [i]*scratch*
[j]*restañaba... she stopped the flow of blood* [k]*se... grew cold* [l]*was beating* [m]*yearning* [n]*coartadas... alibis, misfortunes*
[o]*merciless* [p]*tied* [q]*hiding himself* [r]*hedges* [s]*bark* [t]*steps*

Después de leer

Actividad   **A**   **Comprensión**

1. A continuación hay una lista de acontecimientos y descripciones del
   cuento. Algunas de las oraciones son ciertas y otras son falsas. Indica
   las oraciones falsas, modificándolas para que sean ciertas.
   a. Es casi de noche.
   b. El amante restaña la sangre que corre en la cara de la mujer.
   c. El hombre se sienta en el porche de la cabaña.
   d. El hombre decide leer los últimos capítulos de una novela.
   e. Hay un hombre en el salón, leyendo una novela.
   f. El amante saca un puñal y entra en la cabaña.
   g. Los amantes se separan y la mujer corre por los árboles.
   h. El amante entra en un salón con un puñal en la mano.
   i. Una mujer entra en una cabaña.
2. En una hoja de papel aparte, escribe los acontecimientos en el orden
   cronológico apropiado. No te olvides de usar palabras de transición
   como **luego, después,** etcétera.

Actividad **Opinión**

¿Estás de acuerdo con las siguientes afirmaciones?

1. El amor y la felicidad son complicados.
2. Los celos (*Jealousy*) en el amor siempre resultan en la violencia.

Comparte tus opiniones con un compañero / una compañera de clase.

Actividad **Expansión**

1. En grupos, preparen una presentación dramática del cuento. Por ejemplo, una persona puede narrar el cuento y las otras pueden dramatizar la acción.
2. Imagínate lo que pasa después de la última línea del cuento. Continúa la historia.

   _____ La ventana refleja la imagen del amante y el hombre en el sillón lo ve...

   _____ La policía encuentra el cuerpo del hombre muerto y...

   _____ El asesino habla con el juez...

   _____ Sale un artículo en el periódico que narra la historia de la muerte...

   _____ ¿otra posibilidad?

6

La búsqueda

METAS

LA TRAMA

Día 2 (*continuación*): Lucía is back at her law office in Mexico, working late into the night on the Castillo case. The government claims on the property of La Gavia have her perplexed. While Lucía works on the case, Raquel is at home continuing to tape the story of the search for Ángel Castillo. What will she and Arturo discover? As Raquel tapes the story, an "old friend" from her past calls her. Who could it be?

ARTURO: Sí, es mi hermano. Perdimos contacto hace muchos años...
JOSÉ: Lo siento, no lo conozco. ¿Ya hablaron con Héctor?
ARTURO: No. ¿Quién es?

CULTURA

As you work through the chapter, you will also find out about

- city life in Hispanic countries (**Nota cultural: La vida en la calle**)
- the Andean region (**Enfoque cultural: Tres culturas andinas en el mundo contemporáneo**)

COMUNICACIÓN

In this chapter of *Nuevos Destinos*, you will

- talk about city and town life (**Enfoque léxico: ¿Qué hay en tu ciudad o pueblo?**)
- review the uses of **mismo/a, igual (que), parecido/a, similar, semejante; realizar, darse cuenta (de)** (**Enfoque léxico: ¿Cuál se usa?**)
- talk about ongoing actions in the past (**Enfoque estructural 6.1**)
- talk about actions in progress in the present and in the past (**6.2**)
- use expressions with **tener** (**6.3**)

El l vídeo

El episodio previo

Actividad **A**

La reclamación de La Gavia

Todavía no se sabe precisamente por qué el gobierno reclama La Gavia. ¿Cuánto sabes tú del caso? Indica tus opiniones de la siguiente manera.

a. Sé que es cierto.
b. Creo que es cierto, pero no estoy seguro/a.
c. Creo que es falso, pero no estoy seguro/a.
d. Sé que es falso.

¡OJO! Hay algunos hechos que no se pueden verificar todavía.

1. _____ Las personas que no son de México no pueden heredar tierra mexicana.
2. _____ En el testamento de don Fernando hay personas que no son ciudadanas mexicanas.
3. _____ Raquel es una de las personas mencionadas en el testamento de don Fernando.
4. _____ La familia puertorriqueña ha entablado un pleito (*has brought a suit*) contra la familia Castillo.
5. _____ Una parte de La Gavia se ha convertido en un orfanato.
6. _____ En el periódico salió un artículo sobre la reclamación de parte del gobierno.
7. _____ La Gavia se usa para actividades ilegales.
8. _____ Raquel le está ocultando (*hiding*) información a Lucía.

Actividad **B**

Raquel conversaba con su madre

In **Episodio 6** of the CD-ROM to accompany *Nuevos Destinos*, you can listen to a phone message from Raquel's mother about their dinner plans for the weekend.

Al principio del Episodio 5, Raquel recibió un mensaje de su madre en el contestador automático y, después, conversó con ella. Marca las frases que indican lo que le dijo Raquel a su madre en esa conversación.

Raquel le dijo que...

1. _____ no podía ir a cenar a la casa de sus padres.
2. _____ tenía mucho trabajo estos días.
3. _____ no sabía cuándo volvía Arturo de su viaje.
4. _____ iba a cenar a su casa este fin de semana.
5. _____ Arturo fue a una conferencia.
6. _____ quisiera (*she would like*) estar de viaje con Arturo.
7. _____ no quería que su mamá se preocupara (*worry*) por ella.

Actividad **C**

In **Episodio 6** of the CD-ROM to accompany *Nuevos Destinos*, you can listen to Raquel's recording of the events in Argentina related to Rosario's life and the search for Ángel Castillo. You will also work with a photo album of Rosario's family and with an activity recounting the chronology of Rosario's life.

▶ *Hace cinco años* ◀ **La investigación sigue**

Raquel graba una cinta para Lucía dándole más detalles sobre su investigación. Indica si las siguientes oraciones son ciertas (**C**) o falsas (**F**). Si son falsas, modifícalas para que sean ciertas.

C F **1.** Cuando Raquel llegó a la estancia Santa Susana, conoció al hermano de Ángel Castillo.

C F **2.** Un gaucho llamado Cirilo le dijo a Raquel que Rosario se mudó a Buenos Aires.

C F **3.** Raquel fue al consultorio de Arturo Iglesias porque sabía que él era hijo de Rosario.

C F **4.** Después de oír la historia que le contó Raquel, Arturo le dijo a ella que acaba de hablar con su hermano Ángel hace unos días.

C F **5.** Arturo también le dijo a Raquel que Rosario, su madre, ya murió.

C F **6.** Raquel quería sacar una foto de Arturo para luego mostrársela a don Fernando.

Episodio 6: Día 2 (*continuación*)

Preparación para el vídeo

Actividad **A**

La Gavia

Paso 1 ¿Cuánto sabes de La Gavia? A continuación hay una serie de oraciones sobre la hacienda. Indica si las oraciones son ciertas (**C**), falsas (**F**) o si no estás seguro/a (**NS**).

C F NS **1.** Todos los hijos que don Fernando tuvo con su esposa Carmen nacieron en La Gavia.

C F NS **2.** Don Fernando Castillo compró La Gavia en los años cincuenta.

C F NS **3.** La familia Castillo no ha pagado los impuestos (*taxes*) de La Gavia.

C F NS **4.** La Gavia se convirtió en un orfanato hace pocos años.

C F NS **5.** La Gavia estaba en ruinas cuando don Fernando la compró.

Paso 2 Después de ver el episodio, haz los cambios necesarios en tus respuestas del Paso 1.

Actividad **B**

In **Episodio 6** of the CD-ROM to accompany *Nuevos Destinos*, you can listen to a tape-recorded summary of the beginning of Raquel and Arturo's search for Ángel.

Raquel y Arturo buscan a Ángel

Paso 1 La búsqueda de Ángel continúa. ¿Adónde irán a buscarlo Raquel y Arturo? Indica los lugares en donde crees que lo buscarán.

1. _____ en la zona universitaria de Buenos Aires
2. _____ en una pescadería (*fish market*)
3. _____ en un hotel
4. _____ en un restaurante
5. _____ en un barco
6. _____ en un barrio elegante de Buenos Aires
7. _____ en la casa de un amigo de Ángel
8. _____ en un barrio cerca del puerto

Paso 2 Después de ver el episodio, verifica tus respuestas del Paso 1.

¿Qué tal es tu memoria?

Actividad **A**

Lucía investiga La Gavia

Completa el siguiente párrafo sobre lo que descubrió Lucía acerca de La Gavia. A continuación hay una lista de opciones posibles. ¡OJO! No se usan todas las opciones.

¡UN DESAFÍO! Trata de completar el párrafo sin mirar la lista de opciones.

LUCÍA: Don Fernando Castillo _____[1] La Gavia en 1951... La Gavia es el único hogar[a] que recuerdan _____[2] de don Fernando. Juan _____[3] allí. Aquí están las fotocopias de los _____[4] de los hijos. La Gavia estaba en muy _____[5] cuando don Fernando la compró y él _____[6] mucho dinero en grandes reformas que le devolvieron[b] a La Gavia la _____[7] y el _____[8] que tuvo en otra época.

[a]*home* [b]*returned*

Personas: los hijos, los nietos, los padres
Verbos: compró, estudió, heredó, invirtió (*invested*), nació
Otras palabras: certificados de nacimiento, esplendor, grandeza, testamentos, buenas/malas condiciones

Hace cinco años

Raquel y Arturo preguntaron por Ángel Castillo en varios lugares del barrio italiano, La Boca. Parecía que nadie se acordaba de él hasta que conocieron a Héctor, que había sido su buen amigo. Héctor le regaló a Arturo un cuadro que pintó Ángel y también les prometió buscar una carta que tenía de Ángel, pero necesitaba unos días para encontrarla.

Actividad **B**

In **Episodio 6** of the CD-ROM to accompany *Nuevos Destinos*, you can hear about and see some of the people that Raquel and Arturo talk to.

▶ *Hace cinco años* ◀ La búsqueda

En la búsqueda de Ángel, Raquel y Arturo hablaron con varias personas en distintas partes de Buenos Aires. Empareja los acontecimientos en la siguiente página con los personajes correspondientes.

a. José
b. doña Flora
c. Mario, el dueño de la tienda de antigüedades (*antiques*)

d. el vendedor de pescado
e. Arturo

1. _____ Menciona a la señora del negocio de al lado porque ella conoce a todo el mundo.
2. _____ Piensa en José y lleva a Raquel y Arturo a la casa donde vive con su esposa.
3. _____ Encuentra una foto de Ángel a los 20 años.
4. _____ Menciona dos lugares donde pueden encontrar a José: en el bar o en el barco.
5. _____ Dice que tienen que hablar con Héctor.

Actividad C

Una llamada inesperada (*unexpected*)

En este episodio, Raquel tuvo una llamada de Luis, un hombre de su pasado. Selecciona la opción que indique mejor lo que sabes o piensas de esa llamada.

1. Hace cinco _____ que Raquel y Luis no hablan.
   a. años **b.** meses **c.** días
2. Raquel estaba _____ mientras hablaba con Luis.
   a. triste **b.** irritada **c.** contenta
3. Luis quería invitarla _____.
   a. a un concierto **b.** al cine
   c. a almorzar
4. Raquel le dijo que no podía verlo porque _____.
   a. tenía demasiado trabajo
   b. no le interesaba
   c. ya tenía planes
5. Raquel le prometió _____.
   a. almorzar con él al día siguiente
   b. verlo este fin de semana
   c. llamarlo pronto

Para pensar

¿Quién es Luis? ¿Cuáles pueden ser las relaciones entre él y Raquel? ¿Por qué la llama ahora después de cinco años de no estar en contacto con ella? ¿Tendrá que ver con esto la ausencia de Arturo? ¿Está involucrada la madre de Raquel?

Lengua y cultura

¿Qué hay en tu ciudad o pueblo?

VOCABULARIO DEL TEMA

En el centro

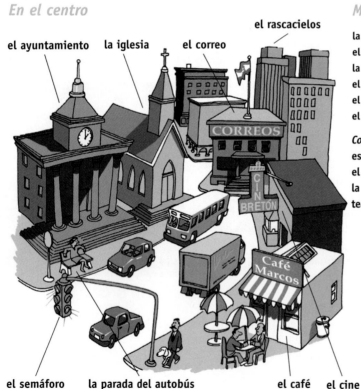

el ayuntamiento   la iglesia   el correo   el rascacielos

el semáforo   la parada del autobús   el café   el cine

Más cosas y lugares

la avenida	avenue
el barrio	neighborhood
la calle	street
el centro comercial	mall
el edificio	building
el puerto	port

Cognados: el banco, el bar, la discoteca, el estadio, la farmacia, la galería, la gasolinera, el gimnasio, el mercado, el museo, el parque, la plaza, el restaurante, el supermercado, el teatro

Actividad **A**   ▶ *Hace cinco años* ◀   **¿Adónde fueron?**

Durante la estancia de Raquel en la Argentina, ella y Arturo hicieron mucho. Haz asociaciones lógicas basadas en las descripciones de lo que hicieron en cada lugar.

- **a.** el puerto
- **b.** el Museo Nacional de Bellas Artes
- **c.** el Teatro Colón
- **d.** el centro comercial La Cuadra
- **e.** el parque El Rosedal
- **f.** el mercado

1. _____ Aquí Arturo compró fruta, pan, queso y vino para hacer un *picnic* con Raquel.

2. _____ Aquí Raquel y Arturo hicieron el *picnic*, anduvieron en mateo (*they took a carriage ride*) y anduvieron en bote (*rowboat*).

3. _____ Arturo llevó a Raquel a ver este lugar donde se presentan conciertos, óperas y espectáculos de ballet.

4. _____ Raquel y Arturo fueron a este lugar para buscar a José, un marinero que pudiera haber conocido (*could have known*) a Ángel.

5. _____ Raquel fue a este lugar de muchas tiendas; allí compró una bolsa de cuero (*leather purse*), pantalones y una blusa.

6. _____ Aquí Raquel y Arturo vieron las obras de algunos de los pintores más famosos de la Argentina, como Collivadino y de la Cárcova.

NOTA *cultural* • *La vida en la calle*

Como se puede imaginar, la vida en los pueblos hispánicos es distinta de la de las grandes ciudades. Pero las ciudades y los pueblos hispánicos tienen algo importante en común: la vida en la calle.

En los pueblos, es común ver a grandes grupos de jóvenes paseando por la plaza principal, especialmente por la tarde, después de la siesta. Esta costumbre, llamada **el paseo,** facilita el conocimiento de otras personas y ayuda a entablar[a] conversación. Para la gente de los pueblos pequeños, el paseo es un importante acto social.

Por supuesto, en las ciudades hay mucho más que hacer. Hay cines, teatros, cafés, centros comerciales y deportivos, conciertos, discotecas, parques de diversiones y muchos otros sitios para ir con los amigos. Y puesto que en las grandes ciudades las viviendas suelen ser más pequeñas que en los pueblos, mucha gente invita a sus amigos a cenar en un restaurante en vez de en casa.

[a]empezar

Para pensar | ¿Adónde vas en tu tiempo libre? ¿Hay muchos sitios de interés en tu ciudad o pueblo? Y cuando estás con tus amigos, ¿suelen pasar más tiempo al aire libre o en casa?

Actividad **B**

Definiciones

Túrnate con un compañero / una compañera para describir algunos lugares o cosas del Vocabulario del tema. La otra persona tiene que adivinar lo que se describe. Hagan por lo menos tres descripciones cada uno/a.

¡UN DESAFÍO!   Hagan seis descripciones cada uno/a.

MODELO: E1: Aquí se miran partidos de fútbol o béisbol. A veces se dan
               conciertos aquí también.
          E2: ¿Es un estadio?
          E1: ¡Sí!

¿CUÁL SE USA?

	Ejemplos	Notas
mismo/a	Ya leí este **mismo** cuento antes. *I read this very same story before.* Ella **misma** me lo dijo. *She herself told me.*	To indicate the very *same*, use **mismo/a.** Used after the noun, **mismo/a** means *self.*
igual (que)	Tú eres **igual que** tu papá. *You are just like your father.*	**Igual** means *the same* or *equal.* **Igual (que)** is used to compare very similar things or people (*just like, same as*).
parecido/a similar	Mi mochila es **parecida** (**similar, semejante**) a la tuya. *My backpack is similar to yours.*	**Parecido/a, similar,** and **semejante** all mean *similar,* but not identical. **Similar** is used less frequently.
semejante	Nunca he visto **semejante** talento. *I've never seen such talent.*	When used before a noun, **semejante** means *such.*
realizar	Lucía **realizó** su sueño de hacerse abogada. *Lucía realized (fulfilled) her dream of becoming a lawyer.*	**Realizar** is used in the sense of *to accomplish* a major goal, or *to fulfill* a dream. To express *to come to an understanding* or *to realize* a fact, use **darse cuenta (de).**
darse cuenta (de)	Raquel **se dio cuenta de** la importancia de su investigación para don Fernando. *Raquel realized the importance of her investigation to don Fernando.*	

Actividad A

No es lo mismo

Completa las siguientes oraciones con **igual, mismo/a, parecido/a, semejante** o **similar**. Algunas oraciones pueden tener más de una respuesta correcta.

1. ¿Sabes? Tú y yo tenemos el cumpleaños el _____ día.
2. ¿Dónde compraste ese cuaderno? Busco uno exactamente _____.
3. ¿No me crees? La profesora _____ me dijo que hay un examen mañana.
4. Ese coche es _____ al que tengo yo, pero es un modelo más caro.
5. Nunca he conocido a nadie con _____ dedicación a los pobres.
6. Voy a cortar la pizza en partes _____. Así todos están contentos.
7. Llegamos todos al _____ tiempo.

Actividad B

¿Cuándo se dieron cuenta de eso?

Sustituye cada palabra indicada por la forma correspondiente de **realizar** o **darse cuenta de**.

1. La familia Castillo *logró* su sueño de hacer un orfanato en la propiedad de La Gavia.
2. Pedro contrató a Raquel porque *sabía* que ella era buena para la investigación.
3. Lucía todavía no *entiende* exactamente lo que pasó entre Raquel y Arturo.
4. Raquel *cumplió* una gran labor al terminar su investigación para la familia Castillo.
5. Raquel *comprende* que Lucía está muy preocupada por la reclamación.

Enfoque cultural

Tres culturas andinas en el mundo contemporáneo

La cordillera[a] de los Andes se encuentra en la costa occidental de Sudamérica, y se extiende desde Colombia en el norte, hasta Chile y la Argentina en el Cono Sur. En estas majestuosas montañas han nacido y evolucionado varias culturas, formadas e influidas en gran parte por los Andes. Los Andes son el denominador geológico común de tres países sudamericanos y sus culturas indígenas: el Ecuador, el Perú y Bolivia.

La mitad del mundo: El Ecuador

El Ecuador, el más pequeño de los tres países, se divide geográficamente en cuatro zonas: la llanura costera,[b] las montañas andinas, la selva[c] amazónica y las Islas Galápagos. Quito, la capital del país, se halla en la parte montañosa, al pie[d] del volcán Pichincha, y tiene tres sectores distintos. En el norte se encuentra el Quito moderno, con grandes edificios y centros comerciales. En contraste, el centro es la parte antigua y colonial de la ciudad. El sur se compone de barrios y zonas residenciales nuevas.

[a]*range* [b]*llanura… coastal plains* [c]*jungle* [d]*al… at the foot*

Viajando unos trece kilómetros (ocho millas) al norte de Quito, se encuentra la ciudad Mitad del Mundo, una villa colonial por la que corre la línea de latitud cero, es decir, el ecuador. En la villa hay numerosos museos, galerías de arte y restaurantes, además de una plaza de toros[e] y el enorme monumento Mitad del Mundo, que marca la línea ecuatorial.

El Ecuador era el extremo norte del reino de los incas. Quito fue la capital de esta parte del reino inca. Cuando el penúltimo Inca del Perú, Huayna Cápac, murió, le dio el reino de Quito a su hijo favorito e ilegítimo, Atahualpa. El medio hermano de Atahualpa, Huáscar, se hizo Inca del Perú, pero Atahualpa codiciaba su posición. Un poco antes de la llegada de Francisco Pizarro en 1532, Atahualpa invadió el dominio de Huáscar, lo encarceló y se declaró Inca. Su reino duró muy poco porque al siguiente año Pizarro lo condenó a muerte por el asesinato de su medio hermano.

Aunque Pizarro y sus hombres tomaron control del imperio inca con aparente facilidad, la herencia y la cultura incas perduraron. Vestigios de esa cultura se encuentran un poco al norte de Quito, en Otavalo, un pueblo rodeado[f] de volcanes nevados.[g] En sus famosos mercados las transacciones comerciales se efectúan por medio del[h] saludo, la conversación y el regateo[i] con los vendedores.[j] La comunicación oral es muy importante en este pintoresco lugar y la mayoría de los mercaderes[k] son bilingües, ya que hablan español y algún dialecto del quechua. En los mercados otavaleños venden una gran variedad de productos: frutas, plantas, vegetales, animales, tejidos de lana[l] y artesanías.[m]

El Perú y la cultura Incaica

El Perú, el tercer país más grande de Sudamérica, tiene tres regiones naturales: una angosta[n] zona costera, la zona montañosa de los Andes y la zona selvática del Amazonas. En la costa se encuentran muchos desiertos y algunas de las ciudades modernas más importantes, como Arequipa y Lima, la capital. La ciudad más importante del Perú precolonial era Cuzco, la mítica capital del imperio incaico, a una altitud de 3360 metros (11.024 pies) sobre el nivel del mar, en los Andes. Según la leyenda, Cuzco fue fundada alrededor del siglo XI por Manco Cápac, el primer rey inca, quien obedecía una orden del Dios Sol. La cultura incaica fue la más desarrollada y dominante de Sudamérica hasta la llegada de los conquistadores en 1532. La captura y ejecución en 1533 de Atahualpa, el último rey inca, junto con la toma[o] de Cuzco por los españoles en 1534 marcan el final del imperio incaico. Quedan numerosos e importantes vestigios arqueológicos de esa cultura, como joyas y objetos ceremoniales elaborados con oro, plata y piedras preciosas y la colosal fortaleza sagrada de Machu Picchu.

Lima, fundada en 1535 por el español Francisco Pizarro, era durante los siglos XVI y XVII la metrópoli más importante y poderosa de Sudamérica. Hoy en día, Lima es una ciudad moderna que mantiene algo de su origen indígena. La mezcla de las culturas europea e incaica es evidente en la política del Perú, que en 1975 declaró como lenguas oficiales el español y el quechua, y que en 2001 eligió como presidente a Alejandro Toledo, un académico indígena que habla quechua y aymará, otro lenguaje nativo.

[e]*plaza...* bullfighting ring [f]*surrounded* [g]*snow-capped* [h]*por...* by means of [i]*haggling* [j]*vendors* [k]*traders*
[l]*tejidos...* wool-woven goods [m]*handicrafts* [n]*narrow* [o]*takeover*

Bolivia: la vida en las alturas

Bolivia, nombrado en honor del gran libertador venezolano, Simón Bolívar, es el país más alto del continente y uno de los dos países sudamericanos sin acceso al mar. Tiene cinco zonas geográficas: el Altiplano, una meseta[p] en los Andes que va desde la frontera norteña con el Perú hacia el sur hasta la frontera con la Argentina; los valles andinos hacia el sur y al este del Altiplano; las Yungas que son los valles bajos entre los Andes y el área amazónica; el Chaco o los llanos[q] calurosos e inhabitables en la frontera con Paraguay y la Argentina; y finalmente la región de cuencas[r] y selvas amazónicas.

Bolivia y el Perú bordean el lago Titicaca, que, a 3810 metros (12.500 pies) sobre el nivel del mar, es el lago navegable más alto del mundo. Cerca del lago se encuentran las gigantescas y misteriosas ruinas de Tiahuanaco, restos de una civilización que floreció entre los años 600 d.C. y 1200 d.C. Probablemente era una civilización de los indígenas aymará. Su dominio e influencia incluían a Bolivia y el sur del Perú, hasta su desintegración e integración con la cultura inca.

Bolivia es uno de los pocos países con dos capitales. La capital constitucional es Sucre. Queda hacia el sur en el este de los Andes. Es una ciudad colonial que fue nombrada *World Cultural and Historic Heritage Site* por su preservación y belleza arquitectónica. Pero la capital *de facto* es La Paz, que está a sesenta kilómetros (treinta y cinco millas) del lago Titicaca. La Paz, a 3625 metros (11.893 pies) sobre el nivel del mar, es la capital más alta del mundo. Situada en una región que según muchos parece un cráter lunar, La Paz es una impresionante mezcla de lo tradicional y lo moderno, rodeada de altas montañas nevadas, con clima templado y seco.

Bolivia, un país de superlativos —el lago navegable más alto del mundo, la capital más alta del mundo, el país más alto de Sudamérica—, también es el país más indígena de todos los países hispanos. Más del 50 por ciento de la población de Bolivia es indígena y tiene tres idiomas oficiales: el español, el quechua y el aymará. Las tradiciones indígenas de Bolivia no están escondidas[s] en pequeños pueblos o zonas rurales. La herencia y riqueza indígenas coexisten con lo contemporáneo en las ciudades modernas de Bolivia.

[p]*plateau*   [q]*plains*   [r]*basins*   [s]*tucked away*

Actividad

El indígena moderno

Paso 1   Las poblaciones del Ecuador, del Perú y de Bolivia reflejan la herencia indígena. Sin embargo, es cierto que aunque muchos son orgullosos (*proud*) de tener su herencia indígena, algunos muestran prejuicio contra las personas que son obviamente indígenas, es decir, que su indigenismo se nota por su ropa, su idioma y sus tradiciones. Con un compañero / una compañera, escoge un país de este Enfoque cultural y haga una lista basada en lo que leyeron y en lo que sepan de los rasgos modernos del indigenismo.

Paso 2   Busquen más información sobre los indígenas del país que escogieron. ¿Cómo son físicamente? ¿Cómo se visten? ¿Qué comen? ¿Qué idioma(s) hablan? ¿En qué parte del país viven? Usen la información para escribir una breve descripción del indígena moderno. ¿Cómo se nota que es indígena? ¿Qué dificultades puede tener en el mundo contemporáneo?

Paso 3   Comparen su descripción con las de otros estudiantes de la clase. Hablen de las semejanzas y de las diferencias. Si no están de acuerdo, deben tratar de apoyar sus opiniones con información concreta.

Enfoque estructural

6.1   Hablando del pasado usando el imperfecto

REFRÁN

《 Hasta el diablo *era* buen mozo cuando le *apuntaba* el bozo. 》*

In **Enfoque estructural 3.1** and **4.2,** you reviewed talking about completed events in the past with the preterite, one of the two simple past tenses in Spanish. The imperfect is the other simple past tense. Although the name has nothing to do with its being defective as a verb tense, it may help you to distinguish the two past tenses if you think of the imperfect as less precise, more flexible, less definite. In that sense, you could say it is less "perfect" because it's not so easy to pin it down to an exact moment. Its English translation often includes *used to* or *would* when talking about the past.

● To form the imperfect of regular **-ar, -er,** and **-ir** verbs, the infinitive ending is dropped and replaced by the endings seen in the chart below. Note that **-er** and **-ir** verbs have identical endings and that the first- and third-person singular forms are the same.

trabajar		tener		escribir	
trabajaba	trabajábamos	tenía	teníamos	escribía	escribíamos
trabajabas	trabajabais	tenías	teníais	escribías	escribíais
trabajaba	trabajaban	tenía	tenían	escribía	escribían

● There are only three irregular verbs in the imperfect tense: **ser, ir,** and **ver.**

ser		ir		ver	
era	éramos	iba	íbamos	veía	veíamos
eras	erais	ibas	ibais	veías	veíais
era	eran	iba	iban	veía	veían

The imperfect of **hay** is **había.**

● Here are some of the uses of the imperfect tense.

---

*"Beauty is only skin deep." (lit. "Even the devil was handsome when he was still a youth [had 'peach fuzz' instead of whiskers].")

■ to describe settings, situations, or background information in the past

time:

Eran las dos de la tarde cuando llegó el vuelo.	*It was two o'clock in the afternoon when the flight arrived.*

age:

¿Cuántos años **tenía** Raquel en 1991?	*How old was Raquel in 1991?*

physical, emotional, or mental conditions:

Raquel **estaba** molesta después de conversar con Luis.	*Raquel was annoyed after speaking with Luis.*
Martín Iglesias **era** un padre estricto.	*Martín Iglesias was a strict father.*
Rosario **creía** que Fernando murió en la guerra.`	*Rosario believed that Fernando died in the war.*

■ to relate two or more actions that were ongoing or habitual in the past

Teresa Suárez y Rosario **se escribían** cuando Rosario ya no **vivía** en España.	*Teresa Suárez and Rosario used to write each other when Rosario no longer lived in Spain.*

■ to indicate actions that were in progress when something else happened*

¿Qué **hacía** Arturo cuando llegó Raquel en busca de Ángel?	*What was Arturo doing when Raquel arrived in search of Ángel?*

● Certain adverbs, adverbial phrases, and other expressions can be used to convey the notion of habitual events and are usually associated with the imperfect tense. Here are some of these words and phrases.

cada día (noche, semana...)	every day (night, week, . . .)
con frecuencia	frequently
muchas veces	many times
siempre	often
todas las noches (semanas...)	every night (week . . .)
todos los días (años...)	every day (year . . .)

Práctica **A**

¡Firma aquí por favor!

Paso 1 Indica si las siguientes actividades de abajo y en la siguiente página eran típicas de tu vida de niño/a (*as a child*).

	SÍ	NO
1. pelear (*to fight*) mucho con mis hermanos	☐	☐
2. ver la televisión más de tres horas diarias	☐	☐
3. comer muchos pasteles	☐	☐
4. salir de vacaciones con mi familia en verano	☐	☐
5. ayudar a limpiar la casa los sábados	☐	☐

---

*In these instances, the imperfect (action in progress) is usually used in conjunction with the preterite (the beginning of another action). You will learn more about this in **Enfoque estructural 7.1.**

	SÍ	NO
6. celebrar los días festivos con mis primos	☐	☐
7. asistir a clases en verano	☐	☐
8. leer en la cama antes de dormir	☐	☐
9. ir en bicicleta a la escuela	☐	☐

Paso 2 Ahora hazles preguntas a tus compañeros de clase para averiguar quiénes de la clase hacían las actividades del Paso 1. Si alguien contesta afirmativamente, pide su firma en una hoja de papel aparte, según el modelo.

MODELO: E1: De niña, ¿peleabas mucho con tus hermanos?
E2: Sí.
E1: ¡Firma aquí, por favor!

Paso 3 Presenta los resultados del Paso 2 a la clase, señalando (*pointing out*) las semejanzas (*similarities*) y las diferencias entre tú y otros estudiantes de la clase.

MODELO: Ana y Jason peleaban con sus hermanos, pero yo no porque no tenía hermanos.

Práctica **Mi rutina diaria**

Seguramente tu rutina diaria ha cambiado desde los dieciséis años, ¿no? Usando las siguientes frases como guía, haz oraciones sobre tu rutina de aquel entonces (*those days*). Compara esa rutina con lo que haces ahora.

MODELO: levantarse (¿a qué hora?) →
Antes me levantaba a las seis y media. Ahora me levanto a las ocho.

1. llegar a las clases (¿a qué hora?)
2. asistir a clases (¿cuántas horas por día?)
3. estudiar (¿cuántas horas por semana?)
4. ir a la escuela (¿cómo?)
5. salir con mis amigos (¿adónde?)
6. participar en actividades (¿cuáles?)
7. hacer los fines de semana (¿qué?)
8. leer libros (¿de qué tipo?)

Práctica **Cuando era niño/a**

Paso 1 Apunta diez preguntas que le puedes hacer a tu compañero/a sobre su vida en la escuela primaria.

MODELO: ¿Dónde vivías? ¿Quién era tu mejor amigo/a?

Personas y lugares: el cine, las clases, el/la maestro/a, el/la mejor amigo/a, el parque, los restaurantes, ¿… ?

Actividades: comer fuera, jugar, poner música, practicar deportes, tocar instrumentos, ver televisión, ¿… ?

Paso 2 Entrevista a tu compañero/a para hacer y contestar las preguntas que apuntaron en el Paso 1.

MODELO: E1: ¿Dónde vivías?
E2: Vivía en Atlanta. ¿Y tú?
E1: Yo vivía en Denver por dos años y en Boulder por siete años.

Paso 3 Comparte los hechos (*facts*) más interesantes sobre tu compañero/a con la clase.

MODELO: Jenn vivía en Atlanta de niña. Su mejor amiga era su hermana Amy.

6.2 Acciones en el presente y el pasado usando los tiempos progresivos

Progressive tenses are used to describe actions in progress at a particular moment. To form the progressive tenses, use the auxiliary verb **estar** followed by the present participle (gerund) of the main verb.

Los gerundios

● To form the present participle of -**ar** verbs, add -**ando** to the verb stem.

conversar → convers- + -ando = conversando

● To form the present participle of -**er** and -**ir** verbs, add -**iendo** to the verb stem.

hacer → hac- + -iendo = haciendo
escribir → escrib- + -iendo = escribiendo

Lucía **está buscando** respuestas a sus preguntas.
Lucía is looking for answers to her questions.

Arturo y Raquel **estaban comiendo** en casa de Arturo.
Arturo and Raquel were eating at Arturo's house.

● In progressive constructions, reflexive and object pronouns may come before the form of **estar** or may be attached to the present participle. Note the addition of a written accent mark in the latter case.

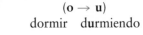

¿Ángel Castillo? Raquel y Arturo **lo están buscando** (**están buscándolo**).
Ángel Castillo? Raquel and Arturo are looking for him.

● The stem vowel changes in the present participle of -**ir** stem-changing verbs.

(e → i)		(o → u)	
decir	diciendo	dormir	durmiendo
pedir	pidiendo		
seguir	siguiendo		
servir	sirviendo		

● -**Er** and -**ir** verbs whose stem ends in a vowel change from unaccented -i- to -y- in the present participle, just as they do in the third-person preterite.

creer creyendo   leer leyendo

Usos de los tiempos progresivos

The progressive tenses are used in much the same way as they are used in English. However, there are some differences.

● **El presente del progresivo**

◗ The present progressive in Spanish implies that the action of the verb is taking place at the moment of speaking. If the action is ongoing in the present, Spanish uses the present tense. Compare these two examples.

No puedo salir. **Estoy estudiando.**	*I can't go out. I'm studying.* (emphasis on action taking place right now)
Este semestre **tomo** quince créditos y **trabajo** en la biblioteca.	*This semester I'm taking fifteen credits and working in the library.* (emphasis on an ongoing action in the present)

◗ The present progressive tense cannot be used for actions that will take place in the future. Instead, the simple present tense is used.

La próxima semana **voy** con la clase de español a una obra de teatro.	*Next week I'm going to a play with my Spanish class.*

◗ There are verbs other than **estar** that, when combined with the present participle, are used to emphasize the repetitiveness of an action.

andar
continuar
ir
pasar + *time*   } + *present participle*
seguir

Lucía **pasa** mucho tiempo **leyendo** documentos sobre La Gavia.	*Lucía spends a lot of time reading documents about La Gavia.*

● **El pasado del progresivo**   The past progressive is used in Spanish to emphasize that an action was in progress in the past. In most cases, the imperfect form of **estar** is used along with the present participle of the main verb.* In many instances, the imperfect tense is used in Spanish when the English equivalent uses the past progressive. Note the differences between the following examples.

—¿Por qué no contestaste el teléfono?	—*Why didn't you answer the phone?*
—**Estaba secándome** el pelo. No oí el teléfono.	—*I was drying my hair. I didn't hear the phone.* (emphasis is on the action at that moment)

---

*The preterite of **estar** may also be used to form the past progressive, but its use is less frequent in Spanish: **Anoche *estuvieron cenando*** hasta las doce.

—Te llamé porque **planeaba** ir al cine y te **quería** invitar.

—*I called you because I was planning to go to the movies and I wanted to invite you.* (emphasis is on my calling and wanting to invite you)

Práctica

La vida la ciudad

Ésta es una escena típica de una calle principal de una ciudad grande. Identifica qué están haciendo las personas en el dibujo.

MODELO: Una señora está hablando por teléfono.

Palabras útiles: esperar (*to wait*), vender (*to sell*); el banco (*bench*), el periódico, el quiosco (*kiosk*), la revista

Práctica **B**

¿Por qué no contestaste?

Tú y un compañero / una compañera de clase estaban tratando de ponerse en contacto la semana pasada, pero no lo lograron (*you weren't able to*). Túrnense para hacer los dos papeles según el modelo.

MODELO: lunes / estudiar con un compañero →
   E1: Te llamé el lunes, pero nadie contestó el teléfono.
   E2: Ah, estaba estudiando con un compañero.

1. martes por la tarde / escuchar las cintas en el laboratorio
2. miércoles antes de las clases / desayunar en la cafetería
3. miércoles por la noche / hacer ejercicio en el gimnasio
4. jueves por la mañana / estudiar en la biblioteca
5. viernes después de cenar / jugar a las cartas con unos amigos
6. sábado por la mañana / dormir

Práctica

Mi amiga distraída

Paso 1 En la siguiente página, completa el primer párrafo con el presente del progresivo de los verbos entre paréntesis y el segundo párrafo con el pasado del progresivo de los verbos entre paréntesis.

MODELO: Cecila _____ (ir/caminar) por la calle sin saludarme otra vez. →
   va caminando.

Mi amiga, Cecilia, es una persona muy distraída. Siempre _____¹ (andar/cantar) y se lo _____² (pasar/mirar) las nubes. Cuando escucha música, es imposible llamarle la atención. Simplemente _____³ (seguir/mover) la cabeza al compás de la música.

Cuando era más joven, también era así. Me acuerdo que en la escuela primaria, cuando la maestra le hacía alguna pregunta, Cecilia _____⁴ (seguir/leer) un libro o _____⁵ (continuar/conversar) con alguna compañera. También perdía muchas cosas y siempre _____⁶ (andar/buscar) algo.

Paso 2   Siguiendo el Paso 1 como modelo, escribe un párrafo que describa algunas características que tú tienes ahora y algunas que tenías cuando eras más joven.

MODELO: En general, soy una persona alegre, optimista y sincera. Siempre ando silvando (*whistling*) y pensando en cosas buenas...

6.3   Expresiones con *tener*

In Spanish a number of physical and emotional states are expressed with the verb **tener.** The English equivalents of these expressions are translated with the verb *to be*. To emphasize these states, add **mucho/a** to the expression.

tener calor (*m.*)	to be hot
tener cuidado	to be careful
tener frío	to be cold
tener hambre (*f.*)	to be hungry
tener miedo	to be afraid
tener prisa	to be in a hurry
(**no**) **tener razón** (*f.*)	to be right (wrong)
tener sed (*f.*)	to be thirsty
tener sueño	to be sleepy
tener vergüenza	to be embarrassed, ashamed

Raquel **tiene mucho sueño,** así que se echa una pequeña siesta. *Raquel is very sleepy, so she takes a little nap.*

Práctica   **Situaciones**

Paso 1   ¿Te encuentras a veces en situaciones difíciles o incómodas? Imagina que estás en las siguientes situaciones e indica qué expresión con **tener** puedes usar para explicar cómo te sientes.

MODELO: La temperatura llega a 0°C (32°F) y llevas sólo un suéter ligero. **Tengo** frío.

1. No has almorzado ni cenado y ya son las ocho de la noche.
2. Tienes clase a las 9:00 y te despiertas a las 8:55.
3. Estás cargando (*carrying*) unos platos muy finos y frágiles que son antiguos y valiosos.
4. Piensas que estás solo/a en casa, pero de repente oyes unos pasos (*footsteps*) y nadie contesta cuando preguntas: «¿Quién anda por allí?»
5. Llevas a un amigo / una amiga que es de otra raza a la casa de tus abuelos y ellos hacen un comentario racista.

Paso 2   Ahora piensa en otras situaciones para presentar a un compañero / una compañera. Luego compartan las situaciones y traten de adivinar cómo se siente la otra persona. Usen expresiones con **tener.**

MODELO: E1: Estoy jugando al fútbol y hace mucho calor.
                  E2: ¿Tienes sed?
                  E1: Sí, tengo mucha sed.

Práctica   **B**   **¿Qué haces cuando te sientes así?**

Paso 1   Completa las siguientes oraciones para decir qué haces en las situaciones descritas (*described*). A continuación hay una lista de palabras útiles que puedes usar para completar las oraciones.

MODELO: Cuando tengo mucha hambre... →
                  Cuando tengo mucha hambre, como una pizza entera.

Palabras útiles: abrigarse (*to bundle up*), apurarse (*to hurry up*), ponerse rojo/a (*to blush*)

1. Cuando tengo (mucha) hambre...
2. Cuando tengo (mucho) frío...
3. Cuando tengo (mucha) vergüenza...
4. Cuando tengo (mucha) sed...
5. Cuando tengo (mucho) miedo...
6. Cuando tengo (mucha) prisa...

Paso 2   Compara tus oraciones con las de un compañero / una compañera. ¿Encontraron algunas soluciones en las que no habías pensado antes? Compártanlas con la clase.

Para terminar

Actividad final   **Una presentación de un lugar turístico**

En este capítulo, has aprendido algo sobre la vida en las ciudades. Todos tenemos preferencias sobre el tipo de lugar que más nos gusta. ¿Tienes tú algún lugar favorito? En esta actividad, vas a explorar más a fondo este tema y preparar una presentación sobre ese lugar.

Paso 1 En grupos de cuatro, piensen en un lugar del mundo hispano que a los cuatro les gustaría visitar. Puede ser un pueblito, una ciudad grande, un parque nacional, una playa, un volcán o cualquier lugar que quieren conocer.

Paso 2 Busquen información sobre ese lugar en el Internet. La primera idea que tuvieron puede cambiar después de empezar su búsqueda. Piensen en lo siguiente: ¿Cómo se llega al lugar? ¿Cuánto cuesta viajar a ese lugar? ¿Qué se puede hacer allí? ¿Qué atracciones ofrece?

Paso 3 Preparen una presentación sobre ese lugar, incluyendo datos, fotos, dibujos, mapas o cualquier otra cosa que piensen que les interesaría a sus compañeros de clase. Si es posible, preparen un folleto turístico y hagan suficientes copias para toda la clase.

Paso 4 Hagan una presentación oral en clase sobre el lugar y todo lo que se puede hacer allí. Distribuyan su folleto turístico como parte de la presentación.

Vocabulario

Los verbos

continuar (continúo)	to continue
culpar	to blame
esperar	to wait (for)
pelear	to fight
vender	to sell

En la ciudad / el pueblo

la avenida	avenue
el ayuntamiento	city hall
el barrio	neighborhood
la calle	street
el centro	downtown
el centro comercial	mall
el cine	movie theater
el correo	post office
el edificio	building
la iglesia	church
la parada del autobús	bus stop
el puerto	port
el rascacielos	skyscraper
el semáforo	traffic light

Cognados: **el banco, el bar, el café, la discoteca, el estadio, la farmacia, la galería, la gasolinera, el gimnasio, el mercado, el museo, el parque, la plaza, el restaurante, el supermercado, el teatro**

Expresiones con tener

no tener razón	to be wrong
tener...	to be . . .
calor	hot
cuidado	careful
frío	cold
hambre	hungry
miedo	afraid
prisa	in a hurry
razón	right
sed	thirsty
sueño	sleepy
vergüenza	embarrassed, ashamed

Otras palabras y expresiones útiles

aquel entonces	those days
cada día	every day
de niño/a	as a child
muchas veces	many times

Repaso: **con frecuencia, siempre, todos los días**

¿Cual se usa?

darse cuenta (de)	to realize; come to an understanding
igual	equal; the same
igual que	just like; the same as
mismo/a	same; self
parecido/a	similar
realizar	to accomplish, fulfill
semejante	similar; such
similar	similar

CAPÍTULO 7

Consejos

METAS

LA TRAMA

Día 3: Raquel receives a letter from Argentina, but decides not to open it right away. Instead, she continues taping the story of the search for Ángel. Héctor is able to provide Raquel and Arturo with some important information. What could this information be? And what about the letter Raquel just received? What news from Argentina do you think it will bring?

ARTURO: Está fechada en San Juan de Puerto Rico... Piensa quedarse a vivir en Puerto Rico. No quiere volver nunca más a la Argentina.

CULTURA

As you work through the chapter, you will also find out about

- preferred means of transportation in Mexico and Spain (**Nota cultural: El transporte en México y España**)
- the many attractions of Venezuela and Colombia (**Enfoque cultural: Venezuela y Colombia**)

COMUNICACIÓN

In this chapter of *Nuevos Destinos*, you will

- talk about making travel arrangements and lodging accomodations (**Enfoque léxico: En el extranjero**)
- review the uses of **todavía, todavía no, ya, ya no**; special uses of **ya** (**Enfoque léxico: ¿Cuál se usa?**)
- continue to talk about events in the past, using both the preterite and the imperfect (**Enfoque estructural 7.1**)
- use past participles as another way to speak in the passive voice and to describe things (**7.2**)

El vídeo

El episodio previo

Actividad **A**   **Lucía examinaba unos documentos**

GUSTAVO G. VELAZQUEZ
RAMON PEREZ C.

LA GAVIA

Biografía de una Hacienda mexicana

Editores Asociados
MEXICO, D. F.
1953

En el episodio previo, Lucía examinaba algunos documentos relacionados con La Gavia. Indica si las siguientes afirmaciones son ciertas (**C**) o falsas (**F**). Si son falsas, modifícalas para que sean ciertas.

C   F   **1.** Fernando Castillo compró La Gavia en 1951.

C   F   **2.** En La Gavia, nacieron todos los hijos de don Fernando y su esposa, Carmen.

C   F   **3.** Una parte de La Gavia es ahora un orfanato.

C   F   **4.** La Gavia estaba en muy buenas condiciones cuando don Fernando la compró.

C   F   **5.** El gobierno reclama La Gavia porque la familia Castillo no ha pagado los impuestos de la propiedad.

Actividad **B**   ▶ *Hace cinco años* ◀   **La búsqueda**

Paso 1   Contesta las siguientes preguntas sobre el Episodio 6. **¡OJO!** No se puede contestar el número 5 con información del vídeo. Esa pregunta requiere tu opinión de lo que crees que pasó detrás del escenario (*behind the scenes*).

1. ¿Qué encontró Arturo entre las cosas de su madre que fue muy útil para la búsqueda de Ángel?

2. ¿Por qué buscaron a Ángel en el barrio de La Boca?

3. ¿Cuántas personas en ese barrio recuerdan a Ángel?

4. José, un marinero, les recomienda a Arturo y Raquel que hablen con otro hombre. ¿Quién es ese hombre? ¿Ya hablaron con él?

5. ¿Adónde crees que fueron Raquel y Arturo después de hablar con José?

Paso 2   Compara tus respuestas con las de otro/a estudiante. ¿Cómo contestaron los/las dos el número 5?

162

Episodio 7: Día 3

Preparación para el vídeo

Actividad

Lucía necesita consejos (*advice*)

En base de la información que tiene Lucía sobre La Gavia, ella decide pedirle consejos a Raquel. ¿Qué le va a recomendar ella?

Le va a decir a Lucía que…

1. _____ necesita hablar directamente con los miembros de la familia Castillo.
2. _____ tiene que enterarse bien de todo lo relacionado con la familia Castillo.
3. _____ este caso le va a meter a Lucía en líos (*is going to get Lucía into trouble*) con el gobierno mexicano.
4. _____ debe recoger (*collect*) toda la documentación sobre la familia y la hacienda que pueda.
5. _____ ahora sabe por qué el gobierno mexicano reclama La Gavia.

Actividad

Hace cinco años

La investigación de Raquel ha hecho a Arturo reflexionar sobre su pasado. Su padre, Martín Iglesias, murió después de una pelea que tuvo con Ángel y desde entonces, Arturo no ha tenido contacto con su medio hermano. Arturo también ha tenido problemas en su vida amorosa. Raquel es la primera mujer que le ha llamado la atención desde que se divorció de Estela.

Arturo y Raquel conocen a Héctor

Paso 1 En el episodio previo, supiste que Raquel y Arturo iban a conocer a Héctor. ¿Qué piensas que pasará en ese encuentro? Indica lo que piensas que va a pasar.

1. Arturo y Raquel van a conocer a Héctor en…
   a. su casa.   **b.** una cantina.   **c.** el puerto.
2. Héctor tiene algo que lleva la dirección de Ángel. Es…
   a. un diario.   **b.** un telegrama.   **c.** una carta.
3. Para buscar esa cosa, Héctor necesita…
   a. un par de días.   **b.** un par de horas.   **c.** una semana.
4. Héctor les dice que Ángel se fue a vivir a un país…
   a. de África.   **b.** de Europa.   **c.** del Caribe.
5. Al final de su conversación, Héctor le da a Arturo como recuerdo (*memento*)…
   a. un cuadro.   **b.** una foto.   **c.** un poema.

Paso 2 Después de ver el Episodio 7, verifica tus respuestas.

¿Qué tal es tu memoria?

Actividad **A**

Episodio 7 of the CD-ROM to accompany *Nuevos Destinos* contains the letter that Ángel wrote to Héctor.

▶ *Hace cinco años* ◀ **Héctor ayuda en la investigación**

En este episodio, Raquel y Arturo conocieron a Héctor, un viejo amigo de Ángel. Completa las siguientes oraciones sobre este encuentro, usando las preguntas como guía.

1. Arturo y Raquel conocieron a Héctor en... (¿qué lugar?)
2. Al principio, Héctor no sabía precisamente dónde vivía Ángel, pero pensaba que se había ido a... (¿a qué parte del mundo?)
3. Después de saber que Arturo era el hermano de Ángel, Héctor le dio... (¿qué recuerdo?)
4. Después de unos días, Héctor le dio a Arturo y Raquel una carta que estaba fechada (*dated*) en... (¿qué lugar?)
5. En la carta, Ángel mencionaba que seguía... (¿haciendo qué?)
6. También decía que ya no quería regresar a... (¿qué país?)

Para pensar

¡Qué triste es la historia de Ángel! El pobre nunca conoció a su verdadero padre, se fue a vivir a un país extranjero donde no se sentía muy a gusto, tuvo una pelea con su padrastro, se fugó (*he ran away*) de la Argentina y hasta perdió contacto con su familia... Pero parece que, por fin, ha encontrado la paz en Puerto Rico. ¿Por qué crees que se fue a vivir allí? ¿Qué buscaba en sus viajes en barco por el mundo? ¿Lo encontró en Puerto Rico?

Actividad **B**

Episodio 7 of the CD-ROM to accompany *Nuevos Destinos* contains an activity in which you put photos of events that took place in Argentina into chronological order.

▶ *Hace cinco años* ◀ **Raquel en la Argentina**

Paso 1   En las siguientes oraciones, Raquel habla de acontecimientos que ocurrieron en la Argentina hace cinco años. Con un compañero / una compañera, pon los acontecimientos en el orden cronológico apropiado, del 1 al 9.

_____ Conocí a Arturo y le conté la historia de don Fernando.
_____ Salí para la estancia Santa Susana.
_____ Le pregunté a Cirilo dónde vivía Rosario.
_____ Vi una carta que Ángel le había escrito a Héctor.
_____ Busqué la dirección del hijo de Rosario en la calle Gorostiaga.
_____ Conocí a Héctor en una cantina.
_____ Saqué una foto de la tumba de Rosario.
_____ Volví de la estancia a Buenos Aires con el chofer.
_____ Fui con Arturo al barrio de La Boca.

Paso 2

¡UN DESAFÍO!   Escriban un breve párrafo en el que narren los acontecimientos del viaje de Raquel a la Argentina. No se olviden de usar palabras de transición como **primero, luego, antes (de), después (de)**, etcétera. **¡OJO!** Van a escribir el párrafo en la tercera persona del singular.

MODELO: Luego, Raquel conoció a Arturo y le contó la historia.

Lengua y cultura

VOCABULARIO DEL TEMA

El transporte

el aeropuerto
el avión
el metro
el coche
la estación del tren
el barco
la camioneta
el bote
el tranvía

Repaso: el puerto

Otras palabras y frases relacionadas

hacer cola	to wait in line
hacer un viaje	to take a trip
viajar	to travel

Repaso: esperar, estacionar

la autopista/carretera	freeway, highway
el medio de transporte	means of transportation

Cognados: el autobús, la bicicleta, la moto(cicleta), el taxi

Repaso: el estacionamiento

AMPLIACIÓN LÉXICA

Según el país o la región, hay distintas maneras de referirse a algunos medios de transporte. Aquí hay algunos ejemplos.

el autobús: el bus, el camión (*México*), la guagua (*el Caribe*)

el coche: el auto, el automóvil, el carro

el tren: el ferrocarril

NOTA *cultural* • *El transporte en México y España*

En cada país hay un medio de transporte, además del coche, que es más favorecido que los otros, dependiendo de la geografía del lugar. En España, el medio de transporte más popular para viajar de una ciudad a otra es el tren. En México, se usa más el autobús, si uno dispone de poco dinero, o por avión, si uno dispone de más dinero. (Recuerda que las distancias en América son mayores: México es, aproximadamente, cuatro veces más grande que España.) En México, los trenes no se utilizan tanto como en España. Además, el sistema ferroviario mexicano es muy anticuado —¡es el mismo que introdujo el ex presidente Porfirio Díaz a principios del siglo XX, con pocas reformas! Claro, viajar por tren es una aventura muy interesante si piensas visitar cualquiera de estos países.

Para pensar | ¿Cuál es el medio de transporte que más prefieres tú? ¿Has viajado largas distancias por tren? ¿Crees que te gustaría hacerlo?

Actividad A

▶ *Hace cinco años* ◀ **¿Qué medio de transporte?**

¿Recuerdas los medios de transporte que han usado los personajes de *Nuevos Destinos*? Completa las siguientes oraciones con el medio de transporte apropiado. (Mira la foto de abajo para completar la última oración.)

1. De México a España, Raquel viajó en _____.
2. Raquel llegó al Barrio de Triana en _____.
3. Para viajar de Sevilla a Madrid, Raquel subió un _____.
4. De la estancia a la casa de Arturo, Raquel viajó en _____.
5. Ángel viajó en _____ por las islas del Caribe y otros países también.
6. En el parque del Rosedal, Arturo y Raquel anduvieron en _____.

Actividad **B**

En mi ciudad/pueblo

Paso 1   Haz una lista de los medios de transporte disponibles (*available*), tanto públicos como privados, en la ciudad o el pueblo donde tú vives.

Paso 2   Ahora escoge tres de los medios de transporte de tu lista y escribe dos de las ventajas y desventajas de cada uno. Considera los siguientes temas: el costo, la conveniencia, los servicios públicos disponibles, etcétera.

Paso 3   Intercambia (*exchange*) tu lista con la de un compañero / una compañera. ¿Están de acuerdo en cuanto a los beneficios y las desventajas de ciertos medios de transporte? ¿En qué difieren sus ideas?

VOCABULARIO DEL TEMA

El alojamiento

ALVEAR PALACE HOTEL

AV. ALVEAR 1891 – 1129 BUENOS AIRES · ARGENTINA

alojarse	to lodge, stay in a place
alquilar	to rent
hacer *camping*	to camp
hacer las maletas	to pack one's suitcases
hacer reservaciones	to make reservations
quedarse	to stay (*in a place*)
el albergue (juvenil)	(youth) hostel
la cabaña	cabin
el campamento	campsite
el hotel (de lujo)	(luxury) hotel
la pensión	boarding house
completa	room and full board
media	room and one meal (*usually breakfast*)

la habitación (sencilla, doble)	(single, double) room
la llave	key
la propina	tip
la recepción	lobby
la tienda (de campaña)	tent
el botones	bellhop
el huésped / la huéspeda	guest
el/la viajero/a	traveler

Cognado: el/la recepcionista

Hotel – Residencia
Doña María
SU PALACIO EN SEVILLA

Actividad

¿Dónde deben alojarse?

Paso 1   Indica dónde deben alojarse los siguientes viajeros.

1. Dos jóvenes van a viajar por Europa. Llevan poco dinero y quieren conocer a otras personas de su edad.
2. Una pareja de recién casados quiere pasar una luna de miel (*honeymoon*) romántica e inolvidable en Cancún.
3. Un grupo de jóvenes quiere ir a las montañas para estar al aire libre, en contacto con la naturaleza (*nature*).
4. La presidenta de una gran compañía hace un viaje de negocios a Chicago y no le importa el precio del alojamiento.
5. Dos amigos viajan por España y Portugal. No tienen mucho dinero, pero tampoco quieren quedarse con muchos jóvenes ruidosos (*noisy*).

Paso 2

¡UN DESAFÍO!   Indica el medio de transporte que mejor les convendría (*would suit*) a estas personas para llegar a su destino.

Actividad

En el hotel

Paso 1   Indica el orden cronológico apropiado, del 1 al 6, en que lógicamente se hace cada una de las siguientes actividades en un hotel.

_____ El botones sube (*takes up*) las maletas a la habitación.
_____ Se hacen las reservaciones en el hotel.
_____ El recepcionista les da la llave de la habitación a los huéspedes.
_____ Piden que los cambien de una habitación sencilla a una doble.
_____ Los huéspedes le dan una propina al botones.
_____ Cuando los huéspedes llegan al hotel, se registran en la recepción.

Paso 2

¡UN DESAFÍO!   Con dos compañeros de clase, inventa un diálogo entre el huésped / la huéspeda, el/la recepcionista y el botones. Ilustren cada una de las actividades del Paso 1 en el diálogo.

¿CUÁL SE USA?

	Ejemplos	Notas
todavía	Raquel **todavía** quiere mucho a Arturo. *Raquel still loves Arturo very much.*	**Todavía** is used to express *still* or the ongoing nature of an action.
todavía no	**Todavía no** sé la respuesta. *I don't know the answer yet.*	**Todavía no** expresses that an action has *not yet* or *still* has *not* taken place.
ya	**Ya** fui al supermercado. *I already went to the supermarket.* ¿**Ya** comiste? *Did you eat yet?*	**Ya** is used to mean *already*. In questions, use **ya** to mean *yet*.

ya no	¿**Ya no** vives en la misma casa? *Don't you live in the same house any more?*	**Ya no** is used to express *no longer* or *not any more.*
special uses of **ya**	¡**Ya**! *Finally!* **Ya verás.** *Just wait and see.* ¡**Ya voy***! *I'm coming!*	**Ya era hora.** *It was about time.* ¡**Ya lo creo!** *I'll say!* ¡**Ya, basta!** *That's enough!*

Actividad **Preguntas y respuestas**

Empareja cada pregunta con una respuesta lógica.

1. _____ ¿Vive Ángel en Buenos Aires?
2. _____ ¿Ha conocido Ángel a Raquel?
3. _____ ¿Qué relaciones existen ahora entre Raquel y Arturo?
4. _____ ¿Ha conocido Lucía a Raquel?
5. _____ ¿Cuándo va a contestar Raquel el mensaje de su mamá?
6. _____ ¿Está Raquel en contacto con la familia Castillo?

a. Todavía no.
b. Ya lo verás…
c. Sí, todavía.
d. Ya no.
e. Sí, ya la conoció.
f. Ya lo ha hecho.

Actividad **Preguntas para tus compañeros**

Paso 1 En parejas, hagan y contesten las preguntas, usando alguna expresión de ¿**Cuál se usa?** en sus respuestas. Sus respuestas van a variar.

1. ¿Sabes qué notas vas a sacar este semestre?
2. ¿Cómo son tus relaciones con tu mejor amigo/a de la escuela secundaria?
3. ¿Viven todos tus abuelos?
4. ¿Terminaste toda la tarea del cuaderno para este capítulo?
5. ¿Quién crees que va a ser el próximo presidente de los Estados Unidos?
6. ¿Te parece caro asistir a la universidad?

Paso 2 Comparen sus respuestas con las de sus otros compañeros. ¿Qué semejanzas y diferencias hay en las respuestas?

_____

*Notice that *voy,* not *vengo,* is used to indicate movement away from the speaker.

Enfoque cultural   Venezuela y Colombia

Venezuela, país de maravillas naturales

Venezuela significa pequeña Venecia y así se llama porque al llegar a este territorio, los conquistadores encontraron casas construidas sobre las aguas del lago Maracaibo. Estas casas indígenas les recordaron la ciudad italiana,

Venecia. En Venezuela, un país sudamericano único en muchos aspectos, se encuentran atracciones para una gran variedad de gustos turísticos. Para los turistas de espíritu intrépido y valiente, hay saltos[a] y picos[b] impresionantes.

El Salto Ángel

En el sureste de Venezuela se encuentra la catarata más alta del mundo, el Salto Ángel. Con una caída[c] de 979 metros (2.937 pies), el Salto Ángel es quince veces mayor que las cataratas del Niágara. ¡Más del doble de alto que el *Empire State Building* y tres veces más alto que la Torre Eiffel! El nombre se deriva del aviador y explorador estadounidense, Jimmy Angel, quien descubrió el salto en 1937 durante un vuelo sobre esa región. El Salto nace de uno de los tepuys más conocidos, el Auyantepuy. Los tepuys son 114 mesetas[d] de costados[e] verticales —o precipicios[f]— que están en la región de Canaima en el sureste de Venezuela. Los tepuys tienen una ecología especial, comparable a las Islas Galápagos del Ecuador por tener especies únicas a sus cimas llanas.[g] La ecología de los tepuys se ha conservado intacta porque estas mesetas son casi inalcanzables[h] y porque aun hoy la región está casi deshabitada.

El Salto Ángel

Las cinco águilas[i]

Pocos asocian Venezuela con los Andes, pero Venezuela sí es un país andino ya que los Andes «nacen» en el sur de Venezuela. En los Andes venezolanos se encuentran cinco cumbres nevadas[j] conocidas como las cinco águilas blancas. Según la leyenda, cinco águilas blancas volaban entre estas montañas y una chica indígena, fascinada, subió a las montañas persiguiendo las sombras que hacían y buscando plumas[k] de las águilas para adornar su vestimenta. Las águilas furiosas subieron en el cielo hasta no dibujar más sus sombras en las montañas. Bajaron más tarde y se posaron[l] en las cimas donde quedaron petrificadas y congeladas. Cuando la chica subió corriendo para recoger más plumas, un frío glaciar entumeció sus manos. Después movieron sus enormes alas[m] y cubrieron las montañas de nieve.

Estas cinco montañas se llaman el Pico Bolívar, el Pico Humboldt, el Pico La Concha, el Pico El Toro y el Pico El León. El Pico Bolívar es el más alto de los cinco y es una atracción para los alpinistas.[n] Al pie de los picos se encuentra la ciudad de Mérida, que tiene el teleférico[o] más alto y más largo del mundo. El teleférico empieza la subida en Mérida, parando en una serie de cuatro estaciones hasta llegar al Pico Espejo. Los turistas están obligados a bajarse en cada estación para aclimatarse al cambio de altura, por eso, la subida tarda[p] de hora y media a dos horas. Desde Pico Espejo se puede escalar el pico más alto de Venezuela, el Pico Bolívar.

Colombia, mucho más que esmeraldas y café

Dos ciudades inolvidables de Colombia son Cartagena de Indias y Santafé de Bogotá. Cartagena es una ciudad caribeña, con playas bonitas y un clima tropical de sol brillante y temperaturas cálidas. En contraste, Santafé de Bogotá, que está en una planicie llamada la Gran Sabana en el centro de Colombia, tiene una temperatura promedio de 14 grados centígrados (57 grados Farenheit). ¡En Colombia hay ciudades para todos los gustos!

---

[a]*waterfalls* [b]*mountain peaks* [c]*fall* [d]*plateaus* [e]*sides* [f]*cliffs* [g]*cimas... flat tops* [h]*unreachable* [i]*eagles*
[j]*snow-capped* [k]*feathers* [l]*se... perched* [m]*wings* [n]*mountain climbers* [o]*cable railway* [p]*takes*

Cartagena de Indias, ciudad heroica

Cartagena es una ciudad en la costa del Caribe de Colombia, de grandes atractivos coloniales y modernos. Tiene más de once kilómetros de murallas[q] que se construyeron durante la época colonial para protegerla de los constantes ataques de corsarios y piratas ingleses, franceses e italianos. Fue uno de los puertos más codiciados[r] del Caribe pues de él salían para España barcos cargados de riquezas americanas. Esta ciudad amurallada fue el primer territorio colombiano en declarar su independencia de España. Se conoce como la ciudad heroica por la valentía de sus habitantes a través de su historia.

Hoy en día están abiertos al público muchos edificios y fortificaciones coloniales. El Castillo de San Felipe de Barajas es el más grande de los muchos fortines construidos para proteger la ciudad. Tiene un sistema de túneles que servía para abastecer[s] y evacuar el fortín. Las Bóvedas, que en su tiempo eran calabozos[t] militares, ahora son tiendas para turistas.

Santafé de Bogotá, la ciudad capital

El nombre oficial de la capital de Colombia es Santafé de Bogotá. Es el centro político, económico y cultural del país. Entre sus encantos está el barrio de La Candelaria, donde se fundaron las primeras doce casas de la capital y donde ahora se encuentran museos, teatros, bibliotecas, restaurantes, discotecas y tiendas. La Plaza Bolívar, nombrada en honor del libertador de América, Simón Bolívar (1783–1830), está en el centro del barrio.

Anteriormente se llamaba la Plaza Mayor y, como en muchas ciudades coloniales americanas, a su alrededor están la catedral y la alcaldía.[u]

Hacia el este de Bogotá queda el cerro[v] Monserrate, lugar de peregrinación en cuyo santuario está El Señor Caído de Monserrate, una estatua española del siglo XVII. Desde el cerro con sus restaurantes y un mercado de artesanías

[q]*walls* [r]*coveted* [s]*to store* [t]*cells* [u]*mayor's office* [v]*hill*

Las calles de Cartagena

hay una vista magnífica de la ciudad capital. También en las afueras de la Bogotá se encuentra la Quinta[w] de Bolívar, donde vivieron Bolívar y su compañera Manuela Sáenz por algunos años. En la Quinta, que fue declarada Monumento Nacional, se encuentran documentos, armas, medallas y otros objetos personales de la pareja.

Venezuela y Colombia son países vecinos ideales para el turista aventurero o intelectual. Con atracciones naturales y geográficas, históricas y arquitectónicas, ambos países ofrecen un sinnúmero de lugares para visitar.

[w]*ranch*

Actividad **A**

En la agencia de viajes

Con un compañero / una compañera, escribe un intercambio entre un(a) agente de viajes y un(a) cliente que quiere ir de vacaciones a Venezuela o Colombia. ¿Adónde quiere ir el/la cliente? ¿Cómo le gusta divertirse? ¿Qué lugares son buenos para sus gustos? ¿Por qué? El intercambio debe incluir información sobre los países y recomendaciones del / de la agente de viajes, así como los gustos y preferencias del / de la cliente. Luego, prepárense para representar los papeles para la clase.

Actividad **B**

En mi país

Imagínate que un amigo / una amiga de Venezuela o Colombia viene a tu país y te hace preguntas sobre los lugares que debe visitar. Le gustaría visitar atracciones semejantes a las de Venezuela o Colombia. Busca información en el Internet sobre un lugar que le puedes recomendar a tu amigo/a. En un párrafo, describe el lugar y las actividades que puede hacer allí.

Enfoque estructural

7.1 Hablando del pasado usando el pretérito y el imperfecto

In **Episodio 7** of the CD-ROM to accompany *Nuevos Destinos,* you will practice using the preterite and the imperfect as you give information about Raquel to a journalist.

In **Enfoque estructural 3.1** and **4.2** you reviewed the formation of the preterite tense and many of its uses, and in **Enfoque estructural 6.1** you reviewed the imperfect tense. As you have already learned, the preterite is used to refer to completed past actions, and the imperfect is used to describe settings or ongoing actions in the past.

Here are some ways in which these two tenses differ. Since you are familiar with the story of Raquel's investigation, examples will be taken from *Nuevos Destinos* to illustrate these differences.

El pretérito

The preterite is used to narrate completed past actions with specific time limits.

> En España, don Fernando **se casó** con Rosario, una joven española. Durante la Guerra Civil de ese país, la ciudad de Guernica **sufrió** un terrible bombardeo. Pensando que Rosario había muerto en el bombardeo, don Fernando **salió** para México. **Se casó** de nuevo en México, **tuvo** otra familia y nunca **habló** de su pasado. Después de muchos años, don Fernando **recibió** una carta de una señora que le **abrió** ese capítulo de su vida. Don Fernando le **pidió** ayuda a su hermano, Pedro, para encontrar a Rosario. Pedro **se puso** en contacto con Raquel Rodríguez. La investigación que ella **hizo fue** una gran aventura que la **llevó** por varios países.

The boldfaced verbs in the preceding paragraph refer to actions that took place at a specific time. The events they refer to are viewed as completed actions in the past; hence, the preterite is used.

El imperfecto

The imperfect sets the stage and describes the background of past actions.

> Pedro pensó en Raquel porque **admiraba** su trabajo de investigación. Ella no **trabajaba** en México, pero su oficina en Los Ángeles **era** una oficina filial de la de Pedro. Según ella, aceptó encantada la proposición porque **era** joven y **tenía** muchas ganas de viajar.

The imperfect can also be used to describe a series of ongoing past actions, including actions occurring simultaneously. Any reference to time is general and does not specify beginning and/or ending.

> Durante la investigación, Raquel **tomaba** muchas notas, **organizaba** la información y la **resumía** para no olvidarse de nada. Le **mandaba** telegramas a Pedro y también **hablaba** con él por teléfono.

The imperfect tense is also used to talk about what "used to" happen in the past.

> De adolescente, Raquel **se quedaba** todos los veranos con sus parientes en Guadalajara, donde **hablaba** español todo el tiempo. **Jugaba** y **conversaba** con sus primos, y **escuchaba** los cuentos de los mayores.

In the three preceding paragraphs, the boldfaced verbs serve several functions. Some provide information about the setting of the story, whereas others refer to continuous past actions that have no specific time boundaries.

Usando el pretérito y el imperfecto

As you may have noticed in some of the preceding examples, the preterite and imperfect are often used together to talk about events in the past. One of the most common occurrences of this is when a sudden action (preterite) interrupts an ongoing action or a description (imperfect).

> Don Fernando **estaba** viejo y enfermo, y **pensaba** vivir sus últimos días en tranquilidad y paz. Pero un día **llegó** una carta que le **cambió** ese destino...

The following excerpt from the *Nuevos Destinos* video is a good demonstration of how these two tenses may work together to form a complete picture of events that took place in the past.

> RAQUEL: Al día siguiente, Arturo y yo **fuimos** a un barrio que **frecuentaba** Ángel. **Llevábamos** una foto de Ángel cuando **era** joven para enseñársela a la gente. Le **preguntamos** a mucha gente, pero nadie lo **conocía** o lo **recordaba**. Finalmente, alguien nos **recomendó** que habláramos con Héctor, un hombre que había vivido siempre en el barrio de La Boca...

Práctica   **▶ *Hace cinco años* ◀** **«Estimada Sra. Suárez»**

Paso 1 Después de conocer a Arturo en Buenos Aires, Raquel le escribió una carta a la Sra. Suárez para contarle lo que había pasado en la Argentina. Lee esta adaptación de la carta y complétala con el pretérito o el imperfecto de los verbos entre paréntesis, según el contexto.

Estimada Sra. Suárez:

Ojalá[a] que cuando reciba esta carta se encuentre bien de salud. Mi viaje a Buenos Aires ha resultado fructífero[b] gracias a su bondad en ayudarme, pues la dirección de la estancia me _____[1] (servir) bastante. Sin embargo, me da mucha pena[c] tener que decirle que su buena amiga Rosario _____[2] (morir) hace algunos años.

En la estancia _____[3] (yo: saber) que la familia Iglesias ya no _____[4] (vivir) allí. Un hombre me _____[5] (dar) la dirección del hijo de Rosario. _____[6] (Yo: Ir) a buscarlo, creyendo que _____[7] (ser) el hijo de don Fernando y Rosario. Imagínese la sorpresa que _____[8] (yo: tener) al encontrarme con otro hijo de Rosario.

Durante mi conversación con Arturo —así se llama el segundo hijo de Rosario— él me _____[9] (contar) que Rosario ya había muerto. En el cementerio _____[10] (yo: conseguir) pruebas de la muerte de Rosario. Y allí Arturo me _____[11] (decir) que Ángel _____[12] (irse) de la casa por una pelea que _____[13] (tener) con su padrastro. A causa de ese doloroso episodio, Arturo _____[14] (perder) contacto con su hermano. Al día siguiente, él y yo _____[15] (comenzar) juntos la búsqueda del paradero[d] de Ángel.

[a]*I hope* [b]*fruitful* [c]*me... it pains me greatly* [d]*whereabouts*

Paso 2

 ¿Cuánto recuerdas de la historia? Contesta las siguientes preguntas relacionadas con la carta. **¡OJO!** No todas las respuestas se contestan directamente en la carta.

1. ¿Qué le dio Teresa Suárez que le sirvió mucho a Raquel en su búsqueda?
2. ¿Por qué no encontró Raquel a Rosario en la estancia?
3. ¿Qué averiguó (*found out*) Raquel en la estancia Santa Susana?
4. ¿Qué le dio a Raquel un hombre de la estancia?
5. ¿Con quién se encontró Raquel en la dirección que le dio el hombre?
6. ¿Qué hizo Raquel en el cementerio para tener pruebas de la muerte de Rosario?
7. ¿Por qué se fue Ángel de la casa?
8. ¿Por qué perdió contacto Arturo con su medio hermano, Ángel?

Práctica **B**   ▶ *Hace cinco años* ◀   **La demora (*delay*) en el viaje de Raquel**

Hay algunos detalles sobre su viaje que Raquel no le contó a Lucía porque no era necesario decírselo todo. A continuación, puedes leer lo que hizo antes de salir de Madrid para la Argentina. Escribe el pretérito o el imperfecto del verbo entre paréntesis, según el contexto.

Antes de ir a la Argentina, Raquel ____[1] (decidir) ir a la agencia de viajes y allí ____[2] (descubrir) que ____[3] (haber) una demora en el vuelo y que le ____[4] (quedar[a]) unas horas más antes de la salida.
____[5] (Volver) al hotel y ____[6] (pagar) la cuenta, pero ____[7] (decidir) volver a su habitación para descansar un rato.

Mientras ____[8] (dormir) la siesta, los acontecimientos de los últimos días en Madrid ____[9] (pasar) por sus sueños. ____[10] (Soñar) con el viaje en el tren y la equivocación[b] del reportero de televisión, Alfredo Sánchez, sobre la maestra ganadora de la lotería.

Al llegar al hotel, Raquel ____[11] (descubrir) que había perdido su cartera. Alfredo se la ____[12] (traer),[c] pero también ____[13] (tratar) de aprovechar la oportunidad para sacarle datos sobre su cliente, don Fernando Castillo...

El teléfono de la recepción del hotel ____[14] (despertar) a Raquel. ____[15] (Tomar) un taxi al aeropuerto donde ____[16] (subir) al avión que le ____[17] (ir) a llevar a Buenos Aires, la próxima etapa de su búsqueda.

[a]*to be left, remaining* [b]*mistake* [c]*se... brought it to her*

Práctica **C**

Peloro y los tres osos (*Goldilocks and the Three Bears*)

Paso 1 Lee el principio del cuento «Peloro y los tres osos», poniendo atención al uso del pretérito y el imperfecto en la narración.

Había una vez una familia de osos —el oso grande **era** el papá, la osa mediana **era** la mamá y el oso pequeño **era** el niño. Los tres osos **vivían** en una casa muy bonita en el bosque. Un día la mamá **preparó** una sopa, pero la sopa **estaba** demasiado caliente para comer. Por eso, el papá oso **dijo:** «Vamos a dar un paseo y al regreso podemos tomar la sopa.» Los tres osos **salieron** de la casa y **dieron** un paseo por el bosque.

Paso 2 Ahora completa la segunda parte de la historia con el pretérito o el imperfecto de los verbos entre paréntesis, según el contexto.

Cerca del bosque ____[1] (vivir) una niña que se ____[2] (llamar) Peloro porque ____[3] (tener) el pelo largo y bonito, de color dorado. Un día, mientras Peloro ____[4] (caminar) por el bosque, ____[5] (ver) la casa de los tres osos. Ella ____[6] (estar) muy cansada de tanto caminar, así que ____[7] (entrar) en la casa. Peloro ____[8] (tener) mucha hambre. ____[9] (Ver) los tres platos sobre la mesa y ____[10] (decidir) probar la sopa del plato grande. ¡____[11] (Estar) muy caliente!

Paso 3 En grupos de cuatro, terminen el cuento de «Peloro». Luego compartan sus cuentos con la clase y hagan los cambios necesarios.

Práctica

Los planes no cumplidos

Muchas veces nuestros planes son muy ambiciosos y no logramos todo lo que queremos, por alguna razón u otra. Con un compañero / una compañera, habla de algunos planes que tenías, según el modelo.

MODELO: Durante las últimas vacaciones, quería ir a Londres, pero no pude porque no tenía suficiente dinero (pero me quedé en casa porque estaba enfermo...).

1. Durante las últimas vacaciones, pensaba visitar... , pero...
2. El verano pasado, tenía ganas de... , pero...
3. El año pasado, esperaba asistir a... , pero...
4. Cuando era joven, quería salir con... , pero...
5. El mes pasado, planeaba ir a... , pero...

7.2 Usos de *ser* y *estar* con el participio pasado

REFRÁN

« Es lo mismo llegar a tiempo que *ser convidado*. »*

In **Enfoque estructural 5.3,** you learned the passive voice in Spanish with **se.** Another way to express the passive voice is to combine a conjugated form of the verb **ser** with the past participle of another verb.

El participio pasado

● To form the past participle of a Spanish verb, replace the infinitive ending with **-ado** for **-ar** verbs and **-ido** for **-er** and **-ir** verbs.

comprar → comp**rado**
vender → ven**dido**
reunir → reu**nido**

● The following verbs, and other verbs derived from these, have irregular past participles.

abrir	**abierto**	morir	**muerto**
cubrir (*to cover*)	**cubierto**	poner	**puesto**
decir	**dicho**	resolver (*to solve*)	**resuelto**
escribir	**escrito**	romper (*to break*)	**roto**
hacer	**hecho**	ver	**visto**
ir	**ido**	volver	**vuelto**

---

*"Arriving on time is the same as being invited." (Said by uninvited guests who drop in at social functions.)

La voz pasiva con *ser*

In the passive voice, the past participle must agree in gender and number with the subject of the verb **ser.**

La investigación **fue iniciada** por una carta que recibió don Fernando.	*The investigation was initiated by a letter that Don Fernando received.*
El pueblo de Guernica **fue destruido** en un ataque aéreo.	*The village of Guernica was destroyed in an aerial attack.*

El participio pasado con *estar*

The verb **estar** can also be combined with a past participle. This construction is used to emphasize the resultant condition of a previous action. In such constructions, the past participles function as adjectives.

Los padres de Arturo **están enterrados** en un cementerio de Buenos Aires.	*Arturo's parents are buried in a cemetery in Buenos Aires.*
Al principio, Arturo **estaba desconfiado** de la historia sobre don Fernando.	*In the beginning, Arturo was doubtful about Don Fernando's story.*

You have already seen and used many of the following common adjectives from past participles that are used to describe emotions or feelings.

aburrido/a	bored	**enojado/a**	angry
callado/a	quiet	**frustrado/a**	frustrated
cansado/a	tired	**ocupado/a**	busy, occupied
desconfiado/a	doubtful	**preocupado/a**	worried
enamorado/a	in love		

Práctica

Acontecimientos históricos

Las oraciones a continuación son falsas. Vuelve a escribirlas corrigiendo la información y usando la forma **ser** + el participio pasado, según el modelo.

MODELO: Shakespeare escribió *Don Quijote.*
Don Quijote fue escrito por Miguel de Cervantes.

1. El español se derivó del alemán.
2. Los ingleses conquistaron México.
3. Las olimpiadas se iniciaron en Italia.
4. Benjamín Franklin inventó el teléfono.
5. La independencia de los Estados Unidos se declaró en 1812.
6. Lima, capital del Perú, se fundó por San Martín.

Práctica

Una secretaria maravillosa

Marina, la secretaria de Lucía, es muy eficiente. Antes de viajar a Los Ángeles, Lucía le pide algunos favores, pero Marina le responde que ya los hizo. ¿Cómo responde Marina a las siguientes preguntas?

MODELO: ¿Podrías (*Could you*)* escribir el memorandum? →
Ya está escrito.

1. ¿Podrías hacer las reservaciones para ir a Los Ángeles?
2. ¿Podrías cancelar mis citas (*appointments*) para mañana?
3. ¿Podrías archivar (*file*) esos documentos?
4. ¿Podrías reservar la sala de conferencias para pasado mañana?
5. ¡Ay! ¡Con tantas cosas… ! ¿Podrías abrirme la puerta?

Para terminar

Actividad final Un viaje inolvidable (*unforgettable*)

En este capítulo hablaste de los viajes y también repasaste mucho sobre cómo hablar de los acontecimientos en el pasado. En esta actividad final, vas a reunir estos temas al hablar de un viaje inolvidable que hiciste alguna vez en el pasado.

Paso 1 Primero, piensa en un viaje que hiciste que es inolvidable para ti. Haz una lista de los puntos sobresalientes (*outstanding*) del viaje, contestando las siguientes preguntas.

1. ¿Adónde fuiste?
2. ¿Con quién fuiste?
3. ¿Por cuánto tiempo duró el viaje?
4. ¿Cómo viajaste?
5. ¿Cómo era el lugar que visitaste? Descríbelo.
6. ¿Cómo era la gente allí?
7. ¿Qué lugares de interés visitaste?
8. ¿En qué actividades participaste durante el viaje?
9. ¿Qué es lo que más te impresionó del viaje?
10. ¿Qué experiencia(s) inolvidable(s) tuviste?

Paso 2 Usando tu lista del Paso 1 como guía, escribe una breve composición en la cual describes el viaje inolvidable que hiciste. Puedes agregar más información a tu composición, si quieres. ¡OJO! Presta atención especial al uso del pretérito y del imperfecto en tu composición.

***Podrías** (conditional tense of **poder**) is often used as a "soft" command. You will learn more about the conditional tense in **Enfoque estructural 13.2.**

Paso 3

¡UN DESAFÍO! Ahora, ¡comparte tu experiencia! Haz una presentación oral en clase sobre el viaje inolvidable. Puedes incluir fotos, transparencias, mapas, o cualquier otra ayuda visual en tu presentación.

Vocabulario

Los verbos

alojarse	to lodge, stay in a place
alquilar	to rent
aprovecharse de	to take advantage of
cubrir	to cover
hacer *camping*	to camp
hacer cola	to wait in line
hacer las maletas	to pack one's suitcases
hacer reservaciones	to make reservations
hacer un viaje	to take a trip
lograr	to achieve
quedarse	to stay (*in a place*)
resolver (ue)	to solve
romper	to break
viajar	to travel

Repaso: esperar, estacionar

El transporte

el aeropuerto	airport
la autopista	freeway
el avión	airplane
el barco	boat
el bote	rowboat
la camioneta	station wagon
la carretera	highway
el coche	car
la estación del tren	train station
el medio de transporte	means of transportation
el metro	subway
el tranvía	trolley

Cognados: el autobús, la bicicleta, la moto(cicleta), el taxi

Repaso: el estacionamiento, el puerto

El alojamiento

el albergue (juvenil)	(youth) hostel
el botones	bellhop
la cabaña	cabin
el campamento	campsite
la habitación (sencilla, doble)	(single, double) room
el hotel (de lujo)	(luxury) hotel
el huésped / la huéspeda	guest
la llave	key
la pensión completa	boarding house room and full board
media	room and one meal (*usually breakfast*)
la propina	tip
la recepción	lobby
la tienda (de campaña)	tent
el/la viajero/a	traveler

Cognado: el/la recepcionista

Los adjetivos

callado/a	quiet
cansado/a	tired
desconfiado/a	doubtful
enamorado/a	in love
enojado/a	angry
frustrado/a	frustrated
ocupado/a	busy, occupied
preocupado/a	worried

Repaso: aburrido/a

Otras palabras y expresiones útiles

el consejo	piece of advice
la demora	delay

¿Cuál se usa?

todavía	still
todavía no	not yet; still not
ya	already; finally; yet
¡Ya, basta!	That's enough!
Ya era hora.	It was about time.
¡Ya lo creo!	I'll say!
ya no	no longer; not any more
Ya verás.	Just wait and see.
¡Ya voy!	I'm coming!

Lectura 4

Alfonsina Storni (1892–1938), nacida en Sala Capriasca, Suiza, pero criada principalmente en la Argentina, sufrió muchas desilusiones y obstáculos a lo largo de su vida. La lucha de Storni contra sus obstáculos refleja los problemas de la mujer intelectual de los principios del siglo XX. Su poesía, a menudo melancólica y desilusionada, planteó las cuestiones que después serían centrales al movimiento de la liberación de la mujer. Al saber que perdía su lucha definitiva, una lucha contra el cáncer, Storni entregó su último poema, «Voy a dormir», al periódico *La Nación* y, mientras el público lo leía, se suicidó ahogándose en la playa de la Perla del Mar de la Plata.

Actividad

Imágenes

Paso 1 Haz una lista de las emociones que las siguientes imágenes despiertan en ti. En tu opinión, ¿reflejan alguna melancolía o desilusión?

las casas enfiladas (*in a line*)	las ideas en fila (*line*)
el alma cuadrada (*square*)	la lágrima cuadrada
el hombre que llora	el hombre de acero (*steel*)
el dolor de un hombre	el sufrimiento de una mujer

Paso 2 Compara tu lista con la de un compañero / una compañera. ¿Es parecida o es totalmente distinta? Comparen también las ideas relacionadas de las dos columnas, por ejemplo, las casas enfiladas / las ideas en fila.

Cuadrados[a] y ángulos

Casas enfiladas, casas enfiladas, casas enfiladas.
Cuadrados, cuadrados, cuadrados,
Casas enfiladas.
Las gentes ya tienen el alma cuadrada,
5 Ideas en fila
Y ángulo en la espalda.
Yo misma he vertido[b] ayer una lágrima,
Dios mío, cuadrada. ■

[a]*squares* [b]*spilled*

Peso^a ancestral

T

ú me dijiste: no lloró mi padre;
tú me dijiste: no lloró mi abuelo;
no han llorado los hombres de mi raza,
eran de acero.

5 Así diciendo te brotó^b una lágrima
y me cayó en la boca; más veneno
yo no he bebido nunca en otro vaso así pequeño.
Débil mujer, pobre mujer que entiende,
dolor de siglos conocí al beberlo.

10 Oh, el alma mía soportar^c no puede
todo su peso.^d ■

^aweight   ^bwelled up   ^cto support

Después de leer

Actividad **A**

Comprensión

Paso 1   Lee las siguientes afirmaciones e indica si corresponden a uno de los poemas de Storni o no. Si corresponden a uno, diga a cuál.

    a. «Cuadrados y ángulos»   **b.** «Peso ancestral»

1. _____ Soy abnegada y comprensiva.
2. _____ Escucho muy bien a los demás.
3. _____ Me conformo también.
4. _____ Hay un orden socio-religioso estricto.
5. _____ Sufro los problemas de otros.
6. _____ Nadie cuestiona el sistema o la autoridad.
7. _____ Él llora.
8. _____ Ella llora.
9. _____ Le habla al esposo.
10. _____ Le habla a la madre.

Paso 2   Compara tus respuestas con las de un compañero / una compañera. Traten de explicar sus respuestas, especialmente cuando no están de acuerdo.

Actividad

Opinión

Paso 1   Lee los siguientes temas e indica el tema o los temas que corresponde(n) a cada poema. ¡OJO! Algunos temas no corresponden a ninguno de los dos poemas.

> la depresión
> la abnegación
> la muerte
> los problemas con compañeros de trabajo
> la infidelidad de un esposo
> una sociedad de individuos que ya no piensan por sí
> cargar a alguien con problemas ajenos
> llorar sin motivos sinceros

Paso 2   Compara tus respuestas con las de un compañero / una compañera. Si no indicaron los mismos temas, discutan sus respuestas hasta ponerse de acuerdo.

Paso 3   Ahora, hagan una lista de imágenes y palabras que Storni usa para comunicar cada tema que indicaron. ¡OJO! Es posible que con este proceso decidan cambiar uno o dos temas que indicaron.

Actividad

Expansión

Paso 1   Los dos poemas son diferentes pero tienen un elemento en común: la lágrima o el llorar. Haz una lista de ideas y asociaciones que tienes con la lágrima y el llorar. Indica cuándo o por qué motivos tú lloras, si lloras a menudo o no y cómo te sientes después de llorar.

Paso 2   Con un compañero / una compañera, compara el tema de la lágrima y de llorar dentro de los dos poemas de Storni. Pueden hacer una lista: negativa/positiva, hombre/mujer, etcétera. Luego, comparen sus listas personales con los comentarios y asociaciones que hicieron con el poema.

CAPÍTULO 8

Malas noticias

METAS

LA TRAMA

Día 3 (*continuación*) **y Día 4:** Raquel finally opens the letter from Argentina, which contains some disconcerting news. However, she continues with the tape recording and explains how the information from Héctor led her to continue her search for Ángel in Puerto Rico. What do you suppose she found out?

RAQUEL: « ...necesito más tiempo en la Argentina para pensar... te prometo que te llamaré en unos días... Compréndeme y perdóname. Arturo.»

CULTURA

As you work through the chapter, you will also find out about

- the use of titles in the Mexican workplace (**Nota cultural: Los títulos en el mundo de los negocios**)
- the changing role of women in modern society (**Enfoque cultural: La evolución del papel de la mujer en la sociedad**)

COMUNICACIÓN

In this chapter of *Nuevos Destinos*, you will

- discuss the workplace and work-related matters (**Enfoque léxico: El mundo del trabajo**)
- review the uses of **pero, sino, sino que; mucho/a(s), muy, muchísimo/a** (**Enfoque léxico: ¿Cuál se usa?**)
- talk about what has happened and what had happened (**Enfoque estructural 8.1**)
- use direct objects and indirect objects together (**8.2**)

El vídeo

El episodio previo

Actividad **A**

▶ *Hace cinco años* ◀ **El encuentro con Héctor**

Todos los siguientes acontecimientos tuvieron lugar en el Episodio 7. Escribe el orden cronológico, del 1 al 7, de estos acontecimientos.

_____ Raquel, Arturo y Héctor llegaron a la casa de Héctor.

_____ Héctor le regaló a Arturo un cuadro que había pintado Ángel.

_____ Héctor les dio la carta a Raquel y Arturo.

_____ Héctor les habló a Arturo y Raquel de su amistad con Ángel.

_____ Raquel y Arturo fueron a la cantina.

_____ Héctor buscó una carta de Ángel.

_____ Raquel y Arturo fueron al puerto para encontrarse con Héctor.

Actividad **B**

El pasado de Ángel

A continuación hay una serie de oraciones sobre Ángel Castillo. Indica si son ciertas (**C**) o falsas (**F**). Si son falsas, modifícalas para que sean ciertas.

C F **1.** Ángel vive en otra parte de la Argentina.

C F **2.** Ángel se peleó con su padrastro.

C F **3.** Arturo perdió contacto con Ángel.

C F **4.** Rosario nunca le perdonó a su hijo la muerte de Martín.

C F **5.** Ángel se fue a vivir a Puerto Rico.

C F **6.** Ángel fue buen marinero.

C F **7.** Ángel tenía una pasión por la pintura.

C F **8.** Ángel fue buen estudiante.

C F **9.** Ángel decidió no regresar nunca a la Argentina.

184

Episodio 8: Día 3 (*continuación*) y Día 4

Preparación para el vídeo

Actividad **A**

Una carta de Arturo

En este episodio, Raquel recibe una carta que Arturo le manda desde Buenos Aires, donde él asiste a una conferencia. ¿Qué le va a decir en la carta? Indica lo que opinas, usando las siguientes frases.

a. ¡Cierto! Eso va a pasar.
b. Es muy probable.

c. Es posible, pero lo dudo.
d. No lo creo.

1. _____ Arturo quiere que Raquel vaya a vivir a Buenos Aires.
2. _____ Arturo no piensa regresar nunca a Los Ángeles.
3. _____ Arturo va a romper con Raquel.
4. _____ Arturo se encontró con su ex esposa en Buenos Aires.
5. _____ Arturo ya no quiere a Raquel.
6. _____ Arturo acaba de enterarse de que él y su ex esposa tienen un hijo.

Actividad **B**

 Hace cinco años ◀ **¿A quién conocerá Raquel en Puerto Rico?**

Ya sabes que Raquel va a Puerto Rico en busca de Ángel. ¿A quién conocerá allá? Indica lo que opinas sobre las personas indicadas, usando las siguientes frases.

a. Es muy probable.   **b.** No lo sé.   **c.** Lo dudo mucho.

1. _____ a Ángel
2. _____ a la esposa de Ángel
3. _____ a los hijos de Ángel
4. _____ a la familia política (*in-laws*) de Ángel
5. _____ a un amigo / una amiga de Ángel
6. _____ a un enemigo / una enemiga de Ángel
7. _____ a un vecino / una vecina de Ángel

¿Qué tal es tu memoria?

Actividad **A**

La carta de Arturo

Paso 1 Después de leer la carta de Arturo, vimos que Raquel no parecía feliz. ¿Qué le decía a Raquel en la carta? Indica si las siguientes oraciones sobre el contenido de la carta son ciertas (**C**) o falsas (**F**). Si son falsas, modifícalas para que sean ciertas.

Arturo...

C F **1.** le escribe a Raquel porque tiene dudas sobre su vida en Los Ángeles.

C F **2.** aceptó una posición en un hospital psiquiátrico en Buenos Aires.

C F **3.** quiere casarse de nuevo con su ex esposa.

C F **4.** siente que Los Ángeles no es su hogar verdadero.

C F **5.** echa de menos (*misses*) su país y a sus viejos amigos.

C F **6.** necesita tiempo para ordenar sus ideas.

---

el 23 de febrero

Querida Raquel:

Perdona que no te haya llamado antes. Te escribo esta carta porque es más fácil ordenar mis ideas así. Sé que si hablo contigo puedo perder la fuerza de voluntad para tomarme este tiempo de introspección.

Paso 2

¡UN DESAFÍO! Con un compañero / una compañera, escribe una respuesta a la carta que podría escribirle Raquel a Arturo.

Para pensar ¿Cuánto sabes de las relaciones actuales entre Arturo y Raquel? ¿Son novios? ¿Están casados? ¿Crees que él va a volver a Los Ángeles? En tu opinión, ¿le sería más difícil a Arturo dejar a Raquel y su vida en Los Ángeles si estuvieran (*they were*) casados?

Actividad **B**

In **Episodio 8** of the CD-ROM to accompany *Nuevos Destinos,* Raquel's tape-recorded summary recounts the events in **Actividad B.**

▶ *Hace cinco años* ◀   **El viaje a Puerto Rico**

Paso 1   En Puerto Rico Raquel supo muchas cosas sobre Ángel y su familia. Empareja frases de las dos columnas para indicar lo que pasó en Puerto Rico hace cinco años. ¡OJO! Las frases no aparecen en el orden cronológico correcto.

1. _____ Mientras Raquel sacaba fotos, se le acercó (*approached*)...
2. _____ Cuando oyó lo que le contó Raquel, Ángela quería llamar...
3. _____ La vecina también le dijo que la esposa de Ángel...
4. _____ Ángela invitó a Raquel a...
5. _____ Una vecina de Ángel le dijo a Raquel que él...
6. _____ Raquel sacó fotos de...
7. _____ Para verificar lo que le dijo la vecina, Raquel fue...
8. _____ Raquel le explicó a Ángela que...

a. Ángela, la hija de Ángel.
b. la tumba de Ángel y su esposa.
c. nunca se repuso de la muerte de su esposa y murió hace poco.
d. era escritora.
e. su casa para llamar a sus tíos.
f. tenía familia en la Argentina y México.
g. a sus tíos para informarles de la historia.
h. al antiguo cementerio de San Juan.

Hace cinco años

Raquel creía que por fin iba a encontrar a Ángel. Imagínate cómo se sintió cuando supo la triste noticia de que Ángel y su esposa, María Luisa, ya habían muerto. En el cementerio, Raquel conoció a la hija de Ángel y le dijo que tenía un abuelo en México. Ángela estaba muy sorprendida y emocionada con las noticias y quería hablar con sus tíos para contarles la historia.

Paso 2

¡UN DESAFÍO!   En un párrafo, pon los acontecimientos del Paso 1 en el orden cronológico apropiado. No te olvides de usar palabras de transición como **primero, luego, después,** etcétera.

Lengua y cultura

VOCABULARIO DEL TEMA

En la oficina

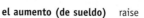

Los verbos

archivar	to file
enviar (envío)	to send
fallar	to "crash" (*computer*)
imprimir	to print (*computer*)
redactar	to write; to edit

Cognados: **ordenar, organizar, revisar**

Artículos de oficina

el archivo	file
la papelera	wastebasket
el portafolios	briefcase

Cognados: **la agenda, el calendario, el teléfono (celular)**

Artículos electrónicos

el contestador automático	answering machine
la impresora	printer
la máquina de escribir	typewriter
el ratón	mouse

Cognados: **la calculadora, el *fax***

Repaso: **la computadora (portátil)**

Personas

el/la jefe/a	boss

Cognados: **el/la cliente, el/la colega**

Repaso: **el/la secretario/a**

Otras palabras y expresiones útiles

el aumento (de sueldo)	raise
la cita	date; appointment
el correo electrónico	electronic mail (e-mail)
el currículum	résumé
el empleo	employment; job
la empresa	company
la junta	meeting
el negocio	business
el puesto	position; job
el sueldo	salary

Cognados: **la compañía, la conferencia, el memorándum, el mensaje**

Actividad

En la oficina de Lucía

¿Qué artículo de oficina u otro aparato necesitan usar Lucía y sus colegas para cada una de las siguientes actividades?

1. A veces Lucía tiene que llevar a casa algunos archivos y otro trabajo los fines de semana.
2. Lucía y su colega Armando se envían correo electrónico casi todos los días.
3. A veces Lucía debe llamar a sus clientes cuando está fuera de la oficina.
4. Hace un mes, la computadora de Lucía falló el mismo día que debía entregar un informe (*report*) breve, pero muy importante. Por suerte, tenía este aparato para redactarlo.
5. Lucía usa esto para ordenar sus citas, juntas, cenas de negocios y otras reuniones importantes.
6. Este aparato graba los mensajes de las personas que llaman por teléfono cuando la oficina cierra por la noche o los fines de semana.
7. Marina, la secretaria de Lucía, debe imprimir muchos documentos todos los días: memorándums, informes, cartas...

REFRÁN

« El hombre más rico no es el que conserva el primer peso que ganó, sino el que conserva al primer amigo que tuvo. »

NOTA *cultural* • *Los títulos en el mundo de los negocios*

En México, es muy común en las oficinas llamar «licenciado/a» a toda persona que ha ido a la universidad, aún si no haya obtenido un título. En vez de «Sr. Pérez» o «Srta. Ramírez», se oye decir «licenciado Pérez» o «licenciada Ramírez». Los títulos son muy importantes en el mundo laboral y de los negocios. Ésta es una forma de mostrarle respeto a una persona y de reconocer sus logros,[a] lo cual facilita la interacción entre las personas. También es costumbre referirse a una persona por los títulos de arquitecto/a, ingeniero/a, doctor(a) o abogado/a.

[a]*achievements*

Para pensar   ¿Cómo se les llama a las personas en una oficina en los Estados Unidos? ¿Son muy importantes los títulos en este país?

Actividad **B**   ## Descripciones

Túrnate con un compañero / una compañera para describir por lo menos cinco objetos, personas o actividades en la lista del Vocabulario del tema. La otra persona debe adivinar lo que se describe.

MODELO: E1: Es un documento que uno escribe para luego enviar a varias empresas. El documento contiene datos sobre la educación de la persona, de su experiencia profesional y de sus intereses personales.

   E2: ¿Es un currículum?

   E1: Sí.

¿CUÁL SE USA?

	Ejemplos	Notas
pero	Arturo echa de menos a Raquel, **pero** necesita tiempo para pensar. *Arturo misses Raquel, but he needs time to think.*	**Pero** is used to mean *but* and is used when the first part of the sentence is affirmative or when the second part does not contradict the first.
sino	Arturo no es de Los Ángeles, **sino** de Buenos Aires. *Arturo isn't from Los Angeles, but (rather) from Buenos Aires.*	**Sino** is used to express *but rather*. The first part of the sentence is negative and the second part corrects an error in fact in the first part.
sino que	Lucía no se queda en México, **sino que** regresa a Los Ángeles. *Lucía is not staying in Mexico, but (rather) she's returning to Los Angeles.*	**Sino que** also means *but rather* and is used when the second part of the sentence contradicts the first and has a conjugated verb.
mucho/a(s)	Te deseo **mucha** suerte. *I wish you a lot of / much luck.* No hay **muchos** asientos libres. *There aren't a lot of / many empty seats.*	**Mucho** is used as an adjective to indicate *how much*; the form must agree in number and gender with the noun it describes.
muy	Estoy **muy** cansado. *I'm very tired.*	**Muy** is used as an adverb and is an equivalent to *very*; it cannot be combined with **mucho**. Instead, use the superlative form, **muchísimo.**
muchísimo/a	¡Has cambiado **muchísimo**! *You've changed so (very) much!*	

Actividad **A**   ## Complicaciones

Completa las oraciones con algo lógico, de acuerdo con la historia de *Nuevos Destinos*.

Hace cinco años...

1. Raquel fue a San Juan para conocer a Ángel, pero...
2. Después de conocer a Ángela, Raquel no fue a su hotel, sino...

   3. Raquel no regresó a Buenos Aires, sino que...
   4. Ángela no vive en una casa, sino...

Ahora...

   5. Raquel quiere hablar con Arturo, pero...
   6. Raquel no está contenta con la carta de Arturo, sino...
   7. Arturo no está enojado con Raquel, sino...
   8. Arturo no dijo que quería terminar su relación con Raquel, sino que...

Actividad **B**

¿Muy, mucho o muchísimo?

Con un compañero / una compañera, haz y contesta las siguientes preguntas, agregando **muy** o una forma de **mucho** en tus respuestas, según el modelo.

MODELO: E1: ¿Cuántos exámenes tienes este semestre?
          E2: No sé cuántos, pero (no) tengo **muchos.**

   1. ¿Estás tranquilo/a o nervioso/a antes de una presentación oral?
   2. ¿Tienes amigos en la universidad?
   3. ¿Te fue bien en las vacaciones el verano pasado?
   4. ¿Es difícil para ti aprender español?
   5. ¿Crees que hay descriminación hacia la mujer en el mundo de trabajo?
   6. ¿Ha cambiado la informática (*computer technology*) en los últimos cinco años?

Enfoque cultural

La evolución del papel de la mujer en la sociedad

¿A cuántas mujeres conoces que trabajan fuera de casa? El papel de la mujer en Latinoamérica y España ha evolucionado más lentamente que en los Estados Unidos y otras partes del mundo, debido al concepto más tradicional que existe en las sociedades hispánicas acerca de la familia. Sin embargo, el crecimiento de la clase media y el cambio en la manera de vivir, especialmente en las ciudades, aumenta las posibilidades de desarrollo[a] personal y profesional para la mujer.

La tradición

En el campo,[b] el papel tradicional del hombre ha sido el de trabajar la tierra, mientras que el de la mujer ha sido el de cuidar de la familia y la casa. Tanto el padre como la madre se definen por sus obligaciones y su trabajo, y éstos llenan todas sus horas. Los dos tienen poca oportunidad de elegir[c] el tipo de trabajo que van a hacer, aunque ahora se ven a mujeres trabajando en el campo con sus maridos.

En la familia rural típica, el tener más hijos permite que la familia produzca más y gane más, a la vez que permite cierta seguridad para los padres en su vejez.[d] Esta situación hace muy difícil la vida de las mujeres solteras. Aparentemente el único camino que éstas tienen es conseguir un marido.

---

[a]*development*   [b]*countryside*   [c]*choose*   [d]*old age*

Anteriormente, era difícil para las mujeres obtener un divorcio. También sufrían discriminación en otras áreas, como al repartir una herencia, pues generalmente el favorecido era hijo mayor.

En las ciudades, la adaptación de la mujer a los campos educativo y laboral siempre ha sido más clara, pero no menos lenta. En el pasado, las obligaciones de las mujeres casadas en sociedades urbanas no eran muy diferentes de las de las mujeres del medio rural. Sin embargo, las mujeres solteras tenían mejores opciones en la ciudad, pues había ciertos puestos tradicionales que podían ocupar, como los de secretarias, enfermeras, maestras, dependientes, etcétera. Las mujeres ricas tenían relativamente más ventajas, pues generalmente tenían servidumbre[e] para hacer las labores domésticas, y así vivían de manera más descansada, aunque siempre al margen de la figura masculina, y con oportunidades limitadas de educación en general.

La época contemporánea

En las sociedades rurales, los cambios han sido muy lentos, y en las familias campesinas, las cosas no han cambiado mucho para las mujeres. En el campo, el trabajo y los hijos ocupan todo el tiempo y energía de las mujeres, y las obligaciones tradicionales continúan dominando. Las mujeres tienen pocas oportunidades de educarse debido a su situación financiera.

Violeta Barrios de Chamorro

Es en las ciudades donde las condiciones mejoran notablemente. El cambio ha sido más fácil porque hay más empleos disponibles para las mujeres y más acceso a la educación. Además, en las ciudades, la influencia de ideas progresistas[f] es mayor, como la legalización del divorcio en el mundo hispánico y los derechos hereditarios. Hoy, las mujeres tienen total acceso a la educación, sobre todo en las ciudades, en donde constituyen un alto porcentaje de la fuerza de trabajo. Se pueden encontrar mujeres empleadas en casi todos los campos,[g] en las ciencias e ingeniería, las artes, ciencias sociales y económicas, y también trabajando en fábricas y en puestos del gobierno. Pero la igualdad laboral no significa que hayan desaparecido todos los problemas. Aunque las mujeres que trabajan en grandes corporaciones desempeñen[h] los mismos trabajos que los hombres ejecutivos, no reciben siempre el mismo trato o el mismo pago. Como en los Estados Unidos, en el mundo hispánico persiste la costumbre de tratar a las mujeres como secretarias en vez de ejecutivas, y muchas veces, las mujeres encuentran vedadas[i] las posiciones más altas. Otro problema proviene del hecho de que la mujer, aún en las sociedades urbanas progresistas, siempre trabaja mucho más que el hombre porque tiene que cuidar de los hijos y desempeñar labores domésticas en casa después del trabajo, ya que «tradicionalmente» ésas no son responsabilidades del esposo. Como consecuencia, la mujer muchas veces tiene que renunciar a sus aspiraciones profesionales por falta de guarderías[j] que le ayuden con el cuidado de los hijos pequeños. Los gobiernos están tratando de solucionar estos problemas poco a poco, creando centros educativos y de atención para los hijos de las familias de clase trabajadora.

[e]*domestic servants*   [f]*progressive*   [g]*fields*   [h]*carry out, perform*   [i]*closed (forbidden, prohibited)*   [j]*day-care facilities*

Es de notar que las únicas mujeres que han ocupado la presidencia en el hemisferio occidental han sido mujeres de países hispanoamericanos: Isabel Perón en la Argentina, Violeta Barrios de Chamorro en Nicaragua, Lydia Gueiler en Bolivia y Rosalía Arteaga en el Ecuador.

Actividad

Tradición y cambio

Paso 1 Con un compañero / una compañera, haz una clasificación de los siguientes trabajos. En los Estados Unidos, ¿cuáles de los siguientes oficios y profesiones han sido accesibles a las mujeres por tradición (**T**), cuáles son recientemente accesibles (**R**) y cuáles son todavía poco accesibles (**P**)?

1. _____ trabajadora social
2. _____ abogada
3. _____ presidenta de una compañía
4. _____ actriz
5. _____ maestra
6. _____ médica
7. _____ ingeniera
8. _____ científica
9. _____ directora de orquesta
10. _____ política
11. _____ directora de cine
12. _____ jugadora profesional de fútbol americano
13. _____ escritora
14. _____ enfermera
15. _____ asistente de vuelo
16. _____ presidenta del país
17. _____ entrenadora (*coach*) de un equipo deportivo
18. _____ obrera (*laborer*)
19. _____ mujer policía
20. _____ costurera (*seamstress*)

Paso 2 Comparen su lista con las listas del resto de la clase. ¿Están todos de acuerdo en cuanto a las profesiones tradicionales y las que son accesibles hoy día? ¿Pueden Uds. nombrar a algunas mujeres que actualmente ocupan o que han ocupado algunos de los puestos clasificados con **R** o con **P**? ¿Quiénes son?

Enfoque estructural

8.1   Hablando del pasado: Los tiempos perfectos

REFRÁN

« Después de que todo *se ha dicho* y *hecho*, mucho *se ha dicho* y poco *se ha hecho*. »*

In previous chapters, you have learned to use the preterite and imperfect tenses to talk about events in the past. You can also discuss past experiences with perfect tenses. These tenses are used to talk about recent past actions, about past actions that have some relevance to the present or that are continued into the present, and about actions that had happened before another action took place.

_____

* *"After all is said and done, much has been said and little has been done."*

You have already studied the formation and use of various *simple* tenses; that is, tenses that use a single verb with an appropriate ending to indicate tense and mood. Perfect tenses are *compound* tenses, using more than one verb form. To form perfect tenses, you use a conjugated form of the auxiliary verb **haber** (*to have*), followed by the past participle of another verb. (See **Enfoque estructural 7.2** for a review of the formation of past participles.)

El presente perfecto

The present perfect, as its name implies, uses **haber** in the present tense. It is used to talk about what *has happened*.

he	hemos	
has	habéis	} + *past participle*
ha	han	

Raquel **ha llegado** a San Juan, Puerto Rico.

Raquel has arrived in San Juan, Puerto Rico.

Parece que Raquel y Arturo **se han enamorado.**

It seems that Raquel and Arturo have fallen in love.

Notice in the preceding example that the reflexive pronoun **se** is placed *before* the form of **haber.** This is also true of all other pronouns, such as direct and indirect object pronouns.

¿La historia original de *Destinos?* No **la he visto.**

The original Destinos *story? I haven't seen it.*

El pluscuamperfecto

To talk about events that *had taken place* or that took place *before* another action happened, you use the past perfect. This tense is formed by conjugating **haber** in the imperfect, plus a past participle.

había	
habías	
había	} + *past participle*
habíamos	
habíais	
habían	

Antes de llegar a Puerto Rico, Raquel **había viajado** a España y a la Argentina.

Before arriving in Puerto Rico, Raquel had traveled to Spain and Argentina.

Práctica **A**   **¿Qué has hecho?**

Paso 1 Indica si has hecho las siguientes actividades o no.

	SÍ	NO
1. He viajado a otro país.	☐	☐
2. He manejado una motocicleta.	☐	☐
3. He ganado un premio.	☐	☐
4. He trabajado como secretario/a en una oficina.	☐	☐
5. He vivido en otro estado.	☐	☐
6. He asistido a otra universidad además de ésta.	☐	☐
7. He solicitado empleo en una empresa grande.	☐	☐
8. He hecho un papel en una obra dramática.	☐	☐

Paso 2 Con un compañero / una compañera, haz y contesta preguntas sobre las oraciones del Paso 1. Deben contestar con oraciones completas. Si nunca han hecho cierta actividad, contesten con: «No. Nunca lo he hecho.»

¡UN DESAFÍO!   Traten de sacarle más información a su compañero/a.

MODELO: E1: ¿Has viajado a otro país?
E2: Sí, he viajado a varios países.

Desafío:
E1: ¿A qué países has viajado?
E2: He viajado a Costa Rica, a Francia y a Inglaterra.

Práctica **B**   **Marina, la secretaria perfecta**

Una vez más, Marina, la secretaria de Lucía, muestra que ella es la secretaria perfecta. Lucía le pide a Marina algunos favores, pero ésta ya los ha hecho. Indica esto, cambiando los complementos directos por pronombres.

MODELO: ¿Me haces el favor de archivar los documentos de la familia Castillo? → Ya los he archivado.

1. ¿Puedes ordenar mis citas para mañana?
2. ¿Puedes resumir las minutas de la última junta de socios (*partners*)?
3. ¿Me haces el favor de imprimir los memorándums que están en el disco que te di esta mañana?
4. ¿Podrías escribir una carta formal para enviar al gobierno mexicano?
5. Por favor, ¿podrías sacar la basura de todas las papeleras?
6. ¿Puedes organizar los nuevos currículums que acabamos de recibir?
7. ¿Me haces el favor de reservar la sala de conferencias para pasado mañana?

Práctica **¿Qué no habías hecho?**

Paso 1   Indica lo que habías hecho o no habías hecho, según las siguientes indicaciones.

MODELO: Antes de asistir a esta universidad, (no)... →
Antes de asistir a esta universidad, no había estudiado ciencias económicas.

1. Antes de tomar este curso de español, (no)...
2. Antes de cumplir los dieciséis años, (no)...
3. Antes de vivir en esta ciudad, (no)...
4. Antes de 2000, (no)...
5. Antes de llegar a clase hoy, (no)...

¿Se te aplica lo siguiente?

6. Antes de casarme, (no)...
7. Antes de tener hijos, (no)...

Paso 2   ¿Te conocen bien tus compañeros de clase? Entrégale a tu profesor(a) dos oraciones del Paso 1. Él/Ella las va a leer en voz alta. Todos de la clase deben adivinar a quién se refieren las oraciones.

8.2   Usando dos pronombres en la misma oración

In **Enfoque estructural 2.1,** you reviewed the use of direct object pronouns to replace nouns. Later, in **Enfoque estructural 5.1,** you reviewed the use of indirect object pronouns. In Spanish, there are many situations in which you may want to use both an indirect and direct object pronoun in the same sentence.

● When direct and indirect object pronouns are used in the same sentence, they precede the conjugated verb. The indirect object pronoun always appears first.

—¿Dónde **nos** enseña **los episodios de *Nuevos Destinos*** la profesora?
—**Nos los** enseña en clase.

Where does the professor show us Nuevos Destinos *episodes?*
She shows them to us in class.

● The indirect objects **le** and **les** change to **se** when the direct object pronoun in the sentence is **lo, la, los,** or **las.** Do not confuse this **se** with the other uses of **se** that you have learned. The reason for this change is to avoid the double [l] sound that would result if **le** or **les** came directly before the pronouns beginning with l.

—¿A quién **le** envió **los documentos oficiales** Raquel?
—**Se los** envió a Lucía.

To whom did Raquel send the official documents?
She sent them to Lucía.

Remember that a prepositional phrase with **a** is often used to clarify to whom the indirect object pronoun refers.

Teresa Suárez **le** escribió **la carta** a don Fernando. → **Se la** escribió a don Fernando.

Teresa Suárez wrote the letter to don Fernando. → *She wrote it to don Fernando.*

As you have learned, direct and indirect object pronouns can occupy two different positions in a sentence that contains an infinitive or a present participle: before the conjugated verb or attached to the infinitive or present participle. When such a sentence contains a direct and an indirect object pronoun, the indirect object pronoun still precedes the direct object pronoun.

Raquel va a mandarle **las fotos** a don Fernando.	*Raquel is going to send the photos to don Fernando.*
Raquel va a mandár**selas** (a don Fernando). (Raquel **se las** va a mandar [a don Fernando].)	*Raquel is going to send them to him.*
Raquel está grabándole **la historia** a Lucía.	*Raquel is taping the story for Lucía.*
Raquel está grabándo**sela** (a Lucía). (Raquel **se la** está grabando [a Lucía].)	*Raquel is taping it for her.*

Práctica ▶ *Hace cinco años* ◀ **¿Cierto o falso?**

Paso 1   Indica si los siguientes detalles de la historia son ciertos (**C**) o falsos (**F**).

C F **1.** Raquel les contó la historia a los hijos de Elena.
C F **2.** Raquel le reveló el propósito (*purpose*) de su viaje al reportero Alfredo Sánchez.
C F **3.** La Sra. Suárez le mostró cartas de Rosario a Raquel.
C F **4.** La Sra. Suárez le consiguió la copia del certificado de nacimiento de Ángel a Raquel.
C F **5.** Alfredo le trajo la cartera perdida a Raquel.
C F **6.** Héctor le regaló un cuadro a Arturo.
C F **7.** Héctor les entregó documentos oficiales a Raquel y Arturo.
C F **8.** Raquel le sacó una foto de la tumba de Ángel a don Fernando.

Paso 2   Con un compañero / una compañera, haz y contesta preguntas con **sí** o **no**, basadas en las oraciones del Paso 1. En las respuestas, deben modificar las oraciones falsas para que sean ciertas. La persona que contesta las preguntas debe reemplazar los complementos directos por pronombres, según el modelo.

MODELO: E1: ¿Le contó Raquel la historia de don Fernando y Rosario a Ángela?
          E2: Sí, se la contó.

Práctica **B**   **¿Lo vas a hacer?**

Con un compañero / una compañera, haz contesta las siguientes preguntas sobre sus acciones y las de otras personas. Cambien los complementos directos por pronombres.

MODELO: E1: ¿Le vas a entregar la composición a tu profesor(a)?
          E2: ¿Sí, se la voy a entregar (voy a entregársela).

1. ¿Los padres de Uds. les van a pagar la matrícula cada semestre?
2. ¿Le vas a contar la historia de *Nuevos Destinos* a tu compañero/a de cuarto?
3. ¿Te va a devolver dinero de impuestos el gobierno el año que viene?
4. ¿Le vas a enviar correo electrónico a un amigo / una amiga hoy?
5. ¿Te va a preparar la cena esta noche un amigo / una amiga?

Práctica **C**   **En busca de ayuda**

Imagínate que un(a) estudiante tuvo que faltar a una clase, y pasaron muchas cosas el día que estuvo ausente. Él/Ella te pide ayuda con algunas cosas. Túrnate con un compañero / una compañera para hacer y contestar preguntas, cambiando los complementos directos por pronombres.

MODELO: E1: ¿Me puedes dar ayuda con la lección que falté?
          E2: Sí, te la puedo dar (puedo dártela). (No, no te la puedo dar [no puedo dártela].)

1. ¿Me puedes resumir la historia del último episodio?
2. ¿Me puedes dar los apuntes que tomaste?
3. ¿Me puedes explicar la nueva lección de gramática?
4. ¿Me puedes decir la fecha del próximo examen?
5. ¿Me puedes enseñar la tarea que el profesor / la profesora te devolvió (*returned*)?

Para terminar

Actividad final   Mi currículum vitae

En este capítulo, exploraste el mundo del trabajo. Como es de imaginar, una destreza (*skill*) indispensable para todas las personas que buscan trabajo es saber presentar sus conocimientos y experiencia de la mejor manera posible para dar una buena primera impresión en una entrevista. Para esto sirve un currículum vitae.

Raquel Rodriguez
Currículum Vitae
279 Vía del Barco
Los Ángeles, CA 90292

Estudios realizados

Diploma en derecho (J.D.), 1982. Universidad de California en Los Ángeles.
Concentración: Derecho de bienes familiares, Derecho comparado.

Bachillerato (B.A.), 1979. Loyola Marymount University, Los Ángeles.
Concentración: Sociología y Ciencias políticas.

Experiencia profesional

1983 a la fecha
Goodman, Potter & Martinez
11759 Wilshire Boulevard
Los Ángeles, CA 90025
Derecho de bienes familiares.
  Bienes hereditarios extranjeros
  y domésticos, testamentos.

1982–1983
Carreño y Morales
San Lucas No 542
06066 México, D.F.
Derecho comparado: Estados Unidos
  y México.

1981–1982
Pasante
Nakamura & Associates
3053 25th St.
Santa Mónica, CA 90405

Asociaciones profesionales

California State Bar
Los Angeles County Bar Association
National Lawyers Guild
UCLA Public Interest Law Foundation

Referencias

Akira Nakamura, B.A., J.D., I.L.M.
Nakamura & Associates
3053 25th St.
Santa Mónica, CA 90405

Kathleen Potter, B.S., J.D.
Goodman, Potter & Martinez
11759 Wilshire Boulevard
Los Ángeles, CA 90025

Herbert J. Saunders, B.A., M.A., J.D., Ph.D.
UCLA Law School
405 Hilgard Avenue
Los Ángeles, CA 90024

Aquí está el currículum vitae de Raquel Rodríguez. Ella ya tiene un puesto establecido y muchos años de experiencia en su campo. Es probable que tú no tengas un currículum tan impresionante todavía, pero tienes habilidades y experiencias que te pueden ayudar a conseguir empleo.

Paso 1 Lo primero que debes saber es que cada currículum varía, dependiendo del puesto que se busca. Busque sitios Web con información sobre puestos que corresponden a tus intereses. Luego, haz una lista de las habilidades y experiencia que se necesitan para ese puesto.

Paso 2 Siguiendo el modelo del currículum vitae de Raquel, prepara el tuyo o en clase o en casa. Puedes incluir habilidades que realmente tienes o que inventas.

Paso 3 Intercambia tu currículum con el de un compañero / una compañera de clase. Los/Las dos van a turnarse para entrevistar a la otra persona para el puesto que se busca.

¡UN DESAFÍO! Presenten las entrevistas a los demás miembros de la clase. ¿Quiénes presentaron la mejor entrevista? ¿Quiénes son perfectos para los puestos deseados?

Vocabulario

Los verbos

archivar	to file
enseñar	to show
enviar (envío)	to send
fallar	to "crash" (computer)
imprimir	to print
redactar	to write; to edit

Cognados: ordenar, organizar, resumir, revisar, solicitar

El mundo del trabajo

el archivo	file
el aumento (de sueldo)	raise
la cita	date; appointment
el contestador automático	answering machine
el correo electrónico	electronic mail (e-mail)
el currículum (vitae)	résumé
el empleo	employment; job
la empresa	company
la impresora	printer
el informe	report
el/la jefe/a	boss
la junta	meeting
la máquina de escribir	typewriter
el negocio	business
la papelera	wastebasket
el portafolios	briefcase
el puesto	position; job
el ratón	mouse
el sueldo	salary

Cognados: la agenda, la calculadora, el calendario, el/la cliente, el/la colega, la compañía, la conferencia, el *fax*, el memorándum, el mensaje, la oficina, el teléfono (celular)

Repaso: la computadora (portátil), el/la secretario/a

¿Cuál se usa?

muchísimo/a	so much, very much
mucho/a	much, a lot of
muchos/as	many, a lot of
muy	very
pero	but
sino	but rather
sino que	but rather

¡Imposible!

METAS

LA TRAMA

Día 4 (*continuación*)**:** Lucía is back in Los Angeles, confused about the mysterious second codicil to don Fernando's will. Why can't she find out what she needs to know? Raquel continues the story about what she found out in Puerto Rico, including her encounter with Ángela's family and her impressions of Ángela's aunt Olga. Perhaps someone in Puerto Rico is responsible for the second codicil?

RAQUEL: Lucía, comprendo tu confusión, pero yo no sé nada de ese otro codicilo, nada en absoluto. Y no creo que Arturo sepa nada tampoco. ¿Estás segura de que no hay un error?

CULTURA

As you work through the chapter, you will also find out about

- the rise of supermarkets in Hispanic countries (**Nota cultural: El supermercado en el mundo hispánico**)
- bargaining in Hispanic countries (**Nota cultural: El regateo**)
- the island of Puerto Rico (**Enfoque cultural: Puerto Rico**)

COMUNICACIÓN

In this chapter of *Nuevos Destinos*, you will

- talk about shopping (**Enfoque léxico: De compras**)
- review the uses of **extrañar, echar de menos, faltar; perder, debido a, a causa de, porque, como** (**Enfoque léxico: ¿Cuál se usa?**)
- tell others what to do using formal commands (**Enfoque estructural 9.1**)
- use the subjunctive in impersonal expressions (**9.2**)

El vídeo

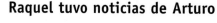
Actividad

In **Episodio 9** of the CD-ROM to accompany *Nuevos Destinos,* you can read the letter that Arturo wrote to Raquel from Buenos Aires.

Raquel tuvo noticias de Arturo

En el episodio previo, Raquel recibió una carta de Arturo. ¿Te acuerdas de lo que él le decía? Indica si las siguientes oraciones son ciertas (**C**) o falsas (**F**). Si son falsas, modifícalas para que sean ciertas.

C F **1.** Arturo está en la Argentina.

C F **2.** Está allí porque rompió con Raquel.

C F **3.** Él piensa aceptar una posición en un hospital psiquiátrico.

C F **4.** Durante su estancia allí, conoció a un hijo que tuvo con su ex esposa.

C F **5.** Arturo no está contento con su vida en Los Ángeles porque no le cae bien (*he doesn't like*) la familia de Raquel.

C F **6.** En la carta, dice que no va a regresar nunca a Los Ángeles.

Actividad

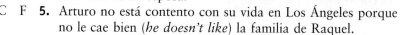

▷ *Hace cinco años* ◁ **La investigación continúa**

¿Qué recuerdas de la llegada de Raquel a Puerto Rico? Todas las siguientes oraciones sobre su primer día en la isla son falsas. Modifícalas para que sean ciertas.

1. La vecina le dijo a Raquel que Ángel y su esposa se mudaron hace poco.

2. En el cementerio, Raquel sacó una foto de Ángela.

3. Raquel le contó a Ángela la historia de las relaciones entre ella y Arturo.

4. Ángela supo que tenía parientes estadounidenses.

5. Raquel supo que la madre de Ángela era maestra de primaria.

6. Ángela quería llamar por teléfono a sus amigas para que pudieran (*they could*) conocer a Raquel.

Episodio 9: Día 4 (*continuación*)

Preparación para el vídeo

Actividad **A**

Lucía recibe otra carta oficial

Al final del episodio previo, Lucía leía una carta que se trataba de La Gavia. En el episodio, se revelaron algunos datos, pero hay cosas que no quedan claras todavía. ¿Qué opinas de esta nueva situación? Indica tu reacción a las oraciones a continuación de la siguiente manera:

a. Es cierto.   **b.** Es probable.   **c.** Lo dudo.   **d.** No es cierto.

1. _____ La Gavia va a ser propiedad del gobierno.
2. _____ Los problemas del testamento de don Fernando se deben a los herederos puertorriqueños.
3. _____ Han descubierto dos codicilos al testamento.
4. _____ Lucía sabe más de lo que dice.
5. _____ Los hijos mexicanos de don Fernando no quieren que la familia puertorriqueña herede nada de su familia.
6. _____ Raquel oculta (*is hiding*) datos para proteger los intereses de la familia Castillo.
7. _____ Lucía sospecha que Raquel no le dice todo lo que sabe del caso.
8. _____ Lucía es pariente de la familia Castillo, pero no lo sabe todavía.

Para pensar

¿Crees que Raquel realmente sabe algo que no le quiere decir a Lucía? ¿Podría ser que, por sus relaciones con Arturo, quien está vinculado (*tied*) íntimamente con la familia Castillo, le está ocultando información a Lucía?

Actividad **B**

Hace cinco años

Ángela ya tiene 25 años, pero todavía cuenta mucho con la opinión y los consejos de la familia. A Olga también le gusta la atención de sus parientes y quiere ser «necesitada». Desde que murió la madre de Ángela, Olga se ha visto como una madre sustituta de su sobrina. A veces Ángela resiente el control que Olga tiene sobre su vida, pero la verdad es que las dos se quieren mucho.

▶ *Hace cinco años* ◀   **Raquel en Puerto Rico**

Ya sabes que Raquel conoció a Ángela en el cementerio y que regresó con ella a su apartamento. ¿Pero qué va a pasar en este episodio? Indica lo que opinas de las oraciones a continuación de la siguiente manera.

a. Creo que eso va a pasar.
b. Es posible que eso pase.
c. Dudo que pase eso.

1. _____ Ángela habla con su familia puertorriqueña sobre su abuelo, don Fernando.
2. _____ Aunque está enfermo, don Fernando decide ir a Puerto Rico para conocer a la familia de su hijo.
3. _____ A Ángela no le va a dar permiso su familia para viajar a México.
4. _____ Raquel y Ángela van a visitar otra ciudad de Puerto Rico.
5. _____ Raquel recibe de México la noticia de que murió don Fernando.
6. _____ Olga, una tía de Ángela, va a ir a México con Ángela y Raquel.

¿Qué tal es tu memoria?

Actividad **A**

Los dos codicilos

Paso 1   Con un compañero / una compañera, contesta las siguientes preguntas sobre el Episodio 9.

1. ¿De qué se trataba la carta que Lucía recibió del gobierno?
2. ¿Cómo reaccionó Raquel cuando supo que había dos codicilos?
3. ¿De qué codicilo sabía Raquel?
4. ¿Por qué pensaba Lucía que Raquel podría saber de los asuntos actuales (*current*) de la familia Castillo?
5. ¿Por qué se preocupa Lucía por asistir a la junta con los abogados del gobierno mexicano?

Paso 2   Comparen sus respuestas con las de otro grupo de estudiantes y hagan los cambios necesarios a sus respuestas del Paso 1.

Actividad **B**

Hace cinco años   **La familia de Ángela**

Indica si las siguientes oraciones sobre la familia de Ángela son ciertas (**C**) o falsas (**F**). Si son falsas, modifícalas para que sean ciertas.

C   F   **1.** Ángela tiene un hermano que se llama Roberto.
C   F   **2.** La tía Olga está entusiasmada con las noticias de que Ángela tiene un abuelo que vive en México.
C   F   **3.** Doña Carmen, la abuela de Ángela, tenía relaciones estrechas (*close*) con su yerno, Ángel.
C   F   **4.** Ángela todavía no ha podido comunicarle las noticias a su hermano.
C   F   **5.** Doña Carmen va a viajar a San Juan para conocer a Raquel.
C   F   **6.** Ángela le pide permiso a su abuela para ir a México.
C   F   **7.** Los tíos de Ángela ya sabían del pasado de Ángel.

Actividad **C**

Olga, la gruñona (*grouch*) de la familia

¡UN DESAFÍO!

Paso 1   Es evidente que las relaciones de Ángela con su tía Olga son difíciles. A continuación hay cuatro adjetivos que describen a Olga. Trabajando en grupos de cuatro estudiantes, escojan una situación del Episodio 9 para ilustrar cada una de las características de ella.

1. impaciente   3. negativa
2. desconfiada   4. mandona (*bossy*)

Paso 2   Compartan sus observaciones con las de los otros grupos. ¿Cuántos ejemplos diferentes mencionaron? ¿Están todos de acuerdo?

Lengua y cultura

VOCABULARIO DEL TEMA

Las tiendas y los comercios

el almacén	department store
la carnicería	butcher shop
la florería	flower shop
la frutería	fruit store
la joyería	jewelry store
la lavandería	laundry
la librería	bookstore
la licorería	liquor store
la mueblería	furniture shop
la panadería	bakery
la papelería	stationery store
la pastelería	pastry shop
la peluquería	beauty shop, hairdresser's
la pescadería	fish store
la pollería	poultry shop
la tintorería	dry cleaner's
la verdulería	vegetable store
la zapatería	shoe store

Repaso: la farmacia, el mercado, el supermercado

AMPLIACIÓN LÉXICA

la abarrotería	grocery store
la confitería	confectionery
la ferretería	hardware store
la tortillería	tortilla shop

Actividad **A**

¿Qué se puede comprar allí?

Paso 1 Indica los productos que se puede comprar en las tiendas o los comercios a continuación.

MODELO: la librería → Allí se puede conseguir libros, revistas, periódicos...

1. la mueblería
2. la verdulería
3. la papelería
4. la frutería
5. la carnicería
6. el almacén
7. la licorería

Paso 2 Túrnate con un compañero / una compañera, para leer sus listas. Agreguen productos a sus listas si es necesarió.

Paso 3

¡UN DESAFÍO! Léele algunas oraciones falsas a tu compañero/a. Él/Ella debe modificar tus oraciones para que sean ciertas.

MODELO: E1: En una librería se puede conseguir pollo y mariscos.
E2: No es cierto. En una librería se compran libros.

NOTA *cultural* • *El supermercado en el mundo hispánico*

Como en el resto del mundo, en los países hispánicos existe la tendencia a modernizarse, y esta modernización avanza muy rápidamente. Como resultado, lo moderno y lo tradicional se mezclan.[a] Antes, los supermercados y los grandes centros comerciales sólo se encontraban en las grandes ciudades. Por años, estos comercios han simplificado la vida de los habitantes porque les permiten ahorrar[b] tiempo al ofrecer múltiples servicios en un solo lugar. Sin embargo, en muchos países hispánicos, es cada vez más común encontrar supermercados aún en los pueblos pequeños.

A pesar de esta modernización, muchas personas todavía prefieren hacer sus compras en las tiendas especializadas o en los mercados al aire libre. Una de las ventajas de esto es que muchos de los mercados ofrecen sus productos a precios más bajos que en los supermercados.

[a]se... *are combined* [b]*to save*

> **Para pensar**
>
> ¿Hay tiendas especializadas donde tú vives? ¿Prefieres ir a la panadería, a la carnicería y a la frutería o prefieres comprar todo bajo un solo techo (*roof*)? ¿Cuáles son las ventajas y las desventajas de hacer las compras en un supermercado? ¿en las tiendas pequeñas?

Actividad **¡Firma aquí, por favor!**

Paso 1 En una hoja de papel aparte, escribe una lista de cinco lugares que aparecen en el Vocabulario del tema. También debes tener en cuenta (*keep in mind*) lo que se hace o se compra allí.

Paso 2 Ahora debes encontrar a otros que compartan contigo los mismos lugares en su lista. Para averiguar qué lugares están en la lista de cada persona, debes contarle a la otra persona lo que necesitas. Cuando encuentres a alguien con el mismo lugar en su lista, los/las dos deben firmar al lado del lugar mencionado.

MODELO: E1: Necesito comprar una mesa, un escritorio y una silla.
E2: Lo siento, pero no voy a la mueblería.
E1: Gracias. Necesito comprar una mesa, un escritorio y una silla.
E3: ¡Ah, vas a la mueblería! Yo también.
E1: ¡Firma aquí, por favor!
E3: ¡Tú también!

VOCABULARIO DEL TEMA

En las tiendas

costar (ue)	to cost
estar de moda	to be in style
hacer las compras ⎫	
ir de compras ⎭	to go shopping
pagar al contado / en efectivo	to pay cash
regatear	to haggle, bargain

Repaso: vender

la estafa	rip-off, swindle
la ganga	bargain
la oferta	special offer
la rebaja	discount
la talla	size (*with clothing*)
la tarjeta de crédito	credit card
la venta	sale

Cognados: el cheque, el descuento, el estilo

barato/a	inexpensive, cheap
caro/a	expensive

AMPLIACIÓN LÉXICA

La ropa; otras expresiones útiles

el abrigo	coat
los calcetines	socks
la camisa	shirt
la camiseta	T-shirt
la falda	skirt
las medias	stockings
los pantalones	pants
los pantalones cortos	shorts
el traje	suit
el vestido	dress
los zapatos	shoes

Cognados: los *bluejeans*, la blusa, la chaqueta, el suéter

¿En qué le puedo servir?	May I help you?
¿Lo/La atienden ya?	Have you been helped?
¿Qué talla usa?	What size do you wear?

Actividad **A**

De compras

A continuación hay algunas expresiones que se oyen en las tiendas. Empareja lógicamente las oraciones de las dos columnas para formar breves conversaciones entre clientes y dependientes.

1. _____ ¿Me lo da por cincuenta en vez de sesenta?
2. _____ ¿Cómo desea pagar?
3. _____ Estas camisas están en rebaja. Cuestan solamente doce dólares cada una.
4. _____ ¿Lo atienden ya?
5. _____ ¿Qué talla usa?
6. _____ Buenas tardes. ¿En qué puedo servirle?
7. _____ Estos pantalones están muy de moda. ¿Le gustaría probarlos (*to try them on*)?

a. La 38, por lo general.
b. Lo siento, señorita. No se puede regatear aquí.
c. Sí, cómo no. ¿Dónde están los probadores (*fitting rooms*)?
d. Con tarjeta de crédito, por favor.
e. No, todavía no.
f. ¡Qué ganga!
g. Me gustaría ver algunas blusas.

NOTA *cultural* • *El regateo*

E l regateo es muy común en los países hispánicos. Consiste en una discusión —¡a veces muy animada!— sobre el precio de cierto artículo. Esto ocurre sobre todo en los mercados al aire libre donde el dueño o la dueña del puesto[a] puede cobrar[b] lo que quiere. En los almacenes y supermercados no se regatea porque los precios son fijos.[c]

Esta costumbre es parte integral del proceso de compraventa.[d] Es decir, las personas que participan en el regateo se sienten un poco insatisfechas si no regatean antes de concluir el trato.[e] Para muchas personas, la satisfacción del proceso de comprar algo les viene de sentir que consiguieron el mejor precio.

[a]*stand, stall* [b]*charge* [c]*fixed* [d]*buying and selling* [e]*deal*

Para pensar   ¿Has regateado alguna vez? ¿Cómo fue la experiencia? Si nunca lo has hecho, ¿piensas que podrías hacerlo bien?

Actividad **B**   **Entrevista**

Paso 1   Túrnate con un compañero / una compañera para entrevistarse y saber de la última compra grande que cada uno/a de Uds. hizo. Pueden usar las siguientes preguntas u otras, si quieren.

1. ¿Cuál fue la última compra grande que hiciste?
2. ¿Cómo la pagaste?
3. ¿En qué tipo de tienda o mercado la compraste?
4. ¿Cuánto te costó?
5. ¿Estuvo en rebaja o recibiste un descuento?
6. ¿Crees que fue una ganga o una estafa?

Paso 2   Ahora reúnanse con otro grupo y túrnense para describir la compra de la persona que entrevistaron. ¿Quién tiene la experiencia más interesante? ¿Quién pagó mucho por su compra? ¿Quién pagó poco?

¿CUÁL SE USA?

	Ejemplos	**Notas**
extrañar / echar de menos	Ángela **extraña** (**echa de menos**) a sus padres. *Ángela misses her parents.*	Both expressions are used to talk about *to miss* someone or something emotionally.

faltar	¿Cuántos **faltaron** a la clase? *How many missed class?*	To be *absent* or *miss* an event is expressed with **faltar.**
perder	Vámonos, ya. No quiero **perder** el avión. *Let's go. I don't want to miss the plane.*	**Perder** means *to lose, to miss* an opportunity or *to miss* something due to late arrival.
debido a / a causa de	Llegaron tarde **debido a (a causa de)** la tormenta. *They arrived late because of the storm.*	Both expressions are used to express *because of* or *due to*.
porque	No contesté el teléfono **porque** estaba dormida. *I didn't answer the phone because I was asleep.*	**Porque** means *because*; it never begins a sentence and is never used to mean *since*.
como	**Como** no tenía dinero, no pude pagar la cuenta. *Since I didn't have any money, I couldn't pay the bill.*	**Como** is used at the beginning of a sentence to mean *since*.

Actividad **Razones**

Completa cada una de las oraciones con la expresión más apropiada de la lista.

debido   a causa   porque   como

1. No pudimos llegar a tiempo _____ del accidente.
2. Algunos estudiantes no quieren hacer preguntas en clase _____ les resulta difícil hablar en español.
3. _____ a la huelga del transporte público, muchos no han podido llegar al trabajo.
4. _____ estoy de vacaciones, no tengo que levantarme temprano.
5. _____ tienen que pagar sus estudios, algunos estudiantes trabajan muchas horas.

Actividad **Preguntas personales**

Paso 1   Con otro compañero / otra compañera haz y contesta las siguientes preguntas.

1. ¿Echas de menos a alguien cuando estás en la universidad? ¿a quién?
2. ¿Alguna vez perdiste un avión o tren? ¿Qué hiciste?
3. ¿Faltas mucho a clases? (Si contestas que sí, ¿debido a qué?)
4. Cuando estás fuera de tu casa, ¿qué cosa extrañas más?
5. ¿Crees que has perdido alguna buena oportunidad en tu vida? ¿Cuál?

Paso 2   Con el permiso de tu compañero/a, comparte las respuestas más interesantes con los demás miembros de la clase.

Enfoque cultural   Puerto Rico

El primer europeo que llegó a Puerto Rico fue Cristóbal Colón en 1493. Esta isla existe como colonia o territorio de otro país desde hace más de quinientos años.

Al llegar a la isla, los españoles encontraron al grupo indígena Arawak, quienes llamaban Borinquén a la isla. Ponce de León conquistó la isla en 1508 y le dio a la ciudad que hoy es la capital el nombre de San Juan de Puerto Rico.

Además del azúcar y un poco de oro, el mayor valor de la isla para el imperio era su posición estratégica en el Caribe como fortaleza[a] defensiva, pues los piratas amenazaban[b] continuamente a las flotas españolas cargadas[c] de oro y plata procedentes de México y del Perú. Para trabajar en las plantaciones de azúcar, fue necesario importar esclavos[d] africanos, ya que la mayoría de los indígenas murieron durante los primeros años de colonización.

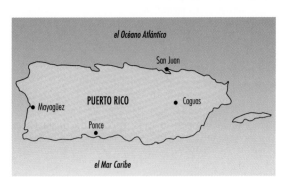

Como resultado de la guerra entre los Estados Unidos y España en 1898, la isla pasó a manos de los Estados Unidos. En 1917, a los puertorriqueños se les concedió[e] la nacionalidad estadounidense. En 1952, se constituyó el nuevo Estado Libre Asociado[f] de Puerto Rico. Como resultado de la gran corriente migratoria entre la isla y el continente, los puertorriqueños constituyen una considerable parte de la minoría hispánica en los Estados Unidos.

Hoy en día hay tres grupos políticos en Puerto Rico cuya diferencia ideológica se basa en la cuestión del estado futuro de la isla y de su relación con respecto a los Estados Unidos. Uno de los grupos, bastante pequeño, aboga por[g] la independencia de la isla. Antes, esta idea tenía más apoyo,[h] pero cuando Puerto Rico se constituyó en Estado Libre Asociado, este movimiento disminuyó.[i] El segundo grupo es partidario[j] de la unión total a los Estados Unidos; quiere que Puerto Rico sea el estado número cincuenta y uno de la Unión. Y el tercer grupo quiere mantener el estado actual. Estos dos últimos grupos ganaron el 46 y el 48 por ciento de votos, respectivamente, en las elecciones de 1993.

Como Estado Libre Asociado, el gobierno de Puerto Rico tiene plena[k] autonomía interna. Los habitantes, como ciudadanos estadounidenses, no pagan impuestos sobre la renta,[l] pero no pueden votar en las elecciones presidenciales. También tienen un representante en el Congreso, pero sin voto. Las leyes federales se aplican en Puerto Rico como en los otros estados. La moneda oficial de la isla es el dólar estadounidense y los idiomas oficiales son el español y el inglés.

Entre los intelectuales puertorriqueños y sus colegas hispanoamericanos, en general, existe cierto temor[m] de que su cultura desaparezca como resultado de

[a]*fortress* [b]*threatened* [c]*loaded* [d]*slaves* [e]*dio* [f]*Estado... Commonwealth (Associated Free State)* [g]*aboga... advocates* [h]*support* [i]*declined* [j]*supporter* [k]*full* [l]*impuestos... income tax* [m]*fear*

la enorme influencia cultural estadounidense. El cine, la televisión, la música popular y la influencia del inglés se perciben, en ciertos círculos, como invasores. Un sondeo[n] reciente indica que el 94 por ciento de los puertorriqueños prefiere hablar español y desea que el español siga siendo el idioma oficial de la isla.

[n]*poll*

Actividad

Puerto Rico, ¿otro estado de la unión estadounidense?

Paso 1   En grupos de tres o cuatro estudiantes, hagan una lista de las ventajas y desventajas de la unión total de Puerto Rico a los Estados Unidos. Piensen tanto en las cuestiones culturales como en las políticas y económicas.

Paso 2   Comparen sus listas con las de los otros grupos. ¿Mencionaron todos ventajas y desventajas semejantes? Agreguen a su lista las ideas de los otros grupos, si es necesario.

Paso 3   Ahora la clase debe dividirse en dos grupos: uno de personas en pro de la unión total de Puerto Rico a los Estados Unidos y uno en contra de esa unión. (No importa que Uds. realmente favorezcan una idea sobre la otra.) Preparen un debate en el que discutan sus ideas.

Enfoque estructural

9.1 Pidiendo algo en forma directa: Los mandatos formales

In *Nuevos Destinos,* you have seen commands throughout the direction lines of activities: **hagan, contesten,** and so forth. Direct commands (which form part of the imperative mood) are used to ask someone directly to do something. The subjects of commands are often not named, but are implied. In this chapter, you will learn to use commands for people whom you would address as **Ud.** and **Uds.**

Para formar los mandatos

To form most **Ud.** and **Uds.** commands, replace the final **-o** from the first-person singular (**yo**) present-tense form with the endings indicated in the following chart. It may help to think of the concept of using the "opposite vowel" for these forms. For verbs ending in **-ar,** add the "opposite" vowel **-e.** For verbs ending in **-er** and **-ir,** add the "opposite" vowel **-a.**

	UD.	UDS.
-ar	hable	hablen
-er	coma	coman
-ir	escriba	escriban

● Note that verbs with stem changes and other irregularities in the first-person singular of the present tense will show the same irregularities in command forms.

INFINITIVE	FIRST-PERSON SINGULAR	COMMAND FORMS	
cerrar	cierro	cierre Ud.	cierren Uds.
volver	vuelvo	vuelva Ud.	vuelvan Uds.
pedir	pido	pida Ud.	pidan Uds.
conocer	conozco	conozca Ud.	conozcan Uds.
hacer	hago	haga Ud.	hagan Uds.

● The change to the "opposite" vowel sometimes results in consonant-vowel combinations that require orthographic (spelling) changes in order to retain the original consonant sound.

INFINITIVE	FIRST-PERSON SINGULAR	COMMAND FORMS	
buscar	busco	busque Ud.	busquen Uds.
llegar	llego	llegue Ud.	lleguen Uds.
empezar	empiezo	empiece Ud.	empiecen Uds.

● The following verbs have irregular command forms that are not based on the first-person present tense forms.

dar	dé Ud.	den Uds.
estar	esté Ud.	estén Uds.
ir	vaya Ud.	vayan Uds.
saber	sepa Ud.	sepan Uds.
ser	sea Ud.	sean Uds.

● Negative commands are formed by placing no before the command form.

No se vaya de la Argentina sin probar una parrillada argentina.

Don't leave Argentina without trying an Argentine barbecue.

El uso de pronombres con los mandatos

● The placement of pronouns depends on whether the command is affirmative or negative. With affirmative commands, the pronouns are attached to the command form. A written accent is placed on the stressed vowel if the verb has two or more syllables. A reflexive pronoun or an indirect object pronoun will always precede a direct object pronoun.

Díganme la verdad, por favor.   *Tell me the truth, please.*
Explíquemelo todo.   *Explain it all to me.*
Acuéstese aquí, señor.   *Lie down here, sir.*

 With negative commands, the pronouns are placed before the verb.

Déjenme los ensayos en la   *Leave the essays on the table*
   mesa. **No me los dejen**   *for me. Don't leave them for*
   en los pupitres.   *me on the desks.*

Práctica   **¿Quién lo dice?**

Indica quien podría (*might*) decir lo siguiente.

1. No se olviden de traer sus cuadernos.
2. Para instrucciones en español, marque el 2.
3. Abra la boca y saque la lengua.
4. ¡No dejen su ropa en el suelo!
5. Pague en la siguiente caja, por favor.
6. Lleguen a tiempo a la práctica.
7. Confiese sus pecados (*sins*).
8. No se preocupe. Su perro estará bien pronto.

Práctica **B**   **¡Hágalo!**

Paso 1   Haz mandatos formales según las indicaciones. Cambia los complementos directos por pronombres. ¡**OJO**! No todas las oraciones tienen un complemento directo.

MODELO: no / hablar Uds. / en voz alta → No hablen en voz alta.

1. repetir Ud. / por favor
2. no / tocarlo Uds.
3. firmar Ud. / el cheque
4. no / irse Uds. / todavía
5. pedir Ud. / otra botella de vino

6. no / llegar Uds. / tarde a clase
7. hacer Uds. / los nuevos ejercicios de gramática
8. comprar Ud. / el suéter
9. no / preocuparse Ud.

Paso 2

 Con un compañero / una compañera, piensa en un contexto para cada uno de los mandatos del Paso 1.

MODELO: El bibliotecario / La bibliotecaria nos dice: «No hablen en voz alta.»

Práctica **Consejos**

Paso 1 Muchas veces, nos encontramos en situaciones en las cuales debemos decidir sobre qué hacer. Algunas decisiones son obvias; otras son más difíciles. Con un compañero / una compañera, piensa en consejos apropiados para las siguientes situaciones. Usen mandatos formales en sus consejos.

1. Todos los días me levanto con dolor de cabeza y me siento muy cansado todo el tiempo. ¿Qué puedo hacer?
2. Necesito información para un informe en la clase de historia. No sé dónde buscarla.
3. Vivo sola en un apartamento que me gusta mucho, pero no puedo seguir pagando tanta renta. No sé qué hacer.
4. ¡He subido (*I've gained*) cinco kilos en un mes! ¿Qué puedo hacer?
5. Cuando estudio, necesito silencio, pero a mi compañero de cuarto le gusta poner música a todas horas. ¿Hay alguna solución?
6. Encontré un sobre con 100 dólares en el estacionamiento del centro comercial. ¿Qué hago con el dinero?
7. A mis padres no les cae bien mi novia. Yo la quiero mucho, pero cuando estoy en casa, siempre me ponen muchas restricciones para verla —no me prestan el coche, me obligan a llegar muy temprano, etcétera. ¿Qué hago?
8. Quiero un tatuaje pequeño y tengo el dinero para pagarlo. Mi padre dice que no le va a permitir a ninguna hija suya «hacer algo tan estúpido». Es más, dice que si lo hago, ya no me va a pagar ni un centavo de los estudios. ¡No es justo! ¿Hay alguna solución?

Paso 2 Compartan sus consejos con los de los otros estudiantes y escojan los que prefieren.

Paso 3

¡UN DESAFÍO! Presenten en forma de minidiálogos los consejos que escogieron.

9.2 El presente de subjuntivo con expresiones impersonales

REFRÁN

《 No hay mal que por bien no *venga*. 》*

Up until now, you have been using verbs in the indicative mood. The mood of a sentence refers to the attitude, feeling, doubt, or certainty of the speaker toward what is being said. The indicative mood is used for that which the speaker assumes to be true, whereas another mood, known as the subjunctive, often indicates less certainty on the part of the speaker. In **Enfoque estructural 9.1,** you

---

* *"Every cloud has a silver lining."* (lit. *There's no misfortune that doesn't also have some good in it.*)

practiced using formal commands. The verb forms for these commands use forms of the subjunctive mood. In the upcoming chapters of *Nuevos Destinos*, you will have the opportunity to practice many different uses of the subjunctive mood. In this section, you will use the subjunctive with impersonal expressions.

Formas del presente de subjuntivo

As previously indicated, **Ud.** and **Uds.** commands use present subjunctive forms. The chart below shows present subjunctive forms for regular verbs.

FORMAS REGULARES DEL PRESENTE DE SUBJUNTIVO					
hablar		**comer**		**decidir**	
hable	hablemos	coma	comamos	decida	decidamos
hables	habléis	comas	comáis	decidas	decidáis
hable	hablen	coma	coman	decida	decidan

The following verbs are irregular in the present subjunctive. Note that they are the same verbs that have irregular **Ud.** and **Uds.** command forms.

FORMAS IRREGULARES DEL PRESENTE DE SUBJUNTIVO				
dar	**estar**	**ir**	**saber**	**ser**
dé	esté	vaya	sepa	sea
des	estés	vayas	sepas	seas
dé	esté	vaya	sepa	sea
demos	estemos	vayamos	sepamos	seamos
deis	estéis	vayáis	sepáis	seáis
den	estén	vayan	sepan	sean

The subjunctive of **hay** is **haya.**

Usos del subjuntivo

The subjunctive expresses subjective or conceptualized actions or states. These include things that the speaker wants, events that he or she reacts to emotionally or with doubt, things that are as of yet unknown, and so on.

The subjunctive can be triggered by any of these actions or states. When this happens, a sentence contains two clauses, one independent and the other dependent. An independent clause contains the trigger, and the dependent clause contains a verb form in the subjunctive. The two clauses are often linked with the relative pronoun **que.**

INDEPENDENT CLAUSE	+	**que**	+	DEPENDENT CLAUSE
Es importante		que		Lucía **resuelva** el misterio de los dos codicilos.
It's important		*that*		*Lucía solve the mystery of the two codicils.*
Es triste		que		don Fernando **esté** tan enfermo.
It's sad		*that*		*don Fernando is so sick.*

El subjuntivo con expresiones impersonales

As shown in the previous examples, impersonal expressions are those that don't have a defined subject: *it's important, it's sad,* and so on. Impersonal expressions generally have the following structure: **es** + *adjective* + **que.** An impersonal expression begins the sentence and can be followed by a subjective comment on the part of the speaker regarding specific people's actions, hence, the use of the subjunctive.

Here are some of the more common impersonal expressions that can trigger the subjunctive.

es bueno/malo/mejor que...	es necesario que...
es esencial que...	es preferible que...
es importante que...	es ridículo que...
es increíble que...	es triste que...
es lógico que...	es una lástima (*shame*) que...

Es lógico que Arturo **tenga** dudas sobre el futuro.

It's logical for Arturo to have doubts about the future.

Es urgente que Raquel y Ángela **vayan** a México lo más pronto posible.

It's urgent that Raquel and Ángela go to Mexico as soon as possible.

● The Spanish word **ojalá** also triggers the subjunctive. It derives from an Arabic expression meaning *may it be Allah's will,* and is usually translated as *I (let's) hope* or *here's hoping.* **Ojalá** can be used with or without **que.**

Ojalá (que) Ángela **conozca** a su abuelo en México.

Let's hope that Ángela meets her grandfather in Mexico.

● Note in the previous discussion that the subjunctive is used in a dependent clause after an impersonal expression when there was a specific subject mentioned. If, on the other hand, the same sentence were said in more general terms, the infinitive of the verb would have been used in the second clause.

Es importante resolver el misterio de los dos codicilos.

It's important to solve the mystery of the two codicils.

Es lógico tener dudas sobre el futuro.

It's logical to have some doubts about the future.

● If an impersonal expression confirms a fact, that is, that there is no doubt in the speaker's mind as to the truth of the claim, the indicative is used.

Es cierto que don Fernando **es** el padre de Ángel.

It's certain that don Fernando is Ángel's father.

Es obvio que Raquel **está** preocupada por la situación de Arturo.

It's obvious that Raquel is worried about the situation with Arturo.

Práctica **A**

¿Qué opinas?

Indica si las siguientes oraciones relacionadas con la historia de *Nuevos Destinos* son ciertas (**C**) o falsas (**F**). Si son falsas, modifícalas para que sean ciertas.

C F **1.** Es esencial que Lucía encuentre todos los documentos para su investigación.
C F **2.** No es urgente que Arturo resuelva sus conflictos personales.
C F **3.** Es lógico que Raquel esté preocupada por sus relaciones con Arturo.
C F **4.** Es bueno que Luis llame por teléfono a Raquel.

▶ *Hace cinco años* ◀

C F **5.** Es importante que Ángela viaje a México.
C F **6.** Es bueno que Ángela no encuentre a Roberto en casa.
C F **7.** Es triste que don Fernando no pueda conocer a Ángel.
C F **8.** No es necesario que Ángela le pida permiso a su abuela para ir a México.

Práctica **B**

De compras en el extranjero

Cuando uno va de compras en un país hispánico, es bueno conocer algunas costumbres y escuchar ciertas recomendaciones. Lee las siguientes ideas y hazle recomendaciones a un amigo / una amiga que va a viajar a un país de Latinoamérica.

MODELO: Es esencial saber la tasa de cambio (*exchange rate*) en el país que uno va a visitar. → Es esencial que sepas la tasa de cambio en el país que vas a visitar.

1. Es preferible comparar los precios en un mercado de artesanías (*handicrafts*) antes de comprar algo.
2. No es bueno llevar demasiado dinero en efectivo.
3. No es necesario cambiar todos los dólares el primer día del viaje.
4. Es recomendable usar cheques de viajero.
5. Es mejor regatear en los mercados para no pagar más de lo necesario.
6. No es bueno tratar de regatear en una tienda con precios fijos.
7. Es importante no ser demasiado impulsivo/a en las compras.

Práctica   **¿Cómo reaccionas?**

Paso 1   A continuación hay una serie de ideas y opiniones sobre la vida universitaria. Indica tu reacción a estas oraciones, usando expresiones impersonales.

MODELO: Muchos estudiantes estudian español. →
           Es bueno que muchos estudiantes estudien español.

1. No todos los profesores son exigentes (*demanding*).
2. Todos los estudiantes tienen que tomar por lo menos un curso de matemáticas.
3. Hay estudiantes que, por razones personales, entregan tarde sus composiciones y alguna otra tarea.
4. Hay varias vacaciones y días festivos durante el semestre/trimestre.
5. Los estudiantes sufren muchas presiones por los estudios.
6. La biblioteca se cierra temprano los fines de semana.
7. En las clases de idiomas los estudiantes trabajan mucho con sus compañeros de clase.
8. Algunos profesores no están dispuestos a ayudar a los estudiantes fuera de clase.

Paso 2   Con un compañero / una compañera, comparte tus reacciones a las oraciones del Paso 1. ¿Están los/las dos de acuerdo en todo? Si hay alguna diferencia de opinión, expliquen sus razones.

Práctica   **¡Usen su imaginación!**

¡UN DESAFÍO!

Con otro/a estudiante, combina las frases impersonales en la primera columna con elementos de las otras dos columnas (u otras, si quieren) para formar por lo menos cinco oraciones completas.

(no) es necesario que	yo	ir de compras tres veces a la semana
(no) es bueno que	tú	
(no) es importante que	mis amigos/as	tener tres meses de descanso en el verano
	mis profesores	
(no) es una lástima que	mi hermano/a	
	mis padres (hijos)	vivir cerca de la universidad
(no) es triste que	nosotros, los estudiantes	
(no) es ridículo que	¿ ?	llevar *bluejeans* en clase
ojalá (que)		nunca estar enfermo/a/os/as
¿ ?		ser gruñón/gruñona
		saber usar una computadora
		¿ ?

Para terminar

En este capítulo, has hablado sobre varios lugares para ir de compras y los productos que se venden allí. También has repasado los mandatos formales y el subjuntivo con expresiones impersonales. Ahora te toca (*it's your turn*) crear un anuncio para convencerles a tus compañeros de cuarto de que vayan de compras a tu propia tienda.

Paso 1 Piensa en el tipo de tienda que te gustaría tener. ¿Qué se vende allí? Y los productos, ¿para qué tipo de persona están dirigidos? ¿Qué características especiales tienen? ¿Cuánto cuestan? Haz una lista en la que contestas estas preguntas.

Paso 2 Ahora piensa en las recomendaciones en cuanto a tu(s) producto(s) que tienes para el consumidor / la consumidora. Incluye por lo menos dos expresiones impersonales y dos mandatos formales. (Es útil saber que muchos anuncios se dirigen a una sola persona. Es decir, es posible que quieras dirigir al consumidor / a la consumidora en forma de **Ud.**)

Paso 3 Basándote en los dos pasos anteriores, crea un anuncio en el que describes el producto o los productos que vendes. Trata de incluir fotos, dibujos u otras imágenes visuales.

Paso 4 Presenta tu anuncio al resto de la clase. ¿Quién tiene la idea más original?

Vocabulario

Los verbos

ocultar	to hide (something)
probar (ue)	to try on (clothing); to try (something)

Repaso: resolver (ue)

Las tiendas y los comercios

el almacén	department store
la carnicería	butcher shop
la florería	flower shop
la frutería	fruit store
la joyería	jewelry store
la lavandería	laundry
la librería	bookstore
la licorería	liquor store
la mueblería	furniture shop
la panadería	bakery
la papelería	stationery store
la pastelería	pastry shop
la peluquería	beauty shop, hairdresser's
la pescadería	fish store
la pollería	poultry shop
la tintorería	dry cleaner's
la verdulería	vegetable store
la zapatería	shoe store

Repaso: la farmacia, el mercado, el supermercado

De compras

costar (ue)	to cost
estar de moda	to be in style
hacer las compras / ir de compras	to go shopping
pagar al contado / en efectivo	to pay cash
regatear	to haggle, bargain

Repaso: vender

la estafa	rip-off, swindle
la ganga	bargain
la oferta	special offer
la rebaja	discount
el regateo	haggling, bargaining
la talla	size (*with clothing*)
la tarjeta de crédito	credit card
la venta	sale

Cognados: el cheque, el descuento, el estilo

barato/a	inexpensive, cheap
caro/a	expensive

Otras palabras y expresiones útiles

el codicilo	codicil (supplement to a will)

estrecho/a	close
gruñón / gruñona	grouch
mandón / mandona	bossy
es lástima que	it's a shame that
ojalá	I hope, let's hope

¿Cuál se usa?

a causa de	because of, due to
como	since
debido a	because of, due to
echar de menos	to miss (someone/ something)
extrañar	to miss (someone/ something)
faltar	to be absent, miss
perder	to lose; to miss (an opportunity)
porque	because

Lectura 5

Antes de leer

El nombre original del poeta y diplomático chileno Pablo Neruda (1904–1973) fue Neftalí Ricardo Reyes Basualto. Su poesía íntima y evocativa dio nueva vida a expresiones cotidianas. Sus versos libres emplean metáforas fuertes para comunicar dolor y desesperación y para exaltar el paisaje chileno y expresar ira contra la explotación del indígena. En 1971, mientras servía de embajador chileno en Francia, recibió el Premio Nóbel de Literatura. Murió durante el golpe militar en Chile de 1973. Los poemas «Me gustas cuando callas (*you are quiet*)» y «Puedo escribir los versos más tristes esta noche» son de la colección *Veinte poemas de amor y una canción desesperada* de 1924.

Actividad

Los títulos

Paso 1   Piensa en los títulos de los dos poemas que vas a leer: «Me gustas cuando callas» y «Puedo escribir los versos más tristes esta noche». Haz un mapa semántico para cada uno para explorar las ideas y las imágenes que estos títulos despiertan en ti. Compara tus mapas con los de otros estudiantes de la clase. ¿Qué tienen sus mapas en común?

Paso 2   Ahora, imagínate que tienes que escribir una composición con uno de estos títulos. Escribe una oración que expresa el tema de tu ensayo, y luego haz un esbozo de tu composición. Compara tu esbozo con los de otros estudiantes de la clase.

Me gustas cuando callas

e gustas cuando callas porque estás como ausente,
y me oyes de lejos, y mi voz no te toca.
Parece que los ojos se te hubieran volado[a]
y parece que un beso te cerrara la boca.

5   Como todas las cosas están llenas de mi alma[b]
emerges de las cosas, llenas del alma mía.
Mariposa de sueño, te pareces a mi alma,
y te pareces a la palabra melancolía.

Me gustas cuando callas y estás como distante.
10   Y estás como quejándote, mariposa en arrullo.[c]
Y me oyes desde lejos, y mi voz no te alcanza:[d]
déjame que me calle con el silencio tuyo.

Déjame que te hable también con tu silencio
claro como una lámpara, simple como un anillo.[e]
15   Eres como la noche, callada y constelada.
Tu silencio es de estrella, tan lejano y sencillo.

Me gustas cuando callas porque estás como ausente.
Distante y dolorosa como si hubieras muerto.
Una palabra entonces, una sonrisa bastan.
20   Y estoy alegre, alegre de que no sea cierto. ■

[a]*se... might have left you*   [b]*soul*   [c]*lullaby; cooing*   [d]*reach*   [e]*ring*

Puedo escribir los versos más tristes esta noche

P uedo escribir los versos más tristes esta noche.

Escribir, por ejemplo: «La noche está estrellada,
y tiritan,[a] azules, los astros, a lo lejos».

El viento de la noche gira[b] en el cielo y canta.

5   Puedo escribir los versos más tristes esta noche.
Yo la quise, y a veces ella también me quiso.

En las noches como ésta la tuve entre mis brazos.
La besé tantas veces bajo el cielo infinito.

Ella me quiso, a veces yo también la quería.
10   Cómo no haber amado sus grandes ojos fijos.

Puedo escribir los versos más tristes esta noche.
Pensar que no la tengo. Sentir que la he perdido.

Oír la noche inmensa, más inmensa sin ella.
Y el verso cae al alma como al pasto[c] el rocío.[d]

15   Qué importa que mi amor no pudiera guardarla.
La noche está estrellada y ella no está conmigo.

Eso es todo. A lo lejos alguien canta. A lo lejos.
Mi alma no se contenta con haberla perdido.

Como para acercarla mi mirada la busca.
20   Mi corazón la busca, y ella no está conmigo.

La misma noche que hace blanquear los mismos árboles.
Nosotros, los de entonces, ya no somos los mismos.

Ya no la quiero, es cierto, pero cuánto la quise.
Mi voz buscaba el viento para tocar su oído.

25   De otro. Será de otro. Como antes de mis besos.
Su voz, su cuerpo claro. Sus ojos infinitos.

[a]*tremble* [b]*whirls, spins* [c]*pasture* [d]*dew*

Ya no la quiero, es cierto, pero tal vez la quiero.
Es tan corto el amor, y es tan largo el olvido.

Porque en noches como ésta la tuve entre mis brazos,
30   mi alma no se contenta con haberla perdido.

Aunque éste sea el último dolor que ella me causa,
y éstos sean los últimos versos que yo le escribo. ■

Después de leer

Actividad **A**

Comprensión

Paso 1   Indica el poema al que cada oración a continuación se refiere. ¡OJO!
Algunas oraciones no refieren a ninguno de los dos poemas.

1. Es un recuerdo de un amor o de unas relaciones.
2. Se trata de relaciones corrientes (*current*) entre dos personas.
3. El alma del hombre predomina.
4. Es fácil explicar y entender las relaciones entre dos amantes.
5. El/La hablante no da mucha importancia a la mujer.
6. Es importante mantener alguna distancia entre dos amados.
7. Su alma sabe que la perdió.
8. Su alma la contempla y la echa de menos.

Paso 2   Busca y apunta las imágenes de los dos poemas. Luego, explora las
posibles connotaciones y metáforas. ¿Cuál de los dos poemas usa más
imágenes? Compara tus conclusiones con las de otros estudiantes de la clase.

Paso 3   Completa las siguientes oraciones de dos maneras, una para la voz
poética de cada poema: **Es mejor que... , Es importante que... , Es lógico que... ,
Ojala que... , Es cierto que...** ¡OJO! Cuidado con el uso del subjuntivo.

Actividad **B**

Opinión

Paso 1   Contesta las siguientes preguntas sobre los dos poemas.

1. ¿A quién se dirigen los poemas? ¿Cómo lo puedes saber?
2. En «Me gustas cuando callas», ¿crees que el silencio es un elemento
negativo o positivo? Explica.
3. En «Puedo escribir los versos más tristes esta noche», ¿la noche y el
viento te parecen elementos positivos o negativos? Explica.

4. ¿Crees que la voz poética de «Puedo escribir los versos más tristes esta noche» sugiere que se debe tratar de despertar de nuevo el amor perdido? Explica.

5. La voz poética del segundo poema sugiere que el verso «La noche está estrellada, / y tiritan, azules, los astros, a lo lejos» es triste. ¿Por qué es triste o puede ser triste este verso?

Paso 2   Ahora, explora algunas de las declaraciones de los poemas. Primero, trata de explicar la denotación de cada oración (¿qué significa literalmente?). Luego explica la connotación o la metáfora creada.

1. todas las cosas están llenas de mi alma
2. te pareces a la palabra melancolía
3. Eres como la noche, callada y constelada
4. Una palabra entonces, una sonrisa bastan. / Y estoy alegre,
5. Y el verso cae al alma como al pasto el rocío
6. La misma noche que hace blanquear los mismos árboles. / Nosotros, los de entonces, ya no somos los mismos.
7. Mi voz buscaba el viento para tocar su oído
8. mi alma no se contenta con haberla perdido

Paso 3   Los dos poemas comunican ideas sobre las relaciones. ¿Cuál de los poemas las recuerda? ¿Cuál trata de definirlas? En tu opinión, cuando tratas de definir o entender las relaciones amorosas nuevas o corrientes, ¿es importante el recuerdo de un amor del pasado? Explica.

Actividad

Expansión

Paso 1   Escribe una de las cartas sugeridas a continuación.

- Imagínate que eres el hablante de «Me gustas cuando callas». En vez de darle el poema a tu amada, le vas a escribir una carta, explicándole qué sientes por ella. Escribe una carta de dos o tres párrafos.
- Imagínate que eres la mujer de «Me gustas cuando callas». Acabas de recibir y leer el poema de tu amado. Ahora, escríbele una carta de dos o tres párrafos para responder al poema.

Paso 2   Ahora, imagínate que «Puedo escribir los versos más tristes esta noche» es una carta que un amante le escribió a su ex novia o ex esposa. Contesta las siguientes preguntas.

1. ¿Por qué escribió la «carta»? ¿Qué pasó que le motivó a escribir la «carta»?
2. ¿Cómo eran las relaciones entre el hombre y la mujer? ¿Hace mucho tiempo que se rompieron (*broke up*)? ¿Estaban casados o eran simplemente novios? ¿Cuántos años tenían cuando eran amantes?
3. ¿Cómo quiere que la recipiente reaccione a la «carta»? ¿Quiere enojarla o quiere que ella recuerde también?

METAS

LA TRAMA

Día 4 (*continuación*): Raquel continues telling Lucía about her investigation in Puerto Rico. A visit with Ángela's grandmother turns up new information about Ángel and leads to the discovery of an important memento. Raquel also discusses Ángela's husband, Jorge, who made a bad impression on Raquel the first time they met. Could Jorge have had something to do with the second codicil?

DOÑA CARMEN: «Doña Carmen, le entrego esto. Consérvelo con especial cuidado. Esto perteneció a mi madre y es el único recuerdo que tengo de ella. Quiero que se lo entregue a mis hijos cuando Ud. crea que es el momento apropiado.»

CULTURA

As you work through the chapter, you will also find out about

- terms of endearment in Spanish-speaking countries (**Nota cultural: ¿Términos de cariño?**)
- the Caribbean island of Cuba and two famous Cubans, José Martí and Fidel Castro (**Enfoque cultural: Cuba**)

COMUNICACIÓN

In this chapter of *Nuevos Destinos,* you will

- give advice and discuss appropriate social customs and behavior (**Enfoque léxico: Los buenos modales**)
- review the uses of **apoyar, mantener, soportar, aguantar; tratar de, tratar de** (+ infinitive), **probar, probarse** (**Enfoque léxico: ¿Cuál se usa?**)
- express desires, emotions, and doubts with the subjunctive (**Enfoque estructural 10.1**)
- tell someone what to do using familiar commands (**10.2**)

El vídeo

El episodio previo

Actividad **A**

Raquel está preocupada

Paso 1 Es evidente que Raquel está muy preocupada por el estado de las relaciones entre ella y Arturo. Escribe la letra que corresponde a tu opinión sobre las oraciones a continuación.

a. Es una lástima.
b. Es posible.
c. Es lógico.

1. _____ Raquel está furiosa con Arturo.
2. _____ Lucía entiende cómo se siente Raquel.
3. _____ Arturo tiene serias dudas sobre su futuro.
4. _____ Raquel no quiere salir con Luis ahora.
5. _____ Arturo se siente más cómodo en Buenos Aires.
6. _____ Raquel extraña (*misses*) a Arturo.
7. _____ Arturo no va a regresar a Los Ángeles.

Paso 2 Ahora combina las oraciones con las opiniones que indicaste. ¡OJO! No te olvides de usar el subjuntivo con estas expresiones impersonales.

MODELO: Raquel está furiosa con Arturo. (Es posible.) →
Es posible que Raquel esté furiosa con Arturo.

Actividad **B**

▶ *Hace cinco años* ◀ En Puerto Rico

Indica si las siguientes oraciones son ciertas (**C**) o falsas (**F**). Si son falsas, modifícalas para que sean ciertas.

C F **1.** Raquel habló por teléfono con los tíos de Ángela sobre la historia de don Fernando.

C F **2.** Ángel nunca les mencionó nada de su pasado a los tíos de Ángela.

C F **3.** Olga opinó que no era buena idea que Ángela viajara (*travel*) a México.

C F **4.** Ángela le contó la historia de su padre a su hermano Roberto.

C F **5.** Ángela consiguió el permiso de doña Carmen para viajar a México.

C F **6.** Raquel y Ángela viajaron a San Germán para visitar a doña Carmen.

226

Episodio 10: Día 4 (*continuación*)

Preparación para el vídeo

Actividad

▶ *Hace cinco años* ◀   **¿Qué va a pasar?**

Paso 1 A continuación hay una serie de oraciones sobre acontecimientos posibles del Episodio 10. Indica tu reacción a cada acontecimiento con una de las siguientes opciones.

   a. Espero que eso pase.
   b. Espero que eso no pase.
   c. Dudo que eso pase.

   1. _____ Ángela choca (*crashes*) el carro en el camino hacia San Germán.
   2. _____ La abuela de Ángela está de acuerdo en que ésta vaya a México.
   3. _____ Laura, la prima de Ángela, va a acompañar a Ángela a México.
   4. _____ Ángela por fin se comunica con su hermano Roberto desde la casa de su abuela.
   5. _____ Ángela mira algunas cosas que dejó su padre en casa de su abuela.
   6. _____ Arturo dice que va inmediatamente a Puerto Rico para conocer a la familia de su hermano.

Paso 2 Ahora haz oraciones completas, combinando tus reacciones con las afirmaciones del Paso 1.

MODELO: Espero que Ángela no choque el carro en el camino hacia San Germán.

¿Qué tal es tu memoria?

Actividad A

In **Episodio 10** of the CD-ROM to accompany *Nuevos Destinos,* you will read Olga's letter that Raquel mentions in the video episode.

La disputa del testamento

Paso 1 En este episodio, Lucía y Raquel hablaron de las posibles causas de la disputa del testamento de don Fernando. En la siguiente página, hay algunas oraciones sobre temas mencionados en el episodio. Indica las oraciones que son ciertas, según la perspectiva de Raquel. Si son falsas, modifícalas para que sean ciertas.

Raquel cree que...

1. _____ Olga es una mujer dominante y antipática.
2. _____ Olga tiene algo que ver con la disputa testamentaria.
3. _____ Jorge, el esposo de Ángela, es un hombre maravilloso.
4. _____ Jorge no está contento con el arreglo económico del divorcio.
5. _____ Ángela se deja llevar por las emociones y a veces no piensa con cuidado.
6. _____ Ángela es la persona a quien Lucía debe investigar.

Paso 2 Compara tus respuestas con las de un compañero / una compañera. Hagan los cambios necesarios en las oraciones.

Actividad **B**

▶ *Hace cinco años* ◀ **«Recuerdos»**

En San Germán, Raquel y Ángela van al cuarto donde Ángel había guardado sus cosas. A continuación hay un resumen de lo que Raquel y Ángela encontraron. Completa el resumen con palabras de la lista de abajo. **¡OJO!** No se usan todas las palabras de la lista.

¡UN DESAFÍO!   Completa el resumen sin consultar la lista.

Hace cinco años

Doña Carmen adoraba a su hija María Luisa y le dio mucha alegría verla tan feliz con Ángel. Su instinto como madre le decía que algo triste había ocurrido en el pasado de Ángel. Un día Ángel le confesó sobre la muerte de su padrastro y su decisión de no regresar nunca a la Argentina.
¿Crees que la copa que Ángela recibió de su abuela tendrá alguna importancia en la investigación?

En el cuarto de su padre, Ángela encontró un _____[1] que contenía unos papeles con el título de «Recuerdos». Ángela leyó en las hojas lo que su padre había escrito de su _____.[2] La primera vez que él _____[3] el _____[4] fue cuando iba en ruta a la Argentina. Su recuerdo de Arturo es que ellos _____[5] como perros y gatos. Ángel dijo que _____[6] mucho a su madre. Sus amigos del puerto fueron los primeros en decirle que se dedicara[a] a la _____.[7] De su esposa recuerda su ternura,[b] su _____,[8] sus _____[9] y su hermoso _____[10] negro.

[a]se... he dedicate himself   [b]tenderness

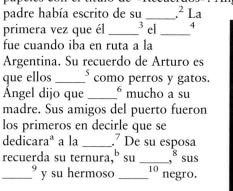

Verbos: comieron, extrañaba, se llevaban (*got along*), quería, viajó, vio
Sustantivos: baúl (*trunk*), escritura, juventud, mar, ojos, pelo, pintura, voz

Actividad **C**

«Ángela, espera un momento.»

¡UN DESAFÍO!

Paso 1 Cuando Ángela estaba a punto de regresar a San Juan, su abuela le dio algo muy importante. Con un compañero / una compañera, contesta las siguientes preguntas sobre lo que le dio doña Carmen a Ángela.

1. ¿Qué contenía la caja?
2. ¿De quién fue originalmente?
3. ¿Por qué la tenía doña Carmen?
4. ¿A quién le pertenece (*belongs*) ahora?
5. ¿Qué importancia puede tener ese recuerdo para la investigación?

In **Episodio 10** of the CD-ROM to accompany *Nuevos Destinos*, you can listen to Raquel's recorded version of the events mentioned in **Actividades B** and **C.**

Paso 2 Con otro grupo de estudiantes, verifica tus respuestas del Paso 1. Hagan los cambios necesarios.

Lengua y cultura

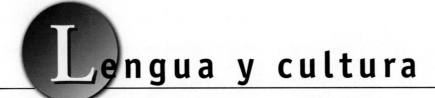

| Enfoque léxico | **Los buenos modales** |

VOCABULARIO DEL TEMA

Para dar consejos

la sugerencia   suggestion

Cognado: la recomendación

RAQUEL: **Mira, sugiero que vayamos a comer algo...**
LUCÍA: **¡La mejor idea del día!**

aconsejar	to advise
sugerir (ie, i)	to suggest

Cognado: insistir en

Repaso: deber, desear, recomendar (ie)

el mandato	order; command
los modales	manners

AMPLIACIÓN LÉXICA

Otras expresiones impersonales

es aconsejable que	it is advisable that
es imprescindible que ⎱	
es indispensable que ⎰	it is essential that

Cognados: es importante que, es inaceptable que, es intolerable que, es recomendable que

Actividad **A**

Situaciones

A continuación hay algunas situaciones en las que se encuentran algunos personajes de *Nuevos Destinos*. Con un compañero / una compañera, inventa sugerencias para darle a cada personaje para resolver esa situación. Usen palabras y expresiones del Vocabulario del tema.

MODELO: Raquel está muy preocupada por el estado de las relaciones entre ella y Arturo. →
Raquel, te aconsejo que llames a Arturo en la Argentina para hablar con él acerca de la situación. (Raquel, es imprescindible que esperes un poco más, ¿ ?)

1. Lucía no entiende por qué hay dos codicilos en el testamento de don Fernando.
2. Olga teme (*fears*) que, en el arreglo del divorcio, Jorge vaya a intentar sacarle más dinero a Ángela.
3. Raquel realmente no quiere salir con Luis en este momento, pero no sabe qué decirle.
4. Arturo no está seguro de que quiera regresar a Los Ángeles y continuar sus relaciones con Raquel.

Hace cino años

5. Olga no quiere que Ángela vaya con Raquel a México.
6. Raquel se siente incómoda en la presencia de Jorge.
7. Ángela realmente no sabe mucho del pasado de su padre, pero quiere saber más.
8. Arturo se siente culpable por no haber ido a buscar a Ángel antes.

NOTA *cultural* • *¿Términos de cariño?*

Muchos términos y expresiones que en los Estados Unidos son controvertibles[a] pueden usarse en los países hispánicos sin que nadie se ofenda. Por ejemplo, es común que un hombre llame **viejita, gordita** o **chaparrita**[b] a su esposa o a su novia, o que una mujer llame a su marido **flaquito**[c] o **el viejo.** Estos términos son parte del lenguaje familiar y son sólo una manera cariñosa de llamar a una persona con la que se tiene mucha confianza.

[a]*controversial* [b]*shorty* (lit. *little oak tree*) [c]*beanpole* (lit. *little skinny one*)

Para pensar

¿Conoces algunos términos de cariño en inglés que causarían confusión para una persona que no conoce muy bien el idioma? ¿Cuáles son? ¿En qué situaciones se usan?

Actividad  **B**

Los buenos modales

Paso 1 Indica cuáles de las siguientes acciones, en tu opinión, reflejan buenos modales. Piensa también en las situaciones en las que son aceptables o no.

1. darle la mano (*to shake hands*) al saludarle a alguien
2. quitarse los zapatos en casa de amigos
3. comer con la boca abierta
4. limpiarse los dientes con un palillo (*toothpick*) después de comer
5. comer en el salón de clase
6. invitarse a comer en casa de amigos
7. comer con los codos (*elbows*) apoyados en la mesa

Paso 2 Para las acciones que, en tu opinión, son de mal gusto (*poor taste*), dale una recomendación a una persona que comete tal acción.

MODELO: Quitarte los zapatos en casa de amigos es de mal gusto. Es aconsejable que no te quites los zapatos en casa de otras personas (que sólo te quites los zapatos en tu propia casa, ¿ ?)

Paso 3 Comparte tus ideas con un compañero / una compañera. ¿Están de acuerdo en todo? Si hay diferencias de opinión, expliquen sus razones. Es posible que haya situaciones en que algunas de las acciones del Paso 1 sean aceptables para algunas personas, ¿no?

¿CUÁL SE USA?

	Ejemplos	**Notas**
apoyar	Espero que me **apoyes** en mi decisión. *I hope you support me in my decision.*	**Apoyar** is used to express *to support* an idea. It can also be used in a financial sense if the support is a donation not intended to cover all the needs.
mantener	Es difícil **mantener** a una familia con un solo salario. *It's difficult to support a family on just one salary.*	**Mantener** is used to express *to support financially* or *to maintain*.
soportar **aguantar**	No sé cómo Ángela podía **soportar** (**aguantar**) a Jorge. *I don't understand how Ángela could tolerate Jorge.*	Both **soportar** and **aguantar** mean *to put up with, to tolerate, to withstand,* or *to physically support*.
tratar (de)	**Traten** bien a sus hijos. *Treat your children well.*	**Tratar** means *to treat* or *handle*. Used with **de**, it means *to deal with* a topic.
tratar de (+ infinitive)	**Trata de** relajarte. *Try to relax.*	**Tratar de** + an infinitive means *to try to* or *to attempt*.

probar (ue)	**Prueba** esta sopa deliciosa. *Try this delicious soup.*	**Probar** is *to taste* or *to try* in the sense of eating.
probarse (ue)	¿Quiere **probarse** el saco? *Do you want to try on the jacket?*	**Probarse** is *to try on* clothing.

Actividad A

Situaciones

Completa cada oración a continuación con la forma correcta de **tratar, tratar de, tratar de + *infinitivo*, probar** o **probarse.**

1. Alberto, debes _____ tener un poco más de paciencia, por favor.
2. ¿Por qué no _____ (tú) el postre?
3. Voy a _____ conseguir entradas para el teatro este viernes.
4. La conferencia que oí la semana pasada _____ los problemas ambientales.
5. ¿No te queda bien esta talla (*size*)? Pues, _____ ésta. Es un poco más grande.

Actividad B

Los amigos y la familia

Con un compañero / una compañera, haz y contesta las siguientes preguntas.

1. ¿Quiénes te apoyan más en momentos difíciles, tus amigos o tu familia?
2. ¿Tu familia te mantiene o te mantienes solo/a?
3. ¿Hay algo en tu vida que es difícil de soportar o aguantar? ¿Qué es?
4. ¿Sabes mantener un coche?
5. ¿Apoyas alguna causa social o política? ¿Cuál?
6. Para ti, ¿cuál es más difícil aguantar en el extremo, un día muy frío o de mucho calor?

Enfoque cultural   Cuba

Cuba es la isla más grande del Caribe y, con las islas de Santo Domingo (donde están la República Dominicana y Haití), Puerto Rico y Jamaica, forman las Antillas Mayores.

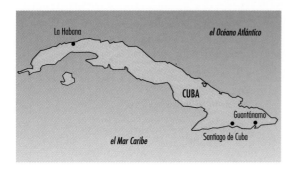

Historia

La colonización de Cuba es similar a la de las islas de Santo Domingo y Puerto Rico. Aunque Cristóbal Colón llegó a la Isla en 1492, no fue colonizada hasta 1511. Como en el caso de las otras islas del Caribe, la población indígena fue exterminada por las enfermedades y el trabajo duro impuesto por los españoles, trabajo que se desarrollaba principalmente en los cañaverales.[a] Para reemplazar a los trabajadores indí-

[a]*sugarcane fields*

genas, los españoles comenzaron a importar esclavos africanos. Hoy en día la cultura afrocubana es un aspecto fundamental de la cultura de Cuba. Esta influencia es evidente en muchos aspectos, desde la música y el baile, hasta la pintura y la religión de la Isla.

Por carecer de[b] oro y plata, la isla se convirtió en la base principal de las expediciones a Norte y Centro América. Como sus islas hermanas, tuvo importancia estratégica para la protección de las flotas españolas. Pero Cuba estaba tan fuertemente fortalecida[c] que no pudo lograr su independencia cuando lo hicieron las otras colonias del imperio (entre 1820 y 1825) y pasó la mayoría del siglo XIX luchando contra su estado colonial.

José Martí (1853–1895)

José Martí, escritor y político cubano.

El héroe más destacado de la lucha por la independencia de Cuba fue el patriota, escritor y político José Martí. Durante esta época, los cubanos estaban divididos en varias facciones políticas. La gran contribución de Martí fue la de juntar estos grupos bajo una sola bandera.[d] Como resultado de su política revolucionaria, Martí y otros patriotas fueron exiliados. Durante su exilio, Martí escribió muchos artículos con el fin de lograr el apoyo de los otros países americanos a la causa de la independencia de Cuba. Tan importantes como estos escritos son las obras de poesía modernista que escribió, muchas de las cuales son populares hasta hoy en día. Su colección de poesías más conocidas, *Versos sencillos*, se publicó en 1891. Martí murió en el campo de batalla en 1895, sin ver realizada la independencia de su patria, que ocurrió en 1898.

Ese mismo año, el gobierno de los Estados Unidos prestó su apoyo a los revolucionarios cubanos y España perdió sus últimas colonias: las islas del Caribe y las islas Filipinas en el océano Pacífico. El gobierno estadounidense, para aprovecharse de la posición estratégica de Cuba y de su importancia económica, estableció la Enmienda[e] Platt como parte de la Constitución cubana, la cual permitía que el gobierno estadounidense interviniera en los asuntos internos de la Isla. Esta Enmienda se volvió parte importante de un tratado firmado por ambas naciones en 1903, pero las excesivas intervenciones económicas y políticas estadounidenses en la Isla entre 1905 y 1920 crearon un campo fértil para una fuerte reacción nacionalista de parte de los cubanos.

Fidel Castro Ruiz (1926–)

Durante varias décadas, la Isla existió prácticamente como una colonia estadounidense. Fidel Castro, al mando de un pequeño ejército revolucionario y con el apoyo popular, terminó con el gobierno del dictador Fulgencio Batista en 1958. Castro, como primer ministro, estableció un gobierno socialista y realizó la reforma agraria y la nacionalización de los recursos económicos de la Isla. Esto le ganó la antipatía inmediata del gobierno de los Estados Unidos, que le impuso un embargo general y dejó de comprarle azúcar a Cuba. Castro elevó el nivel de educación de los cubanos, llegando a ser el único país en el que se ha erradicado prácticamente el analfabetismo,[f] a pesar de los sacrificios en las libertades individuales. La situación económica de Cuba se mantuvo constante hasta la disolución de la Unión Soviética en 1989. En la década de los 90, Castro se ha visto obligado a abrir un poco su economía y permitir la

[b]Por... *Because it lacked*   [c]*fortified*   [d]*flag*   [e]*Amendment*   [f]*illiteracy*

creación limitada de empresas privadas, para atraer las inversiones extranjeras y fortalecer la economía de su país. En apariciones públicas recientes, se ha notado que la fortaleza y el estado de salud de Fidel Castro se han debilitado, debido a su avanzada edad.

Actividad

Los héroes / Las heroínas nacionales

Paso 1 ¿Cómo son los héroes / las heroínas nacionales? ¿Qué cualidades poseen? Con un compañero / una compañera, haz una lista de las cualidades típicas de los héroes / las heroínas.

Paso 2 Escojan un héroe / una heroína de la historia o del pasado reciente de los Estados Unidos. Describan a esta persona usando cualidades de su lista y dando una oración sobre sus aspiraciones, para que el resto de la clase adivine de quién se trata.

MODELO: (*héroe:* Jorge Washington) →
Nuestro héroe era valiente, honrado y un genio militar. Dijo: «Es imprescindible que las trece colonias ganen su independencia de Inglaterra.»

Paso 3 Comparen su lista y descripciones con las de otros estudiantes de la clase. ¿Están todos de acuerdo en cuanto a las cualidades típicas de los héroes / las heroínas? ¿Aparece el nombre de algunas de las mismas personas en las listas de los diferentes grupos? ¿Quién es o quiénes son? ¿Cuántas heroínas hay en las listas? ¿Por qué creen que hay tantas o tan pocas?

Enfoque estructural

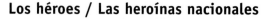

10.1 Expresando deseos, emociones y dudas con el presente de subjuntivo

In **Enfoque estructural 9.2,** you learned the forms of the present subjunctive and how to use the subjunctive with impersonal expressions. In this chapter, you will learn how to use the subjunctive to express wishes, emotions, and doubt.

El subjuntivo para expresar deseos

To express wishes, desires, suggestions, requests, hopes, or implied commands on the part of one party for another, the independent clause in such a sentence uses the indicative mood of a verb of persuasion, volition, or desire, and the dependent clause contains a verb in the subjunctive mood. The following construction is used.

INDEPENDENT CLAUSE	+	**que**	+	DEPENDENT CLAUSE
verb of persuasion (indicative mood)				action desired (subjunctive mood)
Quiero		que		Ángela **conozca** a su abuelo en México.
I want				*Ángela to meet her grandfather in Mexico.*

You already know some verbs that express wishes, desires, and so on, including **aconsejar, desear, insistir (en), necesitar, pedir, preferir, querer, recomendar,** and **sugerir,** plus impersonal expressions such as **es importante que, es necesario que,** and so on. Other verbs used to express persuasion include **exigir** (*to demand*), **rogar (ue)** (*to beg*), and **suplicar** (*to beg, implore*).

Compare the following sentences.

Raquel quiere investigar a Jorge.	*Raquel wants to investigate Jorge.*
Raquel **quiere** que Lucía **investigue** a Jorge.	*Raquel wants Lucía to investigate Jorge.*

Note that the infinitive is used in both English examples. For the second Spanish example, the verb of the dependent clause is in the subjunctive mood because the action to be performed (*to investigate*) will not be done by Raquel. It is Raquel's wish that Lucía perform this action.

El subjuntivo para expresar emociones

To express an emotional reaction about an event or another person's actions or states of being, the independent clause in such a sentence uses the indicative mood of a verb of emotion, and the verb in the dependent clause is expressed with the subjunctive. The construction is the same as with verbs of persuasion.

INDEPENDENT CLAUSE	+	**que**	+	DEPENDENT CLAUSE
verb of emotion (indicative mood)				action or state (subjunctive mood)
Me alegro de		que		Ángela **tenga** permiso de viajar a México.
I'm glad		*that*		*Ángela has permission to travel to Mexico.*

Some verbs used to express emotions that you already know include: **alegrarse de, esperar, estar contento/a, sentir,** and **tener miedo de.** Another useful verb is **temer** (*to fear*).

Raquel **teme** que Arturo no **vuelva** de la Argentina.	*Raquel fears that Arturo won't return from Argentina.*

● Other emotions can also be expressed with verbs requiring an indirect object pronoun to indicate who is affected by the action of another. A prepositional phrase with **a** may precede the indirect object pronoun to clarify to whom it refers. (See **Enfoque estructural 5.2** for a review of many of these verbs.)

A Raquel **le molesta** que Luis **quiera** verla.

It bothers Raquel that Luis wants to see her.

A los padres de Raquel **les preocupa** que ella **esté** sola esta semana.

It worries Raquel's parents that she is alone this week.

El subjuntivo para expresar duda

● When a speaker wishes to express doubt, disbelief, or denial about a present or future action on the part of someone or something, the independent clause in such a sentence uses the indicative mood of a verb of doubt, and the verb in the dependent clause is expressed in the subjunctive. The construction used follows the same pattern that you have seen for the other uses of the subjunctive mood.

INDEPENDENT CLAUSE verb of doubt (indicative mood)	+	**que**	+	DEPENDENT CLAUSE action which is doubted or denied (subjunctive mood)
Raquel **duda**		que		Olga **tenga** algo que ver con el segundo codicilo.
Raquel doubts		*that*		*Olga has anything to do with the second codicil.*

Some familiar verb phrases used to express doubt, disbelief, or denial include **no creer** and **no estar seguro/a**, plus negative impersonal expressions such as **no es cierto que, no es probable que, no estoy seguro/a de,** and so on. Other verbs used to express doubt are **dudar** (*to doubt*) and **negar** (**ie**) (*to deny*).

● Expressions that indicate certainty, such as **creo que, es cierto que, es obvio que,** and so on, are followed by the indicative in the dependent clause.

Es cierto que ahora Raquel **sabe** más sobre el pasado de Ángel.

It's certain that Raquel now knows more about Ángel's past.

Práctica **¡No es cierto!**

Paso 1 Todas las afirmaciones a continuación son falsas. Modifícalas para que sean ciertas.

1. No es importante que Lucía investigue a Jorge.
2. Lucía duda que Arturo y Raquel puedan mejorar sus relaciones en crisis.
3. Raquel se alegra de que Luis la invite a almorzar.
4. No es cierto que Ángela se divorcie de Jorge.

> ▶ *Hace cino años* ◀

5. Olga espera que Ángela vaya a México para conocer a su abuelo.
6. Arturo no cree que pueda ir a México para reunirse con Raquel.
7. A Ángela le gusta que Olga se meta (*involves herself*) mucho en su vida.
8. No es necesario que Ángela le pida permiso a su abuela para viajar.

Paso 2

¡UN DESAFÍO!   Inventa tres oraciones falsas como las del Paso 1 y léeselas a un compañero / una compañera. Él/Ella debe modificar tus oraciones falsas para que sean ciertas.

Práctica **B**

En la clase de español

Paso 1 ¿Qué quiere el profesor / la profesora en la clase de español? Haz el papel de él/ella, usando oraciones completas con verbos de deseo.

MODELO: hablar español todo el tiempo →
          Quiero que mis estudiantes hablen español todo el tiempo.

1. saber los verbos irregulares
2. entender todas las lecciones
3. hacer buenas preguntas
4. sacar buenas notas en los exámenes
5. llegar a clase a tiempo
6. tener interés en aprender
7. aprender más sobre las culturas hispánicas
8. venir preparados a clase
9. nunca dormirse en clase

Paso 2 Ahora hazle preguntas a tu profesor(a), basándote en las indicaciones del Paso 1.

MODELO: TÚ: ¿Qué quiere Ud. (quieres) que hagan los estudiantes todo el tiempo? →
       PROFESOR(A): Quiero que hablen español todo el tiempo.

Práctica **C**

Algunos personajes de la historia

Paso 1 Combina elementos de las tres columnas a continuación para hacer cuatro oraciones sobre lo que piensan o creen los siguientes personajes de *Nuevos Destinos*.

A Raquel	(no) le fascina	que la historia del pasado de Ángel sea tan interesante.
A Lucía	(no) le gusta	
A Jorge	(no) le importa	que Ángela conozca a su abuelo.
A Ángela	(no) le molesta	
A Olga	(no) le preocupa	que se comunique pronto con su hermano.
A doña Carmen		que Luis la llame.
		que Ángela vaya a México con gente desconocida.
		que Raquel no le haga caso.

Paso 2

¡UN DESAFÍO!   Con un compañero / una compañera, inventa tres oraciones originales y léeselas al resto de la clase.

Práctica **D**

Dos verdades y una mentira

Paso 1 Escribe dos oraciones ciertas y otra falsa sobre tu vida. Trata de incluir (¡o inventar!) los hechos más interesantes de tu vida.

MODELO: Tengo una colección de autógrafos de gente famosa. Mi madre es actriz de teatro. Tengo un hermano que vive en Alemania.

Paso 2 En grupos de tres o cuatro estudiantes, compartan sus verdades y mentiras. Expresen sus opiniones sobre las oraciones de sus compañeros de la siguiente manera:

(No) Creo que...   Dudo que...   (No) Es probable que...

MODELO: Creo que tienes una colección de autógrafos y es probable que tu hermano vive en Alemania, pero dudo que tu madre sea actriz de teatro.

Paso 3 ¡Ya es la hora de la verdad! Después de oír las reacciones de sus compañeros, indiquen la oración falsa. ¿Quién inventó la mentira más convincente? ¿Quién dijo algo verdadero muy interesante?

10.2 Pidiendo algo en forma directa: Los mandatos informales

REFRÁN

《 *No creas* todo lo que veas ni la mitad de lo que oigas. **》***

In **Enfoque estructural 9.1,** you reviewed the formation and use of formal commands. In this section, you will review the use of informal commands with people whom you address as **tú.**

Los mandatos informales afirmativos

To form most affirmative commands, use the third-person singular form of the verb.

Canta.	*Sing.*
Vuelve.	*Return.*
Pide.	*Order.*

DOÑA CARMEN: Ángela, Ángela. **Espera** un momento.
DOÑA CARMEN: *Ángela, Ángela. Wait a moment.*

Some verbs have irregular affirmative **tú** command forms.

decir	di		**salir**	sal
hacer	haz		**ser**	sé
ir	ve		**tener**	ten
poner	pon		**venir**	ven

JORGE: Y **dime** algo de ti. ¿Estás casada?
JORGE: *And tell me about yourself. Are you married?*

**"Don't believe everything you see nor half of what you hear."*

Note in the previous example that pronouns attach to the end of affirmative commands. When more than one object pronoun is used, the indirect object pronoun is placed before the direct object pronoun.

Dámelo.   *Give it to me.*

¡OJO! **Ir** and **ver** share the same command form. Context will determine meaning.

¡**Ve** esa película!   *See that movie!*
Ve a casa inmediatamente.   *Go home immediately.*

Los mandatos informales negativos

To form negative **tú** commands, use the second-person singular form of the subjunctive.

RAQUEL: Ángela, no **llores.**   RAQUEL: *Ángela, don't cry.*

Unlike with affirmative **tú** commands, pronouns are placed *before* the conjugated command form.

No **lo hagas.**   *Don't do it.*
No **me lo cuentes,** por favor.   *Don't tell it to me, please.*

Práctica   ### Mandatos de la niñez

A los niños siempre se les dan muchos mandatos. De los mandatos a continuación, ¿cuáles escuchabas con frecuencia cuando eras niño/a? ¿Cuáles no escuchaste casi nunca?

	CON FRECUENCIA	A VECES	NUNCA
1. Haz la tarea antes de mirar la televisión.	☐	☐	☐
2. Lávate las manos.	☐	☐	☐
3. Levántate, chico/a, que vas a llegar tarde a la escuela.	☐	☐	☐
4. Ordena tu cuarto antes de ir a jugar.	☐	☐	☐
5. ¡No toques eso!	☐	☐	☐
6. Ven a comer, que se te va a enfriar la comida.	☐	☐	☐
7. Cómete todo lo que tienes en el plato.	☐	☐	☐
8. Toma. Aquí está tu dinero para la semana. No lo pierdas, ¿eh?	☐	☐	☐
9. ¡No seas escandaloso/a! Si tu padre/madre se enterara (*found out*)...	☐	☐	☐
10. Acuéstate, que ya es tarde.	☐	☐	☐
11. No hagas tanto ruido.	☐	☐	☐
12. Vete a jugar afuera.	☐	☐	☐

Práctica **Comunicarse**

A veces nos encontramos en la posición de ayudar a nuestros amigos cuando tienen problemas. Con un compañero / una compañera, practica algunas frases que se pueden usar en diferentes etapas (*stages*) de hablar con un amigo / una amiga cuando tiene algún problema.

MODELO: decirme qué pasa → Dime qué pasa.

1. explicarme cuál es el problema
2. no tener miedo de hablar
3. ser honesto/a con tus sentimientos
4. hablar con franquesa del problema
5. confiar en mí
6. no negar lo que sientes
7. tener confianza en ti mismo/a
8. buscar ayuda profesional
9. no tratar de resolver el problema con drogas o alcohol
10. llamarme si te sientes solo/la

Práctica **Más sobre los buenos modales**

En otra actividad de este capítulo, diste consejos sobre cómo uno debe portarse en ciertas situaciones. Diles a las siguientes personas maleducadas lo que no deben hacer, usando mandatos informales negativos según el modelo.

MODELO: Beto siempre come con los codos apoyados en la mesa. →
Beto, no comas con los codos apoyados en la mesa.

1. Elisa siempre come en el salón de clase.
2. Victoria siempre habla mientras la profesora habla en clase.
3. Patricio se quita los zapatos en casa de amigos.
4. Gregorio nunca le da la mano al conocer a alguien.
5. Marisol nunca les da las gracias a sus anfitriones cuando la invitan a cenar.
6. Simón se limpia los dientes con un palillo después de comer.

Para terminar

Actividad final   Consejos

En este capítulo has tenido la oportunidad de dar varios tipos de consejos y expresar tus reacciones ante ciertas situaciones. En esta actividad final, vas a poder usar tus nuevos conocimientos del subjuntivo y de los mandatos informales con tus compañeros.

Paso 1   En grupos de cuatro, conversen sobre problemas que tienen en su vida. Tomen en cuenta que algunos problemas que se mencionan se van a compartir con el resto de la clase. Después de escuchar un problema de cada persona del grupo, decidan cuál quieren mandar en forma de carta para que otro grupo la resuelva.

Paso 2   Escriban una carta breve en su grupo en la cual se explica el problema que escogieron. Su profesor(a) entregará su carta a otro grupo cuando todos hayan terminado este paso.

Paso 3   Lean la carta que recibieron de otro grupo y compartan sus ideas para resolver el problema. Apunten las mejores ideas de cada persona del grupo y escriban una carta de 60 a 70 palabras, indicando lo que piensan que él/ella debe hacer con respecto a la situación en la que se encuentra. Deben usar mandatos informales y expresiones con el subjuntivo en sus consejos.

Paso 4   Ahora lean las cartas y sus respuestas en clase. ¿Qué grupo tiene las mejores recomendaciones?

Vocabulario

Los verbos

coquetear	to flirt
darle la mano (a alguien)	to shake hands (with someone)
dudar	to doubt
exigir	to demand
extrañar	to miss
llevarse bien/mal (con)	to get along well/poorly (with)
negar (ie)	to deny
pertenecer (pertenezco) (a)	to belong (to)
rogar (ue)	to beg
suplicar	to beg, implore
temer	to fear

Para dar consejos

aconsejar	to advise
sugerir (ie, i)	to suggest

Cognado: insistir en

Repaso: deber, desear, recomendar (ie)

el mandato	order; command
los modales	manners
la sugerencia	suggestion

Cognado: la recomendación

Otras palabras y expresiones útiles

el baúl	trunk
el codo	elbow
la copa de bodas	wedding cup
el palillo	toothpick
el recuerdo	memento

¿Cuál se usa?

aguantar	to put up with, tolerate; to withstand; to physically support
apoyar	to support (an idea / financially)
mantener	to support (financially); to maintain
probar (ue)	to taste; to try (food)
probarse (ue)	to try on (clothing)
soportar	to put up with, tolerate; to withstand; to physically support

11 Entre hermanos

METAS

LA TRAMA

Día 4 (*continuación*): Raquel tells Lucía about when she and Ángela found out that Ángela's brother, Roberto, was involved in an accident at an archaeological dig in Mexico. This leads Lucía to talk about her own childhood and her brother. Before moving to the United States, her family lived in Toluca, not far from La Gavia— what a coincidence!

PADRE RODRIGO: Tu hermano Roberto es una de las personas atrapadas... Pero hay esperanzas.
ÁNGELA: Entonces, ¿están vivos?

CULTURA

As you work through the chapter, you will also find out about

- a Mexican legend carried down through the ages (**Nota cultural: La Llorona**)
- the U.S.-Mexican border (**Enfoque cultural: La frontera entre México y los Estados Unidos**)

COMUNICACIÓN

In this chapter of *Nuevos Destinos*, you will

- talk about the world's resources, social problems, and aspects of politics (**Enfoque léxico: El mundo de hoy**)
- review the uses of **ahorrar, guardar, salvar; gastar, pasar, aprobar** (**Enfoque léxico: ¿Cuál se usa?**)
- use the subjunctive to express purpose and contingency with certain conjunctions (**Enfoque estructural 11.1**)
- use the subjunctive with negative and indefinite antecedents (**11.2**)

El vídeo

Actividad **A**

▷ *Hace cinco años* ◁   **En Puerto Rico**

Paso 1   Las siguientes oraciones tienen que ver con los acontecimientos que tuvieron lugar en Puerto Rico hace cinco años. Indica el orden, del 1 al 10, en que tuvieron lugar estos acontecimientos.

____ Raquel conoció a los tíos de Ángela.

____ De regreso a San Juan, Raquel conoció a Jorge, el novio de Ángela.

____ En San Juan, Raquel buscó la casa de Ángel Castillo.

____ Ángela encontró unos papeles en el baúl de su padre.

____ Una vecina le dijo a Raquel que Ángel había muerto.

____ Raquel viajó a San Germán con Ángela y la prima de ella, Laura.

____ Ángela llamó por teléfono a su abuela, doña Carmen.

____ Doña Carmen le dio algo muy especial a Ángela.

____ Raquel sacó una foto de la tumba de Ángel.

____ Olga expresó que no le gustaba la idea de que Ángela viajara a México con Raquel.

Paso 2

¡UN DESAFÍO!   Con un compañero / una compañera, haz y contesta preguntas basadas en las oraciones del Paso 1.

MODELO: Raquel conoció a los tíos de Ángela. →
   E1: ¿Dónde conoció Raquel a los tíos de Ángela?
   E2: Los conoció en casa de Ángela.

Actividad **B**

Jorge, una persona sospechosa

Ya sabes que a Raquel no le cae bien Jorge, el actual esposo de Ángela. ¿Tendrá él algo que ver con el segundo codicilo? A continuación hay algunas oraciones sobre Jorge. Indica lo que opinas tú, según el modelo.

MODELO: Doña Carmen se mete en las relaciones entre Ángela y Jorge. →
   Es bueno (Es normal, Es lógico...) que doña Carmen se meta en las relaciones entre Ángela y Jorge.

Según Raquel,...

1. Jorge es absolutamente incapaz de serle fiel a Ángela.
2. Ángela finalmente se da cuenta de la verdadera personalidad de su esposo.
3. Jorge no está satisfecho con el arreglo económico del divorcio.
4. Jorge es la persona a quien Lucía debe investigar.

 Hace cinco años

5. Jorge coquetea con Raquel mientras Ángela está fuera.
6. Jorge es un hombre egoísta.
7. Jorge inventa excusas para no acompañar a Ángela y Raquel a ver las pinturas de Oller.

Episodio 11: Día 4 (*continuación*)

Preparación para el vídeo

Actividad **A**

 Hace cinco años   «Ha habido un accidente»

Paso 1 En el Episodio 11, Roberto, el hermano de Ángela, va a sufrir un accidente. ¿Cuáles serán los resultados del accidente? Indica lo que opinas de las oraciones a continuación de la siguiente manera.

a. Es muy posible.   **b.** Es poco posible.   **c.** No creo que sea posible.

1. _____ Roberto va a sufrir un accidente en una excavación arqueológica.
2. _____ Roberto va a ser víctima de un ataque terrorista.
3. _____ Él va a morir sin saber que tiene familia en México.
4. _____ Arturo nunca va a conocer a su sobrino.
5. _____ Roberto va a salir del accidente sin heridas (*wounds*) graves.
6. _____ Roberto va a quedar paralizado como resultado del accidente.
7. _____ Roberto va a ayudar a otros a salir del peligro.
8. _____ Ángela va a sufrir un ataque de nervios a causa del accidente de su hermano.

Paso 2 Después de ver el episodio, verifica tus respuestas del Paso 1.

Actividad **B**

Lucía habla de su familia

Paso 1 En este episodio, Lucía le va a contar a Raquel algo de su familia. ¿Qué le va a decir? Indica si las siguientes oraciones son ciertas (**C**), falsas (**F**) o si no estás seguro/a (**NS**).

C F NS **1.** Lucía viene de una familia muy humilde y pobre.
C F NS **2.** Lucía no recuerda casi nada de su vida en México porque ella y su familia se mudaron a California cuando ella era muy pequeña.

C F NS **3.** El hermano de Lucía se sentía muy a gusto en su nuevo país.

C F NS **4.** El padre de Lucía murió cuando ella todavía era muy joven.

C F NS **5.** Él murió en un accidente industrial.

C F NS **6.** Lucía se hizo abogada para mostrarles a los norte-americanos que los mexicanos también pueden realizar (*achieve*) sus sueños.

C F NS **7.** La madre de Lucía murió hace poco.

Paso 2 Después de ver el episodio, verifica tus respuestas del Paso 1.

¿Qué tal es tu memoria?

Actividad **A**

In **Episodio 11** of the CD-ROM to accompany *Nuevos Destinos*, you will hear Raquel's recorded summary of the events in **Actividad A.**

▶ *Hace cinco años* ◀ **En la excavación**

En este episodio hubo unos momentos muy emocionantes. ¿Te acuerdas de lo que pasó primero? Pon los siguientes acontecimientos en el orden cronológico apropiado, del 1 al 9.

_____ Ángela buscó el nombre de su hermano en la lista de pacientes del hospital.

_____ Unos trabajadores pusieron tubos para que entrara aire fresco en la excavación.

_____ El tío Jaime le avisó a Ángela que hubo un accidente en la excavación en México.

_____ Ángela logró comunicarse con su familia en Puerto Rico para informarles de lo ocurrido en la excavación.

_____ Rescataron (*They rescued*) a Roberto.

_____ Raquel y Ángela alquilaron un camión para ir al sitio de la excavación.

_____ El Padre Rodrigo le confirmó a Ángela que Roberto era una de las personas atrapadas.

_____ Llevaron a Roberto en helicóptero a un hospital en la Ciudad de México.

_____ En la tienda de la Cruz Roja, le dieron un calmante a Ángela.

Hace cinco años

Desde los diez años, cuando su abuela le regaló un libro sobre los mayas, Roberto sabía que iba a especializarse en arqueología. Poco después de la muerte inesperada de su padre, Roberto recibió una llamada de uno de sus profesores, invitándolo a trabajar en una excavación en México. No sabía en aquel entonces que tenía un abuelo en México. A veces la vida es así —llena de coincidencias.

Actividad **B**   ▶ *Hace cinco años* ◀   **¿Quién lo hizo?**

Identifica al personaje de *Nuevos Destinos* a quien se refiere cada oración a continuación. **¡OJO!** No se usan todos los personajes de la lista.

a. Ángela   c. Arturo   e. el Padre Rodrigo
b. Roberto   d. Raquel   f. la recepcionista

1. _____ Le dio noticias a Ángela sobre su hermano.
2. _____ Averiguó que no había ningún Castillo Soto en la lista del hospital.
3. _____ Se sentía culpable por la forma en que se portó con Roberto la última vez que estuvieron juntos.
4. _____ Pensaba que había esperanzas porque los hombres contestaron los golpes.
5. _____ Trató de apoyar a su amiga tanto como pudo.
6. _____ Pensaba que «R. Castilla» podía ser Roberto.
7. _____ Dejó un mensaje para Arturo en el hotel.
8. _____ No logró comunicarse con la familia Castillo en casa de Pedro porque la línea siempre estaba ocupada.

NOTA *cultural* • *La Llorona*

LUCÍA: Pero, mi madre y yo no supimos nada de [mi hermano] por más de un mes. Mi madre casi se muere de la pena y no hacía más que hablar de La Llorona.

S e cuenta que, a mediados del siglo XVI, los residentes del centro de la Ciudad de México comenzaron a despertarse espantados[a] al oír en las calles los tristes lamentos de una mujer. Se dice que algunos vecinos que lograron verla contaban que vestía un traje blanco que la envolvía como un manto vaporoso y que un velo cubría su rostro. Cada noche recorría calles distintas, deteniéndose de vez en cuando para caer de rodillas[b] con un penetrante gemido[c] y, luego, seguía su camino.

Ésta es la leyenda de La Llorona, una mujer que anda gimiendo y lamentando a sus hijos muertos. Según una versión de esta leyenda, La Llorona era una mujer de carne y hueso[d] que mató a sus tres hijos, hundiéndolos[e] en el agua hasta que se ahogaron.[f] Para condenarla, Dios hizo que tuviera que pasar por la eternidad en el estado horrorífico anteriormente descrito. Se dice que ella anda buscando las almas perdidas[g] de sus hijos.

A través de los siglos, muchas madres mexicanas han usado esta leyenda para amenazar[h] a sus hijos desobedientes —que si no se portan bien, La Llorona los buscará y los llevará con ella. Por eso la madre de Lucía «no hacía más que hablar de La Llorona»; pensaba que su hijo, que se fugó[i] de casa en un momento de crisis, estaba con el fantasma espectral.

[a]*frightened* [b]*caer... to kneel* [c]*wail* [d]*carne... flesh and bone* [e]*submerging them* [f]*se... they drowned* [g]*almas... lost souls*
[h]*threaten* [i]*se... ran away*

Para pensar   ¿Hay una leyenda semejante en tu cultura? ¿En qué situaciones se cuenta? ¿Te parece la leyenda de La Llorona semejante a la del *bogeyman*?

Actividad **C**

La familia de Lucía

Indica si las siguientes oraciones sobre la familia de Lucía son ciertas (**C**) o falsas (**F**). Si son falsas, modifícalas para que sean ciertas.

C F **1.** Antes de salir de México para los Estados Unidos, la familia de Lucía vivía en Toluca.

C F **2.** Al hermano de Lucía le fue bastante difícil acostumbrarse a su nueva vida en California.

C F **3.** El padre de Lucía murió en una pelea.

C F **4.** Cuando murió su padre, el hermano de Lucía se fue sin decirle nada a nadie.

C F **5.** En México, todo el mundo llamaba al padre de Lucía «el cuentista», porque contaba cuentos muy graciosos.

C F **6.** Una vez en California, su padre descubrió que, según los norteamericanos, no era más que otro inmigrante mexicano.

C F **7.** El hermano de Lucía estudió ingeniería y siempre fue buen estudiante.

Para pensar

Qué coincidencia que la familia de Lucía es de Toluca, un pueblo tan cerca de La Gavia, ¿no? ¿Podría haber alguna conexión lejana (*distant*) entre la familia Hinojosa y la familia Castillo? Si el padre de Lucía tenía un buen trabajo y fue un inventor de gran fama en su pueblo, ¿cómo se explica que, según Lucía, «las cosas empezaron a ir mal»?

Lengua y cultura

Enfoque léxico   **El mundo de hoy**

VOCABULARIO DEL TEMA   *El medio ambiente*

agotar	to exhaust, deplete	**la basura**	garbage, trash
desperdiciar	to waste	**el bosque**	forest
evitar	to avoid	**la capa de ozono**	ozone layer
explotar	to exploit	**la contaminación**	(water/air)
proteger	to protect	**(del agua/aire)**	pollution
		los desechos	(industrial, toxic)
Cognados: **conservar, contaminar, destruir, reciclar**		**(industriales, tóxicos)**	waste

En ECOPETROL tenemos conciencia ambiental y social. Nuestra planeación incluye siempre los estudios de localización e impacto ambiental, buscando no perturbar la naturaleza y la vida  de las poblaciones vecinas a nuestras futuras operaciones. En esta planeación el trabajo con la comunidad es indispensable.

**Nuestro propósito:
Una mejor convivencia**

**EMPRESA COLOMBIANA
DE PETROLEOS
ECOPETROL**

el efecto invernadero	greenhouse effect
la escasez (*pl.* escaseces)	shortage
las especies	species
la fábrica	factory
la naturaleza	nature
los recursos naturales	natural resources

Cognados: **la energía (eléctrica/solar), la extinción, la industria, el petróleo**

AMPLIACIÓN LÉXICA

¿Qué significan los siguientes sustantivos derivados de verbos en español? ¿De qué verbos son derivados?

el agotamiento	**la explotación**
la conservación	**la protección**
los desperdicios	**el reciclaje**

Actividad   **A**

Cuestiones medioambientales

Paso 1   ¿Cuáles son los problemas medioambientales más graves donde tú vives? Indica en orden de importancia para ti, del 1 al 7, los problemas más serios de tu país, estado, región, ciudad o pueblo. ¿Hay otro problema grave que no esté en la lista? Si lo hay, agrégale el número 8 a la lista.

_____ la contaminación del agua/aire a causa de fábricas industriales
_____ la extinción de especies de plantas/animales
_____ el agotamiento de recursos energéticos, como el petróleo
_____ la falta de protección contra los desechos tóxicos
_____ la escasez de recursos naturales
_____ la explotación desenfrenada (*uncontrolled*) de los bosques
_____ la falta de programas de reciclaje en las áreas urbanas
_____ ¿ ?

Paso 2   Compara tu lista del Paso 1 con la de un compañero / una compañera. ¿Concuerdan Uds. en algo o hay muchas diferencias entre sus listas? Comenten por qué respondieron así.

Paso 3

¡UN DESAFÍO!   Entre todos de la clase, comenten qué se puede hacer para resolver estos problemas medioambientales. ¿Cuántas soluciones pueden sugerir para cada problema?

Actividad **B**

En el año 2050

Paso 1 Imagínate que es el año 2050. ¿Cómo se ha conservado el medio ambiente? ¿Existen los mismos recursos naturales que cuando asistías a la universidad? ¿Se han descubierto nuevas formas de producir energía? Con un compañero / una compañera, haz una lista de por lo menos cinco cosas que han cambiado desde que Uds. eran estudiantes. ¡Usen su imaginación!

MODELO: **1.** Hoy en día no hay bosques naturales. Usamos madera (*wood*) sintética hecha en fábricas.

Paso 2 Escriban un breve párrafo en el que comenten los cambios que ha experimentado el planeta en los últimos cincuenta años y compártanlo con la clase. ¿Quiénes tienen la visión más fantástica del mundo del año 2050?

VOCABULARIO DEL TEMA

Cuestiones políticas y sociales

castigar	to punish	**la guerra**	war
gobernar (ie)	to govern, rule	**la hambruna**	famine
luchar	to struggle; to fight	**la huelga**	strike
		la ley	law
		la libertad	freedom, liberty
Cognados: **asesinar, votar**		**la pobreza**	poverty
		la política	politics
la censura	censorship	**el sindicato**	(labor) union
los derechos humanos	human rights	**la sobrepoblación**	overpopulation
el desempleo	unemployment		
la dictadura	dictatorship	*Cognados:* **la democracia, la discriminación, la**	
el ejército	army	**inmigración, los servicios públicos, el terrorismo**	

Actividad **A**

Definiciones

Paso 1 Escoge cuatro palabras o frases de la lista del Vocabulario del tema y escribe tus propias definiciones de cada una.

¡UN DESAFÍO! Escribe definiciones para siete palabras o frases de la lista del vocabulario.

Paso 2 Léele tus oraciones a un compañero / una compañera. Él/Ella tiene que indicar la palabra o frase que se define.

Actividad **B**

Problemas sociales y políticos

Paso 1 Con un compañero / una compañera, escoge uno de los problemas de la siguiente lista y haz una lista de las posibles soluciones para resolverlo. Luego, preparen su lista de problemas y soluciones en forma de un párrafo.

la censura

la hambruna

el desempleo

la sobrepoblación

la falta de derechos humanos/
libertad

Paso 2 Ahora compartan su párrafo con toda la clase.

Paso 3 ¿Están Uds. de acuerdo en que las soluciones propuestas pueden ser eficaces para resolver los problemas?

¿CUÁL SE USA?

	Ejemplos	Notas
ahorrar	Es importante **ahorrar** una parte del salario. *It's important to save part of your salary.*	**Ahorrar** means *to save* money or resources, not to spend or waste.
guardar	¿**Guardas** todas las cartas que recibes? *Do you keep all the letters you receive?*	*To put away* or *to keep* is expressed with **guardar.**
salvar	Me **salvaron** la vida. *They saved my life.*	**Salvar** means *to save* or *rescue* a life.
gastar	Se puede divertirse sin **gastar** demasiado dinero. *You can have a good time without spending too much money.*	*To spend* money or resources is expressed with **gastar.**
pasar	¿Cómo te gusta **pasar** las vacaciones? *How do you like to spend your vacation?*	Use **pasar** to express *to spend* time. **Pasar** is also used for *to hand* or *pass* something to someone.
aprobar	¿Vas a **aprobar** esta clase? *Are you going to pass this class?*	Use **aprobar,** not **pasar** for *to pass* an exam or class.

Actividad ## ¿Cuál se usa?

Escribe la forma correcta del pretérito del verbo más apropiado de la lista: **ahorrar, guardar, salvar, gastar, pasar, aprobar.**

1. El verano pasado, trabajé mucho y no gasté todo el dinero que me pagaron, sino que _____ casi la mitad.
2. Cuando se conocieron, los novios _____ mucho tiempo juntos.
3. Ángela no maneja bien sus finanzas; ayer _____ $200 sin pensarlo.
4. El semestre pasado, (yo) no _____ español, así que ahora lo estoy repitiendo.

5. Creo que mi compañero de cuarto me _____ su catarro; me siento muy resfriado.
6. ¿Dónde _____ (tú) el cereal? No lo encuentro en ningún lado.
7. Los hombres del rescate _____ a Roberto cuando estaba atrapado en la excavación.

Actividad **B**

Preguntas, preguntas

En parejas hagan y contesten las siguientes preguntas.

1. ¿Alguna vez alguien te salvó la vida? ¿Cómo?
2. ¿Te resulta difícil ahorrar? ¿Por qué?
3. ¿Cuál curso te parece el más difícil de aprobar?
4. ¿Cómo pasas tu tiempo libre?
5. ¿Siempre guardas tu ropa cuando te la quitas?
6. ¿Gastas mucho dinero en algo particular? ¿En qué?

Enfoque cultural

La frontera entre México y los Estados Unidos

La larga y compleja historia entre México y los Estados Unidos se caracteriza tanto por la amistad como por las dificultades políticas y económicas. La frontera, que se extiende unas 2.000 millas, es uno de los elementos céntricos de todos los asuntos, positivos y negativos, entre estos dos países.

Un poco de historia

La frontera actual se estableció en 1848 después de la Guerra México-Americana, en la que México oponía la anexión de Texas con la unión americana. Al perder la guerra, México tuvo que ceder a los Estados Unidos los territorios de Texas, Nuevo México, Colorado, Arizona, Nevada y California. Luego, a partir de la Revolución Mexicana de 1910, se inició un flujo migratorio de mexicanos hacia el norte. Aun hoy el flujo continúa, aunque ha

variado con la economía mexicana y la política de los Estados Unidos. El número de inmigrantes aumenta según empeoran las condiciones económicas en México y mejora la situación en los Estados Unidos. Otro factor determinante es la implementación de medidas más o menos estrictas en la frontera.

Las maquiladoras

A mediados de los años sesenta, se inició un programa de industrialización a lo largo de la frontera. Este programa consistió en instalar fábricas de ensamblaje llamadas maquiladoras o maquilas. Desde entonces, muchas industrias estadounidenses han montado maquiladoras en México atraídas por los beneficios económicos que obtienen, gracias a incentivos impositivos[a] y mano de obra barata. Por su parte, muchos mexicanos que buscaban trabajo lo encontraron en las maquiladoras, lo que muchos opinan puede detener[b] el flujo migratorio.

Ambos países han beneficiado de las maquiladoras, pero todavía necesitan resolver problemas del trato y el pago que les da a los trabajadores, principalmente a las mujeres, y del ambiente. Las maquiladoras le pagan al trabajador mexicano más de lo que éste ganaría en una fábrica mexicana, pero no tanto como lo que gana un obrero en los Estados Unidos. Con las maquiladoras la frontera se ha convertido en una zona altamente industrializada, con un alto índice de delincuencia, normalmente relacionado con el tráfico de drogas y con mucha contaminación ambiental. Esta zona también sufre de otros problemas relacionados con la explosión demográfica acelerada; por ejemplo, muchos de los que viven en ciudades fronterizas[c] como Ciudad Juárez o Nuevo Laredo no tienen servicios básicos como agua corriente,[d] luz y vivienda.

Los trabajadores indocumentados

Las maquiladoras no han logrado detener por completo el flujo migratorio a los Estados Unidos. Miles de mexicanos cruzan la frontera en busca de una vida más próspera. Sin embargo, lo que muchos encuentran es la desilusión. Especialmente los inmigrantes indocumentados viven sin servicios básicos como la educación, la atención médica y otros beneficios del ciudadano estadounidense. Como no creen que pueden reclamar derechos, muchos viven atemorizados de ser descubiertos y deportados a México. Algunos patronos[e] se aprovechan de esta situación y les pagan menos de lo que la ley exige. Sus oportunidades de empleo están limitadas porque carecen de número de seguridad social sin el que no pueden adquirir un trabajo fijo. Pero los trabajadores indocumentados no se encuentran completamente desamparados; muchas organizaciones cívicas y religiosas se dedican a protegerlos, abogando por sus derechos.

La presencia de inmigrantes mexicanos indocumentados en los Estados Unidos a veces se ha entendido como una amenaza al medio de vida del trabajador estadounidense. Los obreros en los Estados Unidos temen ser reemplazados por trabajadores indocumentados porque éstos trabajan por menos dinero y exigen menos beneficios del empleador. Sin embargo, muchos opinan que los Estados Unidos tanto como México se benefician del trabajo de los inmigrantes. Además de la riqueza cultural de este grupo, los inmigrantes hacen los trabajos y labores que, en tiempos de prosperidad, muchos estadounidenses no quieren hacer. México beneficia de la situación porque los mexicanos que ganan la vida en los Estados Unidos envían dinero a sus familias en México, contribuyendo así al progreso económico de su propio país.

Los problemas asociados con la inmigración no son fáciles de resolver, pero los dos países buscan una solución mutuamente beneficiosa a través de una reforma migratoria. Entre los temas discutidos sobre la reforma migratoria están las visas de trabajo temporales, la amnistía para los trabajadores indocumentados y la apertura de la frontera.

[a]*tax* [b]*slow down* [c]*border* [d]*agua... running water* [e]*labor bosses*

Un reto[f] para el futuro

En los años 2000 y 2001, había un movimiento hacia significantes adelantos en la resolución de problemas fronterizos y migratorios. Los ataques terroristas del 11 de septiembre de 2001 resultaron en un estado de seguridad más alto en las fronteras que detuvo el proceso. Sin embargo, ambos países reconocen la necesidad de resolver los problemas fronterizos y de planear cuidadosamente el desarrollo de la región. México y los Estados Unidos comparten una larga frontera que puede ofrecerles a los dos países y a sus habitantes enormes beneficios y oportunidades, tanto económicos, sociales y culturales.

[f]*challenge*

Actividad

Comprensión

Paso 1   Indica los factores que contribuyen o han contribuido al flujo migratorio.

_____ la Guerra Civil   _____ la política mexicana
_____ la Revolución Mexicana   _____ la política estadounidense
_____ la economía mexicana   _____ las restricciones fronterizas
_____ la economía estadounidense   _____ las maquiladoras

Paso 2   Completa las siguientes declaraciones con las palabras correctas según la lectura. **¡OJO!** Puede haber más de una respuesta.

1. Las maquiladoras son fábricas...
   a. en el centro de México.
   b. extranjeras.
   c. de compañías mexicanas.
   d. en México cerca de la frontera.

2. Las maquiladoras les pagan a los empleados...
   a. más que otras fábricas en México.
   b. menos que otras fábricas en México.
   c. más que las fábricas de los Estados Unidos.
   d. menos que las fábricas de los Estados Unidos.

3. Las áreas con maquiladoras...
   a. son zonas con mucha industrialización y problemas de la explosión demográfica acelerada.
   b. son principalmente zonas rurales donde la gente vive en condiciones inadecuadas.
   c. sufren de un alto índice de delincuencia principalmente a causa del tráfico de drogas.
   d. han implementado muchos programas medioambientales para proteger la ecología.

Actividad

En grupos de tres o cuatro estudiantes, escojan uno de los puntos de vista sobre cómo solucionar problemas asociados con los inmigrantes indocumentados. Pueden inventar su propia solución si quieren. Luego, preparen sus ideas para defender su posición en un debate.

1. facilitar la vida de los inmigrantes indocumentados con servicios
2. imponer más restricciones a los inmigrantes indocumentados
3. procesar a los inmigrantes indocumentados para darles papeles
4. ¿ ?

Enfoque estructural

11.1 El presente de subjuntivo con conjunciones de propósito o condición

In **Capítulos 9** and **10** you reviewed the forms of the present subjunctive and how to use the subjunctive with impersonal expressions and with wishes, emotions, and doubts. The subjunctive is also used when there is a purpose expressed for an action or when some contingency is set on the completion of the action. In the mind of the speaker, the outcome of the situation is pending or indefinite.

● Some common conjunctions that trigger the subjunctive mood include the following.

a condición de que	on the condition that	**con tal (de) que**	provided that
a fin de que	in order that	**después (de) que**	after
a menos que	unless	**en caso de qué**	in case
antes (de) que	before	**para que**	so that
		sin que	without

Lucía resolverá el caso pronto, **a menos que encuentre** muchos obstáculos.

Lucía will solve the case soon unless she encounters many obstacles.

Raquel le da muchos detalles a Lucía **para que entienda** la historia de la familia Castillo.

Raquel gives Lucía a lot of details so that she understands the story of the Castillo family.

● When there is no change of subject, four of the expressions above can be used without **que** and are followed by the infinitive instead of the subjunctive.

Ángela visita a su abuela en San Germán **antes de viajar** a México.

Ángela visits her grandmother in San Germán before traveling to Mexico.

Lucía hará muchas preguntas **después de escuchar** toda la historia.

Lucía will ask many questions after hearing all of the story.

Raquel acompaña a Ángela **para conocer** a la abuela de ésta.

Raquel accompanies Ángela in order to meet her grandmother.

Ángela no quiere ir a México **sin conseguir** la bendición de su abuela.

Ángela doesn't want to go to Mexico without getting her grandmother's blessing.

Práctica **A**

Condiciones y propósitos

Con un compañero / una compañera, haz y contesta las siguientes preguntas, según el modelo.

MODELO: ¿Te vas a reunir con tus amigos este fin de semana? (a menos que) →
Sí, me voy a reunir con mis amigos, a menos que ellos no puedan.

1. ¿Crees que todos vamos a salir bien en el próximo examen? (con tal que)
2. ¿Me vas a contar tu secreto? (a condición de que)
3. ¿Por qué dices que vas a traer tu diccionario a la próxima clase? (en caso de que)
4. ¿Por qué dice el profesor / la profesora que necesitamos hablar sólo español en clase? (para que)
5. ¿Vas a buscar un trabajo después de graduarte? (a menos que)
6. ¿Piensas tomar vacaciones el año que viene? (a menos que)
7. ¿Por qué dice el profesor / la profesora que va a volver a explicar los usos del subjuntivo? (para que)
8. ¿Por qué crees que el profesor / la profesora a veces nos hace trabajar en grupo? (a fin de que)

Práctica **B**

Los estudiantes muy preparados

Mira los siguientes artículos que los estudiantes preparados llevan a clase de español y explica por qué los lleva.

MODELO: Lleva un bolígrafo en caso de que tenga que tomar apuntes.

1.   2.    3.

4.   5.    6.

Práctica **C**

El futuro de nuestro planeta

Paso 1 Haz oraciones completas con una frase de la lista.

MODELO: La capa de ozono va a deteriorarse más a menos que... (evitar el uso de productos dañosos [*harmful*]) →
La capa de ozono va a deteriorarse más a menos que evitemos el uso de productos dañosos.

1. La tasa (*rate*) de sobrepoblación va a continuar aumentando a menos que...
2. Debemos reducir la dependencia de los automóviles para que...
3. Los científicos van a descubrir una cura para el SIDA con tal de que...
4. Es importante informar a todo el mundo sobre el reciclaje a fin de que...
5. Debemos proteger a las especies en peligro de extinción sin que...
6. Se debe encontrar una manera segura y eficaz para eliminar los desechos tóxicos antes de que...
7. Es importante luchar por los derechos humanos a condición de que...

Frases: (no)... agotarse los depósitos de petróleo / los recursos naturales, destruirse el progreso de la civilización, haber una pestilencia mundial enorme, recibir el dinero que necesitan para continuar con su investigación, ser demasiado tarde para nuestro planeta, violar los derechos de los demás

Paso 2 ¿Estás de acuerdo con las afirmaciones del Paso 1? Con un compañero / una compañera, coméntalas.

11.2 El presente de subjuntivo para referirse a lo indefinido o inexistente

The subjunctive mood is also used in a dependent clause when the speaker makes reference to something that he or she regards as indefinite or nonexistent. Note the contrast in the following examples.

REFERENCE TO WHAT IS DEFINITE OR EXISTS

Hay algunos documentos que **pueden** ayudar a Lucía a resolver el misterio de los dos codicilos.	*There are some documents that can help Lucía solve the mystery of the two codicils.*

REFERENCE TO WHAT IS INDEFINITE OR NONEXISTENT

No hay nadie de la familia Castillo que **pueda** ayudar a Lucía en la investigación.	*There is no one in the Castillo family that can help Lucía in her investigation.*

Can you recognize the difference between the following two examples?

Ángela vive en un apartamento que **contiene** muchos recuerdos de sus padres.	*Ángela lives in an apartment that contains lots of memories of her parents.*
Ángela busca un apartamento que no **contenga** muchos recuerdos de su pasado.	*Ángela is looking for an apartment that doesn't contain lots of memories of her past.*

The subjunctive mood is also used to inquire about a person or thing whose existence, from the point of view of the speaker, is uncertain.

¿Hay alguien de la familia Castillo que **conozca** a Lucía?	*Is there anyone in the Castillo family that knows Lucía?*
No, no hay nadie que la **conozca.**	*No, there's no one that knows her.*

The indicative mood is used when that person or thing is identified.

Sí, Roberto Castillo la **conoce**.   *Yes, Roberto Castillo knows her.*

Práctica **¡Firma aquí, por favor!**

Paso 1 Descríbeles a tus compañeros el tipo de persona que buscas. Cuando encuentres a alguien que corresponda a la descripción, pídele que firme en una hoja de papel aparte. Sigue el modelo.

MODELO: saber tocar el violín →
    E1: Busco una persona que sepa tocar el violín.
    E2: Pues, yo sé tocar el violín.
    E1: ¡Firma aquí, por favor!

1. ser vegetariano/a
2. conocer a una persona famosa
3. hablar otro idioma además del inglés y el español
4. entender bien la física
5. tener parientes que viven en otro país
6. celebrar su cumpleaños este mes
7. llegar a la universidad en bicicleta
8. tocar un instrumento musical

Paso 2 Entre todos, compartan los resultados de su búsqueda. ¿Encontraron a alguien para cada categoría?

MODELO: Hay varias personas en esta clase que son vegetarianas. No hay nadie que celebre su cumpleaños este mes.

Práctica **Busco... Necesito... Prefiero...**

Con un compañero / una compañera, haz y contesta preguntas basadas en las indicaciones a continuación. Contesten con información verdadera para Uds.

MODELO: Quiero un compañero / una compañera de cuarto que... →
    E1: ¿Qué tipo de compañera de cuarto quieres?
    E2: Quiero una compañera de cuarto que no fume y que haga su parte de los quehaceres.

1. Espero encontrar un trabajo que...
2. Quiero una clase el próximo semestre/trimestre que...
3. Me gustaría tener un amigo / una amiga que...
4. Deseo una casa que...
5. Busco un coche que...
6. Necesito una computadora que...
7. Prefiero un televisor que...
8. Me gustaría tener un profesor / una profesora que...

Para terminar

Actividad final | **Problemas medioambientales y sociales**

En este capítulo, conversaste acerca de los temas del medio ambiente y de los problemas políticos y sociales que enfrentamos en el mundo moderno. También repasaste el uso del subjuntivo con conjunciones de propósito o condición y con antecedentes indefinidos o inexistentes. En esta actividad final, vas a investigar un problema medioambiental o social y ofrecer algunas soluciones para combatirlo.

Paso 1 En grupos de tres o cuatro estudiantes, lean la siguiente lista de algunos problemas ecológicos y sociales. Escojan entre esos problemas (u otros, si quieren) el que Uds. consideran más grave.

PROBLEMAS

la acumulación de los desechos tóxicos

la destrucción de los bosques (tropicales)

la escasez de agua potable

la extinción de ciertas especies de plantas y animales

la hambruna y la escasez de alimentos

la pobreza

la sobrepoblación

Paso 2 Ahora escriban por lo menos tres razones para explicar su selección. Antes de escribir sus razones, piensen en lo siguiente: ¿Tiene el problema repercusiones en la vida diaria de Uds.? ¿en la de amigos o parientes? ¿en la de seres vivos que no pueden ayudarse? ¿Es importante solucionar el problema para la salvación del planeta? ¿de la región donde Uds. viven?

Paso 3 Escriban un párrafo en el que describen el problema y las medidas (*measures*) que se deben tomar para solucionar el problema. Deben intentar usar algunas expresiones con el subjuntivo que repasaron en este capítulo.

Paso 4 Presenten sus conclusiones a la clase. También pueden hacer las presentaciones en forma de debate entre dos o más grupos que escogieron el mismo tema.

ocabulario

Los verbos

realizar	to achieve
rescatar	to rescue

El medio ambiente

agotar	to exhaust, deplete
desperdiciar	to waste
evitar	to avoid
explotar	to exploit
proteger	to protect

Cognados: conservar, contaminar, destruir, reciclar

la basura	garbage, trash
el bosque	forest
la capa de ozono	ozone layer
la contaminación (del agua/aire)	(water/air) pollution
los desechos (industriales, tóxicos)	(industrial, toxic) waste
el efecto invernadero	greenhouse effect
la escasez (pl. escaseces)	shortage
la especie	species
la fábrica	factory
la naturaleza	nature
los recursos naturales	natural resources

Cognados: la energía (eléctrica/solar), la extinción, la industria, el petróleo

medioambiental	environmental

Cuestiones políticas y sociales

castigar	to punish
gobernar (ie)	to govern, rule
luchar	to struggle; to fight

Cognados: asesinar, votar

la censura	censorship
los derechos humanos	human rights
el desempleo	unemployment
la dictadura	dictatorship
el ejército	army
la guerra	war
la hambruna	famine
la huelga	strike
la ley	law
la libertad	freedom, liberty
la pobreza	poverty
la política	politics
el sindicato	(labor) union
la sobrepoblación	overpopulation

Cognados: la democracia, la discriminación, la inmigración, los servicios públicos, el terrorismo

Otras palabras y expresiones útiles

la excavación	excavation site
el peligro	danger
a condición de que	on the condition that
a fin de que	in order that
a menos que	unless
antes (de) que	before
con tal (de) que	provided that
en caso de que	in case
para que	so that
sin que	without

¿Cuál se usa?

ahorrar	to save (money/resources)
aprobar	to pass (an exam/class)
gastar	to spend (money/resources)
guardar	to put away; to keep
pasar	to spend (time); to pass (something to someone)
salvar	to save, rescue (a life)

Lectura 6

La escritora Elena Poniatowska (1933–) nació en París de padre francés y madre mexicana. Se inició como periodista a los 20 años y, en 1978, recibió el Premio Nacional de Periodismo (México), la primera mujer en obtener esa distinción. Su obra literaria abarca géneros distintos, como ensayos, crónicas, cuentos y novelas. Los temas centrales en muchas de sus obras son los problemas de México y la nueva mujer mexicana del siglo XX.

Actividad

El título y los sinónimos

Paso 1 El título del cuento en la siguiente página es «El recado», que quiere decir **mensaje**. ¿Cuáles son las características de un recado? De las siguientes descripciones, indica las que, para ti, se les aplican a los recados.

_____ Predomina un tono personal.
_____ Típicamente, es muy breve.
_____ Se mencionan pocas personas.
_____ La perspectiva es del «yo» protagonista.
_____ Hay poca acción y mucha descripción.
_____ ¿otra?

Paso 2 ¿Puedes deducir el significado de las siguientes palabras indicadas a base del contexto de las oraciones? Empareja los sinónimos de la columna a la derecha con las oraciones apropiadas de la columna de la izquierda.

1. _____ Tú eres sólido; tienes una *reciedumbre* que inspira confianza.	**a.** parte, segmento
2. _____ Ella tiene un *rostro* muy bello, especialmente los ojos.	**b.** barrio, vecindad
3. _____ Cuando la lámpara no funciona, necesito cambiar el *foco*.	**c.** esperar
4. _____ Voy a la *recámara* para tomar una siesta.	**d.** fuerza, vigor
5. _____ En esta *colonia* viven muchas personas pobres.	**e.** dormitorio, habitación
6. _____ A veces los pacientes tienen que *aguardar* mucho tiempo en la sala de espera del consultorio del médico.	**f.** cara
7. _____ Cuando partas (*you divide*) esa naranja, ¿me das un *gajo*?	**g.** la bombilla de la luz eléctrica

El recado

Vine Martín, y no estás. Me he sentado en el peldaño[a] de tu casa, recargada[b] en tu puerta y pienso que en algún lugar de la ciudad, por una onda que cruza el aire, debes intuir que aquí estoy. Es este tu pedacito de jardín; tu mimosa se inclina hacia afuera y los niños al pasar le arrancan[c] las ramas más accesibles... En la
5 tierra, sembradas[d] alrededor del muro, muy rectilíneas y serias veo unas flores que tienen hojas como espadas. Son azul marino, parecen soldados. Son muy graves, muy honestas. Tú también eres un soldado. Marchas por la vida, uno, dos, uno, dos... Todo tu jardín es sólido, es como tú, tiene una reciedumbre que inspira confianza.
10   Aquí estoy contra el muro de tu casa, así como estoy a veces contra el muro de tu espalda. El sol da también contra el vidrio de tus ventanas y poco a poco se debilita porque ya es tarde. El cielo enrojecido ha calentado tu madreselva[e] y su olor se vuelve aún más penetrante. Es el atardecer. El día va a decaer. Tu vecina pasa. No sé si me habrá visto.[f] Va a regar[g] su pedazo de jardín. Recuerdo que ella te trae
15 una sopa de pasta cuando estás enfermo y que su hija te pone inyecciones... Pienso en ti muy despacito, como si te dibujara dentro de mí y quedaras allí grabado.[h] Quisiera tener la certeza de que te voy a ver mañana y pasado mañana y siempre en una cadena ininterrumpida de días; que podré mirarte lentamente aunque ya me sé cada rinconcito de tu rostro; que nada entre nosotros ha sido provi-
20 sional o un accidente.
     Estoy inclinada ante una hoja de papel y te escribo todo esto y pienso que ahora, en alguna cuadra donde camines apresurado, decidido como sueles hacerlo, en alguna de esas calles por donde te imagino siempre; Donceles y Cinco de Febrero o Venustiano Carranza, en alguna de esas banquetas[i] grises y monocordes[j]
25 rotas sólo por el remolino[k] de gente que va a tomar el camión, has de saber dentro de ti que te espero. Vine nada más a decirte que te quiero y como no estás te lo escribo. Ya casi no puedo escribir porque ya se fue el sol y no sé bien a bien lo que te pongo. Afuera pasan más niños, corriendo. Y una señora con una olla advierte irritada: «No me sacudas[l] la mano porque voy a tirar la leche... » Y dejo esta
30 lápiz, Martín, y dejo la hoja rayada y dejo que mis brazos cuelguen inútilmente a lo largo de mi cuerpo y te espero. Pienso que te hubiera querido abrazar.[m] A veces quisiera ser más vieja porque la juventud lleva en sí, la imperiosa, la implacable necesidad de relacionarlo todo al amor.
     Ladra[n] un perro; ladra agresivamente. Creo que es hora de irme. Dentro de poco
35 vendrá la vecina a prender la luz de tu casa; ella tiene llave y encenderá el foco de la recámara que da hacia afuera porque en esta colonia asaltan mucho, roban mucho. A los pobres les roban mucho; los pobres se roban entre sí... Sabes, desde mi infancia me he sentado así a esperar, siempre fui dócil, porque te esperaba. Te esperaba a ti. Sé que todas las mujeres aguardan. Aguardan la vida futura, todas esas
40 imágenes forjadas en la soledad, todo ese bosque que camina hacia ellas; toda esa

---

[a]*step (of stairway)* [b]*dumped* [c]*quitan con fuerza* [d]*planted* [e]*honeysuckle* [f]*me... she's seen me* [g]*water* [h]*como... as if I were sketching you inside of me, to remain there engraved* [i]*sidewalks* [j]*de un solo sonido* [k]*crowd* [l]*muevas* [m]*te... I would have liked to have embraced you* [n]*Barks*

inmensa promesa que es el hombre; una granada° que de pronto se abre y muestra sus granos rojos, lustrosos; una granada como una boca pulposa de mil gajos. Más tarde esas horas vividas en la imaginación, hechas horas reales, tendrán que cobrar peso y tamaño y crudeza. Todos estamos —oh mi amor— tan llenos de retratos interiores, tan llenos de paisajes no vividos.

45   Ha caído la noche y ya casi no veo lo que estoy borroneando[P] en la hoja rayada. Ya no percibo las letras. Allí donde no le entiendas en los espacios blancos, en los huecos,[q] pon: «Te quiero»... No sé si voy a echar esta hoja debajo de la puerta, no sé. Me has dado un tal respeto de ti mismo... Quizá ahora que me vaya, sólo pase a pedirle a la vecina que te dé el recado; que te diga que vine. ■

50

°pomegranate   [P]scrawling   [q]empty spaces

Después de leer

Actividad **A**

Comprensión

1. Pon los siguientes acontecimientos en orden cronológico, del 1 al 6, según la lectura.
   _____ La mujer escribe que quiere a Martín.
   _____ La mujer llega a la casa de Martín.
   _____ La mujer piensa no dejar el recado.
   _____ La mujer pierde la esperanza y decide irse.
   _____ La mujer averigua que Martín no está en casa.
   _____ La vecina empieza a trabajar en el jardín.
2. ¿Estás de acuerdo con las siguientes afirmaciones?
   a. Estoy de acuerdo.
   b. No estoy de acuerdo.
   _____ La persona que escribe el recado es la novia de Martín.
   _____ El tema principal del cuento es la esperanza.
   _____ El tono central del cuento es deprimente (*depressing*).
   _____ La soledad es la emoción predominante que se siente en el cuento.

Actividad **B**

Opinión

1. Haz una lista de todos los adjetivos que se usan en el cuento para describir a Martín y otra de los adjetivos que se usan para describir a la narradora. ¿Cómo se comparan a estos dos personajes? Usa el modelo en la siguiente página.

MODELO:

MARTÍN	LA NARRADORA
grave, honesto	dócil

2. Se puede decir que una de las preguntas básicas de la vida es: ¿Qué es el amor? ¿Qué asocias tú con el amor?

_____ la adoración	_____ los celos (*jealousy*)	_____ la obsesión
_____ la alegría	_____ el deseo	_____ la pasión
_____ la armonía	_____ la desilusión	_____ la posesión
_____ la belleza	_____ el miedo	_____ la tristeza

Actividad **C**

Expansión

Por lo que no se dice, el cuento deja mucho por imaginarse. ¿Qué le añadarías tú al cuento? Selecciona una de las siguientes situaciones (u otra, si quieres) y prepara una presentación breve para compartir con la clase.

1. ¿Dónde está Martín mientras lo espera la mujer? ¿Qué está haciendo él?
2. ¿Cómo reacciona Martín cuando recibe el recado?
3. ¿Por fin logran comunicarse los dos? ¿De qué hablan?

CAPÍTULO 12 *Asuntos de familia*

METAS

LA TRAMA

Día 4 (*continuación*): Lucía is still trying to unravel the mystery of the second codicil. Is someone from the Castillo family unhappy about the inheritance left to Ángela and Roberto? Raquel also tells Lucía the details about Roberto's recovery and Arturo's first encounter with his niece and nephew.

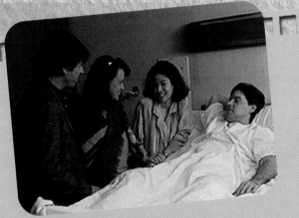

ARTURO: ¡Es increíble!
ROBERTO: ¿Increíble? ¿Qué cosa?
ARTURO: Tenés la misma sonrisa de tu padre, Ángel.

CULTURA

As you work through the chapter, you will also find out about

- the changing face of interpersonal relationships in Spanish-speaking countries (**Nota cultural: Ayer y hoy: Las relaciones interpersonales en el mundo hispánico**)
- Friendship, courtship, and marriage in the Spanish-speaking world (**Enfoque cultural: La amistad, el noviazgo y el matrimonio**)

COMUNICACIÓN

In this chapter of *Nuevos Destinos*, you will

- discuss interpersonal relationships and other concerns of life (**Enfoque léxico: Preocupaciones comunes**)
- review the uses of **fallar, fracasar, reprobar; lograr, tener éxito, suceder** (**Enfoque léxico: ¿Cuál se usa?**)
- use the subjunctive with time expressions (**Enfoque estructural 12.1**)
- talk about what may have happened with the present perfect subjunctive (**12.2**)

El vídeo

▶ *Hace cinco años* ◀ **En la excavación**

Indica a cuál de los personajes se refiere cada oración a continuación.

1. _____ Acompañó a Ángela y a Raquel al sitio de la excavación.
2. _____ Trató de llamar a Pedro, pero la línea estaba ocupada.
3. _____ Estaba atrapado en la excavación.
4. _____ Les recordó a todos que había que tener fe.
5. _____ Tomó un calmante para tranquilizar sus nervios.
6. _____ Estaba inconsciente cuando lo sacaron de la excavación.
7. _____ Llamó a Puerto Rico para informarles a sus parientes de lo que pasaba.
8. _____ Estaba en México, esperando a que Raquel se comunicara con él.

a. Ángela Castillo
b. Roberto Castillo
c. Arturo Iglesias
d. el Padre Rodrigo
e. Raquel Rodríguez

Actividad

Los recuerdos de Lucía

Indica si las siguientes oraciones son ciertas (**C**) o falsas (**F**). Si son falsas, modifícalas para que sean ciertas.

C F **1.** Lucía tiene un hermano menor que vive en California.

C F **2.** El padre de Lucía murió en un accidente de trabajo.

C F **3.** La familia de Lucía se fue para los Estados Unidos cuando ella estudiaba en la universidad.

C F **4.** El hermano de Lucía se rebeló después de la muerte de su padre.

C F **5.** Ahora el hermano de Lucía es profesor de sociología.

C F **6.** La madre de Lucía vive con el hermano de ésta.

Episodio 12: Día 4 (*continuación*)

Preparación para el vídeo

Actividad

▶ *Hace cinco años* ◀ **¿Qué pasa con Roberto?**

Paso 1 En este episodio vas a saber más detalles sobre la recuperación de Roberto Castillo. Por supuesto, Raquel y Ángela van al hospital a verlo. ¿Qué crees que van a encontrar cuando lleguen allí? Indica tus opiniones de la siguiente manera.

a. Creo que es cierto.   **b.** No estoy seguro/a.   **c.** Dudo que sea cierto.

1. _____ Roberto tiene amnesia.

2. _____ Roberto está en el mismo hospital donde está don Fernando.

3. _____ Arturo ya ha llegado y hablado con Roberto.

4. _____ Roberto ha sufrido lesiones en una pierna y va a necesitar cirugía.

5. _____ A Roberto le dieron un calmante y está descansando tranquilamente.

6. _____ Arturo ya conoce a otro miembro de la familia Castillo y habla con esa persona en el hospital.

7. _____ La reunión entre Raquel y Arturo en el hospital va a ser un poco incómoda.

Paso 2 Después de ver el episodio, verifica tus respuestas del Paso 1.

Actividad

▶ *Hace cinco años* ◀ **La familia Castillo**

En este episodio, Raquel le va a dar a Lucía detalles sobre algunos problemas que tenía la familia Castillo hace cinco años. Indica si crees que las oraciones son ciertas (**C**), falsas (**F**) o si no estás seguro/a (**NS**).

Raquel le va a decir a Lucía que...

C F NS **1.** Pati y Juan tenían problemas matrimoniales.
C F NS **2.** uno de los Castillo era drogadicto/a.
C F NS **3.** la familia tenía dificultades económicas.
C F NS **4.** Juan estaba enamorado de otra mujer.
C F NS **5.** los hermanos Castillo se disputaban por la herencia de su padre, aunque éste aún no había muerto.
C F NF **6.** la empresa Industrias Castillo Saavedra, S.A. estaba en peligro de declararse en bancarrota (*bankruptcy*).
C F NS **7.** los hermanos Castillo tuvieron que vender La Gavia.

¿Qué tal es tu memoria?

Actividad

▶ *Hace cinco años* ◀ **¿Qué pasó?**

¿Qué pasó en el Episodio 12? Indica si las siguientes oraciones son ciertas (**C**) o falsas (**F**). Si son falsas, modifícalas para que sean ciertas.

C F **1.** La médica le dijo a Arturo que Roberto no sufría lesiones graves y que sólo necesitaba tiempo para descansar.

C F **2.** Arturo hablaba con Pedro en el hospital cuando llegaron Raquel y Ángela.

C F **3.** Raquel no se alegró al ver a Arturo.

C F **4.** Cuando Arturo por fin conoció a sus sobrinos, fue como si se hubieran conocido (*had known each other*) toda su vida.

C F **5.** A los Castillo no les cayó bien Arturo.

C F **6.** Los Castillo no querían que Arturo les hablara de su madre, Rosario.

C F **7.** Juan y Pati tenían problemas matrimoniales porque él se enamoró de otra mujer.

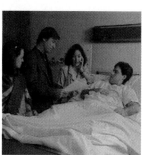

C F **8.** Pati quería regresar a Nueva York para resolver los problemas de la obra de teatro.

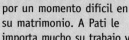

Hace cinco años

Juan y Pati están pasando por un momento difícil en su matrimonio. A Pati le importa mucho su trabajo y ha tenido que luchar para poder triunfar en una profesión tradicionalmente dominada por los hombres. Después de conversar con su hermano Ramón, Juan se da cuenta de que él le tiene envidia a su esposa por el éxito que ella ha logrado en su profesión. Cuando él le confiese estos sentimientos a Pati, ¿comenzará ella a comprenderlo mejor?

Actividad

▶ *Hace cinco años* ◀ **Juan y Pati**

¿Qué sabes de las relaciones entre Juan y Pati? Empareja frases de las dos columnas para hacer oraciones completas que describan las tensiones que hay entre los dos.

1. _____ Pati estaba enojada con Juan porque...

2. _____ Pati quería regresar a Nueva York para...

a. resolviera los asuntos del teatro.

b. resolver los problemas que había en el teatro.

3. _____ Juan creía que para Pati, la vida profesional de ella…
4. _____ Juan opinaba que ella podía…
5. _____ Pati le dijo a Juan que iba a regresar a México tan pronto como…

c. él no comprendía la importancia del trabajo de ella.
d. resolver los problemas por teléfono.
e. era más importante que sus relaciones con él.

Para pensar

En el Episodio 12, Lucía le dijo a Raquel que, actualmente, las relaciones entre Juan y Pati son más estables y que tienen un niño pequeño. ¿Pero qué de los otros problemas de la familia Castillo que mencionó Raquel? ¿Tendrían estos problemas algo que ver con el segundo codicilo? Si no, ¿qué o quién es el responsable de tal codicilo del testamento de don Fernando?

Lengua y cultura

Enfoque léxico   Preocupaciones comunes

VOCABULARIO DEL TEMA

Las relaciones interpersonales

Aquí están Juan y Pati el día de su boda. ¿Cómo fue que las cosas empezaron a salirles mal?

casarse (con)	to get married (to); to marry
cuidar (a)	to care (for)
enfrentarse con	to confront; to face
romper (con)	to break up (with)
salir bien/mal	to turn out well/poorly
tener envidia/celos (de)	to be envious/jealous (of)
tomarle cariño a alguien	to start to have affection for someone

Cognado: divorciarse (de)

Repaso: caer bien/mal, enamorarse (de), llevarse bien/mal

el afecto / el cariño	affection	**el noviazgo**	engagement
el amor	love	**el odio**	hate
el bienestar	well-being		
la boda	wedding	*Cognado:* **el divorcio**	
el/la compañero/a	companion; "significant other"	*Repaso:* **la cita**	
		afectuoso/a	affectionate
la enfermedad	illness; disease	**cariñoso/a**	caring, loving
el enfrentamiento	confrontation		
la inquietud	anxiety; concern	*Algunas etapas de la vida*	
la luna de miel	honeymoon	**la juventud**	youth
el matrimonio	marriage; married couple	**la madurez**	middle age
		la vejez	old age

Actividad **A**

Relaciones interpersonales

Paso 1 Con un compañero / una compañera, haz y contesta las siguientes preguntas.

1. ¿Es fácil o difícil para ti expresarle tu cariño a alguien? ¿Por qué?
2. ¿Cómo te sientes cuando necesitas enfrentarte con alguien por algún problema?
3. ¿A quién le tienes envidia?
4. ¿Crees que otra persona puede hacerte feliz? Explique.
5. ¿Piensas que los celos son una prueba de que estás enamorado/a? Explica.
6. En tu opinión ¿cuál es la mejor manera de romper con alguien?
7. Para ti, ¿qué es lo más importante para el bienestar?
8. En tu opinión, ¿cuál es la mayor causa del odio?

Paso 2 Háganse más preguntas para explorar más a fondo las repuestas del Paso 1.

MODELO: Dices que otra persona no te puede hacer feliz. ¿De dónde crees que viene la felicidad?

Actividad **B**

Preocupaciones comunes

Paso 1 Todos tenemos cosas que nos preocupan en la vida, ¿no? ¿Qué más te inquieta a ti? Haz una lista de cinco de esas cosas. Hay algunas sugerencias en la lista del Vocabulario del tema.

Paso 2 Comparte tu lista con un compañero / una compañera. ¿Qué tienen Uds. en común? ¿En qué difieren?

Paso 3 Ahora reúnanse con otro grupo. Cada persona debe indicar cuál es la preocupación más seria y cuál es la menos seria para él/ella. ¿Hay alguna inquietud que parezca ser la más razonable? ¿la menos razonable? Justifiquen las razones por las cuales piensan así.

¿CUÁL SE USA?

	Ejemplos	Notas
fallar	La impresora **falló** justo cuando más la necesitaba. *The printer stopped working just when I needed it most.*	**Fallar** means *to fail* or *to stop functioning* and is used primarily to express a mechanical breakdown.
fracasar	El matrimonio de Jorge y Ángela **fracasó.** *The marriage between Jorge and Ángela failed.*	To express *to fail* in a general sense, use **fracasar.**
reprobar (ue)	El estudiante tuvo que repetir el curso que **reprobó.** *The student had to repeat the course he failed.*	*To fail* an exam or course is **reprobar.**
lograr	**Logramos** terminar a tiempo. *We managed to finish on time.* ¿**Lograste** todas tus metas? *Did you achieve all your goals?*	Used with an infinitive, **lograr** means *to manage to* (do something). Used alone, **lograr** means *to achieve* or *obtain* a goal or a dream.
tener éxito	**Tuve éxito** en la entrevista. *I was successful in the interview.*	**Tener éxito** is *to be successful.*
suceder	Eso **sucede** a veces. *That happens sometimes.*	**Suceder** is *to happen* or *to occur.*

Actividad **A**

Un fracaso total

Escribe la forma correcta del verbo más apropiado de la lista: **fallar, fracasar, reprobar.**

1. Ayer, nuestro experimento de física _____.
2. A pesar de haber estudiado, algunos estudiantes _____ el examen.
3. Es importante inspeccionar los frenos (*brakes*) del coche porque pueden _____.
4. Si _____ esta clase, no vas a poder graduarte este año.
5. Mi despertador _____ esta mañana y me levanté tarde.

Actividad **B**

Un gran éxito

Escribe la forma correcta del verbo más apropiado de la lista: **lograr, tener éxito, suceder.**

1. Todos sabemos que Juan va a _____ en su nuevo trabajo.
2. Es imposible predecir (*predict*) qué _____ en el futuro.
3. ¿Tuviste un accidente? ¡No me digas! ¿Qué _____?
4. El año pasado, Amelia _____ su sueño de viajar a Italia.

NOTA *cultural* • *Ayer y hoy: Las relaciones interpersonales en el mundo hispánico*

*L*as sociedades hispánicas, como muchas otras en el mundo, han evolucionado rápidamente en los últimos años. Igual que en otras culturas, muchos hispanos hoy en día se enfrentan con cuestiones relacionadas con la moral y las tradiciones.

Anteriormente, fenómenos sociales como el divorcio, la convivencia de parejas no casadas y el control de la natalidad[a] no eran aceptados en absoluto[b] en los países hispánicos. Una de las razones por esto ha sido la oposición de la Iglesia católica a estas ideas, ya que por tradición ésta ha reglamentado muchas normas sociales en esos países. Pero debido a la evolución constante, estos fenómenos se ven cada vez con más frecuencia en las sociedades hispánicas. Esto no quiere decir que las nuevas ideas sean acogidas[c] por la mayoría de los hispanos o que costumbres sociales como el noviazgo y el matrimonio hayan desaparecido o estén por desaparecer por completo —sólo indica que algunos hispanos desean vivir a su manera sin preocuparse, como antes, por el qué dirán.[d]

[a]control... *birth control*   [b]en... *at all*   [c]aceptadas   [d]el... *what others will say*

Enfoque cultural

La amistad, el noviazgo y el matrimonio

En Hispanoamérica, así como en muchas partes del mundo, las relaciones entre los jóvenes han cambiado mucho en las últimas tres décadas. Hoy en día hay más libertad para iniciar y mantener una relación, aunque todavía persisten muchas tradiciones.

La amistad

Es difícil hacer generalizaciones con respecto a las relaciones interpersonales, sobre todo cuando hablamos de tantos países hispanohablantes cada uno con sus tradiciones y cambios sociales particulares. Sin embargo, es posible afirmar que las relaciones entre los jóvenes hispanos de hoy son mucho más libres que las de la juventud de sus padres. En el pasado era improbable que una pareja llegara a conocerse y verse a solas. Las relaciones entre los jóvenes eran estrictamente supervisadas por los padres. Actualmente casi todos los jóvenes pueden ser amigos y salir solos a divertirse antes de iniciar una relación más seria y comprometida como el noviazgo.

El noviazgo

Cuando los jóvenes se enamoran y desean establecer relaciones más serias, se hacen novios. En el pasado el noviazgo era una relación más formal. Por lo general comenzaba con una declaración de amor del muchacho y la petición de iniciar relaciones serias con la muchacha para después hacer un compromiso y casarse. Estas relaciones dependían de la aprobación de los padres de ambos jóvenes. Declararse consistía en preguntarle a la muchacha: ¿Quieres ser mi novia? Aunque esto puede variar según el país y la clase social, en el presente estas relaciones no son tan formales. No obstante todavía supone que los que se hacen novios no tendrán relaciones románticas con ninguna otra persona.

El matrimonio

Las relaciones entre los jóvenes son más liberales en las grandes ciudades que en zonas rurales. Aun así no es común que las parejas decidan vivir juntas abiertamente ya que las tradiciones sociales y religiosas en los países hispanos no aceptan esa práctica. En la mayoría de los países hispanoamericanos la ceremonia civil y la religiosa son dos ceremonias separadas puesto que hay separación de iglesia y estado. La pareja queda legalmente casada después de la ceremonia civil. Sin embargo, la Iglesia católica tiene una gran influencia en las tradiciones matrimoniales y muchos novios deciden tener una ceremonia religiosa después de la civil. La boda religiosa representa el compromiso contraído, no sólo ante la ley, sino ante Dios, y para muchos la boda religiosa es la más importante. En los casos en que los novios se casan por lo civil algunos días antes, no comienzan a vivir juntos hasta que la ceremonia religiosa se lleva a cabo.

Algunas tradiciones matrimoniales en Hispanoamérica

Las arras   Las arras son trece monedas bendecidas por el sacerdote que el novio entrega a la novia durante la ceremonia. Las arras pueden ser de oro, de plata o pueden ser monedas regulares. El significado de las arras varía. En España las arras significan las posesiones que el novio le da a la novia para guardar y conservar, y que compartirán durante su matrimonio. En Puerto Rico representan la abundancia y prosperidad la pareja va a disfrutar durante su matrimonio. Por lo general las arras son presentadas a los novios por una niña en una caja o bandeja decorada con lazos y flores. Se cree que son trece monedas porque representan a Jesucristo y a los doce apóstoles.

La ceremonia de la vela   En Colombia durante la celebración de la ceremonia matrimonial cada uno de los novios enciende una vela que simboliza su vida. Con estas dos velas encienden una tercera. La tercera vela representa la vida que de allí en adelante van a compartir.

El lazo   En México se celebra la ceremonia del lazo para simbolizar la unión inquebrantable entre la pareja; ahora están unidos por toda vida. El sacerdote, después de que la pareja intercambia los votos matrimoniales, coloca una

En esta boda mexicana, el lazo simboliza la unión inquebrantable.

cuerda en forma de ocho alrededor del cuello de los contrayentes. El lazo puede ser de flores de naranja, que simbolizan fertilidad y felicidad, o de cuentas.

Los anillos Como es costumbre en muchos países del mundo los novios intercambian anillos como muestra de la alianza contraída. Según una antigua tradición en Puerto Rico y España, el anillo de boda, así como el vestido de boda, no debe tener perlas pues éstas simbolizan lágrimas. Se creía que una novia que recibía un anillo de perlas sería infeliz en su matrimonio. En España es costumbre que al enviudar uno de los cónyuges, el otro lleve su anillo hasta la muerte en símbolo de unión eterna.

La fuga En Puerto Rico y en Venezuela es costumbre que los novios se «fuguen» durante la fiesta de boda. Esto significa que abandonarán la fiesta sin que los invitados se den cuenta. Fugarse le trae buena suerte a la pareja.

Las capias Las capias son cintas decoradas que llevan el nombre de la pareja y la fecha de la boda. En la República Dominicana, así como en Puerto Rico, los novios las reparten a los invitados durante la celebración como recuerdo del acontecimiento. Hoy en día, en vez de capias se acostumbra repartir, en casi todos los países hispanos, pequeños regalos a los invitados.

Unión del pasado con el futuro

Una boda es invariablemente ocasión de regocijo y de celebración. Es un acontecimiento en que se celebra la unión, no sólo de los enamorados, sino también de sus familias. En ella se comparte con familiares y amigos las tradiciones del pasado y la esperanza de un futuro feliz. Debido a los lazos tan estrechos que forman las familias hispanas, casarse significa formar parte de la familia del cónyuge. La familia hispana no sólo incluye a padres y hermanos sino a tíos, abuelos, primos y hasta a amigos íntimos a los cuales se les llama cariñosamente tíos. ¡Con el casamiento los novios multiplican los miembros de la familia a quienes tendrán que comprar regalos, invitar a fiestas y escuchar consejos!

Actividad ## Una comparación

Escribe una composición comparando la forma en que se parecen y se diferencian las costumbres entre los jóvenes de tu país y los jóvenes hispanos. Considera las siguientes preguntas al escribir la composición.

¿Es común que los jóvenes de tu país salgan solos? ¿Desde qué edad?
¿Qué papel juegan los padres en las relaciones de los jóvenes?
¿Existe una relación similar a la del noviazgo entre los jóvenes de tu país?
¿Los muchachos se les declaran a las muchachas?
¿Qué significa *to go steady*?

Actividad ## Tradiciones matrimoniales

Explica en tus propias palabras tres de las tradiciones matrimoniales que se mencionan en este Enfoque cultural. Luego, con un compañero / una compañera, compara esas tradiciones con tres tradiciones que Uds. conozcan de su país.

Enfoque estructural

12.1 El presente de subjuntivo para expresar acciones en el futuro

In addition to the uses you have already reviewed, the subjunctive may be used after certain adverbial clauses of time. These adverbial clauses, as their name implies, contain adverbs that indicate when something might happen in the future. As with other uses of the subjunctive, these clauses signal an anticipated or uncertain, not fulfilled, action.

● Here are some adverbial expressions that may be used with the subjunctive.

antes (de) que*	before	en cuanto	as soon as
cuando	when	hasta que	until
después (de) que	after	tan pronto como	as soon as

Lucía tiene que seguir con la investigación **hasta que resuelva** el misterio de los dos codicilos.

Lucía has to continue the investigation until she solves the mystery of the two codicils.

Pati va a regresar a México **tan pronto como arregle** los problemas con la obra de teatro.

Pati is going to return to Mexico as soon as she fixes the problems with the play.

● If the adverbial clause refers to a habitual action or one that already took place, the indicative mood is used. Compare the following statements.

HABITUAL ACTION

En cuanto Raquel llega a su casa, escucha los mensajes que hay en el contestador automático.

As soon as Raquel gets home, she listens to the messages on her answering machine. (The sentence describes something she habitually does upon arriving home.)

ANTICIPATED ACTION

Ángela y Roberto van a conocer a don Fernando **en cuanto** Roberto **salga** del hospital.

Ángela and Roberto are going to meet don Fernando as soon as Roberto leaves the hospital. (The sentence indicates that he hasn't yet left, and there's no indication of exactly when that will be.)

---

*As you saw in **Enfoque estructural 11.1**, **antes (de) que** may also be used as a conjunction to trigger the subjunctive. Whereas the other expressions and conjunctions *may* cause the subjunctive to happen, **antes (de) que** *always* requires the subjunctive.

Práctica **Momentos de la historia**

¿Qué va a pasar en *Nuevos Destinos?* Empareja frases de las dos columnas para formar oraciones completas.

1. _____ Raquel va a estar preocupada por las relaciones entre ella y Arturo hasta que...

2. _____ Lucía va a organizar todos los datos del caso tan pronto como...

3. _____ Raquel va a terminar de contar la historia de la primera investigación antes de que...

a. él la llame de la Argentina.
b. conozca a sus nietos.
c. regrese a su oficina en México, D.F.
d. se dé cuenta de la verdadera personalidad de él.
e. Lucía tenga que presentarse ante los abogados del gobierno mexicano.
f. los dos aprendan a ser menos egoístas.

▶ *Hace cinco años* ◀

4. _____ Don Fernando va a sentirse muy feliz en cuanto...

5. _____ Ángela va a casarse con Jorge antes de que...

6. _____ Juan y Pati van a llevarse mucho mejor cuando...

Práctica **¡Basta (*Enough*) ya de rutinas!**

Imagínate que todos los fines de semana haces lo mismo, pero quieres variar un poco esa rutina. Completa las siguientes oraciones de una manera que expresen lógicamente esos cambios.

MODELO: Los viernes, siempre salgo con mis amigos cuando termino de cenar. → Este viernes voy a salir con mis amigos tan pronto como... termine mi última clase (termine de almorzar, haga la tarea...)

1. Los sábados por la mañana, generalmente me levanto cuando se levanta mi compañero de cuarto. Este sábado voy a levantarme cuando...
2. Los sábados, siempre limpio mi cuarto después de bañarme. Este sábado no voy a limpiar mi cuarto hasta que...
3. Los sábados, siempre voy de compras al supermercado después de almorzar. Este sábado voy a ir de compras después de que...
4. Los sábados por la noche, generalmente voy al cine después de hacer la tarea. Este sábado voy al cine tan pronto como...
5. Los domingos por la tarde, siempre visito a mis amigos después de comer. Este domingo voy a visitarlos en cuanto...

Práctica **C**   **Planes para el futuro**

Paso 1 ¿Qué planes tienes para el futuro? Escribe cinco oraciones completas, usando cláusulas adverbiales y las indicaciones a continuación u otras, si quieres.

MODELO: Pienso viajar por Europa tan pronto como me gradúe de la universidad.

1. Pienso viajar por Europa/Asia/África/Sudamérica...
2. Pienso comprar una casa / vender mi casa...
3. Pienso casarme / tener hijos...
4. Pienso conseguir un empleo...
5. Pienso mudarme de apartamento/casa...
6. Pienso tener un gato/perro/(¿otro animal?)...

Paso 2 Con un compañero / una compañera, haz y contesta preguntas basadas en las indicaciones y sus respuestas del Paso 1. ¿Cuántas respuestas semejantes tienen Uds.? ¿Quién tiene las respuestas más originales?

MODELO: E1: ¿Cuándo piensas viajar por Europa?
E2: Pienso viajar por Europa en cuanto me gradúe de la universidad.

12.2 El presente perfecto de subjuntivo

In **Enfoque estructural 8.1,** you reviewed the use of the present perfect and past perfect indicative tenses in Spanish. The present perfect subjunctive is formed with the present subjunctive of **haber** plus a past participle. It is used whenever the subjunctive is required.

EL PRESENTE PERFECTO DE SUBJUNTIVO	
haya salido	hayamos salido
hayas salido	hayáis salido
haya salido	hayan salido

Ojalá que Lucía **haya investigado** todo lo relacionado con la familia Castillo antes de reunirse con los abogados del gobierno mexicano.

I hope that Lucía has investigated everything involving the Castillo family before meeting with the lawyers for the Mexican government.

Es posible que alguien de la familia Castillo **se haya quejado** de la herencia que recibieron Ángela y Roberto.

It's possible that someone in the Castillo family has complained about the inheritance that Ángela and Roberto received.

Práctica **¿Es probable o no?**

Forma oraciones completas con las siguientes frases, indicando tu opinión sobre la probabilidad de su ocurrencia.

MODELO: mis padres / comprar una casa nueva esta semana →
           Es dudoso que mis padres hayan comprado una casa nueva esta semana.
           Es cierto que mis padres han comprado una casa nueva esta semana.

1. mi mejor amigo/a / comprometerse (*to get engaged*) este mes
2. el profesor o (*or*) la profesora de español / ganar la lotería ayer
3. la cafetería / preparar una comida exquisita hoy
4. mis compañeros de clase / estudiar para el próximo examen
5. mis parientes / organizar una reunión familiar para este año
6. los científicos / descubrir una cura para el SIDA
7. el gobierno / extender la fecha para pagar los impuestos (*taxes*)
8. los líderes mundiales / resolver todos los conflictos políticos y culturales

Práctica **¿Qué han hecho hoy?**

Trabajando con otro/a estudiante, indica si crees que sus amigos o parientes han hecho las siguientes actividades hoy. Combinen frases de las dos columnas para formar sus oraciones. **¡OJO!** Recuerden que se usa el indicativo si no se expresa ninguna duda y el subjuntivo si existe alguna duda.

MODELOS: No es probable que Michael haya visitado un museo hoy.
          Es cierto que Michael ha visitado un museo hoy.

1. Dudo que _____...   asistir a clases
2. (No) Creo que _____...   comer en un restaurante elegante
3. (No) Es cierto que _____...   estudiar en la biblioteca
4. (No) Es posible que _____...   ir a la playa
5. (No) Es probable que _____...   jugar al golf
                                        mandar mensajes por correo
                                           electrónico
                                        mirar la televisión
                                        montar a caballo (*to ride a
                                           horse*)

Práctica **Dos verdades y una mentira**

Paso 1   Piensa en tres cosas que (no) has hecho o (no) te han ocurrido en la vida y escríbelas en una hoja de papel aparte. Dos de las oraciones deben ser ciertas y una debe ser inventada.

MODELO: He viajado a la India. He comido sopa de tortuga (*turtle*). He ganado $2.000 en la lotería.

Paso 2   En grupos de cuatro estudiantes, presenten sus oraciones a los demás miembros del grupo. Los otros estudiantes deben identificar la oración falsa.

MODELO: Creo que has comido sopa de tortuga y que has ganado $2.000 en la lotería. Dudo que hayas viajado a la India.

Para terminar

Actividad final | **Las relaciones interpersonales**

Además de repasar algunos usos del subjuntivo, en este capítulo has explorado el tema de las relaciones interpersonales, sobre todo las de Juan y Pati Castillo. Has visto a esta pareja vivir unos momentos muy difíciles de su matrimonio. Afortunadamente, pudieron resolver sus problemas y ahora su matrimonio es más estable.

¿Qué contribuye a las buenas relaciones entre la gente? ¿Cuáles son las características más importantes en las relaciones entre amigos? ¿entre esposos? En esta actividad final, vas a explorar este tema más a fondo. Vas a participar en un debate con tus compañeros de clase en el que discutirán cuáles son las características más importantes para mantener unas relaciones amorosas exitosas.

Paso 1 A continuación hay algunas características que pueden ser importantes para que una pareja se lleve bien. Indica en una escala del 0 al 3 la importancia de cada característica para ti.

3 = imprescindible, 2 = importante, 1 = no muy importante, 0 = no tiene importancia

1. _____ tener el mismo nivel de educación
2. _____ pertenecer a la misma clase social
3. _____ compartir los mismos intereses
4. _____ estar de acuerdo sobre asuntos de religión
5. _____ sentirse atraído/a físicamente por la otra persona
6. _____ poder confiar en la otra persona
7. _____ ser del mismo país/etnia (*ethnicity*)
8. _____ vestir bien
9. _____ ejercer profesiones en el mismo campo
10. _____ tener más o menos la misma edad
11. _____ ¿otra característica?

Paso 2 En grupos de cuatro estudiantes, comparen sus resultados. Al parecer, ¿cuáles son las características más importantes para algunas personas del grupo? Expliquen el porqué de sus respuestas.

Paso 3 Ahora el profesor / la profesora va a dividir la clase en dos grupos: un grupo de personas que se interesan más por la apariencia física y cuestiones sociales; y otro, de personas que se interesan más por cuestiones relacionadas con la personalidad y la formación educativa. (No es necesario que realmente pienses según estas divisiones. ¡Lo importante aquí es una discusión inteligente y convincente!)

Paso 4 En un debate, los dos grupos deben presentar su punto de vista. ¿Qué grupo presenta el argumento más convincente? ¿el más apasionado? ¿el más razonable? ¿Qué aprendieron Uds. del debate? ¿Qué puede contribuir al éxito de las relaciones entre una pareja?

Vocabulario

Las relaciones interpersonales

casarse (con)	to get married (to); to marry
cuidar (a)	to care (for)
enfrentarse con	to confront; to face
romper (con)	to break up (with)
salir bien/mal	to turn out well/poorly
tener envidia/celos (de)	to be envious/jealous (of)
tomarle cariño a alguien	to start to have affection for someone

Cognado: divorciarse (de)

Repaso: caer bien/mal, enamorarse (de), llevarse bien/mal, pelear

el afecto	affection
el amor	love
el bienestar	well-being
la boda	wedding
el cariño	affection
el/la compañero/a	companion; "significant other"
la enfermedad	illness; disease
el enfrentamiento	confrontation
la inquietud	anxiety; concern
la luna de miel	honeymoon
el matrimonio	marriage; married couple
el noviazgo	engagement
el odio	hate
la preocupación	worry

Cognado: el divorcio

Repaso: la cita

afectuoso/a	affectionate
cariñoso/a	caring, loving

Algunas etapas de la vida

la juventud	youth
la madurez	middle age
la vejez	old age

Otras palabras y expresiones útiles

tener éxito	to be successful
después (de) que	after
en cuanto	as soon as
hasta que	until
tan pronto como	as soon as

Repaso: antes (de) que, cuando

¿Cuál se usa?

fallar	to fail, stop functioning
fracasar	to fail
lograr	to achieve, obtain; + *infinitive* to manage to (*do something*)
reprobar (ue)	to fail (an exam or course)
suceder	to happen, occur
tener éxito	to be successful

13 Medidas drásticas

METAS

LA TRAMA

Día 4 (*continuación*): Hoping that he can help her unravel the mystery of the second codicil, Ramón Castillo suggests that Lucía look into the financial problems that nearly forced the family to sell La Gavia five years ago. Part of the blame was shouldered by Gloria Castillo, Carlos' wife. What was her great secret that nearly caused financial ruin in the family? Could this secret have something to do with the second codicil?

LUCÍA: Siento llamarlo tan tarde, pero necesito una información muy importante para la investigación y creo que Ud. puede dármela. […] Sí, tiene que ver con el testamento de su padre, don Fernando. Sr. Castillo, esto es serio. ¡La Gavia está en juego!

CULTURA

As you work through the chapter, you will also find out about

- leisure activities and pastimes in Spanish-speaking countries (**Nota cultural: El tiempo libre**)
- the history of one of the great indigenous peoples of Mesoamerica, the Aztecs (**Enfoque cultural: La civilización azteca**)

COMUNICACIÓN

In this chapter of *Nuevos Destinos,* you will

- talk about leisure activities and hobbies (**Enfoque léxico: Actividades y pasatiempos**)
- review words that change meaning according to their gender (**Enfoque léxico: ¿Cuál se usa?**)
- talk about what *will* happen (**Enfoque estructural 13.1**)
- talk about what *would* or *could* happen (**13.2**)

E vídeo

El episodio previo

Actividad A

> ### Hace cinco años ¿Quién lo hizo?

Paso 1 ¿Cuánto recuerdas de los incidentes que ocurrieron en el episodio previo? Identifica al personaje o personajes que hicieron lo siguiente.

1. _____ Estaba en el hospital, recuperándose del accidente.
2. _____ Dijo que pensaba reunir a toda la familia en su casa.
3. _____ Entró corriendo por el pasillo del hospital.
4. _____ Les contó a los Castillo algo sobre su madre.
5. _____ Les llevó algunas cosas de Buenos Aires a sus sobrinos.
6. _____ Decidió regresar a Nueva York.

a. Ángela Castillo
b. Pati Castillo
c. Pedro Castillo
d. Roberto Castillo
e. Arturo Iglesias

Paso 2

¡UN DESAFÍO! Inventa tres oraciones más sobre los acontecimientos del Episodio 12 y léeselas a un compañero / una compañera, quien tiene que identificar al personaje que describes.

Actividad B

> ### Hace cinco años Detalles

Paso 1 En el Episodio 12, supiste algunos detalles relacionados con los personajes. ¿Recuerdas algunos de esos detalles? Con otro/a estudiante, prepara una breve explicación de los siguientes temas del episodio previo.

1. ¿Cuál era la condición de Roberto? ¿Qué le dijo la médica a Arturo sobre su sobrino?
2. Cuando Arturo conoció a Roberto, comentó sobre una característica física de Roberto que era muy parecida a la de su padre, Ángel. ¿Cuál era esa característica física?
3. ¿Cómo fue el encuentro de Arturo con sus sobrinos? ¿Se llevaron bien desde el primer momento?
4. ¿Cómo era la descripción de su madre que Arturo les dio a los Castillo?
5. ¿Por qué iba a regresar Pati a Nueva York? ¿Qué problemas había allí?
6. ¿Cuáles eran las tensiones entre Pati y Juan? ¿Por qué había desacuerdo entre ellos?

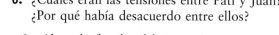

Paso 2 Ahora los/las dos deben reunirse con otro grupo para comentar sus oraciones del Paso 1. ¿Hay algunas detalles que quieran añadir a sus descripciones?

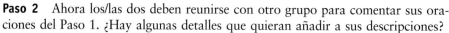

Episodio 13: Día 4 (*continuación*)

Preparación para el vídeo

Actividad

Una llamada importante

Paso 1   En este episodio, Lucía va a hacer una llamada importante a Ramón Castillo. ¿Qué resultados tendrá esa llamada? Indica lo que opinas de la siguiente manera.

a. Es cierto.   **b.** No estoy seguro/a.   **c.** Lo dudo mucho.

1. _____ Ramón dirá que no sabe nada del segundo codicilo.
2. _____ Lucía le explicará que La Gavia está en peligro.
3. _____ Ramón despedirá (*will fire*) a Lucía.
4. _____ Ramón admitirá que él tiene algo que ver con el segundo codicilo.
5. _____ Ramón le prometerá mandarle toda la documentación que pueda sobre el testamento de su padre, don Fernando.
6. _____ Ramón querrá que Raquel lo represente como abogada.
7. _____ Ramón le indicará que debe investigar a otro miembro de la familia Castillo.
8. _____ Lucía sospechará que Olga y Jorge conspiran contra la familia Castillo.

Paso 2   Después de ver el Episodio 13, verifica tus respuestas del Paso 1.

Actividad

Hace cinco años ◀   Problemas en la familia Castillo

Paso 1   En este episodio, vas a ver que la familia Castillo tiene varios problemas. ¿Cuáles serán esos problemas? Indica si crees que las siguientes oraciones son ciertas (**C**), falsas (**F**) o si no estás seguro/a (**NS**).

C   F   NS   **1.** Gloria, la esposa de Carlos, tiene una adicción.
C   F   NS   **2.** Pati realmente regresa a Nueva York para verse con un amante (*lover*).
C   F   NS   **3.** Van a llevar a don Fernando a un hospital en otra ciudad.
C   F   NS   **4.** Se descubre que Carlos ha robado mucho dinero en la oficina en Miami.
C   F   NS   **5.** Roberto y Ángela van a regresar a Puerto Rico sin conocer a su abuelo.
C   F   NS   **6.** Unos auditores van a recomendar que la familia Castillo venda La Gavia.
C   F   NS   **7.** Un empresario de los Estados Unidos tiene interés en comprar La Gavia.

Paso 2   Después de ver el Episodio 13, verifica tus respuestas del Paso 1.

¿Qué tal es tu memoria?

Actividad **A**

In **Episodio 13** of the CD-ROM to accompany *Nuevos Destinos*, you can listen to Raquel's recorded summary of the events in **Actividades A** and **B**.

Hace cinco años   **¿Y don Fernando?**

Indica si las siguientes oraciones sobre el Episodio 13 son ciertas (**C**) o falsas (**F**). Si son falsas, modifícalas para que sean ciertas.

C F **1.** Cuando Arturo y los demás llegaron al hospital a visitar a don Fernando, descubrieron que se lo habían llevado para hacerle algunos exámenes.

C F **2.** Mercedes hablaba con su padre en el hospital.

C F **3.** Don Fernando quería salir del hospital porque tenía muchas ganas de conocer a sus nietos.

C F **4.** Don Fernando opinaba que, por lo menos, la comida del hospital no estaba del todo mal.

C F **5.** Don Fernando tendrá que quedarse en el hospital por una semana, por lo menos.

Actividad **B**

Hace cinco años

Gloria, la esposa de Carlos, tiene un verdadero problema: tiene el vicio del juego. Carlos no quería que nadie supiera de estos problemas y por eso pagaba las deudas de su esposa. Ahora los auditores recomiendan que cierren la sucursal de Miami y que vendan La Gavia. Cuando la gente oculta un problema con mentiras y engaños el precio que tiene que pagar algún día puede ser muy grande.

Hace cinco años   **Problemas en La Gavia**

Paso 1   Empareja frases de las dos columnas para formar oraciones completas sobre los problemas de la familia Castillo.

1. _____ Los auditores les recomiendan a Ramón y a Pedro que...

2. _____ La agente de bienes raíces (*real estate agent*) les dijo que un inversionista (*investor*)...

3. _____ Los problemas económicos de La Gavia...

4. _____ Se descubre que el año pasado Carlos...

5. _____ Carlos dice que las escapadas de su mujer...

6. _____ Carlos nunca acudió (*sought help from*) a su familia porque...

a. quiere convertir La Gavia en un hotel.

b. se sentía muy avergonzado de la situación de su mujer.

c. había sacado más de 100.000 dólares de la empresa.

d. cierren la sucursal en Miami y que vendan La Gavia.

e. se deben al vicio del juego (*gambling*) que tiene Gloria.

f. son cada vez más frecuentes y más costosas.

Paso 2

 ¡UN DESAFÍO!

Con un compañero / una compañera, escribe un breve párrafo indicando qué deben hacer los miembros de la familia Castillo para resolver sus problemas económicos. Luego, compartan su párrafo con el resto de la clase. ¿Qué grupo tiene las soluciones más originales?

Para pensar

¿Crees que Lucía está a punto de resolver el misterio del segundo codicilo? Si se trata de la necesidad de dinero, una adicción al juego puede ser suficiente razón para querer parte de la herencia de don Fernando. Sin embargo, todo esto tuvo lugar hace cinco años. ¿Puede ser que ese problema no se haya resuelto todavía?

LUCÍA: **Gloria Castillo. Quizás ella tenga algo que ver con el segundo codicilo...**

Lengua y cultura

Enfoque léxico   Actividades y pasatiempos

VOCABULARIO DEL TEMA   *El tiempo libre*

jugar al fútbol

pintar

patinar

trabajar en el jardín

bucear

escalar montañas

andar en bicicleta	to ride a bike	el ajedrez	chess
disfrutar (de) / gozar (de)	to enjoy	las cartas	cards
entrenar	to train, practice		
pasarlo bien/mal	to have a good/ bad time		
sacar fotos/vídeos	to take photos / to videotape		
ver una película	to see a movie		
visitar un museo	to visit a museum		

Los deportes

el alpinismo	mountain climbing
el baloncesto	basketball
la natación	swimming
la pesca	fishing

Repaso: caminar, correr, hacer *camping*, nadar, pasear, practicar, tocar (un instrumento musical)

Cognados: el béisbol, el esquí (acuático), el fútbol americano, el golf, el tenis, el vólibol

---

Actividad   **A**

Asociaciones

Haz una lista de diez personas y/o cosas relacionadas con varios pasatiempos o deportes. Luego, preséntasela a un compañero / una compañera para que él/ella nombre el deporte o pasatiempo con que se relacionan las personas o cosas que mencionas.

MODELOS: E1: ¿Con qué deporte se asocia Tiger Woods?
            E2: Él juega al golf.

            E1: ¿Cón qué pasatiempo se asocian un tablero y piezas en blanco y negro?
            E2: Con el ajedrez.

NOTA *cultural* • *El tiempo libre*

Como en cualquier parte del mundo, las actividades a que se dedican los hispanos en sus horas libres varían según los gustos del individuo. Mientras que algunos prefieren leer un buen libro o ver televisión en casa, otros van al cine o a lugares públicos al aire libre como parques o plazas. Una costumbre muy extendida en los países hispánicos es ir a tomar un café y charlar con los amigos. De esta actividad surgen las tertulias o pequeños debates entre amigos, populares sobre todo en España. Los fines de semana es común ir a fiestas particulares[a] o a discotecas o bares musicales. Y el domingo es, típicamente, el día que los hispanos dedican a su familia. Así que son muy frecuentes las comidas familiares, en las que se reúnen miembros de toda la familia: abuelos, tíos, primos, etcétera.

Los deportes también son muy populares. Como se sabe, el fútbol monopoliza la atención de la mayoría de hispanos, pero el baloncesto y el béisbol son muy apreciados también. No es raro ver a grupos de jóvenes practicar estos deportes tanto en ciudades grandes como en pueblos pequeños. Y, también, es cada vez más común ver a personas que corren por los parques, aunque la manía en España por correr no es tan notable como en los Estados Unidos.

[a]*private*

Actividad  **¿Con qué frecuencia?**

Paso 1 ¿Con qué frecuencia practicas las siguientes actividades?

	CON FRECUENCIA	A VECES	NUNCA
1. Escalo montañas para gozar del aire libre.	☐	☐	☐
2. Lo paso bien en un museo.	☐	☐	☐
3. Juego al ajedrez / a las cartas.	☐	☐	☐
4. Veo películas.	☐	☐	☐
5. Ando en bicicleta.	☐	☐	☐
6. Practico el/la ____ (*deporte*).	☐	☐	☐
7. Prefiero las actividades imaginativas, como pintar o escribir.	☐	☐	☐
8. Trabajo en el jardín.	☐	☐	☐
9. Saco fotos/vídeos.	☐	☐	☐
10. Prefiero las actividades relajantes, como la pesca.	☐	☐	☐

Paso 2 Con un compañero / una compañera, haz y contesta preguntas basadas en las oraciones del Paso 1.

¡UN DESAFÍO!   Intenta obtener más detalles de tu compañero/a.

MODELO: E1: ¿Con qué frecuencia escalas montañas?
E2: Escalo montañas a veces.

Desafío:
E1: ¿Cuándo y dónde lo haces?
E2: Lo hago por lo menos una vez por mes en el Bosque John Muir.

Words that change meaning according to their gender

■ There are a number of words in Spanish that take on different meanings depending on whether they are used with masculine or feminine articles. Note that words in the first column that have both masculine and feminine variants refer to people.

MASCULINO/FEMENINO		FEMENINO	
el/la cabeza	leader	la cabeza	head
el capital	capital (*monetary*), money	la capital	capital (city)
el coma	coma	la coma	comma
el cometa	comet	la cometa	kite
el corte	cut, style	la corte	court
el cura	priest	la cura	cure
el frente	front	la frente	forehead
el/la guía	guide (*person*)	la guía	guidebook or directory
el orden	order, method	la orden	order, command
el pendiente	earring	la pendiente	slope

el policía/	policeman	**la policía**	police force
la mujer policía	policewoman		

■ There are other Spanish words in which both the ending and the article change.

MASCULINO		FEMENINO	
el derecho	right (*law*)	**la derecha**	right (*direction*)
el fondo	fund; bottom	**la fonda**	inn
el giro	money order	**la gira**	tour
el lomo	back of an animal	**la loma**	hill
el mango	handle of utensil; mango (*fruit*)	**la manga**	sleeve
el modo	way, manner	**la moda**	fashion
el palo	stick	**la pala**	shovel
el partido	match (*sports*); political party	**la partida**	departure
el peso	weight; coin	**la pesa**	scale; dumbbell
el puerto	port	**la puerta**	door
el punto	dot; period; idea	**la punta**	point, tip
el suelo	ground; soil	**la suela**	sole (*of shoe*)

Actividad **¿Qué es?**

Contesta las siguientes preguntas con la palabra correcta. No te olvides de incluir el artículo definido o indefinido apropiado.

1. ¿Con qué se quita la nieve?
2. ¿Con quién se confiesan los católicos?
3. ¿Qué es la ciudad de Buenos Aires, en la Argentina?
4. ¿Cómo puedo pagar la cuenta por correo si no aceptan cheques?
5. ¿Qué se usa en una oración para marcar una pausa o separar las ideas?
6. ¿Qué se abre para entrar en un cuarto?
7. ¿En qué parte del cuerpo se encuentran las orejas?
8. Por lo general, ¿qué es lo que quiere una persona cuando va a la peluquería?
9. Cuando viajas, ¿qué tipo de persona buscas para que te enseñe un lugar que no conoces?
10. ¿Qué necesita tener un lápiz para poder escribir con él?
11. ¿En qué parte de una chaqueta se mete el brazo?
12. ¿Qué les da el jefe de una oficina a los empleados con respecto a sus obligaciones?

Actividad **¿Cuál se usa?**

Completa las oraciones con las palabras entre paréntesis y de una manera lógica.

1. En los Estados Unidos, hay dos (partidos / partidas) principales, los Republicanos y los Demócratas.
2. Compré (unos pendientes / unas pendientes) de turquesa.
3. Para llegar a mi casa, dobla (al derecho / a la derecha) en la próxima esquina.

4. Para fortalecer los músculos, mucha gente levanta (pesos / pesas).

5. En las afueras de la ciudad, hay una linda vista desde (un lomo / una loma).

6. Para usar (un cometa, una cometa) / es importante que haga suficiente viento.

7. ¿Dónde prefieres quedarte cuando viajas, en un hotel grande o en (un fondo / una fonda)?

Enfoque cultural   La civilización azteca

Cuando el conquistador Hernán Cortés llegó a México en 1519, encontró una civilización indígena avanzada e impresionante. A principios del siglo XVI, los aztecas, conocidos también como mexicas, ya habían establecido un imperio que se extendía desde la parte central de México hasta el norte de Guatemala. Su emperador, Moctezuma, gobernaba desde la capital, Tenochtitlán.

Según la leyenda, el dios principal de los mexicas, Huitzilopochtli, los había mandado hacia las regiones centrales en busca de un lugar para construir una ciudad. Dicho lugar sería señalado por un águila[a] posada[b] sobre un nopal[c] con una serpiente en el pico.[d] Al llegar al lago Texcoco, vieron un águila devorando una serpiente y, en uno de los islotes de ese lago, construyeron su ciudad. Es por eso que la actual bandera de México lleva esa imagen del águila.

En las décadas siguientes, los aztecas desarrollaron sus capacidades guerreras, lo cual les dio poder y experiencia para iniciar su expansión. Comenzaron a dominar militar y políticamente a las tribus vecinas hasta formar un poderoso imperio. La monarquía que establecieron los aztecas exigía el pago de tributos, principalmente en forma de productos agrícolas. Además de los tributos que entraban en las ciudades principales, los aztecas exportaban productos a los otros pueblos del imperio.

La economía azteca se basaba en la agricultura. Para cultivar parte de sus alimentos, usaban la vegetación del lago para crear islas artificiales llamadas **chinampas.** Hoy día, las chinampas son los «jardines flotantes» de Xochimilco. El sistema de canales y puentes que construyeron los aztecas facilitaba la distribución de alimentos y agua potable a todos los ciudadanos, además de hacer que la ciudad fuera muy defensible.

Al comenzar a establecer su imperio, los aztecas adoptaron como suya la historia y algunos dioses de otras tribus más avanzadas; sus creaciones artísticas y arquitectónicas también muestran la influencia de culturas anteriores. Por ejemplo, el calendario azteca estaba basado en el calendario que anteriormente desarrollaron los mayas. Los aztecas sobresalieron en la escultura de piedra y sus artesanos crearon joyería de oro y de piedras preciosas. La medicina que practicaban los aztecas era más o menos equivalente a la medicina europea de aquella época. Los españoles identificaron unas 1.500 medicinas

[a]*eagle*   [b]*perched*   [c]*type of cactus*   [d]*beak*

que los aztecas extraían de varias plantas. Los aztecas también sobresalieron en las artes. La poesía que sobrevive tiene como temas la naturaleza y la guerra, además de temas metafísicos. Su escritura consistía en pictografías y su música se usaba principalmente para ceremonias religiosas.

Según las creencias aztecas, los dioses exigían el sacrificio tanto de animales como de seres humanos para sustentarse y para favorecer las cosechas.[e] Los aztecas participaban en guerras esencialmente ceremoniales, llamadas «guerras

floridas», cuyo propósito era el tomar prisioneros para los ritos de sacrificio. Esto provocó el odio y el temor de las tribus vecinas subyugadas que después se unieron a los españoles para destruir a los aztecas.

A la llegada de Hernán Cortés con sus 600 soldados, la civilización azteca se encontraba en un estado de debilidad a causa de luchas internas y la constante resistencia de algunas tribus. Debido a algunas creencias religiosas que predecían[f] el fin de la tribu, los aztecas creían que era inevitable la victoria de los conquistadores. Esto, entre muchas otras razones, marcó el fin de la gran civilización azteca.

La bandera mexicana   [e]harvests   [f]predicted

Actividad

Los aztecas

Indica si las siguientes oraciones son ciertas (**C**), falsas (**F**) o si la información pedida no está en la lectura (**NE**). Modifica las oraciones falsas para que sean ciertas.

C F NE **1.** La civilización azteca ya existía antes de la llegada de Hernán Cortés.

C F NE **2.** El gobierno azteca era democrático.

C F NE **3.** Los mexicas y los aztecas eran tribus enemigas.

C F NE **4.** Los aztecas sólo creían en un dios.

C F NE **5.** Los símbolos de la bandera mexicana tienen su origen en una leyenda azteca.

C F NE **6.** Los aztecas eran principalmente una tribu pacífica que se dedicaba a la agricultura.

C F NE **7.** Los aztecas adoptaban la historia, los mitos y los ritos de las tribus que conquistaban.

C F NE **8.** A los españoles les interesaban los ritos de sacrificio de los aztecas.

C F NE **9.** El alfabeto azteca era similar al alfabeto español.

C F NE **10.** La medicina azteca era menos avanzada que la europea en el siglo XVI.

C F NE **11.** Las leyendas predecían la victoria de los aztecas sobre los españoles.

Enfoque estructural

13.1 | Hablando del futuro

REFRÁN

《 Dime con quién andas y te *diré* quién eres. 》*

You have already reviewed expressing the immediate future in Spanish with the **ir** + **a** + *infinitive* construction (**Enfoque estructure 1.4**). Another way to refer to actions in the future is by using the future tense. This tense is not as common in everyday speech and conveys more of a sense of commitment on the part of the speaker than does the **ir** + **a** + *infinitive* construction. The future tense for **-ar**, **-er**, and **-ir** verbs is formed in the same manner: Add the following endings to the infinitive of the verb.

recordar		vender		reunir	
recordaré	recordaremos	venderé	venderemos	reuniré	reuniremos
recordarás	recordaréis	venderás	venderéis	reunirás	reuniréis
recordará	recordarán	venderá	venderán	reunirá	reunirán

Some verbs have irregular stems in the future, but all verbs use the same endings as those just shown. Here are some common irregular verbs in the future tense.

decir: **dir-**	poner: **pondr-**	salir: **saldr-**
haber: **habr-**	querer: **querr-**	tener: **tendr-**
hacer: **har-**	saber: **sabr-**	venir: **vendr-**
poder: **podr-**		

To express future intent in a clause that requires the subjunctive, the present subjunctive is used, *not* the future tense. However, the clause that triggers the subjunctive may include a verb in the future tense.

Compraré una nueva computa-   *I will buy a new computer when*
    dora cuando ésta ya no **funcione.**   *this one doesn't work anymore.*

Práctica **¿Qué pasará?**

Paso 1 Las siguientes preguntas tienen que ver con posibles incidentes en la historia de *Nuevos Destinos*. Modifica las preguntas en una hoja de papel aparte, cambiando las frases con **ir** + **a** + el infinitivo por una forma del futuro.

MODELO: ¿Va a regresar Roberto a Puerto Rico? →
    ¿Regresará Roberto a Puerto Rico?

---

* *"Birds of a feather flock together."* (lit. *"Tell me whom you hang around with and I'll tell you who you are."*)

1. ¿Va a regresar Arturo de la Argentina?
2. ¿Va a saber Lucía más de los dos codicilos?
3. ¿Va a tener más problemas Ángela con Jorge a causa del divorcio?
4. ¿Van a casarse Raquel y Arturo?
5. ¿Va a haber otra reclamación del gobierno mexicano?

▶ *Hace cinco años* ◀

6. ¿Va a volver a México Pati?
7. ¿Va a poder curarse Gloria de su adicción al juego?
8. ¿Van a salir los Castillo de sus problemas económicos?

Paso 2 Con un compañero / una compañera, haz y contesta las nuevas preguntas del Paso 1. Contéstenlas con el futuro o con el presente de subjuntivo, según corresponda.

MODELO: E1: ¿Regresará Roberto a Puerto Rico?
E2: Sí, regresará a Puerto Rico. (No, no creo que regrese a Puerto Rico.)

Práctica B

¿Qué pasará cuando... ?

Paso 1 Empareja frases de las dos columnas para indicar cuándo crees que podrían ocurrir los siguientes hechos.

1. _____ Compraré una casa cuando...
2. _____ Viajaré a una isla exótica cuando...
3. _____ Daré dinero a los pobres cuando...
4. _____ Estaré muy viejo/a cuando...
5. _____ Tendré _____ años cuando...
6. _____ Seré muy feliz cuando...
7. _____ Haré una gran fiesta cuando...

a. me case / me divorcie.
b. tenga hijos/nietos.
c. gane la lotería.
d. me gradúe.
e. compre un nuevo coche.
f. consiga un buen puesto.
g. termine este curso.

Paso 2 Con un compañero / una compañera, lee tus oraciones y coméntalas.

MODELO: E1: Compraré una casa cuando gane la lotería.
E2: Pues, yo no. Compraré una casa cuando consiga un buen puesto.

Práctica C

Planes para el futuro

Paso 1 Con un compañero / una compañera, haz y contesta preguntas sobre el futuro de cada uno/a, explicando por qué responden así.

MODELO: hacer estudios posgraduados →
E1: ¿Harás estudios posgraduados?
E2: Sí, haré estudios posgraduados porque quiero ser abogado/a. (No, no haré estudios posgraduados porque prefiero trabajar y ganar dinero.)

1. casarte/divorciarte pronto
2. dedicarte a la política
3. dedicarte a los pobres
4. ganar mucho dinero
5. trabajar en una empresa grande
6. adoptar a un niño / una niña
7. tomar más cursos de español
8. viajar a algún país de habla española
9. ser famoso/a
10. tener (más) hijos

Paso 2

¡UN DESAFÍO!   Escribe dos de las respuestas de tu compañero/a en una hoja de papel y entrégasela al profesor / a la profesora. (No te olvides de escribir el nombre de tu compañero/a en la hoja.) El profesor / La profesora va a leer las oraciones en voz alta. La clase tiene que indicar de quién hablas y explicar por qué creen que se trata de esa persona.

MODELO: PROFESOR(A): Esta persona hará estudios posgraduados. ¿Quién es?
E1: Creo que es Jenny, porque es muy inteligente y le gusta estudiar.
JENNY: ¡Sí, es cierto!

13.2   Expresando lo que harías: El condicional

You have already seen and used the verb form **gustaría,** the conditional form of the verb **gustar,** to talk about what someone would or wouldn't like to do.

A Ángela y a Roberto **les gustaría** conocer a su abuelo cuanto antes.

Ángela and Roberto would like to meet their grandfather as soon as possible.

● The formation of the conditional tense is similar to that of the future. Add the following endings to the infinitive of the verb.

recordar		vender		reunir	
recordaría	recordaríamos	vendería	venderíamos	reuniría	reuniríamos
recordarías	recordaríais	venderías	venderíais	reunirías	reuniríais
recordaría	recordarían	vendería	venderían	reuniría	reunirían

● Verbs with irregular stems in the future are also irregular in the conditional.

decir:	**dir-**	querer:	**querr-**
haber:	**habr-**	saber:	**sabr-**
hacer:	**har-**	salir:	**saldr-**
poder:	**podr-**	tener:	**tendr-**
poner:	**pondr-**	venir:	**vendr-**

● The conditional tense can be used to talk about what would happen or what someone would do.

Ángela no **vendería** el apartamento sin consultar primero a su hermano Roberto.

Ángela wouldn't sell the apartment without first consulting her brother Roberto.

● The conditional can also be used to refer to an event that was or was not anticipated in the past.

Hace cinco años, Raquel no sabía que las relaciones entre ella y Arturo **llegarían** a ser tan serias.

Five years ago, Raquel didn't know that the relationship between her and Arturo would grow to be (would become) so serious.

● When *would* implies *used to* in English, the imperfect tense, not the conditional, is used in Spanish.

Cuando asistía a la universidad, Raquel generalmente **caminaba** al campus.

When she attended the university, Raquel generally would (used to) walk to campus.

● The conditional can also be used to make polite requests of someone.

RAQUEL: ¿**Podría** usar su teléfono?
VENDEDORA: Sí, señorita. Puede Ud. usarlo.

RAQUEL: *¿Could I use your telephone?*
VENDEDORA: *Yes, miss. You may use it.*

Práctica **¿Lo harías tú?**

Paso 1 Indica tus reacciones a las siguientes afirmaciones.

	SÍ.	QUIZÁS.	¡NUNCA!
1. Viajaría solo/a a un país extranjero donde no conozco a nadie.	☐	☐	☐
2. Daría un discurso en frente de miles de personas.	☐	☐	☐
3. Tocaría una víbora (*snake*) no venenosa.	☐	☐	☐
4. Saltaría (*I would jump*) de un avión con paracaídas (*parachute*).	☐	☐	☐
5. Me subiría a la montaña rusa (*roller coaster*) más grande del mundo.	☐	☐	☐
6. Nadaría en aguas donde se había reportado que había tiburones (*sharks*).	☐	☐	☐
7. Comería cucarachas por dinero.	☐	☐	☐

Paso 2 Ahora hazles preguntas a tus compañeros de clase para averiguar quiénes harían las actividades mencionadas en el Paso 1. Cuando encuentres a alguien que conteste afirmativamente, pídele que firme en una hoja de papel aparte.

MODELO: E1: ¿Viajarías sola a un país extranjero donde no conoces a nadie?
E2: Sí, lo haría.
E1: ¡Firma aquí, por favor.

Paso 3 Comparte con la clase los resultados de tu autoencuesta (*self-survey*) y de las respuestas que te dieron sus compañeros. ¿Quién es la persona más arriesgada (*daring*) de la clase?

Práctica **B**   **Situaciones difíciles**

Paso 1 Indica qué harías en cada una de las situaciones a continuación.

MODELO: Se te acaba la gasolina del coche. →
Iría a la gasolinera y compraría más gasolina.

1. Tienes una cita en media hora con alguien que te gusta mucho. Desafortunadamente, la reunión con tu profesor(a) fue mucho más larga de lo que esperabas y estás a veinte minutos de tu casa.
2. Necesitas comprar unos libros para el curso que empieza hoy, pero no tienes dinero y no recibes tu sueldo hasta pasado mañana.
3. Este fin de semana quieres visitar a tu mejor amigo/a, quien está gravemente enfermo/a, pero no tienes coche o dinero para el autobús o el tren.
4. Mañana tienes un examen de química muy difícil, pero todavía no has estudiado. Los puntos del examen representan la mitad (*half*) de tu nota final.
5. Debes dar por lo menos dos presentaciones orales en tu clase de oratoria (*speech*), pero te da miedo hablar en público. La última vez que intentaste hacerlo, ¡te morías de pánico!

Paso 2 En grupos de tres estudiantes, compartan sus soluciones. ¿Cuál de Uds. tiene las ideas más originales para solucionar sus problemas?

Práctica **C**   **¿A quién se refiere?**

Paso 1 Lee las oraciones a continuación e indica a cuál de los personajes de *Nuevos Destinos* se refiere cada una.

1. Quería averiguar si alguien de la familia Castillo podría beneficiarse de un segundo codicilo.
2. Pensaba que Raquel estaría contenta de salir a cenar con él.
3. Se preguntó si Arturo volvería a Los Ángeles.

▶ *Hace cinco años* ◀

4. Pensaba que don Fernando estaría muy interesado en saber lo que le contó de Rosario en su carta.
5. No sabía que tendría que viajar tanto cuando empezó la investigación.
6. Creía que podría ir a Puerto Rico para ayudar con la investigación, pero nunca lo hizo.
7. Creía que podría reponer el dinero sin tener que decirles nada a sus hermanos sobre sus problemas personales.
8. Pensaba que conocería al hijo que tuvo con Rosario.
9. Creían que don Fernando estaría en su cuarto del hospital.
10. Dijo que no se quedaría en La Gavia cuando había problemas en el teatro.

Paso 2

¡UN DESAFÍO!   Inventa tres oraciones como las del Paso 1. Tu compañero/a tiene que adivinar a quién se refiere cada una de tus oraciones.

Para terminar

¿Qué harías?

En este capítulo has explorado el tema de las actividades y los pasatiempos. También has repasado el futuro y el condicional. En esta actividad final, vas a indicar qué harías o qué actividades o pasatiempos practicarías bajo ciertas circunstancias. ¿Cómo influyen en tu salud mental y física tus actividades?

Paso 1 Escoge la oración que mejor describe lo que harías en cada situación que aparece a continuación.

1. _____ Sientes mucho estrés a causa de los estudios o el trabajo.
   a. Haría ejercicio o practicaría algún deporte.
   b. Analizaría las causas del estrés para así tratar de aliviarlo.
   c. Tomaría bebidas alcohólicas.

2. _____ Te sientes deprimido/a (*depressed*).
   a. Hablaría con alguien a quien le tengo mucha confianza.
   b. Pensaría en las causas de la depresión y usaría la sugestión para no sentirme así.
   c. Me encerraría (*I would lock myself*) en mi cuarto.

3. _____ Te gustaría bajar de peso.
   a. Me afiliaría (*I would join*) a un gimnasio y seguiría un plan riguroso de ejercicio.
   b. Combinaría un plan de ejercicio con una dieta más equilibrada.
   c. Dejaría de comer helados y galletas y no tomaría tantos refrescos como antes.

4. _____ Quieres pasar un rato agradable relajándote.
   a. Trabajaría en el jardín.
   b. Leería un buen libro.
   c. Miraría la televisión.

5. _____ Tienes el día libre sin tener que trabajar ni estudiar.
   a. Andaría en bicicleta o pasearía con algunos amigos.
   b. Visitaría un museo.
   c. Me quedaría en casa, sin hacer nada en particular.

6. _____ Es sábado por la noche y vas a reunirte con algunos amigos.
   a. Tendríamos una cena en casa.
   b. Iríamos a un café para charlar (*chat*).
   c. Saldríamos a un bar o a una discoteca.

7. _____ Hace muy buen tiempo afuera y quieres pasar el día al aire libre.
   a. Jugaría al vólibol (béisbol, fútbol, golf, tenis...).
   b. Llevaría un libro al parque para leerlo allí.
   c. Tomaría el sol (*I would sunbathe*) para broncearme.

Paso 2   Ahora aplícales los siguientes puntos a tus respuestas y suma el total.

a = 3 puntos
b = 2 puntos
c = 1 punto

Paso 3   Ahora lee las siguientes explicaciones sobre la forma en que reaccionas bajo ciertas circunstancias.

De 21 a 17 puntos:

Tienes actitudes muy saludables. En vez de caer en la tentación de hacer algo negativo frente a situaciones difíciles, intentas cambiar tu situación de una manera positiva y enérgica. En cuanto al trato con los demás, eres una persona bastante sociable; preferirías charlar con la gente para llegar a conocerla mejor. ¡Sabes disfrutar mucho de la vida!

De 16 a 12 puntos:

A ti te gustan las actividades físicas y saludables, pero tal vez no tanto como a otras personas. También te sientes muy cómodo/a contigo mismo/a. A veces preferirías estar solo/a con tus pensamientos o con un buen libro. Piensas mucho en las consecuencias de tus acciones y tus actividades reflejan esos pensamientos.

De 11 a 7 puntos:

Parece que tomas las decisiones más fáciles para solucionar tus problemas. No te gusta mucho la actividad física, y tampoco te importa mucho salir si no es por motivos un poco superficiales. Tal vez haya en tu vida aspectos que necesiten de tu atención. ¿Será hora de hacer algunos cambios en tu vida?

Para pensar | ¿Estás de acuerdo con la descripción que corresponde al número de puntos que recibiste? ¿Por qué sí o por qué no? Con otro/a estudiante, comenta tus impresiones de la encuesta.

Vocabulario

Actividades y pasatiempos

andar en bicicleta	to ride a bike
bucear	to scuba dive
disfrutar (de)	to enjoy
entrenar	to train, practice
escalar montañas	to hike; to climb mountains
gozar (de)	to enjoy
pasarlo bien/mal	to have a good/bad time
patinar	to skate
pintar	to paint
sacar fotos/vídeos	to take photos / to videotape
trabajar en el jardín	to work in the garden
ver una película	to see a movie
visitar un museo	to visit a museum

Repaso: caminar, correr, hacer *camping,* jugar, nadar, pasear, practicar, tocar (un instrumento musical)

el ajedrez	chess
las cartas	cards
el fútbol	soccer

Los deportes

el alpinismo	mountain climbing
el baloncesto	basketball
la natación	swimming
la pesca	fishing

Cognados: el béisbol, el esquí (acuático), el fútbol americano, el golf, el tenis, el vólibol

Otras palabras y expresiones útiles

el/la agente de bienes raíces	real estate agent
el juego	gambling
el tiempo libre	free time

¿Cuál se usa?

el/la cabeza	leader
la cabeza	head
el capital	capital (monetary); money
la capital	capital (city)
el coma	coma
la coma	comma
el cometa	comet
la cometa	kite
el corte	cut, style
la corte	court
el cura	priest
la cura	cure
el derecho	right (*law*)
la derecha	right (*direction*)
el fondo	fund; bottom
la fonda	inn
el frente	front
la frente	forehead
el giro	money order
la gira	tour
el/la guía	guide (*person*)
la guía	guidebook; directory
el lomo	back of an animal
la loma	hill
el mango	handle of a utensil; mango (*fruit*)
la manga	sleeve
el modo	way, manner
la moda	fashion
el orden	order, method
la orden	order, command
el palo	stick
la pala	shovel
el partido	match (*sports*); political party
la partida	departure
el pendiente	earring
la pendiente	slope
el peso	weight; coin
la pesa	scale; dumbbell
el policía / la mujer policía	policeman / policewoman
la policía	police force
el puerto	port
la puerta	door
el punto	dot; period; idea
la punta	point, tip
el suelo	ground; soil
la suela	sole (*of a shoe*)

L ectura 7

Amado Nervo (1870–1919) fue uno de los poetas mexicanos más conocidos de su tiempo. Gran parte de su poesía es íntima y filosófica. En algunos de sus poemas expresa su preocupación por el misterio de la muerte, y trata el tema del amor con gran delicadeza espiritual. Su poema «En paz», de la colección de poemas titulada *Elevación* (1917), trata un tema filosófico: la vida en general y la suya en particular.

Actividad

Términos y tono

Paso 1　Las siguientes palabras aparecen en el poema. Con un compañero / una compañera, busca y comenta el significado de cada una.

1. la esperanza
2. la hiel
3. la lozanía
4. la miel
5. la pena
6. el rosal

Paso 2　Según las palabras del Paso 1, ¿pueden Uds. deducir el tono general del poema? A continuación hay algunas ideas.

alegre
ansioso

tranquilo
triste

¿ ?

En paz

　　Artifex vitæ, artifex sui.[a]
　　Muy cerca de mi ocaso,[b] yo te bendigo,[c] Vida,
porque nunca me diste ni esperanza fallida[d]
ni trabajos injustos, ni pena inmerecida[e];

5　　porque veo al final de mi rudo camino
que yo fuí* el arquitecto de mi propio destino;
que si extraje las mieles o la hiel de las cosas,
fué* porque en ellas puse hiel o mieles sabrosas:
cuando planté rosales coseché[f] siempre rosas.

10　　...Cierto, a mis lozanías va a seguir el invierno:
¡mas tú no me dijiste que Mayo fuese[g] eterno!
　　Hallé[h] sin duda largas las noches de mis penas;
mas no me prometiste tú sólo noches buenas;
y en cambio tuve algunas santamente serenas...

[a]*Artifex... "Creator of life, creator of himself." (fig. "Life is what you make of it.") (Latin)* [b]*end (fig.)* [c]*bless* [d]*disappointing* [e]*undeserving* [f]*I harvested* [g]*was* [h]*Encontré*

15   Amé, fuí* amado, el sol acarició mi faz.ⁱ
¡Vida, nada me debes! ¡Vida, estamos en paz! ■

ⁱcara

*Antiguamente, se empleaban acentos ortográficos en formas del pretérito aunque tuvieran (*they had*) una sola sílaba: **dí, dió; fuí, fué; ví, vió.**

Después de leer

Actividad **A**

Comprensión

1. Escoge la oración que mejor resuma el mensaje del poema.
   a. Para recibir mucho en la vida, debemos pedir mucho.
   b. Todos somos responsables de nuestro propio destino.
   c. No podemos evitar la muerte y es inútil intentar hacerlo.
2. Escoge la palabra o frase que mejor complete cada oración a continuación.
   a. Un hombre (joven / viejo) es el narrador del poema.
   b. Él parece estar muy (frustrado de / contento con) su vida.
   c. Él (le tiene miedo / no le tiene miedo) a la muerte.
   d. Él (recibió / no recibió) todo lo que esperaba en la vida.

Actividad **B**

Opinión

1. ¿Qué significan para ti los siguientes versos del poema? Comparte tus opiniones con tus compañeros de clase.
   a. «yo fuí el arquitecto de mi propio destino»
   b. «a mis lozanías va a seguir el invierno»
   c. «¡Vida, estamos en paz!»
2. Hay quienes dicen que la vida es injusta. ¿Estás de acuerdo con esta opinión? ¿Qué crees que opina Nervo? Justifica tus razones.

Actividad **C**

Expansión

En este poema, el poeta hace algunas reflexiones que pueden servir para estar en paz con la vida. Haz un breve resumen de las ideas centrales del poema. Luego, añade consejos a estas ideas.

MODELO:

IDEA CENTRAL	CONSEJO
1. Hay que estar en paz con la vida.	1. Se debe tomar responsabilidad por las propias acciones.

14 Voces del pasado

METAS

LA TRAMA

Día 5: Raquel receives a phone call that triggers memories of her past, as well as the memory of when don Fernando expressed his doubts as to the legitimacy of Ángela's and Roberto's claim to be his grandchildren. Also, Lucía looks through don Fernando's files in an attempt to uncover the mystery of the second codicil. What a surprise when she finds her father's name in one of the files!

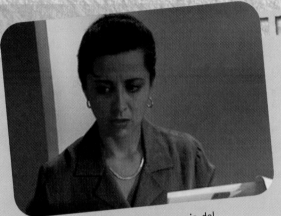

LUCÍA: A ver la última caja... Una copia del testamento de don Fernando. ¡Y tiene dos codicilos! ¿Qué? Emilio Hinojosa Barranco. ¿Qué hace aquí el nombre de mi padre?

CULTURA

As you work through the chapter, you will also find out about

■ festivals, holidays, traditions, and celebrations in Hispanic countries (**Nota cultural: Otras fiestas hispánicas; Enfoque cultural: Más sobre las celebraciones hispánicas**)

COMUNICACIÓN

In this chapter of *Nuevos Destinos,* you will
■ discuss holidays and holiday celebrations (**Enfoque léxico: Celebraciones y tradiciones**)
■ review the uses of **actual, actualmente, en realidad, verdadero; fingir, pretender** (**Enfoque léxico: ¿Cuál se usa?**)
■ use the past subjunctive to talk about subjective actions in the past as well as about hypothetical situations (**Enfoque estructural 14.1**)
■ use the conditional perfect to talk about what would have happened, given certain conditions and situations (**14.2**)

El vídeo

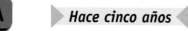

El episodio previo

Actividad **A**

▶ *Hace cinco años* ◀ **¿Quién lo dijo?**

Paso 1 ¿Cuánto recuerdas del Episodio 13? Indica cuál de los siguientes personajes dijo lo siguiente. **¡OJO!** Hay más personajes que citas, y hay más de una cita de un mismo personaje.

a. un auditor
b. Carlos Castillo
c. don Fernando Castillo
d. Mercedes Castillo
e. Pedro Castillo
f. Raquel Rodríguez

1. _____ «Don Fernando no está...
   ¡La habitación está vacía!»
2. _____ «Mira, ahora tienes que ser
   un buen paciente, ayudar a
   los médicos.»
3. _____ «Lamentablemente, nuestra
   recomendación es venderla.
   Hace falta capital.»
4. _____ «Carlos nunca ha manejado
   bien el dinero. Bueno, él
   nunca ha manejado bien
   muchas cosas.»
5. _____ «Déjenme hablar. Yo sé que
   soy el culpable de estos
   problemas.»

Paso 2 Con un compañero / una compañera, expliquen las circunstancias que rodean las citas del Paso 1.

Actividad **B**

▶ *Hace cinco años* ◀ **Los problemas de los Castillo**

Indica si las siguientes afirmaciones son ciertas (**C**) o falsas (**F**). Si son falsas, modifícalas para que sean ciertas.

C F **1.** Don Fernando no estaba en su habitación del hospital
porque lo trasladaron a un hospital en Cancún.
C F **2.** Don Fernando tenía muchas ganas de regresar a La Gavia
porque quería hablar con los auditores.
C F **3.** Los auditores recomendaron cerrar la oficina de Miami.
C F **4.** Una agente de bienes raíces le dijo a Pedro que tenía un cliente
que quería convertir La Gavia en un parque de atracciones.

302

C F **5.** La familia Castillo tenía problemas económicos porque nadie quería comprar el acero (*steel*) que producía la empresa.

C F **6.** La familia no sabía de las irregularidades en las cuentas que llevaba Carlos porque él tenía vergüenza de decirles la verdad a sus hermanos.

C F **7.** Por fin Carlos les contó a sus hermanos que Gloria sufría de una adicción a las drogas.

Episodio 14: Día 5

Preparación para el vídeo

Actividad **A**

Episodio 14 of the CD-ROM to accompany *Nuevos Destinos* contains information about and the actual second codicil to don Fernando's will.

Lucía revisa unos documentos

Paso 1 En el Episodio 14, Ramón Castillo le manda a Lucía una caja con unos documentos de don Fernando. ¿Qué crees que va a contener la caja? Indica lo que opinas con **sí** o **no**.

La caja va a contener...

Sí No **1.** recibos de las clínicas de rehabilitación en que estuvo Gloria.

Sí No **2.** el certificado de matrimonio de don Fernando y Rosario.

Sí No **3.** una carta de Ángel para su padrastro Martín.

Sí No **4.** una copia del certificado de nacimiento de Ángel.

Sí No **5.** una carta que Carlos le escribió a Gloria, pidiéndole el divorcio.

Sí No **6.** una carta de Gloria para don Fernando, explicándole sus problemas.

Sí No **7.** el segundo codicilo del testamento de don Fernando.

Sí No **8.** títulos de propiedad de La Gavia.

Paso 2 Después de ver el episodio, verifica tus respuestas del Paso 1.

Actividad **B**

¿Quién lo dirá?

Paso 1 Lee cada cita a continuación e indica quién es el personaje que probablemente dijo esas palabras. ¡OJO! No hay citas de algunos de los personajes.

a. Ángela Castillo
b. don Fernando Castillo
c. Pedro Castillo
d. Lucía Hinojosa
e. Arturo Iglesias
f. Raquel Rodríguez

1. _____ «La última vez me prometí que no volvería a salir con él.»

2. _____ «Tengo grandes dudas.»

3. _____ «¡La copa! Está en mi carro.»

4. _____ «Las relaciones entre tú y yo no tienen ningún futuro y creo que es mejor dejarlo así.»

5. _____ «La Gavia no está ni estará nunca en venta.»

6. _____ «He ido depositando, poco a poco, los fondos necesarios... Debe haber lo suficiente para iniciar una fundación.»

7. _____ «Pues, no hay nada sospechoso por parte de Gloria.»

Paso 2

¡UN DESAFÍO!   Con un compañero / una compañera, habla sobre las posibles circunstancias que rodean las citas: ¿Quién(es) habla(n)? ¿De qué o con quién(es) habla(n)?

¿Qué tal es tu memoria?

Actividad **A**

Recuerdos de Luis

En este episodio, Raquel habló con Luis y luego recordó algunos incidentes con él. Las siguientes fotos muestran algunas escenas del episodio. Emparéjalas con las citas que aparecen a continuación.

1. ____    2. ____

Hace cinco años

Luis es un hombre dinámico, inteligente y ambicioso, pero también es bastante egoísta. Cuando visitó a Raquel en México, no pensó ni por un instante en que Raquel no tuviera ya ningún interés en él. Ahora que ha regresado a vivir a Los Ángeles, quiere volver a ser su novio. Es difícil para Luis aceptar que el verdadero amor no es algo que uno puede forzar, sino que nace de un sentimiento mutuo.

3. ____    4. ____

5. ____

a. «Se trata de un fin de semana en Zihuatanejo… para dos.»
b. «Es que yo les dije que los había invitado… »
c. «Bueno, no sé por qué he aceptado la invitación de Luis.»
d. «¡Vaya sorpresa! ¿Y qué haces aquí?»
e. «Yo he cambiado mucho desde esos días en la universidad y Luis parece seguir siendo el mismo.»

Actividad **B**   **Planes para La Gavia**

Indica si las siguientes oraciones son ciertas (**C**) o falsas (**F**). Si son falsas, modifícalas para que sean ciertas.

C F **1.** Mercedes quería convertir La Gavia en un orfanato.

C F **2.** Don Fernando nunca había pensado antes en fundar un orfanato.

C F **3.** Don Fernando dijo que debía escribir algo sobre el orfanato en su testamento.

C F **4.** Don Fernando dijo que las personas más indicadas para organizar y administrar el orfanato serían Ramón y Mercedes.

C F **5.** También dijo que sería buena idea que Juan y Pati volvieran a vivir en La Gavia y trabajaran en el orfanato.

C F **6.** Parece que Carlos y su familia van a vivir en México porque van a cerrar la oficina en Miami.

Para pensar   Al fin de este episodio, Lucía descubre entre los documentos y archivos de don Fernando el testamento de éste con los dos codicilos. Es más (*What's more*), se sabe que el nombre del padre de Lucía aparece entre esos documentos. ¿Qué tendrá que ver Emilio Hinojosa Barranco con el testamento de don Fernando? ¿Será un pariente lejano de don Fernando? Al fin y al cabo (*After all is said and done*), ¿tendrá que ver Lucía directamente con el segundo codicilo?

Lengua y cultura

Enfoque léxico   ## Celebraciones y tradiciones

VOCABULARIO DEL TEMA   *Los días festivos*

festejar	to celebrate; to honor	*Repaso:* **regalar**	
reunirse (me reúno) (con)	to get together (with)	**el Día de Año Nuevo**	New Year's Day
		el Día de los Reyes Magos	Day of the Magi (Three Kings), Epiphany
Cognados: **celebrar, conmemorar, decorar**			

Feliz Navidad

*Porque eres una persona
bondadosa y llena de amor,
espero que esta Navidad
sea para ti la mejor.*

Un Próspero Año Nuevo

el Día de San Valentín	Saint Valentine's	**el Día del Padre**	Father's Day
el Día de los Enamorados	Day	**el Día del Trabajo**	Labor Day
el Día de San Patricio	Saint Patrick's Day		
la Pascua	Passover		
la Pascua (Florida)	Easter		
el Día de la Raza	Hispanic Awareness Day (Columbus Day)		
el Día de los Muertos	Day of the Dead		
el Día de Dar Gracias	Thanksgiving		
el Jánuca	Hanukkah		
la Fiesta de las Luces			
la Nochebuena	Christmas Eve		
la Navidad	Christmas		
la Noche Vieja	New Year's Eve		
el cumpleaños	birthday		
el día del santo	saint's day		

La fecha de las siguientes celebraciones varía, según el país en que se festejan.

el Día de la Independencia	Independence Day
el Día de la Madre	Mother's Day

AMPLIACIÓN LÉXICA

Las siguientes palabras y frases son útiles para hablar de las celebraciones.

el brindis	toast
la calavera	skull
el desfile	parade
la feria	fair; festival
los fuegos artificiales	fireworks
la misa	Mass (*Catholic*)
la Misa del Gallo	Midnight Mass
la vela	candle

Actividad

Recuerdos especiales

Paso 1 Piensa en algún buen recuerdo que tienes de un día festivo de la lista del Vocabulario del tema. ¿Con quién estabas? ¿Dónde estabas? ¿Hubo una comida especial? ¿Por qué fue especial?

Paso 2 Con un compañero / una compañera, comparte tus recuerdos. Háganse preguntas para aprender más sobre esos momentos especiales.

NOTA *cultural* • *Otras fiestas hispánicas*

omo te puedes imaginar, las fiestas y celebraciones varían de país en país, y el mundo hispánico no es ninguna excepción. A continuación hay más información sobre dos tradiciones típicamente hispánicas.

El día del santo

Además de celebrar el día de su cumpleaños, los hispanos también festejan el día de su santo. A causa de la fuerte tradición católica en los países hispánicos, muchas personas llevan el nombre de algún santo. En el calendario religioso católico, cada día corresponde al nombre de un santo. Por ejemplo, una persona bautizada[a] con el nombre de Juan, aunque el mes y la fecha de su cumpleaños sean otros, celebra también el 24 de junio, el día de San Juan.

El Día de los Inocentes

El 28 de diciembre se conmemora el día en que el rey Herodes ordenó a sus soldados que entraran en el pueblo de Belén y mataran[b] a todos los niños menores de dos años, esperando que uno de ellos fuera el niño Jesús. La palabra **inocente** en español tiene dos significados: uno, que es el cognado obvio en inglés, y otro, que quiere decir *naive*. En este día, mucha gente les hace trucos[c] y bromas[d] a los otros. Al descubrirse la broma, se le dice a la víctima: «¡Por inocente!»

[a]*baptized* [b]*they kill* [c]*hace... play tricks* [d]*jokes*

Para pensar	¿Llevas tú el nombre de algún santo? ¿Sabes en qué día se celebraría el día de tu santo? Y el Día de los Inocentes, ¿es parecido a algún día que se celebra en los Estados Unidos? ¿Qué día es y qué se hace en ese día?

Actividad   ## **Asociaciones**

Paso 1 ¿Qué asocias con las siguientes celebraciones? ¿Son asociaciones buenas, malas o neutras? Para ti, ¿cuáles son las celebraciones más importantes de la lista? Indica también las razones por las cuales piensas así.

1. la Navidad
2. el Jánuca
3. el Día de los Enamorados
4. la Noche Vieja
5. el Día de la Raza
6. el Día de San Patricio
7. el Día de Dar Gracias
8. tu cumpleaños

Paso 2 Con un compañero / una compañera, compara tus asociaciones e impresiones de las celebraciones. ¿Tienen ideas semejantes o diferentes? ¿A qué se deben las diferencias? ¿Por qué creen que una celebración puede tener más importancia para uno que para otro?

¿CUÁL SE USA?

	Ejemplos	Notas
actual	El mundo **actual** es un lugar muy diferente que hace cien años. *The world today is very different from a hundred years ago.*	**Actual** is used to refer to something *current, up-to-date.*
actualmente	**Actualmente,** los mexicanos son el grupo hispano más grande en los Estados Unidos. *Currently, Mexicans are the largest Hispanic group in the United States.*	The adverb form of actual is used to mean *nowadays* or *currently.*
en realidad	**En realidad,** nadie sabe qué pasó. *Actually, nobody knows what happened.*	*Actually* or *in reality* are expressed with **en realidad.**
verdadero, real	¿Crees que *Nuevos Destinos* se basa en una historia **verdadera?** *Do you think that* Nuevos Destinos *is based on a true story?*	To refer to something *real, true,* or *authentic,* use **verdadero** or **real.** The cognate, **real,** is used more often to mean *royal.*
fingir	El niño **fingió** que estaba enfermo. *The boy pretended he was sick.*	To *pretend* or *feign* is expressed with the verb ***fingir.***
pretender	**Pretendieron** rescatar a los víctimas lo antes posible. *They attempted to rescue the victims as soon as possible.*	**Pretender** is a false cognate that means *to attempt, to intend,* or *to try* to do something.

Actividad **A**

Minidiálogos

Completa los siguientes minidiálogos con la forma correcta de las siguientes palabras o expresiones: **actual, actualmente, en realidad, verdadero, fingir, pretender.**

1. RAQUEL: ¿Cómo está la familia Castillo?
   LUCÍA: _____, no sé. No he hablado con ellos esta semana.
2. LUCÍA: ¿Crees que encontraré la _____ razón por los dos codicilos?
   RAQUEL: Espero que sí. Es importante que sigas investigando todo lo que puedas sobre la situación _____ de la familia Castillo.
3. LUCÍA: ¿Dónde vive Carlos ahora?
   RAQUEL: Antes vivía en Miami, pero _____ vive en México y ayuda a administrar el orfanato.
4. LUCÍA: ¿Qué crees que pasó entre Jorge y Ángela?
   RAQUEL: Pues, él _____ estar enamorado de ella porque quería casarse con una mujer de una familia rica. Ángela, por su parte, amaba mucho a Jorge y _____ tener un buen matrimonio con él, pero le fue imposible.

Actividad **B**   **Preguntas personales**

Con un compañero / una compañera, haz y contesta las siguientes preguntas para conocerse mejor.

1. ¿Qué es lo que más te preocupa del mundo actual?
2. Para ti, ¿qué significa el amor verdadero?
3. ¿Qué pretendes hacer con tu vida después de graduarte?
4. ¿Alguna vez has fingido algún sentimiento que no sentías? Explica.

Enfoque cultural   Más sobre las celebraciones hispánicas

La mayoría de las fiestas hispánicas son de origen religioso. A continuación se describen algunas de estas fiestas.

La Navidad y el Día de los Reyes Magos

En el mundo hispánico, la Navidad tiende[a] a mantener su significado religioso más que en los Estados Unidos. Una celebración navideña muy típica en México es la celebración de las Posadas. Consiste en una serie de ceremonias y fiestas que se celebran por ocho noches consecutivas antes del día de Navidad. En estas fiestas, la gente va, en procesión, a una casa distinta cada noche, donde cantan villancicos[b] y gozan de la comida típica de la época de Navidad. Las Posadas simbolizan el viaje de la Virgen María y San José en busca de alojamiento en Belén justo antes del nacimiento del niño Jesús. Los villancicos también son parte importante de las celebraciones navideñas en casi todos los países hispánicos.

En muchos países se acostumbra hacerles regalos a los niños el Día de los Reyes Magos, que se celebra el seis de enero. Antes de acostarse la noche anterior, los niños dejan, al lado de sus zapatos, agua y paja[c] para los camellos de los Reyes Magos. Cuando se levantan en la mañana, los niños encuentran en los zapatos los regalos que les dejaron los Reyes.

El Año Nuevo y la Noche Vieja

Durante estos días se hacen cenas especiales y fiestas para esperar la llegada del nuevo año. Una costumbre típica de

Varias familias se reúnen en el cementerio para celebrar el Día de los Muertos.

[a]*tends* [b]*Christmas carols* [c]*straw*

algunos lugares es la de tratar de comerse doce uvas antes de que el reloj dé las doce campanadas[d] a medianoche. Se cree que la persona que logra comérselas todas tendrá buena suerte durante el año entrante.

El Día de los Muertos

El dos de noviembre es un día festejado por los hispanos católicos. En España se celebra este día sin mucha actividad, pero las personas sí tienden a visitar los sepulcros para honrar a los familiares ya fallecidos.[e]

Los mexicanos, sin embargo, celebran este día con más intensidad. Algunas familias van a misa y después pasan el día en el cementerio visitando, limpiando y decorando las tumbas de los difuntos.[f] Una de las comidas tradicionales de esta celebración es el pan de muertos, que se hace en forma de esqueletos, calaveras, lápidas[g] y ataúdes.[h] Parte de la celebración consiste en burlarse de[i] la muerte. Algunos creen que la importancia que le dan los mexicanos a esta celebración se debe a la influencia indígena, pues para los indígenas, la muerte no es el fin de la vida, sino el comienzo de otro tipo de existencia.

El carnaval y la Semana Santa

El carnaval se celebra durante el período que precede a la cuaresma[j] y la Semana Santa. Son típicos de esta celebración los disfraces,[k] máscaras, bailes, desfiles y fiestas que duran, a veces, varios días. En Centroamérica, en el Caribe y en el Brasil, la influencia africana se nota en la música y en los bailes del carnaval. En contraste, la Semana Santa es una de las celebraciones más solemnes del año. En España, se celebra con procesiones, llamadas **pasos,** en las que se llevan por las calles figuras religiosas como las de la Virgen María y Jesucristo sobre plataformas, también llamadas **pasos.** Uno de los pasos más famosos e importantes de la Semana Santa en Sevilla es el del Barrio de Triana.

Dos participantes del Carnaval en Barranquilla, Colombia

Las fiestas de los santos patrones

En la mayoría de los pueblos y ciudades pequeñas del mundo hispánico, la fiesta más importante es la fiesta en honor del santo patrón o a la santa patrona del lugar. Estas celebraciones, que duran varios días, son más bien ferias municipales. La fiesta de San Fermín («los Sanfermines») de Pamplona, España, es muy famosa por los toros que corren por las calles de la ciudad antes de las diarias corridas de toros.

La veneración de los santos católicos quizás sea más importante en Latinoamérica que en Europa. Tal vez se deba a que muchos santos reemplazaron a los varios dioses de las religiones politeístas de los indígenas del continente y de los africanos que fueron llevados al Nuevo Mundo. En algunas partes de Latinoamérica, las características de los dioses indígenas y africanos se mezclaron con las de los santos católicos, creando así una mezcla de lo cristiano y lo pagano.

[d]*tolls of the bell*   [e]*muertos*   [f]*personas muertas*   [g]*tombstones*   [h]*caskets, coffins*   [i]*burlarse... making fun of*   [j]*Lent*   [k]*costumes*

Actividad **A**

Celebraciones hispánicas

Empareja las celebraciones de la columna a la izquierda con lo que se asocia con esas celebraciones, en la columna a la derecha. **¡OJO!** Hay más de una respuesta posible en algunos casos.

1. ____ el Día de los Reyes Magos
2. ____ el Día de los Muertos
3. ____ la Navidad
4. ____ la Semana Santa
5. ____ la Noche Vieja
6. ____ el carnaval
7. ____ las fiestas de los santos patrones

a. las Posadas
b. los desfiles, máscaras y disfraces
c. decorar las tumbas de los difuntos
d. preparar comidas especiales
e. los pasos
f. los Sanfermines
g. los regalos en los zapatos
h. comerse doce uvas
i. los villancicos

Actividad **B**

Celebraciones típicas

En grupos de tres o cuatro estudiantes, describan una fiesta o celebración típica de su país o de la región donde Uds. viven. Luego, presenten su descripción al resto de la clase. Si algunos grupos describen la misma celebración, ¿son iguales las descripciones o varían de alguna manera? ¿Se puede hacer generalizaciones sobre las celebraciones de este país? ¿Cuáles son?

Enfoque estructural

14.1 El imperfecto de subjuntivo; situaciones hipotéticas

El imperfecto de subjuntivo

In previous chapters, you have reviewed many uses of the present subjunctive. The past subjunctive (also known as the imperfect subjunctive) has many similar uses, except that the time reference is in the past. The verb that triggers the use of the subjunctive is usually in the past.

To form the past subjunctive, remove the **-ron** ending of the third-person plural (**Uds.**) form of the preterite and add the following endings:*

---

*An alternative form of the past subjunctive ends in **-se: llamase, vendieses, decidiesen,** and so on. This form is used primarily in Spain and in works of literature.

EL IMPERFECTO DE SUBJUNTIVO		
llamar (llama*ron*)	**vender (vendi*eron*)**	**decidir (decidi*eron*)**
llamara llamáramos	vendiera vendiéramos	decidiera decidiéramos
llamaras llamarais	vendieras vendierais	decidieras decidierais
llamara llamaran	vendiera vendieran	decidiera decidieran

Era importante que Lucía **hablara** con Raquel para saber más de la familia Castillo.

It was important for Lucía to talk to Raquel in order to find out more about the Castillo family.

Ángela **temía** que Roberto **muriera** en la excavación.

Ángela feared that Roberto would die at the excavation site.

Raquel no **quería** que su madre **se metiera** en sus relaciones con Luis.

Raquel didn't want her mother to get involved in her relationship with Luis.

Remember that some common verbs have stem changes, spelling changes, or irregular stems in the preterite. These same irregularities are also used in the past subjunctive. For a review of these forms, see **Enfoque estructural 3.1** (stem-change, spelling-change verbs, and some irregular verbs) and **4.3** (more irregular verbs).

Situaciones hipotéticas

The past subjunctive can be used with the conditional tense to describe hypothetical situations or contrary-to-fact statements. These statements use a clause with **si** and the past subjunctive (the **si** clause) and a clause with the conditional tense (the result clause). A sentence may begin either with the **si** clause or the result clause.

Si Arturo **llamara** a Raquel, ella **estaría** mucho más contenta.

If Arturo were to call (called) Raquel, she would be much happier.

Raquel **estaría** mucho más contenta **si** Arturo la **llamara**.

Raquel would be much happier if Arturo were to call (called) her.

Note that if the **si** clause refers to a possible present or future situation, rather than a hypothetical or contrary-to-fact situation, the past subjunctive and conditional are *not* used.

Si Lucía **tiene** paciencia, **resolverá** por fin el misterio de los dos codicilos.

If Lucía is patient, she will finally solve the mystery of the two codicils.

Práctica

Al comienzo de la historia

¿Te acuerdas de lo que pasó en los primeros episodios de *Nuevos Destinos?* Empareja frases de las dos columnas para formar oraciones completas sobre la trama de la historia.

1. _____ Ramón le escribió una carta a Raquel pidiéndole que...
2. _____ Cuando Lucía conoció a Raquel, le pidió que...
3. _____ Lucía también quería que...
4. _____ Lucía temía que...

a. Raquel le diera información sobre la persona que ella buscaba.

b. Raquel fuera a verla a Madrid.

c. la tratara de **tú** en vez de **Ud.**

d. se pusiera en contacto con Lucía Hinojosa, albacea de Pedro.

e. alguien de la familia Castillo tuviera algo que ver con el segundo codicilo.

f. le dedicara más tiempo al corazón.

g. Raquel le contara y grabara toda la historia de la primera investigación.

h. le mandara una copia del certificado de nacimiento de Ángel.

> ### Hace cino años

5. _____ Cuando Miguel Ruiz habló con su madre, Teresa Suárez, ella insistió en que...
6. _____ Alfredo Sánchez, el reportero, esperaba que...
7. _____ Antes de salir de España, Raquel le pidió a Elena Ramírez que...
8. _____ Al despedirse de Raquel, Teresa Suárez le aconsejó que...

Práctica

Cuando yo era niño/a

Paso 1 Cuando eras ñino/a, ¿qué esperabas que hicieran o no hicieran los otros? ¿Qué esperaban ellos que hicieras o no hicieras tú? Completa las oraciones a continuación con frases de la lista de abajo u otras, si quieres.

MODELO: Yo deseaba que mis hermanos no me pegaran (*hit*).

1. Yo quería que mis padres (abuelos, tíos, ¿ ?)...
2. Mis padres (abuelos, tíos, ¿ ?) temían que yo...
3. (No) Me gustaba que mis amigos...
4. El día de mi cumpleaños, esperaba que los otros...
5. Los maestros insistían en que nosotros los niños...
6. Era necesario que yo...
7. Durante la Navidad (la Fiesta de las Luces, ¿ ?), me gustaba que...

Frases sugeridas: acordarse de mí, estudiar todos los días, ir a mi casa a jugar, participar en muchas actividades escolares, no pelearse tanto con mis amigos/as, pensar como ellos, regalarme dinero / muchos juguetes, reunirse toda la familia, (no) ser aventurados/as, ser más paciente, (no) ver la televisión (películas violentas, ¿ ?)

Paso 2 Ahora, compara tus oraciones con las de otro/a estudiante. ¿Tienen Uds. la misma perspectiva de su vida o son sus ideas totalmente distintas?

Práctica

¿Qué harías?

Paso 1 Completa las siguientes oraciones, indicando lo que harías en cada situación.

MODELO: Si alguien me ofreciera marihuana,... → no la aceptaría.

1. Si encontrara las cartas de amor que mi padre le escribió a mi madre hace muchos años,...
2. Si el gobierno me devolviera más dinero de los impuestos del que me debía,...
3. Si estuviera haciendo las compras y viera a otro/a cliente robar en una tienda,...
4. Si hubiera un incendio (*fire*) en este edificio,...
5. Si alguien me pidiera una composición que yo hubiera escrito para otro curso,...
6. Si mis padres (hijos) insistieran en que terminara mis relaciones con alguien,...
7. Si me enfermara el día del examen final,...

Paso 2 Compara tus ideas con las de los demás estudiantes. ¿Cuáles fueron las oraciones más difíciles de terminar? ¿Por qué? ¿Quiénes de Uds. terminaron algunas oraciones de la misma manera?

14.2 Expresando lo que habría pasado: El condicional perfecto

You have already learned to form and use the present perfect (**Enfoque estructural 8.1**) and the conditional tense (**Enfoque estructural 13.2**) in Spanish. The conditional perfect tense is formed with the conditional of **haber** and the past participle of the main verb. This tense is used primarily to talk about what *would have* or *might have* happened by a certain time or under particular conditions. It may also be used with the past subjunctive in contrary-to-fact statements.

EL CONDICIONAL PERFECTO	
habría leído	habríamos leído
habrías leído	habríais leído
habría leído	habrían leído

Pati **se habría quedado** en México, pero había problemas en el teatro.	*Pati would have stayed in Mexico, but there were problems at the theater.*
¿Crees que Raquel **habría estado** contenta si Arturo nunca hubiera ido a Buenos Aires?	*Do you think that Raquel would have been happy if Arturo had never gone to Buenos Aires?*

Práctica ⟩ *Hace cinco años* ⟨ **¿Qué habría sido diferente?**

Paso 1 Imagínate que las siguientes situaciones y circunstancias ocurrieron en la historia de *Nuevos Destinos*. ¿Habrían sido diferentes las cosas? Con un compañero / una compañera, expresa lo que creen que habría pasado en las siguientes circunstancias.

MODELO: Don Fernando murió justo después de recibir la carta de Teresa Suárez. →
En ese caso, Pedro no habría contratado a Raquel para hacer la investigación.

1. Teresa Suárez no quiso darle a Raquel la dirección de Rosario en la Argentina.
2. Raquel no pudo encontrar a ningún pariente de Rosario en la Argentina.
3. Ángel todavía vivía en la Argentina, pero no tenía interés en conocer a su padre, don Fernando.
4. Raquel y Arturo nunca se cayeron bien.
5. Doña Carmen no le dio permiso a Ángela de viajar a México.
6. Roberto murió en la excavación.
7. La familia Castillo le vendió La Gavia al empresario estadounidense.

Paso 2

¡UN DESAFÍO!   Basándose en las afirmaciones del Paso 1, inventen tres oraciones más y léanselas a otro grupo de estudiantes. Éstos deben indicar qué habría pasado bajo esas circunstancias.

Práctica B   **¿Qué habrías hecho tú?**

Paso 1 Indica lo que habrías hecho tú bajo las siguientes circunstancias.

MODELO: Decidiste no asistir a esta universidad este semestre. →
Habría trabajado en la fábrica de mi padre. (Habría asistido a otra universidad., ¿ ?)

1. Decidiste no tomar una clase de español este semestre/trimestre.
2. No te llevabas bien con tu compañero/a de cuarto o con las personas con quienes vivías.
3. Tenías que trabajar ayer, pero no lo hiciste porque no te dio la gana (*you didn't feel like it*).
4. No le entregaste la última composición a tu profesor(a).
5. Este semestre/trimestre, decidiste tomar seis cursos y trabajar treinta horas a la semana.
6. Compraste un billete de la lotería y te ganaste con él el premio gordo (*grand prize*), ¡pero no pudiste encontrar el billete!

Paso 2 Compara tus oraciones con las de un compañero / una compañera. ¿Son semejantes o muy diferentes? ¿Quién tiene las reacciones más originales?

Para terminar

Actividad final

La evolución de las tradiciones

Aunque son parte integral de una cultura, las celebraciones, tradiciones y costumbres también cambian. ¿Cuáles son algunas de las celebraciones, tradiciones o costumbres que para ti representan la cultura de tu país? ¿Han cambiado o todavía se conservan como en el pasado? En esta actividad, vas a explorar con tus compañeros las tradiciones «típicas» de este país.

Paso 1 En grupos de cuatro, hagan una lista de cuatro celebraciones, tradiciones o costumbres que Uds. consideran las más representativas de este país. Pueden ser días festivos, ferias regionales, costumbres regionales o nacionales, etcétera. Indiquen también por qué creen que representan «lo típico».

Paso 2 Ahora piensen en cómo eran esas tradiciones y costumbres en el pasado y cómo son en el presente. ¿Qué cambios han experimentado? ¿Son positivos o negativos los cambios? Apunten sus ideas.

Paso 3 Comparen sus listas con las de otros grupos y comenten las semejanzas y diferencias entre las listas. ¿Qué tradiciones y costumbres y qué cambios se mencionaron con más frecuencia?

Vocabulario

Los días festivos

festejar	to celebrate; to honor
reunirse (me reúno) (con)	to get together (with)

Cognados: **celebrar, conmemorar, decorar**

Repaso: **regalar**

el Día de Año Nuevo	New Year's Day
el Día de Dar Gracias	Thanksgiving
el Día de los Enamorados	St. Valentine's Day
el Día de la Independencia	Independence Day
el Día de la Madre	Mother's Day
el Día de los Muertos	Day of the Dead
el Día del Padre	Father's Day
el Día de la Raza	Hispanic Awareness Day (Columbus Day)
el Día de los Reyes Magos	Day of the Magi (Three Kings), Epiphany
el Día de San Patricio	St. Patrick's Day
el Día de San Valentín	St. Valentine's Day
el Día del Trabajo	Labor Day
el Jánuca	Hannukah
la Fiesta de las Luces	Hannukah
la Navidad	Christmas
la Nochebuena	Christmas Eve
la Noche Vieja	New Year's Eve
la Pascua	Passover
la Pascua (Florida)	Easter
el cumpleaños	birthday
el día del santo	saint's day

¿Cuál se usa?

actual	current; up-to-date
actualmente	nowadays; currently
en realidad	actually, in reality
fingir	to pretend, feign
pretender	to attempt; to intend, try (*to do something*)
real	real; true; authentic
verdadero	real; true; authentic

316

15 *Pasado, presente, futuro*

METAS

LA TRAMA

La próxima semana: It has been difficult for Lucía, but she is relieved to have solved the mystery of the two codicils. How do you think it was resolved? Raquel finishes telling Lucía the story of the moment at which don Fernando realized without a doubt that Ángela and Roberto were truly his grandchildren. The only remaining question, then, is: What will happen between Arturo and Raquel?

RAQUEL: Bien. [...] Ya sé, tenemos mucho de que hablar. Por eso yo estaba pensando que...

COMUNICACIÓN

In this chapter of *Nuevos Destinos*, you will
■ review the uses of **tomar, llevar; venir, ir; importar, cuidar** (Enfoque léxico: ¿Cuál se usa?)

El vídeo

El episodio previo

Actividad **A**

Lucía seguía con la investigación

En el Episodio 14, Lucía encontró algunos documentos en las carpetas (*folders*) de don Fernando. Indica si las siguientes afirmaciones sobre el episodio son ciertas (**C**) o falsas (**F**). Si son falsas, modifícalas para que sean ciertas.

En las carpetas, Lucía encontró...

C F **1.** recibos de clínicas de rehabilitación en la carpeta de Pati.
C F **2.** una copia del certificado de nacimiento de Ángel.
C F **3.** una carta que Gloria le escribió a don Fernando, culpándose por los problemas financieros de la oficina en Miami.
C F **4.** el certificado de matrimonio de Rosario y don Fernando.
C F **5.** dibujos de Ángel.
C F **6.** títulos de propiedad de La Gavia.
C F **7.** una foto de Ángel.

Actividad **B**

▶ *Hace cinco años* ◀ **Don Fernando**

Paso 1 Con un compañero / una compañera, completa las siguientes oraciones sobre los acontecimientos del episodio previo.

1. Durante la cena con toda la familia, don Fernando les dijo a todos que tenía grandes dudas. No estaba seguro de que...
2. Para disipar las dudas de don Fernando, Ángela dijo que en su carro tenía...
3. Don Fernando le dijo a la agente de bienes raíces que...
4. Con respecto a La Gavia, hacía muchos años que don Fernando tenía la idea de...

5. Él sabía que costaría mucho dinero llevar a cabo (*to carry out*) su plan, así que por muchos años...
6. Les dijo a Pedro y a sus hijos que todo el plan estaba escrito en...
7. Don Fernando pensaba que las personas que mejor podían realizar el plan serían...
8. Con respecto a su hijo Juan, don Fernando le dijo que sería mejor que él...

Paso 2 Ahora compartan sus respuestas con otro grupo. ¿Están todos de acuerdo con lo que pasó en el episodio previo?

Episodio 15: La próxima semana

Preparación para el vídeo

Actividad

El testamento de don Fernando

Paso 1 En el episodio previo, supiste que el nombre del padre de Lucía estaba en el segundo codicilo del testamento de don Fernando. ¿Por qué será? Indica si las siguientes oraciones son ciertas (**C**), falsas (**F**) o si no estás seguro/a (**NS**).

C F NS **1.** El padre de Lucía era un viejo amigo de don Fernando, y éste decidió incluirlo en su testamento.

C F NS **2.** El padre de Lucía era otro hijo de don Fernando que nunca había mencionado a la familia. Decidió incluir a Emilio Hinojosa Barranco en el testamento para recompensarlo por no haberlo reconocido como hijo suyo.

C F NS **3.** Don Fernando había ganado mucho dinero gracias a un invento del padre de Lucía, y la inclusión de él en el testamento de don Fernando era una forma de recompensarlo.

C F NS **4.** El padre de Lucía fue empleado de don Fernando y nunca recibió el dinero que le merecía (*he deserved*).

C F NS **5.** El gobierno mexicano acusó a don Fernando de despojar (*stripping*) al padre de Lucía de sus bienes (*wealth*), así que don Fernando lo incluyó en su testamento.

C F NS **6.** Pedro había aconsejado a don Fernando que no se preocupara porque no había hecho nada ilegal. Sin embargo, don Fernando quiso corregir la situación.

Paso 2 Después de ver el Episodio 15, verifica tus respuestas del Paso 1.

Actividad **B**   **¿Quién lo dirá?**

Paso 1   Indica quién crees que dirá lo siguiente en este episodio. ¡OJO! No se cita lo que dijo uno de los personajes.

a. Ángela Castillo   d. Raquel Rodríguez
b. don Fernando Castillo   e. Luis Villarreal
c. Lucía Hinojosa

1. _____ «...la Sra. Suárez me dijo que Rosario nunca dejó de pensar en Ud., que siempre lo amó.»
2. _____ «...eres hijo de Rosario... eres como un hijo verdadero para mí.»
3. _____ «Si sigues así, vas a tener más clientes ricos de los que puedas atender.»
4. _____ «¡Ojalá sea la prueba que buscas!»
5. _____ «Yo me estoy preparando para lo peor... »
6. _____ «Lo que sientes por él. Es serio, ¿verdad?»
7. _____ «O tú te vas para Buenos Aires o él se va para Los Ángeles. Pero no dejen perder un amor verdadero.»
8. _____ «Él también tiene opciones, y creo que tú eres una de las más importantes.»

Paso 2

 **¡UN DESAFÍO!**   Indica a quién iban dirigidas las palabras de cada cita del Paso 1 y cuáles son las circunstancias que rodean cada una.

¿Qué tal es tu memoria?

Actividad **A**   **La investigación termina**

Indica si las siguientes oraciones sobre este episodio son ciertas (**C**) o falsas (**F**). Si son falsas, modifícalas para que sean ciertas.

C F **1.** El padre de Lucía inventó un proceso metalúrgico que don Fernando compró.
C F **2.** El padre de Lucía no ganó mucho dinero con la venta de su invento porque, en su juventud, don Fernando era un hombre sin escrúpulos.
C F **3.** Pedro le aconsejó a su hermano que mintiera sobre la compra del invento porque había hecho algo ilegal.
C F **4.** Pero al fin y al cabo, don Fernando decidió incluir a Emilio Hinojosa Barranco en su testamento para recompensarlo.

 In **Episodio 15** of the CD-ROM to accompany *Nuevos Destinos,* you can read a letter from the Mexican government about the claim against La Gavia.

C F **5.** Siguiendo los deseos de su hermano, Pedro incorporó al testamento de don Fernando el segundo codicilo que iba a proporcionarle dinero a la familia Hinojosa.

C F **6.** Lucía cree que Pedro convenció a su hermano de posponer la entrega de su parte de la herencia hasta que se calmara la situación causada por el descubrimiento de la nueva familia puertorriqueña.

C F **7.** Aunque se ha resuelto el misterio de los dos codicilos, sigue pendiente la reclamación del gobierno mexicano contra La Gavia.

Actividad **B**

▶ *Hace cinco años* ◀ **La despedida**

¿Qué pasó cuando Raquel y Arturo llegaron al cuarto de don Fernando para despedirse de él? Empareja frases de las dos columnas para hacer oraciones completas.

1. _____ Don Fernando le dijo a Arturo que éste...

2. _____ Ángela le mostró a don Fernando...

3. _____ Luego, Mercedes sacó de una gaveta (*drawer*)...

4. _____ Don Fernando le dijo a Raquel que...

5. _____ Raquel le contestó que...

6. _____ Raquel también le dijo a don Fernando que...

a. ella y Arturo ya habían hablado un poco sobre el futuro de sus relaciones.

b. no dejara perder un amor verdadero.

c. Rosario nunca dejó de pensar en él, que siempre lo amó.

d. la copa que había traído de Puerto Rico.

e. era como un hijo para él.

f. la otra copa de bodas que don Fernando había guardado durante tantos años.

Hace cinco años

En una escena muy conmovedora, Ángela y Roberto lograron convencer a su abuelo de que ellos eran sus nietos verdaderos cuando le enseñaron la copa con la cual él y Rosario habían brindado el día de su boda. Con lágrimas en los ojos, don Fernando se despidió de Raquel, agradeciéndole el buen trabajo que ella había hecho y dejándola con unos consejos sobre el amor. ¿Crees que fueron buenos esos consejos? ¿Los siguió Raquel?

Actividad **C**

Opciones

¿De qué hablaron Raquel y Lucía al final de este episodio? Con un compañero / una compañera, contesta las siguientes preguntas sobre esa conversación.

1. ¿Cómo le explicó Raquel a Lucía su decisión de no salir con Luis?
2. ¿Por qué estaba pensando Raquel en ir a la Argentina?
3. ¿Dónde estaba Arturo cuando llamó a Raquel por teléfono?
4. ¿Qué opinó Lucía de las noticias de Arturo?
5. ¿Hacia adónde iba Raquel cuando terminó el episodio?

Para pensar

Ahora que Arturo ha regresado a Los Ángeles, ¿qué crees que pasará entre él y Raquel? ¿Se reconciliarán? ¿Se irán a separar? ¿Se irán a vivir a la Argentina? ¿Se quedarán en Los Ángeles? Los dos tienen muchas opciones, pero... ¡quién sabe lo que pasará!

Lengua y cultura

Enfoque léxico

¿CUÁL SE USA?

	Ejemplos	**Notas**
tomar	¿Prefieres **tomar** el tren o el autobús? *Do you prefer to take a train or a bus?* Hemos trabajado mucho; vamos a **tomar** un descanso. *We've worked a lot; let's take a break.*	**Tomar** is used for most cases in which *to take* is used in English; *to take* a form of transportation, *to take* a test, *to take* a break.
llevar	¿A quién vas a **llevar** al baile? *Whom are you taking to the dance?*	**Llevar** means *to transport* or *take* someone or something from one place to another.

venir	¿**Vienes** a mi fiesta? *Are you coming to my party?*	*To come* is expressed with **venir** when the destination and the location of the speaker are the same.
ir	Sí, **voy** a tu fiesta. *Yes, I'm coming to your party.*	**Ir** is used when the destination and the location of the speaker are different.
importar	¿Te **importa** si cierro la puerta? *Do you care if I close the door?*	Spanish expresses *to care* in the sense *to matter, to mind,* or *to be interested,* with the verb **importar.**
cuidar	Los hijos de don Fernando lo **cuidaron** cuando estaba enfermo. *Don Fernando's children took care of him when he was ill.*	*To care for* or *to take care of* is expressed with **cuidar.**

Actividad **Una invitación**

Completa el diálogo con la forma apropiada de los siguientes verbos: **tomar, llevar, venir, ir, importar, cuidar.**

ESTUDIANTE: (*por teléfono*) Profesora, ¿puedo _____[1] a su oficina hoy? Necesito seleccionar mis cursos para el próximo semestre y no estoy segura qué _____.[2]

PROFESORA: Sí, cómo no. A ver, son las dos. Si quieres, puedes _____[3] ahora. Mi próxima clase es a las cuatro.

ESTUDIANTE: No puedo en este momento. Tengo que _____[4] a mi hermanita hasta las tres.

PROFESORA: No me _____[5] si la quieres traer a mi oficina.

ESTUDIANTE: Pues, está bien. Voy a _____[6] unos juguetes para que esté entretenida. Nos vemos pronto.

PROFESORA: Hasta pronto.

Actividad **Conversemos**

Con un compañero / una compañera, haz y contesta las siguientes preguntas.

1. ¿Quién te cuida cuando estás enfermo/a?
2. ¿A qué hora puedes venir a visitarme?
3. ¿Te importan mucho tus notas?
4. ¿Qué prefieres tomar cuando tienes sed, agua o un refresco?
5. ¿Adónde vas cuando quieres estar solo/a?
6. ¿Qué recomiendas que uno lleve cuando visita a alguien en el hospital?

Para terminar

Actividad final | Pasado, presente, futuro

Bueno, ya ha terminado la investigación de Lucía, y Raquel le ha contado a Lucía la última parte de la investigación que realizó hace cinco años. Y ya que Arturo ha regresado a Los Ángeles de Buenos Aires, hay la posibilidad de que él y Raquel hablen seriamente de los dilemas que enfrentan. Parece que hay muchas posibilidades... Como actividad final de *Nuevos Destinos*, vas a imaginarte que han pasado cinco años más y vas a escribirle una carta a algún personaje de la serie.

Paso 1 Primero, escoge a uno de los personajes de la serie. ¿Tienes algún personaje predilecto? ¿A quién te gustaría más dirigirte? ¿Quién crees que tendrá en el futuro la vida más interesante? También piensa en lo que quieres decirle a ese personaje. ¿Cómo será ese personaje en el futuro? ¿Tendrá muchos problemas? ¿mucho éxito? ¿una familia más grande?

Paso 2 Ahora escríbele la carta a ese personaje. ¡Usa tu imaginación!

Paso 3 Finalmente, entrega tu composición al profesor / a la profesora. Es posible que él/ella quiera leerles algunas de las cartas a los demás miembros de la clase.

Vocabulario

¿Cuál se usa?					
cuidar	to care for, take care of (*someone*)	ir	to go; to come	tomar	to take (*bus, train; test*)
importar	to matter, to mind; to be interested	llevar	to transport, take (*someone somewhere*)	venir	to come

APÉNDICE 1:
Tabla de verbos

A. Regular Verbs: Simple Tenses

INFINITIVE / PRESENT PARTICIPLE / PAST PARTICIPLE	INDICATIVE					SUBJUNCTIVE		IMPERATIVE
	PRESENT	IMPERFECT	PRETERITE	FUTURE	CONDITIONAL	PRESENT	IMPERFECT	
hablar hablando hablado	hablo hablas habla hablamos habláis hablan	hablaba hablabas hablaba hablábamos hablabais hablaban	hablé hablaste habló hablamos hablasteis hablaron	hablaré hablarás hablará hablaremos hablaréis hablarán	hablaría hablarías hablaría hablaríamos hablaríais hablarían	hable hables hable hablemos habléis hablen	hablara hablaras hablara habláramos hablarais hablaran	habla tú, no hables hable Ud. hablemos hablen
comer comiendo comido	como comes come comemos coméis comen	comía comías comía comíamos comíais comían	comí comiste comió comimos comisteis comieron	comeré comerás comerá comeremos comeréis comerán	comería comerías comería comeríamos comeríais comerían	coma comas coma comamos comáis coman	comiera comieras comiera comiéramos comierais comieran	come tú, no comas coma Ud. comamos coman
vivir viviendo vivido	vivo vives vive vivimos vivís viven	vivía vivías vivía vivíamos vivíais vivían	viví viviste vivió vivimos vivisteis vivieron	viviré vivirás vivirá viviremos viviréis vivirán	viviría vivirías viviría viviríamos viviríais vivirían	viva vivas viva vivamos viváis vivan	viviera vivieras viviera viviéramos vivierais vivieran	vive tú, no vivas viva Ud. vivamos vivan

B. Regular Verbs: Perfect Tenses

INDICATIVE					SUBJUNCTIVE	
PRESENT PERFECT	PAST PERFECT	PRETERITE PERFECT	FUTURE PERFECT	CONDITIONAL PERFECT	PRESENT PERFECT	PAST PERFECT
he has ha hemos habéis han	había habías había habíamos habíais habían	hube hubiste hubo hubimos hubisteis hubieron	habré habrás habrá habremos habréis habrán	habría habrías habría habríamos habríais habrían	haya hayas haya hayamos hayáis hayan	hubiera hubieras hubiera hubiéramos hubierais hubieran
hablado comido vivido	hablado comido vivido	hablado comido vivido	hablado comido vivido	hablado comido vivido	hablado comido vivido	hablado comido vivido

C. Irregular Verbs

INFINITIVE / PRESENT PARTICIPLE / PAST PARTICIPLE	INDICATIVE					SUBJUNCTIVE		IMPERATIVE
	PRESENT	IMPERFECT	PRETERITE	FUTURE	CONDITIONAL	PRESENT	IMPERFECT	
andar / andando / andado	ando andas anda andamos andáis andan	andaba andabas andaba andábamos andabais andaban	anduve anduviste anduvo anduvimos anduvisteis anduvieron	andaré andarás andará andaremos andaréis andarán	andaría andarías andaría andaríamos andaríais andarían	ande andes ande andemos andéis anden	anduviera anduvieras anduviera anduviéramos anduvierais anduvieran	anda tú, no andes ande Ud. andemos anden
caer / cayendo / caído	caigo caes cae caemos caéis caen	caía caías caía caíamos caíais caían	caí caíste cayó caímos caísteis cayeron	caeré caerás caerá caeremos caeréis caerán	caería caerías caería caeríamos caeríais caerían	caiga caigas caiga caigamos caigáis caigan	cayera cayeras cayera cayéramos cayerais cayeran	cae tú, no caigas caiga Ud. caigamos caigan
dar / dando / dado	doy das da damos dais dan	daba dabas daba dábamos dabais daban	di diste dio dimos disteis dieron	daré darás dará daremos daréis darán	daría darías daría daríamos daríais darían	dé des dé demos deis den	diera dieras diera diéramos dierais dieran	da tú, no des dé Ud. demos den
decir / diciendo / dicho	digo dices dice decimos decís dicen	decía decías decía decíamos decíais decían	dije dijiste dijo dijimos dijisteis dijeron	diré dirás dirá diremos diréis dirán	diría dirías diría diríamos diríais dirían	diga digas diga digamos digáis digan	dijera dijeras dijera dijéramos dijerais dijeran	di tú, no digas diga Ud. digamos digan
estar / estando / estado	estoy estás está estamos estáis están	estaba estabas estaba estábamos estabais estaban	estuve estuviste estuvo estuvimos estuvisteis estuvieron	estaré estarás estará estaremos estaréis estarán	estaría estarías estaría estaríamos estaríais estarian	esté estés esté estemos estéis estén	estuviera estuvieras estuviera estuviéramos estuvierais estuvieran	está tú, no estés esté Ud. estemos estén
haber / habiendo / habido	he has ha hemos habéis han	había habías había habíamos habíais habían	hube hubiste hubo hubimos hubisteis hubieron	habré habrás habrá habremos habréis habrán	habría habrías habría habríamos habríais habrían	haya hayas haya hayamos hayáis hayan	hubiera hubieras hubiera hubiéramos hubierais hubieran	

C. Irregular Verbs (continued)

INFINITIVE / PRESENT PARTICIPLE / PAST PARTICIPLE	INDICATIVE PRESENT	IMPERFECT	PRETERITE	FUTURE	CONDITIONAL	SUBJUNCTIVE PRESENT	IMPERFECT	IMPERATIVE
hacer haciendo hecho	hago haces hace hacemos hacéis hacen	hacía hacías hacía hacíamos hacíais hacían	hice hiciste hizo hicimos hicisteis hicieron	haré harás hará haremos haréis harán	haría harías haría haríamos haríais harían	haga hagas haga hagamos hagáis hagan	hiciera hicieras hiciera hiciéramos hicierais hicieran	haz tú, no hagas haga Ud. hagamos hagan
ir yendo ido	voy vas va vamos vais van	iba ibas iba íbamos ibais iban	fui fuiste fue fuimos fuisteis fueron	iré irás irá iremos iréis irán	iría irías iría iríamos iríais irían	vaya vayas vaya vayamos vayáis vayan	fuera fueras fuera fuéramos fuerais fueran	ve tú, no vayas vaya Ud. vayamos vayan
oír oyendo oído	oigo oyes oye oímos oís oyen	oía oías oía oíamos oíais oían	oí oíste oyó oímos oísteis oyeron	oiré oirás oirá oiremos oiréis oirán	oiría oirías oiría oiríamos oiríais oirían	oiga oigas oiga oigamos oigáis oigan	oyera oyeras oyera oyéramos oyerais oyeran	oye tú, no oigas oiga Ud. oigamos oigan
poder pudiendo podido	puedo puedes puede podemos podéis pueden	podía podías podía podíamos podíais podían	pude pudiste pudo pudimos pudisteis pudieron	podré podrás podrá podremos podréis podrán	podría podrías podría podríamos podríais podrían	pueda puedas pueda podamos podáis puedan	pudiera pudieras pudiera pudiéramos pudierais pudieran	
poner poniendo puesto	pongo pones pone ponemos ponéis ponen	ponía ponías ponía poníamos poníais ponían	puse pusiste puso pusimos pusisteis pusieron	pondré pondrás pondrá pondremos pondréis pondrán	pondría pondrías pondría pondríamos pondríais pondrían	ponga pongas ponga pongamos pongáis pongan	pusiera pusieras pusiera pusiéramos pusierais pusieran	pon tú, no pongas ponga Ud. pongamos pongan
querer queriendo querido	quiero quieres quiere queremos queréis quieren	quería querías quería queríamos queríais querían	quise quisiste quiso quisimos quisisteis quisieron	querré querrás querrá querremos querréis querrán	querría querrías querría querríamos querríais querrían	quiera quieras quiera queramos queráis quieran	quisiera quisieras quisiera quisiéramos quisierais quisieran	quiere tú, no quieras quiera Ud. queramos quieran

C. Irregular Verbs (continued)

INFINITIVE / PRESENT PARTICIPLE / PAST PARTICIPLE	INDICATIVE					SUBJUNCTIVE		IMPERATIVE
	PRESENT	IMPERFECT	PRETERITE	FUTURE	CONDITIONAL	PRESENT	IMPERFECT	
saber sabiendo sabido	sé sabes sabe sabemos sabéis saben	sabía sabías sabía sabíamos sabíais sabían	supe supiste supo supimos supisteis supieron	sabré sabrás sabrá sabremos sabréis sabrán	sabría sabrías sabría sabríamos sabríais sabrían	sepa sepas sepa sepamos sepáis sepan	supiera supieras supiera supiéramos supierais supieran	sabe tú, no sepas sepa Ud. sepamos sepan
salir saliendo salido	salgo sales sale salimos salís salen	salía salías salía salíamos salíais salían	salí saliste salió salimos salisteis salieron	saldré saldrás saldrá saldremos saldréis saldrán	saldría saldrías saldría saldríamos saldríais saldrían	salga salgas salga salgamos salgáis salgan	saliera salieras saliera saliéramos salierais salieran	sal tú, no salgas salga Ud. salgamos salgan
ser siendo sido	soy eres es somos sois son	era eras era éramos erais eran	fui fuiste fue fuimos fuisteis fueron	seré serás será seremos seréis serán	sería serías sería seríamos seríais serían	sea seas sea seamos seáis sean	fuera fueras fuera fuéramos fuerais fueran	sé tú, no seas sea Ud. seamos sean
tener teniendo tenido	tengo tienes tiene tenemos tenéis tienen	tenía tenías tenía teníamos teníais tenían	tuve tuviste tuvo tuvimos tuvisteis tuvieron	tendré tendrás tendrá tendremos tendréis tendrán	tendría tendrías tendría tendríamos tendríais tendrían	tenga tengas tenga tengamos tengáis tengan	tuviera tuvieras tuviera tuviéramos tuvierais tuvieran	ten tú, no tengas tenga Ud. tengamos tengan
traer trayendo traído	traigo traes trae traemos traéis traen	traía traías traía traíamos traíais traían	traje trajiste trajo trajimos trajisteis trajeron	traeré traerás traerá traeremos traeréis traerán	traería traerías traería traeríamos traeríais traerían	traiga traigas traiga traigamos traigáis traigan	trajera trajeras trajera trajéramos trajerais trajeran	trae tú, no traigas traiga Ud. traigamos traigan
venir viniendo venido	vengo vienes viene venimos venís vienen	venía venías venía veníamos veníais venían	vine viniste vino vinimos vinisteis vinieron	vendré vendrás vendrá vendremos vendréis vendrán	vendría vendrías vendría vendríamos vendríais vendrían	venga vengas venga vengamos vengáis vengan	viniera vinieras viniera viniéramos vinierais vinieran	ven tú, no vengas venga Ud. vengamos vengan

C. Irregular Verbs (continued)

INFINITIVE PRESENT PARTICIPLE PAST PARTICIPLE	INDICATIVE					SUBJUNCTIVE		IMPERATIVE
	PRESENT	IMPERFECT	PRETERITE	FUTURE	CONDITIONAL	PRESENT	IMPERFECT	
ver viendo visto	veo ves ve vemos veis ven	veía veías veía veíamos veíais veían	vi viste vio vimos visteis vieron	veré verás verá veremos veréis verán	vería verías vería veríamos veríais verían	vea veas vea veamos veáis vean	viera vieras viera viéramos vierais vieran	ve tú, no veas vea Ud. veamos vean

D. Stem-changing and Spelling Change Verbs

INFINITIVE PRESENT PARTICIPLE PAST PARTICIPLE	INDICATIVE					SUBJUNCTIVE		IMPERATIVE
	PRESENT	IMPERFECT	PRETERITE	FUTURE	CONDITIONAL	PRESENT	IMPERFECT	
construir (y) construyendo construido	construyo construyes construye construimos construís construyen	construía construías construía construíamos construíais construían	construí construiste construyó construimos construisteis construyeron	construiré construirás construirá construiremos construiréis construirán	construiría construirías construiría construiríamos construiríais construirían	construya construyas construya construyamos construyáis construyan	construyera construyeras construyera construyéramos construyerais construyeran	construye tú, no construyas construya Ud. construyamos construyan
dormir (ue, u) durmiendo dormido	duermo duermes duerme dormimos dormís duermen	dormía dormías dormía dormíamos dormíais dormían	dormí dormiste durmió dormimos dormisteis durmieron	dormiré dormirás dormirá dormiremos dormiréis dormirán	dormiría dormirías dormiría dormiríamos dormiríais dormirían	duerma duermas duerma durmamos durmáis duerman	durmiera durmieras durmiera durmiéramos durmierais durmieran	duerme tú, no duermas duerma Ud. durmamos duerman
pedir (i, i) pidiendo pedido	pido pides pide pedimos pedís piden	pedía pedías pedía pedíamos pedíais pedían	pedí pediste pidió pedimos pedisteis pidieron	pediré pedirás pedirá pediremos pediréis pedirán	pediría pedirías pediría pediríamos pediríais pedirían	pida pidas pida pidamos pidáis pidan	pidiera pidieras pidiera pidiéramos pidierais pidieran	pide tú, no pidas pida Ud. pidamos pidan
pensar (ie) pensando pensado	pienso piensas piensa pensamos pensáis piensan	pensaba pensabas pensaba pensábamos pensabais pensaban	pensé pensaste pensó pensamos pensasteis pensaron	pensaré pensarás pensará pensaremos pensaréis pensarán	pensaría pensarías pensaría pensaríamos pensaríais pensarían	piense pienses piense pensemos penséis piensen	pensara pensaras pensara pensáramos pensarais pensaran	piensa tú, no pienses piense Ud. pensemos piensen

D. Stem-changing and Spelling Change Verbs (continued)

INFINITIVE / PRESENT PARTICIPLE / PAST PARTICIPLE	INDICATIVE					SUBJUNCTIVE		IMPERATIVE
	PRESENT	IMPERFECT	PRETERITE	FUTURE	CONDITIONAL	PRESENT	IMPERFECT	
producir (zc, j) produciendo producido	produzco produces produce producimos producís producen	producía producías producía producíamos producíais producían	produje produjiste produjo produjimos produjisteis produjeron	produciré producirás producirá produciremos produciréis producirán	produciría producirías produciría produciríamos produciríais producirían	produzca produzcas produzca produzcamos produzcáis produzcan	produjera produjeras produjera produjéramos produjerais produjeran	produce tú, no produzcas produzca Ud. produzcamos produzcan
reír (i, i) riendo reído	río ríes ríe reímos reís ríen	reía reías reía reíamos reíais reían	reí reíste rió reímos reísteis rieron	reiré reirás reirá reiremos reiréis reirán	reiría reirías reiría reiríamos reiríais reirían	ría rías ría riamos riáis rían	riera rieras riera riéramos rierais rieran	ríe tú, no rías ría Ud. riamos rían
seguir (i, i) (g) siguiendo seguido	sigo sigues sigue seguimos seguís siguen	seguía seguías seguía seguíamos seguíais seguían	seguí seguiste siguió seguimos seguisteis siguieron	seguiré seguirás seguirá seguiremos seguiréis seguirán	seguiría seguirías seguiría seguiríamos seguiríais seguirían	siga sigas siga sigamos sigáis sigan	siguiera siguieras siguiera siguiéramos siguierais siguieran	sigue tú, no sigas siga Ud. sigamos sigan
sentir (ie, i) sintiendo sentido	siento sientes siente sentimos sentís sienten	sentía sentías sentía sentíamos sentíais sentían	sentí sentiste sintió sentimos sentisteis sintieron	sentiré sentirás sentirá sentiremos sentiréis sentirán	sentiría sentirías sentiría sentiríamos sentiríais sentirían	sienta sientas sienta sintamos sintáis sientan	sintiera sintieras sintiera sintiéramos sintierais sintieran	siente tú, no sientas sienta Ud. sintamos sientan
volver (ue) volviendo vuelto	vuelvo vuelves vuelve volvemos volvéis vuelven	volvía volvías volvía volvíamos volvíais volvían	volví volviste volvió volvimos volvisteis volvieron	volveré volverás volverá volveremos volveréis volverán	volvería volverías volvería volveríamos volveríais volverían	vuelva vuelvas vuelva volvamos volváis vuelvan	volviera volvieras volviera volviéramos volvierais volvieran	vuelve tú, no vuelvas vuelva Ud. volvamos vuelvan

APÉNDICE 2:
Índice de personajes

This index includes the names of most of the characters who appear in *Nuevos Destinos*, alphabetized by their first name in most cases. Photographs are included for many characters as well, along with a brief description of them and a city in which they live. Indications in italics reflect updated information on some characters as pertains to the *Nuevos Destinos* story line.

Alfredo Sánchez, Madrid, España. A reporter who meets Raquel.

Ángel Castillo del Valle, Buenos Aires, Argentina. Son of Fernando Castillo Saavedra and Rosario del Valle.

Ángela Castillo Soto, San Juan, Puerto Rico. Daughter of Ángel Castillo and María Luisa Soto. *Married her boyfriend Jorge after she met her family in Mexico. She and Jorge are now seeking a divorce.*

el Dr. Arturo Iglesias, Buenos Aires, Argentina. A psychiatrist and the son of Rosario and Martín Iglesias. *Moved to Los Angeles, California. Is currently away at a psychiatric conference in Argentina.*

Carlitos Castillo, Miami, Florida (*La Gavia, México*). Son of Carlos and Gloria and grandson of don Fernando.

Carlos Castillo Márquez, Miami, Florida (*La Gavia, México*). One of don Fernando's sons and director of the Miami office of the family company. *Currently runs the orphanage at La Gavia with his sister, Mercedes.*

Carmen Contreras de Soto, San Germán, Puerto Rico. Ángela and Roberto's grandmother. *Recently deceased.*

Carmen Márquez de Castillo, La Gavia, México. Second wife of don Fernando and mother of their four children, Ramón, Carlos, Mercedes, and Juan.

Cirilo, Estancia Santa Susana, Argentina. A gaucho and ex-employee of Rosario.

Consuelo Castillo, La Gavia, México. Don Fernando's daughter-in-law, she lives at La Gavia with her husband Ramón and daughter Maricarmen.

Elena Ramírez de Ruiz, Sevilla, España. Daughter-in-law of Teresa Suárez and mother of Miguel and Jaime. Her husband is Miguel Ruiz.

Federico Ruiz Suárez, Madrid, España. Son of Teresa Suárez.

Fernando Castillo Saavedra, La Gavia, México. Patriarch of the Castillo family, don Fernando initiated the original investigation that was carried out by Raquel Rodríguez. *Died shortly after meeting his Puerto Rican grandchildren.*

Francisco Rodríguez Trujillo, Los Angeles, California. Raquel's father.

Gloria Castillo, Miami, Florida (*La Gavia, México*). Carlos's wife and mother of Juanita and Carlitos.

Héctor Condotti, Buenos Aires, Argentina. An experienced sailor and friend of Ángel.

Jaime Ruiz Ramírez, Sevilla, España. Grandson of Teresa Suárez and son of Miguel Ruiz.

Jaime Soto Contreras, San Juan, Puerto Rico. One of Ángela's uncles.

Jorge Alonso, San Juan, Puerto Rico. Ángela's boyfriend and a professor of theater at the University of Puerto Rico. *Married Ángela after she met her family in Mexico. He and Ángela are now seeking a divorce.*

José, Buenos Aires, Argentina. A sailor and friend of Héctor.

Juan Castillo Márquez, New York, New York. The youngest child of don Fernando and a professor of literature at New York University; married to Pati. *New father of a baby boy.*

Juanita Castillo, Miami, Florida (*La Gavia, México*). Daughter of Carlos and Gloria.

Laura Soto, San Juan, Puerto Rico. One of Ángela's cousins and the daughter of tío Jaime.

Luis Villarreal, Los Angeles, California. The former boyfriend of Raquel.

María Orozco de Rodríguez, Los Angeles, California. Raquel's mother.

Maricarmen Castillo, La Gavia, México. Daughter of Ramón and Consuelo.

Mario, Buenos Aires, Argentina. A storekeeper in the La Boca district.

Martín Iglesias, Buenos Aires, Argentina. Second husband of Rosario, stepfather of Ángel Castillo, and father of Arturo Iglesias.

Mercedes Castillo de Martínez, La Gavia, México. Don Fernando's only daughter. *Currently runs the orphanage at La Gavia with her brother, Carlos.*

Miguel Ruiz Ramírez, Sevilla, España. Grandson of Teresa Suárez and son of Miguel Ruiz.

Miguel Ruiz Suárez, Sevilla, España. Son of Teresa Suárez and father of Miguel and Jaime.

Olga Soto Contreras, San Juan, Puerto Rico. One of Ángela's aunts.

Pati Castillo, New York, New York. The wife of Juan and professor of theater at New York University, as well as a writer/director. *Recently gave birth to a baby boy.*

Pedro Castillo Saavedra, México, D.F., México. Law professor at the National University of México and brother of don Fernando. *Recently deceased.*

Ramón Castillo Márquez, La Gavia, México. The oldest son of don Fernando. He runs Castillo Saavedra, S.A.

Roberto Castillo Soto, San Juan, Puerto Rico (*México, D.F.*). Son of Ángel Castillo and María Luisa Soto. *Professor of archaeology in Mexico.*

Roberto García, Sevilla, España. A taxi driver from the Triana district.

el Padre Rodrigo, un pueblo, México. A priest who offers comfort to Raquel and Ángela.

Rosario del Valle de Iglesias, Buenos Aires, Argentina. First wife of don Fernando Castillo.

Teresa Suárez, Madrid, España. Friend of Rosario who writes the letter to don Fernando that initiates the original investigation.

Virginia López Estrada, México, D.F., México. A real estate agent.

Vocabulario español-inglés

This Spanish-English vocabulary contains all the words that appear in the text, with the following exceptions: (1) most close or identical cognates that do not appear in the chapter vocabulary lists; (2) most pronouns and conjugated verb forms; (3) diminutives ending in -ito/a; (4) absolute superlatives in -ísimo/a; and (5) most adverbs ending in -mente. Active vocabulary is indicated by the number of the chapter in the main text in which a word or given meaning is first listed (P = **Capítulo preliminar**). Only meanings that are used in the text are given.

The gender of nouns is indicated, except for masculine nouns ending in -o and feminine nouns ending in -a. Stem changes and spelling changes are indicated for verbs: **reunirse (me reúno); dormir (ue, u); llegar (gu)**. Because ch and ll are no longer considered separate letters, words beginning with ch and ll are found as they would be found in an English list. The letter ñ follows the letter n: **añadir** follows **anuncil**, for example. The following abbreviations are used in the text:

abbrev.	abbreviation	*irreg.*	irregular
adj.	adjective	*L.A.*	Latin America
adv.	adverb	*m.*	masculine
Arg.	Argentina	*Mex.*	Mexico
coll.	colloquial	*n.*	noun
conj.	conjunction	*obj. of prep.*	object of a preposition
d.o.	direct object	*pl.*	plural
f.	feminine	*poss.*	possessive
fam.	familiar	*prep.*	preposition
form.	formal	*pron.*	pronoun
gram.	grammatical term	*refl. pron.*	reflexive pronoun
inf.	infinitive	*rel. pron.*	relative pronoun
interj.	interjection	*sing.*	singular
inv.	invariable	*Sp.*	Spain
i.o.	indirect object	*sub. pron.*	subject pronoun

A

a to; at; **a base de** on the basis of, by means of; **a bordo de** on board; **a causa de** because of, due to (9); **a condición de que** *conj.* on the condition that (11); **a continuación** next, following; **a fin de que** *conj.* in order that (11); **a fondo** in depth, thoroughly; **a la derecha/izquierda** *prep.* to the right/left; **a la semana** per week; **a la vez** at the same time; **a lo largo de** along, throughout; **a lo lejos** in the distance; **a lo mejor** perhaps; **a mano** by hand; **a mediados** in the middle of; **a menos que** *conj.* unless (11); **a partir de** as of, from + *time* + on; **a principios de** at the beginning of; **¿a qué hora (es)... ?** at what time (is)... ?; **a solas** alone; by oneself; **a su vez** in turn; **a tiempo** on time; **a través de** through, by means of; across; **a veces** sometimes; **a ver** let's see

abajo *adv.* below, underneath; down (4)

abandonar to leave; to abandon
abarcar (qu) to include, contain
abarrotería grocery store
abastecer (zc) to store; to supply
abierto/a (*p.p. of* **abrir**) open; opened
abnegación *f.* self-denial
abnegado/a altruistic
abogado/a lawyer (1)
abogar (gu) (por) to advocate
abordar to undertake, tackle
abrazar (c) to hug
abrigarse (gu) to bundle up
abrigo coat
abrir (*p.p.* **abierto**) to open
absoluto: en absoluto not at all
absorbido/a absorbed
abuelo/a grandfather, grandmother (2); *pl.* grandparents
aburrido/a bored; boring (P)
acabar to finish; to run out; **acabar de** + *inf.* to have just (*done something*)
acampar to camp

acariciar to caress
accesible *adj. m., f.* approachable; accessible
accidente *m.* accident
acción *f.* action; **Día** (*m.*) **de Acción de Gracias** Thanksgiving
aceite *m.* oil (5)
aceituna olive (5)
acelerado/a accelerated
acento accent
acentuar (acentúo) to stress
aceptación *f.* acceptance
acera sidewalk
acerca de *prep.* about, concerning
acercarse (qu) to approach, come near
acero steel
acertar to get (*something*) right
aclimatarse to acclimate oneself
acogido/a accepted; welcomed
acompañar to accompany
aconsejable *adj. m., f.* advisable
aconsejar to advise (10)

acontecimiento event

acordarse (ue) de to remember (4)

acostar (ue) to put (*someone*) to bed; **acostarse** to go to bed (1)

acostumbrarse a to get used to, get accustomed to

actitud *f.* attitude

actividad *f.* activity

acto act

actor *m.* actor

actriz *f.* (*pl.* **actrices**) actress

actual *adj. m., f.* current, up-to-date (14)

actualmente at present, at the present time (14)

acuático/a: esquí (*m.*) **acuático** water-skiing (13)

acudir to seek help, turn to

acueducto aqueduct

acuerdo: de acuerdo con according to; **estar** (*irreg.*) **de acuerdo** to agree, be in agreement

acusar to accuse

adaptación *f.* adaptation

adaptarse (a) to adapt (to)

adecuado/a appropriate

adelante: de allí en adelante from then on

adelanto advance

además besides, moreover; **además de** in addition to, besides

aderezar (c) to dress, season (*food*)

adiós goodbye (P)

adivinanza guess

adivinar to guess

adjetivo *gram.* adjective (P); **adjetivo demostrativo** demonstrative adjective (2)

adjuntar to attach

administrar to manage, direct

adornar to adorn

adquirir (ie) to acquire

advertir (ie, i) to warn

aéreo/a *adj.* air

aeróbico/a: hacer (*irreg.*) **ejercicios aeróbicos** to do aerobics

aeropuerto airport (7)

afectar to affect

afecto affection (12)

afectuoso/a affectionate (12)

afeitar to shave (*someone*); **afeitarse** to shave (*oneself*) (1)

aficionado/a (a) fan (of)

afiliarse to join

afirmación *f.* statement

afirmar to state, affirm

afortundamente fortunately

afrocubano/a *adj.* Afro Cuban

afuera *adv.* outside; out

afueras *f. pl. n.* outskirts; suburbs

agazapado/a restricted

agencia de viajes travel agency

agenda agenda; address book (8)

agente *m., f.*: **agente de bienes raíces** real estate agent (13)

agitarse to become agitated

agotamiento depletion, exhaustion

agotar to deplete, exhaust (11)

agradable *adj. m., f.* pleasant

agradecer (zc) to thank

agrario/a: reforma agraria land reform

agregar (gu) to add (5)

agresivo/a aggressive

agrícola *m., f.* agricultural

agricultura agriculture

agua *f.* (*but* **el agua**) water; **agua corriente** running water; **agua potable** drinking water; **contaminación** (*f.*) **del agua** water pollution (11)

aguacate *m.* avocado

aguantar to put up with, tolerate (10); to withstand

aguardar to wait (for)

águila *f.* (*but* **el águila**) eagle

aguinaldo holiday bonus (3)

ahí there

ahogar (gu) to drown

ahora now; **ahora que** *conj.* now that; **hasta ahora** up to now

ahorrar to save (*money, time*) (11)

aire *m.* air; **al aire libre** outdoors; **contaminación** (*f.*) **del aire** air pollution (11)

aislado/a isolated

aislamiento isolation

ajedrez *m.* chess (13)

ajeno/a foreign; of another

ajo garlic

al (*contraction of* **a** + **el**) to the; **al** + *inf.* upon (*doing something*); **al aire libre** outdoors; **al alcance de la mano** within arm's reach; **al borde de** on the verge of; **al fin y al cabo** after all is said and done; **al final** in the end; **al horno** baked (5); **al lado de** next to; **al medio de** in the middle of; **al mismo tiempo** at the same time; **al otro lado** on the other side; **al parecer** apparently; **al principio** in the beginning; **al vapor** steamed (5)

ala wing

alameda promenade or public walk lined with trees

albacea *m., f.* executor (*of an estate*)

albergue *m.* hostel; **albergue juvenil** youth hostel (7)

alcance (*m.*): **al alcance de la mano** within arm's reach

alcanzar (c) to reach

alegrarse (de) to become happy (about) (4); to be happy, glad (about)

alegre *m., f.* happy

alegría happiness

agenda agenda; address book (8)

alemán *m. n.* German (*language*)

alemán, alemana *n., adj.* German

alfombra rug, carpet (4)

alfombrado/a carpeted

álgebra *f.* (*but* **el álgebra**) algebra (3)

algo *pron.* something (1); *adv.* somewhat

algodón *m.* cotton

alguien someone, anyone (1); **tomarle cariño a alguien** to start to have an affection for someone (12)

algún, alguno/a some, any (1); **algún día** someday; **alguna vez** once; ever; **algunas veces** sometimes

alianza alliance

alimento food item (5)

aliviar to lighten, lessen, make lighter

allá (over) there; **más allá** beyond

allí there; **de allí en adelante** from then on

alma *f.* (*but* **el alma**) soul

almacén *m.* department store (9)

almendra almond

almohada pillow (4)

almorzar (ue) (c) to have (eat) lunch (1)

almuerzo lunch (5)

alojamiento lodging (7)

alojarse to lodge, stay in a place (7)

alpinismo mountain climbing (13)

alpino/a: esquí alpino downhill skiing

alquilar to rent (7)

alrededor de *prep.* around, about

altiplano high plateau

altitud *f.* altitude; height

alto/a high; tall (P); **en voz alta** aloud, out loud

altura height

amado/a loved one

amante *m., f.* lover

amargo/a bitter

amargura bitterness

amarillo/a yellow (P)

Amazonas *n. m. sing.* Amazon

amazónico/a *adj.* Amazon

ambicioso/a ambitious

ambiental *adj. m., f.* environmental

ambiente *m.* atmosphere; environment; **medio ambiente** environment (11)

ámbito scope, ambit

ambos/as both

amenaza threat

amenazar (c) to threaten

americano/a *n., adj.* American; **fútbol** (*m.*) **americano** football (13)

amigo/a friend (P)

amistad *f.* friendship

amistoso/a friendly

amnistía amnesty

amor *m.* love (12)

amoroso/a *adj.* love

ampliación *f.* expansion

amplio/a broad, spacious

amurallado/a walled
analfabetismo illiteracy
analizar (c) to analyze
ananás *m. inv.* pineapple
anaranjado/a *adj.* orange (P)
anatomía anatomy (3)
ancho/a wide
anciano/a *n.* elderly person; **residencia para ancianos** rest home; *adj.* old
andar *irreg.* to walk (4); **andar** + *gerund* to have been + *gerund*; **andar en bicicleta** to ride a bike (13); **andar (irreg.) en mateo** to take a carriage ride
andino/a *adj.* Andean
anexión *f.* annexation
anfitrón, anfitrona host, hostess
ángel *m.* angel
angosto/a narrow
ángulo angle
anhelante *adj. m., f.* eager; yearning, longing
anillo ring
animado/a animated
anoche last night
anochecer (zc) to get dark, fall (*the night*)
ansioso/a anxious
ante *prep.* before, in the presence of, in front of; with regard to
antecedente *m. n.* antecedent
antemano: de antemano beforehand
antepasado/a ancestor
anterior previous
antes *adv.* before; **antes (de)** *prep.* before; **antes de Cristo (a. C.)** Before Christ (B.C.); **antes (de) que** *conj.* before (11); **lo antes posible** as soon as possible
anticuado/a ancient
antiguamente formerly
antigüedad *n. f.* antique
antiguo/a old; ancient
Antillas Mayores *npl.* Greater Antilles
antipatía dislike, aversion
antipático/a mean (P); disagreeable
antropología anthropology (3)
anunciar to announce
anuncio announcement
añadir to add (5)
año year; **año pasado** last year; **de... años . . .** years old; **cumplir años** to have a birthday; **Día (*m.*) de Año Nuevo** New Year's Day (14); **el año que viene** next year; **hace... años...** years ago; **los años cincuenta, setenta, etc.** the fifties, seventies, etc.; **tener (*irreg.*)... años** to be . . . years old; **todos los años** every year
aparato appliance; **aparato doméstico** household appliance; **aparato eléctrico** electric appliance (4)
aparcería sharecropping
aparecer (zc) to appear

aparente *adj. m., f.* apparent
aparición *f.* appearance
apartamento apartment (4)
aparte separate; **aparte de** apart from, besides
apasionado/a passionate
apellido last name, family name (2); **apellido de soltera** maiden name (2)
apenas hardly, barely
apertura opening
apio celery (5)
aplicar (qu) to apply
apoderado/a attorney
aportar to contribute
apóstol *m.* apostle
apoyar to support (10)
apoyo support
apreciado/a appreciated
aprender to learn
aprobación *f.* approval
aprobar (ue) to pass (*an exam/class/law*) (11); to approve
apropiado/a appropriate
aprovechar to make use of; **aprovecharse de** to take advantage of (7)
aproximadamente approximately
apuntar to jot down, note
apunte (*m.*) note; **tomar apuntes** to take notes (P)
apurarse to hurry
aquel, aquella *adj.* that (over there) (2); **aquel entonces** those days (6); **en aquel entonces** at that time
aquél, aquélla *pron.* that one (over there) (2)
aquello that, that thing, that fact (2)
aquellos/as *adj.* those (over there) (2)
aquéllos/as *pron.* those ones (over there) (2)
aquí here; **por aquí** around here
árbol *m.* tree; **árbol genealógico** family tree
archivar to file (8)
archivo file (8)
arder to burn
área *f.* (*but* **el área**) area
arena sand
argentino/a *n., adj.* Argentine
argot *m.* slang
argumento argument; reasoning
árido/a arid, dry
armario closet (4)
armonía harmony
arqueología archeology
arqueológico/a archeological
arqueólogo/a archeologist
arquitecto/a architect (3)
arquitectónico/a architectural
arrancar (qu) to pull off
arras *f. pl. thirteen coins given by the bridegroom to the bride at a wedding*

arreglar to arrange, put in order; to settle
arreglo arrangement, settlement; putting straight
arrellanado/a stretched out
arriba *adv.* above, overhead (4); **arriba de** *prep.* above, over (4)
arriesgado/a daring, risky
arriesgar (gu) to risk
arrogante *adj. m., f.* arrogant
arroyo stream, brook
arroz *m.* rice (5)
arrullo lullaby
arte *f.* (*but* **el arte**) art (3); **bellas artes** fine arts
artesanía *sing.* handicrafts
artesano/a artisan
artificial fuegos artificiales: fireworks
artístico/a artistic
asado/a roast(ed) (5)
asador *m.* barbecue (*grill*)
asaltar to assault
asar to roast
ascendencia ancestry
ascensor *m.* elevator
asesinar to murder (11)
asesinato murder, assassination
asesino/a murderer, assassin
asesor(a) advisor
así thus, so; **así como** just like; **así que** so that, with the result of; **aun así** even so, even then
asiento seat
asimilación *f.* assimilation
asistente *m., f.*: **asistente de vuelo** flight attendant; **asistente social** social worker
asistir (a) to attend, go to (a function) (P)
asociado/a associated; **estado libre asociado** commonwealth
asociar to associate; **asociarse (con)** to be associated (with)
asomar to look out or lean out (*of a window*)
aspecto aspect; appearance
aspiradora vacuum cleaner; **pasar la aspiradora** to vacuum (4)
asterisco asterisk
astilla splinter, chip
astro star
astronomía astronomy (3)
asunto matter
atado/a tied
ataque *m.* attack; **ataque al corazón** heart attack; **ataque de nervios** nervous breakdown
atardecer *m.* dusk
ataúd *m.* casket, coffin
atemorizado/a terrified
atención *f.* attention; **llamar la atención** to notice; **prestar atención** to pay attention

atender (ie) (a) to pay attention (to); to assist, take care of (3)

aterrador(a) frightening

atmósfera atmosphere

atracción *f.*: **parque** (*m.*) **de atracciones** amusement park

atractivo/a attractive

atraer (*like* **traer**) to attract

atraído/a (*p.p. of* **atraer**) attracted

atrapado/a trapped

atrás *adv.* behind

atravesar (ie) to go through

atribuir (y) to attribute

atún *m.* tuna (5)

auditor(a) legal advisor

auditorio auditorium

aumentar to increase (5)

aumento increase (8); **aumento de sueldo** raise (8)

aun even; **aun así** even so, even then

aún yet, still

aunque although

ausencia absence

ausente *adj. m., f.* absent

autenticidad *f.* authenticity

autobús *m.* bus (7); **parada del autobús** bus stop (6)

autoencuesta self-survey

automático/a: contestador (*m.*) **automático** answering machine (8)

automóvil *m.* automobile

autonomía autonomy

autónomo/a autonomous

autopista freeway (7)

autoridad *f.* authority

avanzar (c) to advance

ave *m.* bird; fowl (5)

avenida avenue (6)

aventura adventure

aventurado/a daring, bold

avergonzado/a ashamed

averiguar (gü) to find out; to look up, check

aviador(a) aviator

avión *m.* airplane (7); **por avión** by plane

avisar to notify, inform

ayer yesterday

ayuda help (5)

ayudar to help

ayuntamiento city hall (6)

azar *m.* chance, fate

azteca *n., adj. m., f.* Aztec

azúcar *m.* sugar (5)

azul blue (P); **azul marino** navy blue

azuloso/a bluish

B

bachillerato bachelor's degree

bahía bay

bailador(a) dancer

bailar to dance (P)

baile *m.* dance

bajar to lower; **bajar de peso** to lose weight; **bajarse** to get off

bajo *prep.* under

bajo/a short (P); low; **bajo en grasa** low-fat; **mesa baja** coffee table; **planta baja** ground floor (4)

balcón *m.* balcony (4)

Baleares *pl.*: **Islas Baleares** Balearic Islands

ballet *m.* ballet

baloncesto basketball (13)

balsa: ir (*irreg.*) **en balsa** to raft

bancarrota bankruptcy

banco bank (6); bench

bandeja tray

bandera flag

banquero/a banker (3)

banqueta sidewalk (*Mex.*)

bañar to bathe (*someone*); **bañarse** to take a bath (1)

bañera bathtub (4)

baño bathroom (4)

bar *m.* bar (6)

barato/a inexpensive, cheap (9)

barbacoa barbecue

barbarie *f.* barbarism

barco boat (7)

barrer (el suelo) to sweep (the floor) (4)

barrio neighborhood (6)

basarse (en) to be based (on)

base *f.* base; **a base de** on the basis of, by means of

básico/a basic

bastante *adj. m., f.* enough, sufficient; *adv.* rather, quite

bastar to be enough; **¡ya basta!** that's enough!

basura trash; **sacar (qu) la basura** to take out the trash (4)

basurero trashcan, wastebasket (4)

batalla battle; **campo de batalla** battlefield

batir to beat

baúl *m.* trunk (10)

bautizar (c) to baptize

beber to drink (P)

bebida drink (5)

béisbol *m.* baseball (13)

Belén *m.* Bethlehem

Bélgica Belgium

belleza beauty

bello/a beautiful; **bellas artes** fine arts

bendecir (*like* **decir**) to bless

bendición *f.* blessing

beneficiarse to benefit from

beneficio benefit

beneficioso/a beneficial

besar to kiss

beso kiss

biblioteca library

bibliotecario/a librarian

bicicleta bicycle (7); **andar** (*irreg.*) **en bicicleta** to ride a bicycle (13)

bien *adv.* well (P); **bien + adj.** very + *adj.*; **bien intencionado/a** well-intentioned; **caer** (*irreg.*) **bien** to like (*someone*) (5); **ir** (*irreg.*) **bien** to go well; **llevarse bien (con)** to get along well (with) (10); **muy bien** very well, very good (P); **pasarlo bien** to have a good/bad time (13); **portarse bien** to behave well (4); **salir** (*irreg.*) **bien** to turn out well (12)

bienes *m. pl.*: **agente** (*m., f.*) **de bienes raíces** real-estate agent (13)

bienestar *m.* well-being (12)

billete *m.* ticket

biología biology (3)

bistec *m.* steak (5)

blanco/a white (P); **espacio en blanco** blank; **vino blanco** white wine (5)

blanquear to whiten

blusa blouse

boca mouth

boda wedding (12); **copa de bodas** wedding cup (10)

boleto ticket

boliche *m.* bowling

bolígrafo pen (P)

bolo: jugar (ue) (gu) a los bolos to bowl

bolsa purse

bombardeo bombardment

bombero, mujer bombero firefighter (3)

bombilla light bulb

bonito/a pretty (P)

borde: al borde de on the verge of

bordear to border

bordo: a bordo de on board

Borinquén *f. Arawak name for present-day Puerto Rico*

borronear to scrawl

bosque *m.* forest (11); woods

bosquejo outline

bote *m.* rowboat (7)

botella bottle

botonés *m. sing.* bellhop (7)

brazo arm

breve *m., f.* brief

brillante shining

brindar to toast (*with a drink*)

brindis *m. inv.* toast

británico/a *n., adj.* British

bróculi *m.* broccoli (5)

broma joke

broncearse to get a tan

brotar to well up (*tears*)

bruma mist

brusco/a abrupt

bucear to scuba dive (13)

buen, bueno/a good (P); **buenas noches/tardes** goodnight/evening (P); **buenas tardes** good afternoon (P);

buenos días good morning (P); **hace buen tiempo** it's nice weather; **sacar (qu) buenas notas** to get good grades; **tener** (*irreg.*) **buena suerte** to be lucky
burlarse de to make fun of
busca: en busca de in search of
buscar (qu) to look for (2)
búsqueda search

C

caballo horse; **montar a caballo** to ride a horse
cabaña cabin (7)
cabellera thick head of hair
cabeza head (13); *m., f.* leader (13)
cabildo town council
cabo: al fin y al cabo after all is said and done; **llevar a cabo** to carry out
cacahuete *m.:* **mantequilla de cacahuete** peanut butter
cada *inv.* each, every; **cada día** every day (6); **cada vez más** more and more
cadena chain
caducar (qu) to expire, lapse
caer *irreg.* to fall (3); **caer bien/mal** to like/dislike (*someone*) (5); **caer de rodillas** to kneel; **caerse** to fall down (4); **dejar caer** to drop
café *m.* coffee (P); café (6)
cafeína caffeine
cafetera coffee maker (4)
cafetería cafeteria
caída fall
caja box
cajero/a cashier (3)
cajón *m.* drawer
calabaza squash
calabozo cell (*in prison*)
calamidad *f.* calamity, disaster
calatravo/a of Calatrava (*knightly order*)
calavera skull
calcetín *m.* sock
calculadora calculator (8)
cálculo calculus (3)
calendario calendar (8)
calentador *m.* heater (4)
calentar (ie) to heat, warm up
cálido/a warm, hot
caliente *adj. m., f.* hot (5)
callado/a quiet (7)
callar to be silent
calle *f.* street
calmante *m.* tranquilizer, sedative
calmarse to calm down
calor *m.* heat (5); **hace calor** it's hot; **tener** (*irreg.*) **calor** to be (feel) warm (6)
caluroso/a warm, hot
calzado/a wearing shoes, shod
cama bed (4); **hacer** (*irreg.*)**/tender (ie) la cama** to make the bed (4)

cámara camera
camarón *m. sing.* shrimp (5)
cambiar (de) to change (*location, clothes, seats, one's mind, etc.*) (4)
cambio change; **en cambio** on the other hand; **tasa de cambio** exchange rate; **verbo de cambio radical** *gram.* stem-changing verb
camello camel
caminante *m., f.* walker; traveler
caminar to walk (1)
camino road; way; **en camino a** on the way to
camión *m.* truck; bus (*Mex.*)
camioneta station wagon (7)
camisa shirt
camiseta t-shirt
campamento campsite (7)
campanada toll (*of a bell*)
campanario bell tower, belfry
campaña: tienda de campaña tent (7)
campesino/a peasant
camping: hacer (*irreg.*) **camping** to camp (7)
campo countryside; field; **campo de batalla** battlefield
campus *m.* campus
canadiense *n., adj. m., f.* Canadian
canal *m.* canal
Canarias *pl.:* **Islas Canarias** Canary Islands
cancelar to cancel
cáncer *m.* cancer
cancha court (*sports*)
canción *f.* song
canoa: ir (*irreg.*) **en canoa** to canoe
cansado/a tired (7)
cantante *m., f.* singer
cantar *m. n.* song
cantar to sing (P)
cantidad *f.* amount
cantina tavern, bar
cañaveral *m.* sugarcane field
cañón *m.* canyon
capa de ozono ozone layer (11)
capacidad *f.* ability
capia *ribbon given to guests by the bride and groom at their wedding*
capilla chapel
capital *m.* capital (*monetary*) (13); money (13); *f.* capital (*city*) (13)
captura capture
cara face
carácter *m.* character, personality
caracterizar (c) to characterize
¡caramba! my gosh! (*exclamation of surprise*)
carecer (zc) (de) to lack
cargar (gu) to load; to carry
Caribe *m. n.* Caribbean
caribeño/a *n., adj.* Caribbean

caricia caress
cariño affection (12); **tomarle cariño a alguien** to start to have affection for someone (12)
cariñoso/a caring, loving (12); affectionate
carnaval *m.* carnival
carne *f.* meat (5); **carne de cerdo** pork (5); **de carne y hueso** flesh and bone
carnicería butcher shop (9)
caro/a expensive (9)
carpeta folder
carpintero/a carpenter (3)
carrera career (3); profession
carretera highway (7)
carro car, automobile
carta letter (*correspondence*); *pl.* cards (13)
cartel *m.* poster
cartera wallet
cartero/a mail carrier (3)
casa house (4)
casado/a: es casado/a he/she is a married person; **está casado/a** he/she is married (2)
casamiento marriage
casarse (con) to get married (to) (12); to marry (12)
casi almost; **casi nunca** almost never (P)
caso case; **en caso de que** *conj.* in case (11)
castellano Spanish (*language*)
castellano/a *adj.* Spanish, Castilian
castigar (gu) to punish (11)
castillo castle
Catalán *m. n.* Catalan (*language*)
catalán, catalana *n., adj.* Catalan
catarata waterfall
catarro head cold
catolicismo Catholicism
católico/a *n., adj.* Catholic
caudillo political or military strongman; leader, chief
causa cause; **a causa de** because of, due to (9)
causar to cause
cebolla onion (5)
ceder (a) to cede (to)
celebrar to celebrate (14)
celos *m. pl.* jealousy; **tener** (*irreg.*) **celos (de)** to be jealous (of) (12)
celular: teléfono celular cellular telephone (8)
cena dinner (5)
cenar to have (eat) dinner (1)
censura censorship (11)
centavo cent
centígrado Centigrade
central main, central
céntrico/a central
centro center; downtown (6); **centro comercial** shopping mall (6)
ceñido/a tight-fitting

cepillarse to brush; **cepillarse los dientes** to brush one's teeth (1)
cerca de *prep.* close to
cerdo: carne (*f.*) **de cerdo** pork (5)
cereales *m. pl.* cereal, grain (5)
cereza cherry (5)
cerrar (ie) to close (1)
certeza certainty
certificado certificate; **certificado de matrimonio** marriage certificate; **certificado de nacimiento** birth certificate
cerveza beer (P)
chaco large bordering region, plain
champiñón *m.* mushroom (5)
chaparrito/a shorty (*coll.*)
chaqueta jacket
charlar to chat
cheque *m.* check (9); **cheque de viajero** traveler's check
chicano/a *n., adj.* Chicano, Mexican-American
chico/a boy, girl
chicotazo scratch
chile *m.* chili pepper (5); **chile rojo** red pepper
chimenea chimney (4)
chimpancé *m.* chimpanzee
chinampas *pl. floating gardens in the canals and lagoons in Xochimilco, Mexico City*
chiste *m.* joke (5)
chocar (qu) to crash
chofer *m., f.* driver
chueco/a twisted
cielo sky; heaven
ciencia: ciencia ficción science fiction; **ciencias económicas** economics; **ciencias naturales** natural sciences (3); **ciencias políticas** political science (3); **ciencias sociales** social sciences (3)
científico/a scientist
cierto/a certain; true
cigarrillo cigarette
cilantro cilantro, coriander
cima top
cine *m.* movies; movie theater (6)
cinematográfico/a cinemagraphic
cinematógrafo/a cinematographer
cinta tape; ribbon
círculo circle
circunstancia circumstance
ciruela plum
cirugía surgery
cita date (8); appointment (8)
ciudad *f.* city (6)
ciudadano/a citizen
cívico/a civic
civil *m., f.* civil; **estado civil** marital status (2)

¡claro! *interj.* of course!
claro/a clear
clase *f.* class; **clase media** middle class; **compañero/a de clase** classmate (P); **salón** (*m.*) **de clase** classroom (P)
cláusula *gram.* clause
clausurado/a closed
clave *adj. inv.* key
cliente *m., f.* client (8)
clima *m.* climate
coartada alibi
cobija blanket (4)
cobrar to charge
cobre *m.* copper
coche *m.* car (7)
cocina kitchen (4)
cocinar to cook (4)
cocinero/a cook (3)
codiciar to covet
codicilo codicil (*supplement to a will*) (9)
codo elbow (10)
cognado cognate (3)
cola tail; **hacer** (*irreg.*) **cola** to wait in line (7)
coleccionar to collect
colega *m., f.* colleague (8)
colgar (ue) to hang
coliflor *f.* cauliflower (5)
colocar (qu) to place
color *m.* color (P)
colosal huge, colossal
coma *m.* coma (13); *f.* comma (13)
combatir to fight against
comedor *m.* dining room (4); **vagón** (*m.*) **comedor** dining car
comentario commentary
comenzar (ie) (c) to begin (1); **comenzar a + *inf.*** to begin to (*do something*)
comer to eat (P)
comercial: centro comercial shopping mall (6)
comercializar (c) to commercialize
comerciante *m., f.* merchant (3)
comercio business (9)
comestible *m.* food item (5)
cometa *m.* comet (13); *f.* kite (13)
cómico/a funny
comida food (P); meal (5)
comienzo *n.* beginning
como like; as; since (9); **así como** just like; **tal como** such as; **tan... como** as . . . as (2); **tan pronto como** as soon as (12); **tanto... como** both . . . and . . . ; **tanto como** as much as; **tanto(s)/tanta(s)... como** as much/many . . . as . . . (2)
¿cómo? how (P); **¿cómo está usted?** how are you? (*form.*) (P); **¿cómo estás?** how are you? (*fam.*) (P); **¿cómo no** of course; **¿cómo se llama usted?** what's your

name? (*form.*) (P); **¿cómo te llamas?** what's your name? (*fam.*) (P)
cómoda dresser, chest of drawers (4)
comodidad *f.* comfort
cómodo/a comfortable
compadre *m.* very good friend (*male*); godfather
compañero/a companion (12); significant other (12); **compañero/a de clase** classmate (P); **compañero/a de cuarto** roommate
compañía company (8)
comparación *f.* comparison
comparativo *gram.* comparative (2)
compartir to share
compás *m.* tempo, beat (*music*)
compensar to compensate
complejo/a complex
complementar to compliment, complete
complemento *gram.* object; **pronombre** (*m.*) **de complemento directo/indirecto** direct/indirect object pronoun
completar to complete
completo/a complete; **pensión** (*f.*) **completa** room and full board (7); **por completo** completely
complicado/a complicated
componerse (de) (*like* **poner**) to be composed, made up (of)
composición *f.* composition
compra purchase; **de compras** shopping; **hacer** (*irreg.*) **las compras** to do the shopping (9); **ir** (*irreg.*) **de compras** to go shopping (9)
comprar to buy (P)
compraventa *n.* buying and selling
comprender to understand; to comprise
comprensión *n. f.* understanding, comprehension
comprensivo/a *adj.* understanding
comprometerse to get engaged
comprometido/a engaged
compromiso engagement
compuesto/a compound
computadora (portátil) (laptop) computer (P)
común common
comunicación *f.* communication; *pl.* communications (*subject*) (3)
comunicar(se) (qu) to communicate
con with; **con cuidado** carefully; **con frecuencia** often (P); **con respecto a** with regard to; **con tal de que** *conj.* provided that (11)
conceder to concede
concentración *f.* concentration
concentrar to concentrate
concertar to harmonize
concha shell
conciencia conscience

concierto concert
concluir (y) to conclude
concordar (ue) to agree
concreto/a concrete
condenar to condemn
condición *f.*: **a condición de que** *conj.* on the condition that (11)
condicional *m. gram.* conditional
condimento spice, condiment (5)
conducir *irreg.* to drive (4)
conejo rabbit
conexión *f.* connection
confederado/a confederate
conferencia lecture (8); **sala de conferencias** lecture hall
confesar (ie) to confess
confianza confidence; trust; **tener (irreg.) confianza** to be confident
confiar (confío) (en) to trust
confitería confectionery
confundido/a confused
confusión *f.* confusion
congelado/a frozen
congelador *m.* freezer
conjunción *f. gram.* conjunction
conjunto band, group (*musical*)
conmemorar to commemorate, remember (14)
conmigo with me
conmovedor(a) moving, touching
conocer (zc) to know, be familiar with (2); to meet (2)
conocido/a known, familiar
conocimiento knowledge
conquista conquest
conquistador(a) conqueror
conquistar to conquer
consecuencia consequence
conseguir (like seguir) to get, obtain
consejo council; piece of advice (7); *pl.* advice
conservación *f.* conservation, preservation
conservar to preserve, maintain (11); to keep
consiguiente: por consiguiente therefore, consequently
consistir (en) to consist (of)
conspirar to conspire
constelado/a starry
consternado/a disturbed
constitución *f.* constitution
constitucional constitutional
constituir (y) to constitute; to compose, make up
construcción *f.* construction
construir (y) to build
consultorio médico doctor's office
consumidor(a) consumer
consumismo consumerism
contable *m., f.* accountant

contado: pagar (gu) al contado to pay cash (9)
contador(a) accountant (3)
contaminación *f.* **(del agua/aire)** (water/air) pollution (11)
contaminar to pollute (11)
contar (ue) to tell (1); to count (1)
contemplar to contemplate
contemporáneo/a contemporary
contener (like tener) to contain
contenido *sing.* contents
contento/a *adj.* content
contestador *m.* **automático** answering machine (8)
contestar to answer (5)
contigo with you
continuación: a continuación next, following
continuamente continuously
continuar (continúo) to continue (6)
continuidad *f.* continuity
contra against; **estar (irreg.) en contra** to be against
contraído/a (p.p. of contraer) contracted
contrario: lo contrario the opposite
contratar to contract
contrayente *m., f.* contracting party
control *m.*: **control de la natalidad** birth control
controvertible *m., f.* controversial
controvertido/a controversial
convencer (z) to convince
conversar to talk, converse
convertir (ie) to convert
convincente *m., f.* convincing
convivencia cohabitation, living together
cónyuge *m., f.* spouse; *pl.* married couple
copa (wine) glass; **copa de bodas** wedding cup (10)
copia *n.* copy
coquetear to flirt (10)
corazón *m.* heart; **ataque (m.) al corazón** heart attack
cordillera mountain range
coro chorus
corregir (i, i) (j) to correct
correo mail; post office (6); **correo electrónico** electronic mail (e-mail) (8)
correr to run (1); to jog (1)
correspondiente *adj. m., f.* corresponding
corriente *n.* current; *adj. m., f.* current; **agua** *f.* **(but el agua) corriente** running water
corrompido/a corrupt
corsario/a corsair, pirate
cortar to cut
corte *m.* cut, style (13); *f.* court (13)
corto/a short; **pantalones (m. pl.) cortos** shorts
cosa thing
cosecha harvest

cosechar to harvest
cosmopólita *adj. m., f.* cosmopolitan
costa coast
costado side
costar (ue) to cost (9)
costero/a coastal
costo cost
costoso/a costly, expensive
costumbre *f.* custom
costurera seamstress
cotidiano/a daily
cráter *m.* crater
creación *f.* creation
creador(a) creator
crear to create
crecimiento growth
crédito: tarjeta de crédito credit card (9)
creencia belief
creer (y) to think, believe (3)
crepúsculo twilight
criar (crío) to raise (*animals*)
crimen *m.* crime
criollo/a Creole; *American born of European parents*
cristiano/a *n., adj.* Christian
Cristo Christ; **antes de Cristo (a. C.)** Before Christ (B.C.)
crónica chronicle
cronológico/a chronological
crudeza courage (*coll.*)
crudo/a raw (5)
cruz *f.* (*pl.* **cruces**) cross; **Cruz Roja** Red Cross
cuaderno notebook (P)
cuadra city block
cuadrado *n.* square
cuadrado/a *adj.* square
cuadro picture, painting (4)
cual *rel. pron.* which; who
¿cuál? what?; which? (P); **¿cuáles?** which (ones)? (P)
cualidad *f.* quality
cualquier(a) *adj.* any; any at all
cualquiera *indef. pron.* anyone; either
cuando when; **de vez en cuando** from time to time (P)
¿cuándo? when? (P)
cuanto: en cuanto as soon as (12); **en cuanto a...** as far as . . . is concerned; **unos/as cuantos/as** a few
¿cuánto/a? how much? (P); how long?; **¿cuánto tiempo hace que... ?** how long has it been since . . . ?; **¿cuántos/as?** how many (P)
cuaresma Lent
cuarto *n.* room; bedroom (4); **compañero/a de cuarto** roommate; **y/menos cuarto** quarter past/to (*time*)
cuarto/a *adj.* fourth (2)
cubanoamericano/a *n.* Cuban-American

cubierto/a (*p.p. of* cubrir) covered
cubrir (*p.p.* cubierto) to cover (7)
cucaracha roach
cucharón *m.* ladle
cuello neck
cuenca basin
cuenta bill, check; account; darse (*irreg.*)
  cuenta (de) to realize (6); tomar en
  cuenta to take into account
cuentista *m., f.* short story writer
cuento story; cuento de terror horror story
cuerda rope
cuero leather
cuerpo body
cuestión *f.* matter, question, issue (11)
cuestionar to question
cuidado care; con cuidado carefully;
  ¡cuidado! careful!; tener (*irreg.*) cuidado
  to be careful (P)
cuidar (a) to take care (of) (*someone*),
  care (for) (12)
culinario/a culinary
culpable *m., f.* guilty
culpar to blame (6)
cultivar to cultivate
cumbre *f.* summit, peak
cumpleaños *m. inv.* birthday (14)
cumplir (con) to carry out; cumplir años
  to have a birthday
cuñado/a brother-in-law, sister-in-law
cura *m.* priest (13); *f.* cure (13)
curarse to get well
curioso/a curious
curriculum *m.* (vitae) résumé (8)
cursivo/a: letra cursiva *sing.* italics
curso course (*of study*)
cuyo/a(s) whose

D

danzar (c) to dance
dañoso/a harmful
dar *irreg.* to give (1); dar gusto to give
  pleasure; dar la gana to feel like
  (*something*); dar las gracias to thank;
  dar miedo to frighten; dar pena to
  grieve, cause pain; dar un paseo to go
  for a walk; darle la mano (a alguien) to
  shake hands (*with someone*) (10); darse
  cuenta (de) to realize (6); Día (*m.*) de
  Dar Gracias Thanksgiving (14); me da
  igual it's all the same to me
dársena dock
datar (de) to date (from)
dato piece of information (4); *pl.* data;
  facts, information
de from; of; by; de... años . . . years old;
  de acuerdo con according to; de allí en
  adelante from then on; de antemano
  beforehand; de carne y hueso flesh and
  bone; de compras shopping; de día by

day; ¿de dónde? from where? (P); de
espaldas from behind; de hecho in fact;
de la izquierda on the left; de la mañana/
tarde in the morning/afternoon; de la
noche at night; de mal gusto in poor
taste; de manera que so that; in such a
way that; de nada your welcome; de
niño/a as a child (6); de noche at night;
de nuevo again; de prisa quickly; de
pronto suddenly; ¿de quién? whose?; de
regreso upon returning; de todas
maneras whatever happens; by all
means; de vez en cuando from time to
time (P); de visita visiting
debajo de *prep.* under, below (4)
debate *m.* debate
deber to owe; deber + *inf.* should, ought,
  must (*do something*); deberse a to be
  due to
debido a because of, due to (9)
débil *adj. m., f.* weak
debilidad *f.* weakness
debilitarse to weaken
década decade
decaer (*like* caer) to decline, wane
décimo/a tenth (2)
decir *irreg.* to say, tell (1); es decir in other
  words; querer (*irreg.*) decir to mean
decisión *f.*: tomar una decisión to make a
  decision
declaración *f.* declaration; statement
decorar to decorate (14)
dedicar (qu) to dedicate
dedo finger
definido/a *gram.* definite; artículo
  definido definite article
dejar to leave; to let; to allow; dejar + *inf.*
  to allow someone to (*do something*);
  dejar caer to drop; dejar de + *inf.* to
  stop (*doing something*); dejar que +
  subjunctive to allow someone to (*do
  something*); dejarse + *inf.* to allow
  oneself to be . . .
del (*contraction of* de + el) from the;
  of the
deletrear to spell
delgado/a thin (P)
delicadeza delicacy
demás: los/las demás the others, the rest
demasiado *adv.* too, too much
demasiado/a(s) *adj.* too much, too many
democracia democracy (11)
demonio: ¿qué demonios... ? what the
  devil . . . ?
demora delay (7)
demostrar (ue) to demonstrate
demostrativo/a *gram.* demonstrative;
  adjetivo/pronombre (*m.*) demostrativo
  demonstrative adjective/pronoun (2)
denominador *m.* denominator

denominar to call, name
denotación *f.* meaning
dentista *m., f.* dentist (3)
dentro de *prep.* within; inside; dentro de
  poco within a short time; por dentro on
  the inside
dependencia dependence
depender to depend
dependiente/a clerk, salesperson
deportado/a deported
deporte *m.* sport (13); practicar (qu)
  deportes to practice, play sports (P)
deportivo/a *adj.* sports, *pertaining to sports*
depositar to deposit
depósito deposit
depresión *f.* depression
deprimente *m., f.* depressing
deprimido/a depressed
derecha *n.* right (*direction*) (13); a la
  derecha *prep.* to the right
derechista *adj. m., f.* right-wing
derecho law; right (*legal*) (13); derechos
  humanos human rights (11)
derivar (de) to derive (from)
derrocar (qu) to overthrow
derrotar to defeat
desacuerdo disagreement
desafío challenge
desafortunadamente unfortunately
desamparado/a abandoned, forsaken
desaparecer (zc) to disappear
desarrollar to develop
desarrollo development
desastroso/a disastrous
desayunar to have (eat) breakfast (1)
desayuno breakfast (5)
descansar to rest (1)
descanso rest
descendiente *n. m., f.* descendant
desconfiado/a doubtful (7)
desconfiar (desconfío) to be distrustful,
  doubt
descrito/a (*p.p. of* describir) described
descubierto/a (*p.p. of* descubrir)
  discovered
descubridor(a) discoverer
descubrimiento discovery
descubrir to discover
descuento discount (9)
desde *prep.* from, since (3); desde
  entonces from then on; desde hace...
  años for . . . years; desde que *conj.*
  since
desear to desire, wish
desechos *pl.* (industriales, tóxicos)
  (industrial, toxic) waste (11)
desempeñar to carry out, perform
desempleo unemployment (11)
desenfrenado/a uncontrolled
deseo desire

desesperación *f.* desperation
desesperado/a desperate
desfile *m.* parade
desgajar to pick apart
desgraciado/a unfortunate, unlucky
deshabitado/a uninhabited
desierto desert
designar to designate
desigualdad *f.* inequality
desilusionado/a disillusioned
desordenado/a unorganized, messy
despacio *adv.* slowly
despedida farewell, leave-taking
despedir (i, i) to dismiss; to fire (*job*);
   despedirse (de) to say goodbye (to)
desperdiciar to waste (11)
despertador *m.* alarm clock
despertar (ie) to awaken (*someone*);
   despertarse to wake up (1)
despiadado/a merciless, cruel
despojar to strip
despreciar to scorn, despise
después *adv.* after, afterward; **después de**
   prep. after; **después (de) que** *conj.*
   after (12)
destacado/a outstanding
destacar (qu) to stand out
destape *n. m.* uncovering; liberalization
destino fate
destreza skill
destruir (y) to destroy (11)
desventaja disadvantage
detallado/a detailed
detalle *m.* detail
detener (*like* **tener**) to slow down; to stop
deteriorar to deteriorate, get worse
determinado/a certain
determinante *adj. m., f.* determining
determinar to determine
detestar to hate, detest
detrás de *prep.* behind
deuda debt
devolver (*like* **volver**) to return
   (*something*), give back
devorar to devour
día *m.* day; **buenos días** good morning
   (P); **cada día** every day (6); **de día** by
   day; **Día de Acción de Gracias**
   Thanksgiving; **Día de Año Nuevo** New
   Year's Day (14); **Día de Dar Gracias**
   Thanksgiving (14); **Día de la**
   Independencia Independence Day (14);
   Día de la Madre Mother's Day (14);
   Día de la Raza Hispanic Awareness Day
   (Columbus Day) (14); **Día de los**
   Difuntos Day of the Dead; **Día de los**
   Enamorados Valentine's Day (14); **Día**
   de los Inocentes April Fool's Day; **Día**
   de los Muertos Day of the Dead (14);
   Día de los Reyes Magos Day of the

Magi, Epiphany (14); **Día de Navidad**
Christmas Day; **Día de San Patricio**
Saint Patrick's Day (14); **Día de San**
Valentín Saint Valentine's Day (14); **Día**
del Padre Father's Day (14); **día del**
santo saint's day; **Día del Trabajo**
Labor Day (14); **día festivo** holiday
(14); **hoy (en) día** nowadays; **todo el día**
all day long; **todos los días** every day
diablo devil
diario *n.* daily newspaper
diario/a *adj.* daily; **rutina diaria** daily
   routine (1)
dibujar to draw
dibujo drawing
dicho (*p.p. of* **decir**)
dictadura dictatorship (11)
diente *m.* tooth; **cepillarse los dientes** to
   brush one's teeth (1)
dieta diet
diferir (ie, i) to differ, be different
difícil *adj. m., f.* difficult (P)
difundido/a widespread
difunto dead person; **Día** (*m.*) **de los**
   Difuntos Day of the Dead
dinero money
dios *m.* god; **Dios** God
diptongo *gram.* diphthong
dirección *f.* address
directo/a: complemento directo *gram.* direct
   object; **pronombre** (*m.*) **de complemento**
   directo *gram.* direct object pronoun
director(a) director; principal (*of a school*)
dirigir (j) to direct; **dirigirse** to address,
   speak to; to move toward, go to
disco record
discoteca discotheque (6)
discreto/a discrete
discriminación *f.* discrimination (11)
discriminatorio/a discriminatory
disculpar to excuse, pardon; **disculpe**
   excuse me
discurso speech
discusión *f.* discussion
discutir to discuss; to argue
diseño design
disfraz *m.* (*pl.* **disfraces**) costume
disfrutar (de) to enjoy (13)
disgusto *n.* dislike
disipar to dissipate
disminuir (y) to lessen, grow smaller,
   decline
disolución *f.* breaking up, dissolution
disolver (ue) (*p.p.* **disuelto**) to dissolve
disponer (de) (*like* **poner**) to have (*at one's*
   disposal)
disponibilidad *f.* availability
disponible *adj. m., f.* available
dispuesto/a (*p.p. of* **disponer**): **estar**
   (*irreg.*) **dispuesto/a (a)** to be willing (to)

disputa dispute, disputing
disputar to dispute
distinguir to distinguish
distinto/a different
distraído/a distracted
distribución *f.* distribution
distribuir (y) to distribute
disuadir to dissuade, deter
disyuntiva dilemma, crisis; alternative
diversión *f.*: **parque** (*m.*) **de diversiones**
   amusement park
divertido/a fun (P)
divertirse (ie, i) to have fun, enjoy oneself (1)
dividir to divide
división *f.* division
divorciado/a: está divorciado/a he/she is
   divorced (2)
divorciarse (de) to get a divorce (from) (12)
divorcio divorce (12)
doblar to turn
doble *m., f.* double; **habitación** (*f.*) **doble**
   double room (7)
dócil *m., f.* docile; obedient; gentle
doctor(a) doctor
documentación *f.* documentation
documento document
dólar *m.* dollar
dolor *m.* pain, ache; **dolor de cabeza**
   headache
doloroso/a painful
doméstico/a domestic; household; **aparato**
   doméstico household appliance; **labor**
   (*f.*) **doméstica** housework; **quehacer**
   (*m.*) **doméstico** household chore (4)
dominar to dominate
dominguero/a *pertaining to Sunday*
dominicano/a *n., adj.* Dominican;
   República Dominicana Dominican
   Republic
dominio power; authority
don *m. title of respect used with a man's*
   first name
donde where
¿dónde? where (P); **¿de dónde?** from
   where (P)
doña *title of respect used with a woman's*
   first name
dorado/a golden
dorar to brown
dormir (ue, u) to sleep (1); **dormir la**
   siesta to take a nap; **dormirse** to fall
   asleep (1)
dormitorio bedroom (4)
dosis *f.* dose
drama *m.* drama
dramático/a dramatic
dramatizar (c) to dramatize
drástico/a drastic
droga drug; **tráfico de drogas** drug
   trafficking

drogadicción *f.* drug addiction
drogadicto/a drug addict
ducha shower (4)
ducharse to take a shower (1)
duda doubt; **sin duda** certainly, undoubtedly
dudar to doubt (10)
dudoso/a doubtful
dueño/a owner (1)
dulce *m.* sweet, (piece of) candy
durante during
durar to last
durazno peach (5)
duro/a hard

E

e and (*used instead of* **y** *before words beginning with* **i** *or* **hi**)
echar to throw, cast; **echar de menos** to miss (*someone or something*) (9); **echar un vistazo** to take a glance at, take a look at; **echarse una siesta** to take a nap
economía economy (3)
económico/a economical; **ciencias económicas** economics
ecuatorial *adj. m., f.*: **Guinea Ecuatorial** Equatorial Guinea
edad *f.* age
edificio building (6)
educado/a: mal educado/a ill mannered
educar (qu) to educate; to rear, bring up (*children*)
educativo/a educational
efectivamente in fact; sure enough; really
efectivo cash; **pagar (gu) en efectivo** to pay in cash (9)
efecto invernadero greenhouse effect
eficacia effectiveness
eficaz *adj. m., f.* (*pl.* **eficaces**) effective
eficiente *adj. m., f.* efficient
efímero/a short-lived
efusivo/a effusive
egocéntrico/a self-centered
egoísta *adj. m., f.* selfish
¿eh? *interj.* right?
ejecución *f.* execution
ejecutivo/a executive
ejemplo example; **por ejemplo** for example (3)
ejercer (z) to practice (*a profession*) (3)
ejercicio exercise; **hacer** (*irreg.*) **ejercicio** to exercise; **hacer** (*irreg.*) **ejercicios aeróbicos** to do aerobics
ejército army (11)
el *def. art. m.* the; **el año pasado** last year; **el hecho de que** the fact that; **el mayor** the oldest (2); **el mejor** the best (2); **el menor** the youngest (2); **el mismo** the same (one); **el peor** the worst (2)
elaborado/a made

elección *f.* choice; election
electricista *m., f.* electrician (3)
eléctrico/a: aparato eléctrico electric appliance (4); **energía eléctrica** electric energy (11)
electrónico/a: correo electrónico e-mail (8)
elegir (i, i) (j) to elect
elevar to raise
eliminar to eliminate
ello it; this matter; this thing
embajador(a) ambassador
embargo: sin embargo nevertheless, however
emergir (j) to emerge
emigración *f.* emigration
emigrar to emigrate
emocionado/a excited
emocionante *adj. m., f.* exciting
empaque *m.* packaging
emparejar to pair, match
empeorar to worsen
emperador(a) emperor, empress
empezar (ie) (c) to begin (1); **empezar a +** *inf.* to begin to (*do something*)
empleado/a employee
empleador(a) employer
emplearse to use
empleo employment (8); job (8)
empresa company, business (8)
empresario/a manager; employer
en in; on; at; **en aquel entonces** at that time; **en cambio** on the other hand; **en camino a** on the way to; **en caso de que** *conj.* in case (11); **en cuanto** as soon as (12); **en cuanto a...** as far as . . . is concerned; **en el extranjero** abroad; **en este momento** now, at this time; **en fin** finally; **en gran parte** to a large degree; **en ningún lado** nowhere; **¿en qué puedo servirle?** how can I help you?; **en realidad** really, truly (14); **en seguida** immediately; **en sí** in itself; **en voz alta** aloud, out loud
enamorado/a *n.* sweetheart; **Día** (*m.*) **de los Enamorados** Valentine's Day (14); *adj.* in love (7)
enamorarse (de) to fall in love (with) (1)
encalado/a whitewashed
encantado/a delighted, pleased (*to meet someone*) (P)
encantar to love (5); to be delighted (5)
encender (ie) to light; to turn on
encerrar (ie) to shut in, lock up
encontrar (ue) to find (1); to meet; **encontrarse con** to meet (up with); to run into
encuentro encounter; meeting
encuesta survey
enemigo/a enemy
energético/a energetic; *pertaining to energy*

energía energy (11); **energía eléctrica** electric energy (11); **energía solar** solar energy (11)
enérgico/a energetic
enfadarse to become angry (4)
énfasis *f.* emphasis
enfatizar (c) to emphasize
enfermarse to get sick (1)
enfermedad *f.* illness (12); disease (12)
enfermero/a nurse (3)
enfermo/a sick, ill
enfilado/a in a row
enfocado/a focused
enfoque *m.* focus
enfrentamiento confrontation (12)
enfrentar(se) con to confront (12); to face (12)
enfrente (de) in front (of)
enfriar (enfrío) to grow cold, cool off
engañar to deceive
engaño deception
engordar to gain weight
enmienda amendment
enojado/a angry (7)
enojarse to become angry (1)
enorme *adj. m., f.* huge, enormous
enredar to entangle
enriquecer (zc) to enrich
enriquecimiento enrichment
enrojecido/a reddened
ensalada salad (5)
ensamblaje *m.* assembling; **fábrica de ensamblaje** assembly plant
ensayo essay
enseñanza teaching
enseñar to teach (1); to show (8)
entablar to begin; **entablar un pleito** to bring suit
entender (ie) to understand (1); **tener** (*irreg.*) **entendido** to understand
enterarse to find out
entero/a whole, entire
enterrado/a buried
entibiarse to grow cold
entonces then, at that time; **aquel entonces** those days (6); **desde entonces** from then on; **en aquel entonces** at that time; **hasta entonces** see you then
entrada entry
entrante *adj. m., f.* coming, next
entre between; among; **entre paréntesis** in parentheses
entrega handing over
entregar (gu) to hand in; to turn, hand over
entrenador(a) coach
entrenamiento training
entrenar to train, practice (13)
entretenido/a entertaining
entrevista interview

entrevistar to interview; entrevistarse to be interviewed

entusiasmado/a enthusiastic

entusiasta adj. m., f. enthusiastic

enviar (envío) to send (8)

envidia: tener (irreg.) envidia (de) to be envious (of) (12)

enviudar to become a widow or widower

envolver (like volver) to wrap

envuelto/a (p.p. of envolver) wrapped (up)

épico/a epic

época era, age

equilibrado/a balanced

equivocación f. mistake

equivocarse (qu) to make a mistake, be wrong

erradicar (qu) to eradicate

errar (yerro) to wander, roam

esbozo rough draft; outline

escala scale

escalar to climb; escalar montañas to hike; to climb mountains (13)

escalera stairway, stairs (4)

escandaloso/a scandalous

escapada escapade

escapar to escape

escasez f. (pl. escaseces) shortage (11)

escena scene

escenario scene

esclavo/a slave

escoba broom (4)

escoger (j) to choose, pick

escolar adj. m., f. school, of or pertaining to school

esconderse to hide

escondido/a hidden, tucked away

escribir (p.p. escrito) to write (P); máquina de escribir typewriter (8)

escrito n. writing, document; adj. (p.p. of escribir) written

escritor(a) writer

escritorio (instructor's) desk (P)

escritura (hand)writing

escrúpulo scruple

escuchar to listen to (P)

escuela: escuela primaria elementary school; escuela secundaria high school

escultura sculpture

ese, esa adj. that (2)

ése, ésa pron. that (one) (2)

esfuerzo effort

esmeralda emerald

eso that, that thing, that fact (2); nada de eso nothing of the kind; para eso just for that; por eso for that reason (3); that's why (3)

esos/as adj. those (2)

ésos/as pron. those (ones) (2)

espacio space; espacio en blanco blank space

espalda n. back; de espaldas from behind

espantado/a frightened

español m. Spanish (language)

español(a) n., adj. Spanish

esparcir (z) to scatter

especial adj. m., f. special

especialidad f. specialty

especialización f. specialization, major (3)

especializarse (en) to specialize, major (in)

especie f. sing. species (11)

específico/a specific

espectáculo show, performance

espejo mirror (4)

espera: sala de espera waiting room

esperar to hope; to wait (for) (6); to expect

espina thorn

espinacas f. pl. spinach (5)

espiritú m. spirit

espiritual adj. m., f. spiritual

espiritualidad f. spirituality

esplendor m. splendor

esposo/a husband, wife (2)

esquéleto skeleton

esquí m. skiing (13); esquí acuático water-skiing (13); esquí alpino downhill skiing; esquí nórdico cross-country skiing

esquiar (esquío) to ski

esquina corner

estable adj. m., f. stable

establecer (zc) to establish

establecimiento establishment

estación f. season (weather); station; estación del tren train station (7)

estacionamiento parking lot (5)

estacionar to park (5)

estadio stadium (6)

estado state; estado civil marital status (2); estado libre asociado commonwealth; Estados Unidos United States; golpe (m.) de estado coup d'état

estadounidense n., adj. m., f. of or from the United States

estafa rip-off, swindle (9)

estampilla stamp

estancia farm; ranch

estante m. shelf (4)

estar irreg. to be (1); ¿cómo está usted? how are you? (form.) (P); ¿cómo estás? how are you? (fam.) (P); está casado/a he/she is married (2); está divorciado/a to be divorced (2); está vivo/a to be living, alive (2); estar a punto de to be about to; estar de acuerdo to agree; estar de moda to be in style (9); estar de vacaciones/viaje to be on vacation / a trip; estar dispuesto/a (a) to be willing (to); estar en contra to be against

este, esta adj. this (2); esta noche tonight, this night

éste, ésta pron. this (one) (2)

estela wake (nautical)

estéreo stereo

estereotipo stereotype

estética n. sing. esthetics

estilo style (9)

estimado/a... dear . . . (salutation in a letter)

estimar to esteem

estimulante adj. m., f. stimulating

esto this, this thing, this matter (2)

estos/as adj. these (2)

éstos/as pron. these (ones) (2)

estratégico/a strategic

estrecho/a close (9); narrow

estrella star

estrellado/a starry

estrés m. stress

estricto/a strict

estructural adj. m., f. structural

estuario estuary

estudiante m., f. student (P)

estudiar to study

estudio study (4); pl. studies, schooling

estufa stove

estudiantil adj. m., f. student; residencia estudiantil dormitory (P)

estúpido/a stupid

esudioso/a studious

etapa stage, period (12)

eterno/a eternal

etnia ethnicity

europeo/a n., adj. European

euskera Basque (language)

evidente adj. m., f. obvious, evident

evitar to avoid (11)

evolucionar to evolve

excavación f. excavation site (11)

exigente adj. m., f. demanding

exigir (j) to demand (10)

exiliar to exile

exilio exile

éxito success; tener (irreg.) éxito to be successful (12)

exitoso/a successful

experimentar to experience

explicar (qu) to explain (5)

explorador(a) explorer

explotación f. exploitation; use

explotar to exploit (11)

exportador(a) exporter

expresión f. expression (P)

expulsar to expulse

extinción f. extinction (11)

extraer (like traer) to extract

extranjero/a n. foreigner (7); m. abroad; adj. foreign; en el extranjero abroad; lenguas extranjeras foreign languages (3)

extrañar to miss (someone or something) (9); to long for

extraño/a strange
extremo *n.* end, tip; *adj. m., f.* extreme
extrovertido/a *adj.* extrovert

F

fábrica factory (11); **fábrica de ensamblaje** assembly plant
facción *f.* faction
fácil *m., f.* easy (P)
facilidad *f.* ease, facility
facilitar to facilitate, make easier
facultad *f.* college, school (*of a university*)
falange *f.* Falange (*political party in Spain*)
falangista *n. m., f.* Falangist
falda skirt
fallar to fail, stop functioning (12); to crash (*computer*) (8)
fallecido/a dead, deceased
fallido/a disappointing
falta lack; **hacer** (*irreg.*) **falta** to need; **por falta de** for want of
faltar to be missing, lacking (5); to need (5); **faltar a** to miss, be absent (9)
familia family (2)
familiar *n. m.* family member, relative; *adj. m., f.* family; familiar
fantasma *m.* ghost
farmacia pharmacy (6)
fascinar to fascinate (5)
favor *m.*: **me haces el favor de** + *inf.* would you please (*do something*); **por favor** please (3)
favorecer (zc) to favor
favorecido/a favored
fax *m.* fax (8)
faz *f.* face (*poetic*)
fé *f.* faith
fecha date (*time*)
fechar to date (*a letter, bill, etc.*)
felicidad *f.* happiness
feliz *adj. m., f.* (*pl.* **felices**) happy
feo/a ugly (P)
feria fair, festival
ferretería hardware store
ferrocarril *m.* railroad
ferroviario/a *adj.* railroad, *pertaining to the railroad*
fértil *adj. m., f.* fertile
fertilidad *f.* fertility
festejar to celebrate (14); to honor (14)
festivo/a: **día** (*m.*) **festivo** holiday (14)
fibra fiber
ficción *f.*: **ciencia ficción** science fiction
fiel *adj. m., f.* faithful
fiesta party, celebration; **Fiesta de las Luces** Hanukah (14); **hacer** (*irreg.*) **una fiesta** to have a party
figura figure
figurado/a figurative
fijarse en to pay attention to

fijo/a fixed; permanent
fila line
filatelía stamp collecting
filial *adj. m., f.* subsidiary, affiliated; branch (*office*)
filipino/a: **Islas Filipinas** Philippine Islands
filme *m.* film, movie
filosofía philosophy (3)
filosófico/a philosophical
filosofo/a philosopher
fin *m.* end; purpose; goal; **a fin de que** *conj.* in order that (11); **al fin y al cabo** after all is said and done; **en fin** finally; **fin de semana** weekend; **por fin** finally (3)
final *n. m.* end; *adj. m., f.* final; **al final** in the end
finalizar (c) to conclude, finish
financiero/a financial
finanza finance
finca farm
fingir (j) to pretend, feign (14)
fino/a fine
firma signature
firmar to sign
física *n. sing.* physics (3)
físico/a physical
flaco/a thin, skinny
flauta flute
flor *f.* flower
florecer (zc) to flourish
florecido/a flowery
florería flower shop (9)
florido/a full of flowers; **Pascua Florida** Easter (14)
flota fleet (*nautical*)
flotante *adj. m., f.* floating
flujo flow
foco light bulb
folio folio; leaf, sheet
folleto brochure
fonda inn (13)
fondo back; bottom (13); fund (13); **a fondo** in depth, thoroughly
forjado/a forged
forma form; manner, way
formar to form; **formar parte** to make up
fortalecer (zc) to strengthen
fortalecido/a fortified
fortaleza fortress
fortín *m.* small fort
forzar (ue) (c) to force
foto photo; **sacar** (qu) **fotos** to take pictures (13)
fotocopia photocopy
fotografía photograph; photography (*general*)
fotógrafo/a photographer (3)
fracasar to fail, be unsuccessful (12)
fracaso failure

fragil *adj. m., f.* fragile
franqueza frankness
franquismo *era when Franco ruled Spain*
frase *f.* phrase
fraterno/a fraternal
frecuencia: **con frecuencia** frequently (P)
frecuentar to frequent
fregadero kitchen sink (4)
freno brake
frente *m.* front (13); *f.* forehead (13); **frente a** faced with
fresa strawberry (5)
fresco/a cool
frijol *m.* bean (5)
frío *n.* cold; **hace frío** it's cold (*weather*); **tener** (*irreg.*) **frío** to be/feel cold (6)
frío/a *adj.* cold
frito/a fried; **papas fritas** French fries
frontera border
fronterizo/a *adj.* border
fructífero/a fruitful, productive
frustrado/a frustrated (7)
fruta fruit (5)
frutería fruit store (9)
frutilla strawberry
fuego fire; **fuegos artificiales** fireworks
fuente *f.* fountain
fuera (de) outside (of); **por fuera** on the outside
fuerte *adj. m., f.* strong
fuerza force; **fuerza de voluntad** will power
fuga flight
fugarse (gu) to flee, escape
fumar to smoke
funcionar to function, work
fundar to found, establish
furgoneta van (*Sp.*)
fútbol *m.* soccer (13); **fútbol americano** football (13)

G

gabinete *m.* cabinet (4)
gajo branch, bough
galería gallery (6); passage, corridor
gallego *n.* Galician (*language*)
gallego/a *n., adj.* of or pertaining to Galicia (*northwest region of Spain*); Galician
galleta cookie (5)
gallo: **misa del gallo** Midnight Mass
galopar to gallop
gamba shrimp (*Sp.*)
gana desire, wish; **dar** (*irreg.*) **la gana** to feel like (*something*); **tener** (*irreg.*) **ganas de** to feel like
ganar to earn; to win; **ganarse la vida** to earn a living
ganga bargain (9)
garaje *m.* garage (4)
gasolinera gas station (6)

gastar to spend (*money*) (11)
gasto expense
gato cat
gauchesco/a *pertaining to* **gauchos**
gaucho cowboy (*Argentina*)
gaveta drawer
gemido wail
gemir (i, i) to wail, moan
genealógico/a: arbol (*m.*) **geneológico** family tree
general: por lo general in general
género *gram.* gender
genio genius
genoveso/a Genovese
gente *f. sing.* people; **remolino de gente** crowd
geografía geography (3)
geometría geometry (3)
gerente *m., f.* manager
gerundio *gram.* gerund
gesto gesture
gigantesco/a gigantic
gimnasio gymnasium (6)
gira tour (13)
girar to whirl, spin
giro money order (13)
gobernar (ie) to govern, rule (11)
gobierno government
golf *m.* golf (13)
golpe (*m.*) **de estado** coup d'état
gordo/a fat (P); **premio gordo** grand prize
gozar (c) (de) to enjoy (13)
grabar to record
gracias thank you; **Día** (*m.*) **de Acción de (Día de Dar) Gracias** Thanksgiving (14); **dar** (*irreg.*) **las gracias** to thank; **gracias a** thanks to
gracioso/a funny
grado degree
graduarse (me gradúo) to graduate
gramática grammar
gramatical *adj. m., f.* grammatical
gran, grande *adj. m., f.* big (P); great; **en gran parte** to a large degree
granada pomegranate
grandeza greatness, grandeur
grano grain; seed
grasa: bajo/a en grasa low-fat
grave *adj. m., f.* serious
Grecia Greece
gris *adj. m., f.* gray (P)
grito shout
grosero/a rude
grueso/a thick
gruñón, gruñona grouch (9)
guagua bus (*Cuba, Puerto Rico*)
guapo/a handsome (P); pretty (P)
guardar to put (4); to keep (4); to save (11); to put away
guardería day care facility

guayaba guava
guerra war (11); **Primera/Segunda Guerra Mundial** First/Second World War
guerrero/a *adj.* war; fighting
guía *m., f.* guide (*person*) (13); *f.* guidebook (13); directory (13)
guión *m.* script
guisante *m.* pea (5)
gustar to be pleasing (1); to like
gusto taste; pleasure; delight; **dar** (*irreg.*) **gusto** to give pleasure; **de mal gusto** in poor taste; **mucho gusto** pleased to meet you (P); **sentirse (ie, i) a gusto** to be comfortable

H

haber *irreg.* (*inf. of* **hay**) to have (*auxiliary*); to be; **haber que** + *inf.* to have to (*do something*)
habilidad *f.* ability, skill
habitación *f.* room; **habitación (sencilla, doble)** (single, double) room (7)
habitado/a inhabited
habitante *m., f.* inhabitant
hablador(a) talkative
hablante *m., f.* speaker
hablar to speak (P); to talk; **hablar por teléfono** to talk on the phone
hacer *irreg.* to do (1); to make (1); **desde hace... años** for . . . years; **hacer** + *inf.* to get or have (*something done*); **hace** + *time* (*time*) . . . ago; **hace** + *time* + **que** + *present* I (you, he . . .)have/has been (*doing something*) for (*time*) (3); **hace** + *time* + **que** + *preterite* I (you, he . . .) (*did something*) (*time*) ago (3); **hace buen/mal tiempo** it's nice/bad weather; **hace calor/frío/sol** it's hot/cold/sunny; **hacer** *camping* to camp (7); **hacer cola** to wait in line (7); **hacer ejercicio** to exercise; **hacer ejercicios aeróbicos** to do aerobics; **hacer falta** to need; **hacer la cama** to make the bed; **hacer las compras** to do the shopping (9); **hacer las maletas** to pack the suitcases (7); **hacer preguntas** to ask questions (P); **hacer regalos** to give gifts; **hacer reservaciones** to make reservations (7); **hacer trucos** to play tricks; **hacer turnos** to take turns; **hacer un papel** to play a role; **hacer un picnic** to have a picnic; **hacer un viaje** to take a trip (7); **hacer una fiesta** to have a party; **hacerse** to become (3); to pretend to be; **me haces el favor de** + *inf.* would you please (*do something*); **¿qué tiempo hace?** what's the weather like?
hacha *f.* (*but* **el hacha**) axe
hacia toward
hacienda farm, ranch; property, estate

hallar to find
hambre *f.* (*but* **el hambre**) hunger; **tener** (*irreg.*) **hambre** to be hungry (6)
hambruna famine (11)
hamburguesa hamburger (5)
hasta *prep.* until, up to; *adv.* even; **hasta ahora** up to now; **hasta entonces** see you then; **hasta luego** see you later (P); **hasta mañana** see you tomorrow (P); **hasta pronto** see you soon (P); **hasta que** *conj.* until (12)
hay there is/are (P); **hay que** + *inf.* one has to (*do something*)
hecho fact; deed; **de hecho** in fact; **el hecho de que** the fact that
helado ice cream (5)
helado/a: té (*m.*) **helado** iced tea
heredar to inherit
heredero/a heir
hereditario/a hereditary
herencia heritage; inheritance
herida wound
hermano/a brother, sister (2)
hermoso/a pretty
hervir (ie, i) to boil
hiel *f.* gall, bitterness
hielo ice; **patinar sobre hielo** to ice skate
hierro iron
hijo/a son, daughter (2); *pl.* children; **hijo/a único/a** only child
hispánico/a *adj.* Hispanic
hispano/a *n., adj.* Hispanic
Hispanoamérica Spanish America
hispanoamericano/a *adj.* Spanish American
hispanohablante *m., f.* Spanish speaker
historia history; story (3)
hogar *m.* home
hoja leaf; page; sheet (*of paper*)
hola hi, hello (P)
hombre *m.* man (P); **hombre de negocios** businessman (3)
homosexualidad *f.* homosexuality
homosexualismo homosexuality
hora hour; time (P); **¿a qué hora (es)... ?** at what time (is) . . . ?; **por hora** per hour; **¿qué hora es?** what time is it?; **ya era hora** it was about time
horario schedule
hornear to bake
horno oven (4); **al horno** baked (5); **horno de microondas** microwave oven (4)
horrorífico/a horrible
hotel *m.*: **hotel de lujo** luxury hotel (7)
hoy today; **hoy (en) día** nowadays
huelga strike (11)
huerto garden; orchard
hueso bone; **de carne y hueso** flesh and bone
huésped(a) guest (7)
huevo egg (5)

humanidades *f. pl.* humanities (3)
humano/a *adj.* human; **derechos humanos** human rights (11); **ser** (*m.*) **humano** human being
húmedo/a humid
humilde *adj. m., f.* humble

I

ibérico/a *adj.* Iberian (*of the Iberian Peninsula, where Spain and Portugal are located*)
Iberoamérica Latin America
identidad *f.* identity
identificación *f.* identification; **tarjeta de identificación** identification card
identificar (**qu**) to identify
idioma *m.* language
iglesia church (6)
igual *adj. m., f.* equal; same (6); **igual que** just like (6); **me da igual** it's all the same to me
igualdad *f.* equality
igualmente same here; likewise (P)
ilegítimo/a illegitimate
ilustrar to illustrate
imágen *f.* image
imaginar(se) to imagine
imperfecto *gram.* imperfect
imperio empire
imperioso/a imperious
implementación *f.* implementation
implicar (**qu**) to imply
imponer (*like* **poner**) to impose
importar to be important (5); to matter (5)
impositivo/a *adj.* tax, pertaining to taxes
imprescindible *adj. m., f.* indispensable
impresionante *adj. m., f.* impressive
impresionar to impress
impresora printer (8)
imprimir to print (8)
impuesto tax; **impuesto de la propiedad** property tax; **impuesto sobre la renta** income tax
inaceptable *adj. m., f.* unacceptable
inadecuado/a inadequate
inaguantable *adj. m., f.* unbearable
inalcanzable *adj. m., f.* unreachable
incaico/a *adj.* Inca, Incan
incapaz *adj. m., f.* (*pl.* **incapaces**) incapable
incendio fire
incentivo incentive
incitar to incite
inclinar to bow, bend; **inclinarse** to lean
incluir (**y**) to include
incómodo/a uncomfortable
inconsciente *adj. m., f.* unconscious
incorporar to incorporate
increíble *adj. m., f.* incredible
indefinido/a indefinite; **artículo indefinido** *gram.* indefinite article

independencia: Día (*m.*) **de Independencia** Independence Day (14)
independizarse (**c**) to become independent
indicaciones *f. pl.* directions, instructions
indicativo *gram.* indicative (*mood*)
indígena *n. m., f.* native, indigenous person; *adj. m., f.* native, indigenous
indigenismo *the history and culture of indigenous peoples*
indio/a *n.* Indian
indirecto: pronombre de complemento indirecto *gram.* indirect object pronoun
individualidad *f.* individuality
individuo *n.* individual
indocumentado/a undocumented
indoeuropeo/a *adj.* Indo-European
indudablemente undoubtedly
industria industry (11)
industrial: desechos industriales industrial waste (11)
inesperado/a unexpected
infancia childhood
infeliz *adj. m., f.* (*pl.* **infelices**) unhappy
infidelidad *f.* unfaithfulness
influir (**y**) to influence
información *f.* information
informar to inform; **informarse** to find out
informe *m.* report (8)
ingeniería engineering
ingeniero/a engineer (3)
iniciar to initiate
iniciativa initiative
ininterrumpido/a uninterrupted
injusto/a unfair
inmenso/a huge, immense
inmerecido/a undeserving
inmigración *f.* immigration (11)
inmóvil *adj. m., f.* immobile, motionless
inocente *adj. m., f.* innocent; **Día** (*m.*) **de los Inocentes** April Fool's Day
inodoro toilet (4)
inolvidable *adj. m., f.* unforgettable
inquebrantable *adj. m., f.* unbreakable
inquietante *adj. m., f.* disquieting, unsettling
inquietarse to be concerned, worried
inquietud *f.* anxiety (12); concern (12)
insatisfecho/a dissatisfied
insistir en to insist on (10)
insólito/a unexpected
inspeccionar to inspect
inspirar to inspire
instalar to install; **instalarse** to establish oneself
intencionado/a: bien intencionado/a well-intentioned
intentar to try
intercambiar to exchange
intercambio exchange

interés *m.* interest; **tener** (*irreg.*) **interés en** to be interested in
interesar to interest (5)
interno/a internal
interrumpir to interrupt
intervenir (*like* **venir**) to intervene
íntimo/a intimate
introducir *irreg.* to introduce, bring in (1); to insert (1)
intuir (**y**) to intuit
inútil *adj. m., f.* useless
invadir to invade; to overrun
invasor(a) *n.* invader; *adj.* invading
invento invention
invernadero/a: efecto invernadero greenhouse effect
inversión *f.* investment
inversionista *m., f.* investor
investigador(a) investigator
invitado/a guest
involucrado/a involved
inyección *f.* injection
ir *irreg.* to go (1); **ir + gerund** to be in the process of (*doing something*); **ir + inf.** to be going to (*do something*); **ir de compras** to go shopping (9); **ir de vacaciones** to go on vacation; **ir en balsa** to raft; **ir en canoa** to canoe; **irse** to go away (4); **vamos a + inf.** let's (*do something*) (1); **ya voy** I'm coming
irritante *adj. m., f.* irritating
isla island; **Islas Baleares** Balearic Islands; **Islas Canarias** Canary Islands; **Islas Filipinas** Philippine Islands; **Islas Galápagos** Galapagos Islands
islote *m.* isle, islet
izquierda *n.* left; **a/de la izquierda** to/on the left

J

jabón *m.* soap (4)
jamón *m.* ham (5)
Jánuca Hanukah (14)
jardín *m.* garden (4); **trabajar en el jardín** to work in the garden (13)
jefatura leadership
jefe/a boss (8)
Jesucristo Jesus Christ
joven *n. m., f.* youth, young person; *adj. m., f.* young (P)
joyería jewelry (*general*); jewelry store (9)
juego game; gambling (13)
juez *m., f.* judge
jugador(a) player
jugar (**ue**) (**gu**) to play; **jugar** (**a**) to play (a sport) (1); **jugar a los bolos** to bowl
jugo juice (5)
juguete *m.* toy
junta meeting (8)
juntar to join, unite

junto con *adv.* along with, together with
juntos/as *npl.* together
justificar (qu) to justify
justo/a fair
juvenil *adj. m., f.* youth; **albergue** (*m.*) **juvenil** youth hostel (7)
juventud *f.* youth (12)

K

kilo kilogram
kilómetro kilometer

L

la *f. definite article* the; *d.o.* her, it, you (*form. sing.*); **la... y/menos cuarto** quarter past/to (*time*); **la mayor** the oldest (2); **la mayor parte** the majority; **la mejor** the best (2); **la menor** the youngest (2); **la misma** the same (one); **la peor** the worst (2); **la semana pasada** last week
labor *f.* work, task, labor; **labor doméstica** housework
laboral *adj. m., f.* labor
lácteo/a dairy (5)
lado side; **al lado de** next to; **al otro lado** on the other side; **en ningún lado** nowhere; **por otro lado** on the other hand; **por todos lados** everywhere, on all sides
ladrar to bark
lago lake
lágrima tear
lamentablemente unfortunately
lamentar to lament
lamento lament
lámpara lamp (4)
lana wool
langosta lobster (5)
langostino prawn; crawfish
lánguido/a listless
lápiz *m.* (*pl.* lápices) pencil (P)
largo/a long; **a lo largo de** along, throughout
largometraje *m.* full-length film
lástima shame, pity; **es lástima que** it's a shame that (9)
lastimado/a injured, hurt
lata: de lata canned
latino/a *n., adj.* Latin, Hispanic
Latinoamérica Latin America
latinoamericano/a *n., adj.* Latin American
latir to beat
latitud *f.* latitude
lavabo bathroom sink (4)
lavadora washing machine (4)
lavandería laundry (9)
lavaplatos *m. sing., pl.* dishwasher (4)
lavar (la ropa, los platos) to wash (the clothes, the dishes) (4); **lavarse** to wash (*oneself*)

lazo bow, knot; tie, bond
lealtad *f.* loyalty
leche *f.* milk (5)
lechuga lettuce (5)
lectura reading
leer (y) to read (P)
legalidad *f.* legality
lejano/a distant, remote
lejos *adv.* far away; **a lo lejos** in the distance; **lejos de** far (away) from
lengua tongue; language; **laboratorio de lenguas** language lab; **lenguas extranjeras** foreign languages (3); **sacar (qu) la lengua** to stick out one's tongue
lenguaje *m.* language, speech
lento/a slow
lesión *f.* wound
letra letter (*of the alphabet*); **letra cursiva** *sing.* italics
levantar to raise, lift; **levantarse** to get up (1)
léxico/a lexical
ley *f.* law (11)
leyenda legend
libertad *f.* freedom, liberty (11)
libertador(a) liberator
libre *adj. m., f.* free; **al aire libre** outdoors; **estado libre asociado** commonwealth; **tiempo libre** free time (13)
librería bookstore (9)
libro book (P); **sacar (qu) libros** to check out books (*from the library*)
licencia de manejar driver's license
licenciado/a holding a university degree
licorería liquor store (9)
líder *m.* leader
ligero/a light (*weight*)
limitar to limit
límite *m.* limit
limón *m.* lemon (5)
limpiar to clean (4)
línea line; **patinar en línea** to roller blade
lingüístico/a linguistic
lío: meter a alguien en líos to get someone into trouble
lista list
literario/a literary
literatura literature (3)
llamada call; **llamada telefónica** telephone call
llamar to call; **¿cómo se llama usted?** what's your name? (*form.*) (P); **¿cómo te llamas?** what's your name? (*fam.*) (P); **llamar la atención** to notice; **llamar por teléfono** to call on the phone (P); **llamarse** to be called, named (4); **me llamo...** my name is . . . (P)
llano *n.* plain
llanura *sing.* plains
llave *f.* key (7)

llegada arrival
llegar (gu) to arrive (1); **llegar a** + *inf.* to manage to (*do something*); **llegar a ser** to become (3); **llegar a tiempo** to arrive on time; **llegar tarde** to arrive late
llenar to fill
lleno/a full
llevar to carry (1); to take (1); to wear (1); **llevar a cabo** to carry out; **llevarse bien/mal (con)** to get along well/poorly (with) (10)
llorar to cry
lo *d.o.* him, it, you (*form. sing.*); **lo** + *adj.* the + *adj.* part, thing; that which is + *adj.*; **lo antes posible** as soon as possible; **lo contrario** the opposite; **lo más pronto posible** as soon as possible; **lo mismo** the same thing; **lo que** that which, what; **lo siento** I'm sorry
localización *f.* location
lógico/a logical
lograr to achieve (7); to attain; **lograr** + *inf.* to manage to (*do something*), succeed in (*doing something*)
loma hill (13)
lomo backside of an animal (13)
Londres London
lotería lottery
lozanía lushness, luxuriance
lucha struggle; fight
luchar to struggle (11); to fight (11)
luciérnaga firefly
luego later; then, next; **hasta luego** see you later (P)
lugar *m.* place; **tener** (*irreg.*) **lugar** to take place
lujo: de lujo luxury; **hotel** (*m.*) **de lujo** luxury hotel (7)
luna moon; **luna de miel** honeymoon (12)
lunfardo *slang used in Argentina*
luz *f.* (*pl.* luces) light (P); **Fiesta de las Luces** Hanukah (14)

M

madera wood
madre *m.* mother (2); **Día** (*m.*) **de la Madre** Mother's Day (14)
madreselva honeysuckle
madrileño/a *adj.* of/from Madrid
madurez *f.* maturity; middle age (12)
maestro/a *n.* teacher (3); *adj.* expert; **obra maestra** masterpiece
magnífico/a magnificent; great
mago: Día (*m.*) **de los Reyes Magos** Day of the Magi (Three Kings), Epiphany (14)
maíz *m.* (*pl.* maíces) corn (5)
mal *adv.* badly, poorly; **caer** (*irreg.*) **mal** to dislike someone (5); **de mal gusto** in bad taste; **hace mal tiempo** it's bad weather; **ir** (*irreg.*) **mal** to go badly;

llevarse mal (con) to get along poorly with (10); **pasarlo mal** to have a bad time (13); **portarse mal** to behave poorly (4); **salir** (*irreg.*) **mal** to turn out badly (12)

maleducado/a ill-mannered, rude

maleta suitcase; **hacer** (*irreg.*) **las maletas** to pack one's suitcases (7)

malinterpretar to misinterpret

malo/a *adj.* bad (P)

malvo/a mauve

mandar to send (5); to order, command; **mande** excuse me (*Mex.*)

mandato order (10); command (10)

mandón, mandona bossy (9)

manejar to drive (1); **licencia de manejar** driver's license

manera manner, way; **de manera que** so that; in such a way that; **de todas maneras** whatever happens; by all means

manga sleeve (13)

mango handle of a utensil (13); mango (*fruit*) (13)

manía mania, craze

manifestación *f.* demonstration

manillar *m. sing.* handlebars

mano *f.* hand (P); **a mano** by hand; **al alcance de la mano** within arm's reach; **darle la mano (a alguien)** to shake hands (with someone) (10)

manta blanket (4)

manteca lard; butter (*Argentina*)

mantener (*like* **tener**) to maintain; to keep; to support (*financially*) (10)

mantequilla butter (5); **mantequilla de cacahuete** peanut butter

manto cloak

manuscrito manuscript

manzana apple (5)

mañana *n.* morning; *adv.* tomorrow; **de/por la mañana** in the morning; **hasta mañana** see you tomorrow (P); **mañana por la mañana** tomorrow morning; **pasado mañana** day after tomorrow; **todas las mañanas** every morning

mapa *m.* map (P)

maquiladora factory on the Mexico–United States border

máquina machine; **máquina de escribir** typewriter (8)

mar *m.* sea, ocean; **nivel** (*m.*) **del mar** sea level

maravilla marvel, wonder

maravilloso/a marvelous

marcar (**qu**) to mark; to dial (*a number*)

marido husband (2)

marinero sailor

marino/a: azul marino navy blue

mariposa butterfly

mariscos *pl.* shellfish, seafood (5)

mas *conj.* but, however

más more; **el/la más + *adj.*** the most + *adj.*, the -est; **lo más pronto posible** as soon as possible; **más... que** more . . . than (2); **más allá** beyond; **más de + *number*** more than + *number*; **más o menos** more or less (P); **más tarde** later; **más vale...** it is better . . . ; **nada más** nothing else; **por más que** no matter how

máscara mask

mascota *n.* pet

matar to kill

mate *m.* tea (*Argentina*)

matemáticas *pl.* mathematics (3)

mateo: andar (*irreg.*) **en mateo** to take a carriage ride

materia subject (*school*) (3)

materno/a maternal

matrícula registration

matrimonial *adj. m., f.* marriage

matrimonio marriage (12); married couple (12); **certificado de matrimonio** marriage certificate

maya *n. m., adj. m., f.* Maya(n)

mayonesa mayonnaise (5)

mayor *n.* elder; *adj. m., f.* greater; older (2); higher; **Antillas Mayores** Greater Antilles; **el/la mayor** the oldest (2); **la mayor parte** the majority

mayordomo foreman

mayoría majority

me *d.o.* me; *i.o.* to/for me; *refl. pron.* myself; **me da igual** it's all the same to me; **me haces el favor de + *inf.*** would you please (*do something*); **me llamo...** my name is . . . (P)

mecánico/a mechanic (3)

mediados *pl.*: **a mediados** in the middle of

mediano/a average; medium sized

medianoche *f.* midnight

medias *pl.* stockings

medicina medicine

médico/a *n.* doctor (3); *adj.* medical; **consultorio médico** doctor's office

medida measure, means; **tomar medidas** to take steps (*to solve a problem*)

medio means, way; medium, environment; middle; **al medio de** in the middle of; **medio ambiente** environment (11); **medio** (*sing.*) **de transporte** means of transportation (7)

medio/a *adj.* average; half; middle; **clase** (*f.*) **media** middle class; **media pensión** room and one meal; **y media** half past (*time*)

medioambiental *adj. m., f.* environmental (11)

mediodía *m.* noon

Mediterráneo Mediterranean (Sea)

mediterráneo/a *adj.* Mediterranean

mejilla cheek

mejor *adj. m., f.* better (2); **a lo mejor** perhaps; **el/la mejor** the best (2)

mejorar to improve

melancolía *n.* melancholy, sadness

melancólico/a *adj.* melancholy

melocotón *m.* peach

melón *m.* melon (5)

memorándum *m.* notebook (8)

memoria memory; **saber** (*irreg.*) **de memoria** to know by heart, from memory

mencionar to mention

menor *adj. m., f.* younger (2); **el/la menor** the youngest (2)

menos less; fewer; **a menos que** *conj.* unless (11); **echar de menos** to miss (9); **más o menos** more or less (P); **menos... que** less . . . than (2); **por lo menos** at least (3)

mensaje *m.* message (8)

mensual *adj. m., f.* monthly

mente *f.* mind

mentir (**ie, i**) to lie

mentira lie

menú *m.* menu

menudo: a menudo often

mercader *m.* trader

mercado market (6)

merecer (**zc**) to deserve

merienda snack

mermelada jelly, jam, preserves (5)

mes *m.* month

mesa table (P); **mesa baja** coffee table; **mesa de noche** night table (4); **poner** (*irreg.*) **la mesa** to set the table (4); **quitar la mesa** to clear the table (4)

mesero/a waiter, waitress (3)

meseta plateau

mesilla de noche night table

mesita coffee table (4); **mesita de noche** night table

mestizo/a *n.* offspring of Spanish or Portuguese and Latin American Indians; *adj.* racially mixed

meta goal

metafísico/a metaphysical

metáfora metaphor

metalúrgico/a metallurgical

meter to put, place; **meter a alguien en líos** to get someone into trouble; **meterse en** to meddle, interfere in

método method

metro subway; meter (7)

metropolis *f.* metropolis

mexicoamericano/a *n., adj.* Mexican-American

mezcla mixture

mezclar to mix

mi *possing.* my (P); **mi nombre es . . .** my name is (P)

microondas *m. pl.:* **(horno de) microondas** microwave (oven) (4)

miedo fear; **dar** *(irreg.)* **miedo** to frighten; **tener** *(irreg.)* **miedo** to be afraid (6)

miel *f.* honey; **luna de miel** honeymoon (12)

miembro member

mientras while, meanwhile; **mientras que** *conj.* while; **mientras tanto** meanwhile

migratorio/a migrant, migratory

militar *adj. m., f.* military

milla mile

mina mine

minidiálogo mini-dialogue

ministro: primer ministro prime minister

minoritario/a *adj.* minority

minusiosamente minutely

minutas *pl.* minutes (of a meeting)

mirar to watch (P); to look (at) (2)

misa mass *(Catholic);* **misa del gallo** Midnight Mass

mismo/a same (6); self; **al mismo tiempo** at the same time; **el/la mismo/a** the same (one); **lo mismo** the same thing; **sí/ti mismo** oneself, yourself

misterio mystery

misterioso/a mysterious

mitad *f.* half

mítico/a mythic

mito myth

mochila backpack (P)

moda fashion (13); **estar** *(irreg.)* **de moda** to be in style (9)

modales *m. pl.* manners (10)

modernizarse (c) to modernize; to get up to date

moderno/a modern

modificar (qu) to modify

modo way, manner (13)

molestar to bother, annoy (5)

molino de viento windmill

momento moment; **en este momento** now, at this time

monarquía monarchy

moneda coin; currency

monocorde *adj. m., f.* with a single sound

monopolizar (c) to monopolize

montaña mountain; **escalar montañas** to hike; to climb mountains (13); **montaña rusa** roller coaster

montañoso/a mountainous

montar to set up; **montar a caballo** to ride a horse

monte *m. sing.* woods

moqueta carpet

morado/a purple (P)

moral *f. sing.* morals, ethics

moreno/a brunette, dark-haired (P)

morir (ue) (u) *(p.p.* **muerto)** to die (1); **(ya) murió** he/she (already) died (2)

mostrar (ue) to show (1)

moto(cicleta) *f.* motorcycle (7)

mover (ue) to move (4)

movida scene

movimiento movement

mozo/a boy, girl

muchacho/a boy, girl

muchísimo/a very much (8)

mucho *adv.* a lot; much

mucho/a *adj.* much (8); a lot of (8); *pl.* many (8); **muchas gracias** thank you very much; **muchas veces** many times (6); **mucho gusto** pleased to meet you (P)

mudarse to move *(residence)* (3)

mueble *m.* piece of furniture (4); *pl.* furniture; **sacudir los muebles** to dust the furniture (4)

mueblería furniture store (9)

muerte *f.* death

muerto *n.* dead person; **Día** *(m.)* **de los Muertos** Day of the Dead (14)

muerto/a *adj. (p.p. of* **morir)** dead

mujer *f.* woman (P); wife (2); **mujer bombero** firefighter (3); **mujer de negocios** businesswoman (3); **mujer policía** policewoman (3)

multiplicar (qu) to multiply

mundial *adj. m., f.* world, of or pertaining to the world; **Primera/Segunda Guerra Mundial** First/Second World War

mundo world; **todo el mundo** everybody

municipal *adj. m., f.* municipal, city

muralla wall

murmullo murmur

muro wall

músculo muscle

museo museum (6); **visitar un museo** to visit a museum (13)

música music (3)

músico/a musician (3)

musulman *n., adj. m., f.* Moslem

mutuo/a mutual

muy very (8); **muy bien** very well, very good (P)

N

nacer (zc) to be born

naciente *adj. m., f.* rising

nacimiento birth; **certificado de nacimiento** birth certificate

nada nothing (1); **de nada** your welcome; **nada de eso** nothing of the kind; **nada más** nothing else

nadar to swim (1)

nadie *pron.* no one, nobody (1); not anybody

napolitano/a *adj.* Neapolitan

naranja orange *(fruit)* (5); **jugo de naranja** orange juice

narrador(a) narrator

natación *f.* swimming (13)

natal: país *(m.)* **natal** native country

natalidad *f.:* **control** *(m.)* **de la natalidad** birth control

natural *adj. m., f.:* **ciencias naturales** natural sciences (3); **recursos naturales** natural resources (11)

naturaleza nature (11)

Navidad *f.* Christmas (14); **Día** *(m.)* **de Navidad** Christmas Day

navideño/a *of or pertaining to Christmas*

necesitar to need (P)

necio/a foolish, silly

negar (ie) (gu) to deny (10)

negocio business (8); *pl.* business; **hombre** *(m.)/***mujer** *(f.)* **de negocios** businessman, businesswoman (3); **viaje** *(m.)* **de negocios** business trip

negro/a black (P)

negruzco/a blackish, darkish

neolatino/a *adj.* Romance *(language)*

nervio nerve; **ataque** *(m.)* **de nervios** nervous breakdown

neutro/a neutral

nevado/a snow-capped

nevera freezer (4)

ni not even; neither; nor; **ni... ni...** neither . . . nor . . .

nicaragüense *n., adj. m., f.* Nicaraguan

nieto/a grandson, granddaughter (2); *m. pl.* grandchildren

nieve *f.* snow

ningún, ninguno/a none, not one (1); **ninguna parte** nowhere

niñez *f.* childhood

niño/a boy, girl; child; **de niño/a** as a child (6)

nivel *m.* level; **nivel del mar** sea level

no no; not; **no obstante** nevertheless; **no tener** *(irreg.)* **razón** to be wrong (6); **todavía no** not yet; **ya no** no longer

noche *f.* evening, night; **buenas noches** good evening, good night (P); **de (la) noche** at night; **esta noche** tonight; **mesa de noche** night table (4); **Noche Vieja** New Year's Eve (14); **por la noche** in the evening, at night

Nochebuena Christmas Eve (14)

nocturno/a nocturnal

nomada *m., f.* nomad

nombrar to name

nombre *m.* name; **mi nombre es...** my name is (P)

nopal *m.* prickly pear

nordeste *adj. m., f.* northeast

nórdico/a Nordic
norma norm, rule, standard
norte *m.* north
Norteamérica North America
norteño/a northern
nostalgia nostalgia; homesickness
nostálgico/a nostalgic
nota note; grade (*academic*); **sacar (qu) buenas notas** to get good grades
notar to note, notice
notario/a notary
noticia piece of news; *pl.* news
novelesco/a fictional; of or related to novels
noveno/a ninth (2)
noviazgo engagement (12)
novio/a boyfriend, girlfriend; fiancé(e); groom, bride
nube *f.* cloud
nuero/a son-in-law, daughter-in-law
nuestro/a *poss.* our (P); ours (4)
nuevo/a new (P); **de nuevo** again; **Día** (*m.*) **de Año Nuevo** New Year's Day (14)
número number; **número ordinal** ordinal number (2)
numeroso/a numerous
numismática coin collecting
nunca never (P); not ever; **casi nunca** almost never (P)
nupcial *adj. m., f.* nuptial

O

o or; **o sea** that is
obedecer (zc) to obey
objeto object
obligar (gu) to obligate, force, compel
obra work (*of art, literature, etc.*); **obra maestra** masterpiece
obrero/a *n.* worker (3); laborer; *adj.* working
obstante: no obstante nevertheless
obtener (*like* **tener**) to obtain
obvio/a obvious
ocaso end, death
occidental *adj. m., f.* western
océano ocean; **Océano Atlántico** Atlantic Ocean; **Océano Pácifico** Pacific Ocean
octavo/a eighth (2)
ocultar to hide (*something*) (9)
ocupado/a busy, occupied (7)
ocupar to occupy
ocurrencia occurrence
ocurrir to occur
odio hate (12)
oeste *m.* west
ofenderse to be offended
oferta special offer (9)
oficina office (8)
oficio occupation

ofrecer (zc) to offer (5)
oído ear
oír *irreg.* to hear (1)
ojalá (que) I hope, let's hope (9)
ojo eye; **¡ojo!** *interj.* careful!, watch out!
Olimpiadas *f. pl.* Olympics
olvidarse de to forget (1)
opinar to think, believe
oponer (*like* **poner**) to oppose
opuesto/a opposite; **lo opuesto** the opposite
oración *f.* sentence; prayer
oratoria speech (*subject*)
orden *m.* order, method (13); *f.* order, command (13)
ordenar to arrange, put in order (8); to order, command
ordinal *adj. m., f.*: **número ordinal** ordinal number (2)
orfanato orphanage
organización *f.* organization
organizar (c) to organize (8)
orgullo pride
orgulloso/a proud
originario/a originating, native
originarse to originate
oro gold
ortográfico/a *adj.* spelling
oso bear
otavaleño/a *adj.* of or from Otavalo, Ecuador
otorgar (gu) to grant
otro/a *n., adj.* other, another (1); **otra vez** again; **por otra parte** on the other hand; **por otro lado** on the other hand
oveja sheep
ozono: capa de ozono ozone layer

P

paciencia patience
paciente *n., adj. m., f.* patient
pacífico/a *adj.* peaceful; **Océano Pácifico** Pacific Ocean
padrastro/a stepfather, stepmother
padre *m.* father (2); priest; *pl.* parents; **Día** (*m.*) **del Padre** Father's Day (14)
padrino/a godfather, godmother; *pl.* godparents
pagar (gu) to pay; **pagar al contado / en efectivo** to pay cash (9)
pago payment
país *m.* country; **país natal** native country
paisaje *m.* landscape; countryside
paja straw
pájaro bird
pala shovel (13)
palabra word (P)
palacio palace

palillo toothpick (10)
palo stick (13)
paloma dove
pampa pampa, prairie
pan *m.* bread (5)
panadería bakery (9)
pánico panic
pantalones *m. pl.* pants; **pantalones cortos** shorts
papa *m.* pope; *f.* potato (5); **papas fritas** French fries
papel *m.* (sheet of) paper (P); role; **hacer** (*irreg.*) **un papel** to play a role
papelera wastebasket (8)
papelería stationery store (9)
paquete *m.* package
par *m.* pair
para for; in order to; **para eso** just for that; **para que** *conj.* so that (11)
paracaídas *m. inv.* parachute
parada de taxis taxi stand; **parada del autobús** bus stop (6)
paradero whereabouts
paralizar (c) to paralyze
parapetarse to protect oneself
parar to stop
pardo/a brown (P)
parecer (zc) to seem, appear (2); **al parecer** apparently; **parecerse** to resemble one another; **¿qué te/le parece... ?** what do you think . . . ?
parecido/a similar (6)
pared *f.* wall (P)
pareja couple; pair
parentesco family relationship (2)
parque *m.* parque (6); **parque de atracciones/diversiones** amusement park
párrafo paragraph
parrillada barbecue (*Arg.*)
parte *f.* parte; side; **en gran parte** to a large degree; **formar parte** to make up; **la mayor parte** the majority; **ninguna parte** nowhere; **por otra parte** on the other hand; **por parte de** on behalf of
participar to participate
participio pasado *gram.* past participle
particular *adj. m., f.* particular; private
partida departure (13); **punto de partida** point of departure
partidario supporter, advocate
partido match (*sports*) (13); political party (13)
partir to distribute, divide up
partir: a partir de as of, from + *time* + on
pasado *n.* past
pasado/a past; last; **el año pasado** last year; **la semana pasada** last week; **participio pasado** past participle; **pasado mañana** day after tomorrow

pasante *adj. m., f.* passing
pasaporte *m.* passport
pasar to pass; to spend (*time*) (11); to happen, occur (5); **pasar a ser** to become; **pasar la aspiradora** to vacuum (4); **pasar por** to go through; **pasarlo bien/mal** to have a good/bad time (13)
pasatiempo pastime (13)
Pascua Passover (14); **Pascua Florida** Easter (14)
pasear to take a walk, stroll (1)
paseo walk, stroll; **dar** (*irreg.*) **un paseo** to go for a walk, stroll
pasillo hall (4)
pasivo/a: voz (*f.*) **pasiva** *gram.* passive voice
paso step; footstep; religious procession (*Sp.*); stage, platform in a religious procession (*Sp.*)
pasta noodle (5); dough
pastel *m.* cake (5); pie (5)
pastelería pastry shop (9)
pasto pasture
patata potato
paterno/a paternal
patinar to skate (13); **patinar en línea** to roller blade; **patinar sobre hielo** to ice skate
patio patio (4)
patria country, homeland
Patricio: Día (*m.*) **de San Patricio** Saint Patrick's Day (14)
patriota *m., f.* patriot
patrón, patrona boss; patron; **santo patrón, santa patrona** patron saint
pavo turkey (5); peacock
paz *f.* (*pl.* **paces**) peace
pecado sin
pecho chest; breast
pedazo piece
pedir (**i, i**) to ask for, request (P); **pedir permiso** to ask for permission
pegar (**gu**) to hit
peinarse to comb one's hair (1)
pelar to peel
peldaño step (*of a stairway*)
pelea fight
pelear to fight (6)
película movie, film; **ver** (*irreg.*) **una película** to see a movie (13)
peligro danger (11)
pelo hair
pelota ball
peluquería beauty shop (9)
peluquero/a hairstylist (3)
pena suffering, pain; **dar** (*irreg.*) **pena** to cause pain, grieve; **valer** (*irreg.*) **la pena** to be worthwhile
pendiente *m.* earring (13); *f.* slope (13)
penetrante *adj. m., f.* penetrating; deep

península peninsula; **Península Ibérica** Iberian Peninsula
peninsular *m., f.* Spaniard (of the Iberian Peninsula)
pensamiento thought
pensar (**ie**) (**en**) to think (about) (1); **pensar** + *inf.* to plan to (*do something*)
pensión *f.* boarding house (7); **media pensión** room and one meal (7); **pensión completa** room and full board (7)
penúltimo/a second to last
peor *adj. m., f.* worse (2); **el/la peor** the worst (2)
pepino cucumber
pequeño/a small, little (P)
pera pear (5)
percibir to perceive
perder (**ie**) to lose; to miss (*an opportunity, train, bus, etc.*) (9); **perder su vigencia** to go out of use/practice; **perderse** to get lost
perdido/a lost
perdonar to excuse, forgive
perdurar to last
perezoso/a lazy (P)
periódico newspaper
periodismo journalism
periodista *m., f.* journalist (3)
perla pearl
permiso permission; **dar** (*irreg.*) **permiso** to give permission; **pedir** (**i, i**) **permiso** to ask for permission
permitir to allow
pero but (8)
perro dog
personaje *m.* character (*in a play, movie, book*)
personalidad *f.* personality
pertenecer (**zc**) (**a**) to belong (to) (10)
perturbar to disturb
pesa scale (13); dumbbell (13)
pesar: a pesar de in spite of
pesca fishing (13)
pescadería fish market (9)
pescado fish (*caught*) (5)
pésimo/a awful
peso weight (13); coin (13); **bajar de peso** to lose weight; **subir de peso** to gain weight
pesquero/a *adj.* of or pertaining to fish
petroleo oil (11)
piano *m.* piano
picante *adj. m., f.* hot, spicy (5)
picnic *m.*: **hacer** (*irreg.*) **un picnic** to have a picnic
pico beak; (mountain) peak
pictografía pictograph
pie *m.* foot
piedra stone
piel *f.* skin

pierna leg
pieza piece
piloto/a pilot (3)
pimienta pepper (5)
pintar to paint (13)
pintor(a) painter (3)
pintoresco/a picturesque
pintura painting
piña pineapple (5)
pionero/a pioneer
piragua canoe
piragüismo canoeing
pirata *m., f.* pirate
Pirineos Pyrenees
pisar to step on, walk
piscar (**qu**) to harvest
piscina swimming pool
piso floor; **primer** (**segundo...**) **piso** first (second . . .) floor (4)
pista court; clue
pizarra chalkboard (P)
placer *m.* pleasure
plácido/a placid
plan *m.* plan
plancha iron (4)
planchar to iron (4)
planeación *f.* planning
planear to plan
planeta *m.* planet
planicie *f.* plain, level ground
plano plan, diagram
planta plant; floor; **planta baja** ground floor (4)
plantear to raise, pose (*a question*)
plata silver
plátano banana (5)
platicar (**qu**) to chat
plato plate, dish (4); dish, meal (5)
playa beach
plaza plaza, town square (6); **plaza de toros** bullring
pleito lawsuit; **entablar un pleito** to bring suit
pleno/a full
plomero/a plumber (3)
pluma feather
pluscuamperfecto *gram.* pluperfect
población *f.* population
poblar to populate
pobre *n. m., f.* poor person; *adj. m., f.* poor
pobreza poverty (11)
poco *n.* little bit; **dentro de poco** within a short time
poco/a *adj.* little; *pl.* few; **poco a poco** little by little
poder *irreg.* to be able, can (1); **¿en qué puedo servirle?** how can I help you?
poder *n.* power
poderoso/a powerful

poema *m.* poem
poesía poetry
poeta *m., f.* poet
polaco/a *n.* Pole; *adj.* Polish
policía *m.* policeman (3); *f.* police force (13); **mujer** (*f.*) **policía** policewoman (3)
politeísta *adj. m., f.* polytheistic
política *sing.* politics (11); policy
político/a *n.* politician; *adj.* political; **ciencias políticas** political science (3)
pollería poultry shop (9)
pollo chicken (5)
polvo: quitar el polvo to dust
pomelo grapefruit
poner *irreg.* to put, place (1); **poner en orden** to order, put in order; **poner la mesa** to set the table (4); **ponerse** to put on (*clothing*) (1); **ponerse** to become (3); **ponerse** + *adj.* to become + *adj.* (4); **ponerse a** + *inf.* to begin (*doing something*) (4); **ponerse rojo/a** to blush
por by; through; because of; for; per; around, about; on; **por aquí** around here; **por avión** by plane; **por ciento** percent; **por completo** completely; **por consiguiente** therefore, consequently; **por dentro** on the inside; **por ejemplo** for example (3); **por eso** for that reason; that's why (3); **por falta de** for want of; **por favor** please (3); **por fin** finally (3); **por fuera** on the outside; **por hora** per hour; **por la mañana/tarde** in the morning/afternoon; **por la noche** in the evening, at night; **por lo general** in general; **por lo menos** at least (3); **por lo tanto** therefore; **por más que** no matter how; **por otro lado** on the other hand; **por parte de** on behalf of; **por suerte** luckily (3); **por supuesto** of course (3); **por todos lados** everywhere, on all sides; **por último** finally
¿por qué? why? (P); **¿por qué no?** why not?
porcentaje *m.* percentage
porche *m.* porch
porque *conj.* because (9)
portafolios *m. inv.* briefcase (8)
portarse to behave; **portarse bien/mal** to behave well/poorly (4)
portátil: computadora portátil laptop computer (P)
portugués *m.* Portuguese (*language*)
Posadas *f. pl.* Christmas festivities; *reenactment of Mary and Joseph's search for an inn*
posar to perch
poseer (y) to possess
posesivo/a possessive; **adjetivo posesivo** *gram.* possessive adjective
posgraduado/a postgraduate
posibilidad *f.* possibility

posible *adj. m., f.* possible; **lo antes posible / lo más pronto posible** as soon as possible
posponer (*like* **poner**) to postpone
postre *m.* dessert (5)
postura stance
potable: agua (*m.*) (*but* **el agua**) **potable** drinking water
pozo well
practicar (qu) to practice (P); to play (*a sport*) (P)
preceder to precede
precio price
precipicio cliff, precipice
preciso/a exact, precise
predecir (*like* **decir**) to predict
predilecto/a favorite
predominar to predominate
preferencia preference
preferible *adj. m., f.* preferable
preferir (ie, i) to prefer (1)
pregunta question; **hacer** (*irreg.*) **preguntas** to ask questions (P)
preguntar to ask (*a question*) (1); **preguntarse** to wonder
prejuicio prejudice
preliminar *adj. m., f.* preliminary
premio prize, award; **premio gordo** first (grand) prize; **Premio Nóbel** Nobel Prize
prender to turn on (*a light, appliance*)
prensa press
preocupación *f.* worry (12)
preocupado/a worried (7)
preocuparse (**por**) to worry (about) (4)
preparar to prepare (1)
preparativo preparation
presencia presence
presentación *f.* presentation; introduction
presentar to present, introduce (*one person to another*) (1)
presente *n. m., adj. m., f.* present
presentimiento premonition
presidencia presidency
presión *f.* pressure
préstamo loan
prestar to lend (5); **prestar atención** to pay attention
pretender to seek, claim (14); to attempt, try (14)
pretérito *gram.* preterite
previo/a previous
primario/a primary; **escuela primaria** elementary school
primer, primero/a first (2); **primer ministro** prime minister; **primer piso** first floor (4); **Primera Guerra Mundial** First World War
primo/a cousin (2)
principal *adj. m., f.* principal, main
príncipe *m.* prince

principio beginning; **a principios de** at the beginning of; **al principio** in the beginning
prioridad *f.* priority
prisa hurry, haste; **de prisa** quickly; **tener** (*irreg.*) **prisa** to be in a hurry (6)
prisionero/a prisoner
privado/a private
pro: en pro de in favor of
probabilidad *f.* probability
probador *m.* fitting room
probar (ue) to taste, try (*food*) (9); **probarse** to try on (*clothing*) (9)
problema *m.* problem
procedente de *adj. m., f.* coming/originating from
proclamar to proclaim
producir *irreg.* to produce
profesor(a) professor (P)
profundidad *f.* depth
profundo/a deep
programa *m.* program
progresista *adj. m., f.* progressive
progresivo *n., gram.* progressive; **pasado del progresivo** past progressive; **presente** (*m.*) **del progresivo** present progressive
progreso progress
prohibir (**prohíbo**) to prohibit
promedio *n.* average
prometer to promise (5)
promulgar (gu) to pass (*a law*)
pronombre *m.* pronoun; **pronombre de complemento directo/indirecto** direct/indirect object pronoun; **pronombre demostrativo** demonstrative pronoun
pronto *adv.* soon; **de pronto** suddenly; **hasta pronto** see you soon (P); **lo más pronto posible** as soon as possible; **tan pronto como** as soon as (12)
pronunciar to pronounce
propiedad *f.* property; **impuesto de la propiedad** property tax; **título de propiedad** deed
propina tip (7)
propio/a own
proporcionar to provide
propósito purpose
propiamente dicho in the true sense
propuesto/a (*p.p. of* **proponer**) proposed
prosperidad *f.* prosperity
próspero/a prosperous
protagonista *n. m., f.* protagonist
protección *f.* protection
proteger (j) to protect (11)
provenzal *m.* Provençal (*language*)
proverbio proverb
provincia province
provisional *adj. m., f.* provisional, temporary

provocar (qu) to provoke
próximo/a next, following; **la próxima semana** next week
proyectar to project; to plan
proyecto project
prueba test; proof
psicología psychology (3)
psicólogo/a psychologist (3)
psiquiatra *m., f.* psychiatrist (3)
psiquiátrico/a psychiatric
publicación *f.* publication
publicar (qu) to publish
público *n.* public, audience
público/a *adj.* public; **servicios públicos** public services (11)
pueblo town (6); people; nation
puente *m.* bridge
puerta door (P)
puerto port (6)
puertorriqueño/a *n., adj.* Puerto Rican
pues *interj.* well
puesto stand, stall; position, job (8)
pulposo/a fleshy
punta tip, point (13)
punto dot (13); period (13); point (13); **estar** (*irreg.*) **a punto de** to be about to; **punto de partida** point of departure; **punto de vista** point of view
puntual punctual
punzante *adj. m., f.* poignant
puñal *m.* dagger
pupitre *m.* (student's) desk (P)
pureza purity
puro/a pure

Q

que that, which; than; **a condición de que** on the condition that (11); **a fin de que** in order that (11); **a menos que** unless (11); **antes (de) que** before (11); **con tal (de) que** provided that (11); **después (de) que** after (12); **en caso de que** in case (11); **es lástima que** it's a shame (9); **hasta que** until (12); **lo que** that which, what; **más/menos que** more/less than; **para que** so that (11); **sin que** without (11); **tener** (*irreg.*) **que** + *inf.* to have to (*do something*); **ya que** since
¿qué? what? which? (P); **¿qué demonios... ?** what the devil . . . ?; **¿qué hora es?** what time is it?; **¿qué tal?** how's it going? (P); how are you?; **¿qué te/le parece... ?** what do you think . . . ?; **¿qué tiempo hace?** what's the weather like?
quechua *m.* Quechua (*language indigenous to the Andean region*)
quedar to remain; to be situated; **quedarle bien** to fit well (*clothing*); **quedarse** to stay (*in a place*) (7)

quehacer *m.* task, chore; **quehacer doméstico** household chore (4)
quejarse (de) to complain (about) (4)
quemar to burn
querer *irreg.* to want (1); to love; **querer decir** to mean
querido/a dear
queso cheese (5)
quien(es) who, whom
¿quién(es)? who?, whom?; **¿de quién?** whose?
química chemistry (3)
quinto/a fifth (2)
quitar to take away, remove; **quitar el polvo a los muebles** to dust the furniture; **quitar la mesa** to clear the table (4); **quitarse** to take off (*clothing*) (1)
quizá(s) perhaps

R

radical: verbo de cambio radical *gram.* stem-changing verb
radio *m.* radio (*device*) (4); *f.* radio (*medium*)
raíz *f.* (*pl.* **raíces**) root; **agente** (*m., f.*) **de bienes raíces** real estate agent (13)
rama branch
ranchero/a: salsa ranchera *type of sauce*
rápido *n.* express train
rápido/a fast
raqueta racket
raquétbol *m.* racquetball
raro/a strange, unusual
rascacielos *m. inv.* skyscraper (6)
rasgo trait, feature
rato little while, short time
ratón *m.* mouse (8)
rayado/a lined, striped
rayo ray, streak
raza race; **Día** (*m.*) **de la Raza** Hispanic Awareness Day (Columbus Day) (14)
razón *f.* reason; **(no) tener** (*irreg.*) **razón** to be right (wrong)(6)
razonable *adj. m., f.* reasonable
reaccionar to react
real *adj. m., f.* real; royal
realidad: en realidad really, truly (14)
realista *adj. m., f.* realistic
realizar (c) to achieve (11); to accomplish, carry out (6); to fulfill
rebaja discount (9); **en rebaja** on sale
rebanada slice
rebelarse to rebel, revolt
recado message
recámara bedroom (*Mex.*)
recargado/a overloaded
receloso/a suspicious
recepción *f.* lobby (*hotel*) (7)
recepcionista *m., f.* front desk clerk; receptionist (7)

receta recipe
rechazar (c) to reject
recibir to receive (1)
reciclaje *m.* recycling
reciclar to recycle (11)
reciedumbre *f.* strength, stamina
recién *adj. m., f.* recent
recipiente *m.* container
reclamación *f.* claim (4)
reclamar to claim (4)
recoger (j) to collect
recomendable *adj. m., f.* recommendable
recomendación *f.* recommendation (10)
recomendar (ie) to recommend (5)
recompensar to compensate
reconciliarse to become reconciled
reconocer (*like* **conocer**) to recognize
reconquista reconquest
reconquistar to reconquer
recorder (ue) to remember
recorrer to travel
rectilíneo/a rectilinear; upright
recuerdo memory; memento (10)
recuperación *f.* recuperation, recovery
recuperar to recuperate; to get back, reclaim
recurso recourse; *pl.* resources; **recursos naturales** natural resources (11)
red *f.* net
redactar to write; to edit (8)
reducir *irreg.* to reduce
reemplazar (c) to replace
referencia reference
referirse (ie, i) (a) to refer (to) (2)
reflejar to reflect
reflexión *f.* reflection
reflexionar to reflect or meditate on
reflexivo/a reflexive
reforma: reforma agraria land reform
refrán *m.* proverb
refrescar (qu) to cool, refresh
refresco soft drink (5)
refrigerador *m.* refrigerator (4)
regalar to give (*as a gift*) (5)
regalo gift; **hacer** (*irreg.*) **regalos** to give gifts
regar (ie) (gu) to water
regatear to haggle, bargain (9)
regateo haggling, bargaining (9)
régimen *m.* regime
regir (i, i) (j) to be in effect (*law*)
registrarse to register, check in (*at a hotel*)
reglamentar to regulate
regocijo joy, rejoicing
regresar to return (*to a place*) (1)
regreso: de regreso upon returning
regular *adj. m., f.* regular; average; fair, so-so (P)
rehabilitación *f.* rehabilitation
reino kingdom
reírse (me río) (i, i) (de) to laugh (at) (4)

relación *f.* relationship

relacionarse (con) to be related, connected (to)

relajante *adj. m., f.* relaxing

relajarse to relax (4)

relatar to relate, tell

religión *f.* religion (3)

relleno/a stuffed

reloj *m.* clock (P); watch (P)

remolino de gente crowd

renombre *adj. m., f.* renown

renovación *f.* renovation

renta rent; income; **impuestos sobre la renta** income tax

renunciar to give up

repartir to distribute; to apportion

repasar to review

repaso review

repetir (i, i) to repeat (1)

reponer (*like* poner) to put back; **reponerse** to recover, recuperate

reportaje *m.* report

reportar to report

reportero/a reporter (3)

representante *n. m., f.* representative

representativo/a *adj.* representative

reprimido/a repressed

reprobar (ue) to fail, flunk (*a course*) (12)

república republic; **República Dominicana** Dominican Republic

republicano/a republican

requerir *irreg.* to require

res *f.* animal

rescatar to rescue (11)

rescate *m.* rescue

resentir (*like* sentir) to resent

reservación *f.* reservation; **hacer** (*irreg.*) **reservaciones** to make reservations (7)

reservar to reserve

resfriado/a cold

residencia residence; **residencia estudiantil** dormitory (P); **residencia para ancianos** rest home

resolver (ue) (*p.p.* resuelto) to solve (7)

respaldo *n.* back

respecto: con respecto a with regard to

respetar to respect

respeto respect

responder to answer

responsabilidad *f.* responsibility

responsable *adj. m., f.* responsible

respuesta answer

restañar to stanch, stop the flow of

restaurante *m.* restaurant (6)

resto rest; *pl.* remains

resuelto/a (*p.p. of* resolver) solved

resultado result

resultar to turn out (5); to work out (5)

resumen *m.* summary

resumir to summarize, sum up (8)

retener (*like* tener) to retain

reto challenge

retrato portrait

reunión *f.* meeting

reunir (reúno) to gather, collect; **reunirse (con)** to get together (with) (14)

revelar to reveal

revisar to check, look over (8)

revista magazine

revolucionario/a revolutionary

rey *m.* king; **Día** (*m.*) **de los Reyes Magos** Day of the Magi (Three Kings), Epiphany (14)

rico/a rich

ridículo/a ridiculous

riego irrigation

rígidamente rigidly

riguroso/a rigorous

rincón *m.* corner

río river

riqueza wealth, riches

ritmo rhythm

rito rite

robar to rob, steal

roble *m.* oak tree

rocío dew

rodear to surround

rodilla knee; **caer** (*irreg.*) **de rodillas** to kneel

rogar (ue) (gu) to beg (10)

rojo/a red (P); **chile** (*m.*) **rojo** red pepper; **Cruz** (*f.*) **Roja** Red Cross

romano/a *n., adj.* Roman

romántico/a romantic

romper (*p.p.* roto) to break (7); **romper (con)** to break up (with) (12)

ropa clothing (4); **ponerse** (*irreg.*) **la ropa** to put on clothes; **quitarse la ropa** to take off clothes

rosa rose

rosal *m.* rosebush

rostro face

roto/a (*p.p. of* romper) broken

rubio/a blond(e) (P)

rudo/a rough

rueda wheel

ruido noise

ruidoso/a noisy

ruína ruin

rumano Rumanian (*language*)

ruso/a *n., adj.* Russian; **montaña rusa** roller coaster

rutina *n.* routine; **rutina diaria** daily routine (1)

S

sabana savannah

sábana sheet (4)

saber *irreg.* to know (*facts, information*) (1); **saber** + *inf.* to know how (*to do something*); **saber de memoria** to know by heart, from memory

sabio/a wise

sabroso/a delicious, tasty

sacar (qu) to take out; to get, receive; **sacar buenas notas** to get good grades; **sacar fotos/vídeos** to take photos / to videotape (13); **sacar la basura** to take out the trash (4); **sacar la lengua** to stick out one's tongue; **sacar libros** to check out books (*from the library*)

sacerdote *m.* priest

saco coat

sacrificio sacrifice

sacudir to shake; **sacudir los muebles** to dust the furniture (4)

sagrado/a sacred, holy

sal *f.* salt (5)

sala living room (4); **sala de conferencias** lecture hall; **sala de espera** waiting room

salario salary

salesiano/a Salesian

salida exit

salir *irreg.* to leave (3); to go out; **salir bien/mal** to turn out well/poorly (12); **salir de vacaciones** to go on vacation

salmón *m.* salmon (5)

salón *m.* room; **salón de clase** classroom (P)

salsa ranchera *type of sauce*

saltar to jump

salto waterfall

salud *f.* health

saludable *adj. m., f.* healthy

saludar to greet

saludo greeting

salvación *f.* salvation

salvadoreño/a *n., adj.* Salvadoran

salvar to save (*from danger*)(11); to rescue

san, santo/a *n.* saint; **Día** (*m.*) **de San Patricio** Saint Patrick's Day (14); **Día** (*m.*) **de San Valentín** Saint Valentine's Day (14); **día** (*m.*) **del santo** saint's day (14); **santo patrón, santa patrona** patron saint; *adj.* holy; **Semana Santa** Holy Week

sanatorio rest home

sandía watermelon (5)

sándwich *m.* sandwich (5)

sanfermines *m. pl. festivities in celebration of San Fermín*

sangre *f.* blood

sangriento/a bloody

satisfacción *f.* satisfaction

satisfecho/a satisfied

secadora dryer (4)

secar (qu) to dry (4); **secarse** to dry off

sección *f.* section

seco/a dry

secretario/a secretary (3)

secundario/a secondary; **escuela secundaria** high school
sed *f.* thirst; **tener** (*irreg.*) **sed** to be thirsty (6)
seguida: en seguida immediately
seguir (i, i) (g) to follow (1); to continue (1)
según according to
segundo/a second (2); **segundo piso** second floor (4); **Segunda Guerra Mundial** Second World War
seguridad *f.* security, safety; assurance; **número de seguridad social** Social Security number
seguro/a sure, certain; safe
selección *f.* selection, choice
seleccionar to select, choose
sello stamp
selva jungle
selvático/a of or *pertaining to the jungle*
semáforo traffic light (6)
semana week; **a la semana** per week; **fin** (*m.*) **de semana** weekend; **la próxima semana** next week; **la semana pasada** last week; **Semana Santa** Holy Week
sembrado/a planted, sown
semejante *adj. m., f.* similar (6); such
semejanza similarity
sencillo/a simple; **habitación** (*f.*) **sencilla** single room (7)
senda path, track
sendero path, footpath, trail
sensible *adj. m., f.* sensitive
sentarse (ie) to sit down (4)
sentido sense
sentimiento feeling
sentir (ie, i) to feel; to be sorry; **lo siento** I'm sorry; **sentirse** to feel (4); **sentirse a gusto** to be comfortable
señalar to point out, indicate, show
separación *f.* separation
separatista *adj. m., f.* separatist
séptimo/a seventh (2)
ser *irreg.* to be (P); **es casado/a** he/she is a married person; **es decir** in other words; **es lástima que...** it's a shame that . . . (9); **es soltero/a** he/she is single (*unmarried*) (2); **es viudo/a** he/she is a widower/widow (2); **llegar (gu) a ser** to become (3); **o sea** that is; **pasar a ser** to become; **soy...** I am . . . (P)
ser *m.* being; **ser humano** human being; **ser vivo** living creature
sereno/a serene, calm
serie *f. sing.* series
serio/a serious
serpiente *f.* snake
servicio service; **servicios públicos** public services (11)
servidumbre *f.* domestic service

servir (i, i) to serve (5); **¿en qué puedo servirle?** how can I help you?; **servir de** to be used as
seto hedge
severamente severely
sevillano/a *n., adj.* from Seville
sexo sex
sexto/a sixth (2)
si if
sí *pron.:* **en sí** in itself; **sí mismo/a** oneself
sí yes
SIDA *m.* (*abbrev. for* **síndrome** [*m.*] **de inmunodeficiencia adquirida**) AIDS
siempre always (P)
sierra mountain range, sierra
siesta nap; **dormir/echar/tomar una siesta** to take a nap
siglo century
significado *n.* meaning
significante *adj. m., f.* significant
significar (qu) to mean
siguiente *adj. m., f.* following, next
sílaba syllable
silencio silence
silla chair (P)
sillón *m.* armchair (4)
simbolizar (c) to symbolize
símbolo symbol
similar similar, like (6)
simpático/a nice (P)
simplificado/a simplified
sin without; **sin duda** certainly, undoubtedly; **sin embargo** however; **sin que** *conj.* without (11)
sindicato (labor) union (11)
sino but rather (8); **sino que** + *verb* but rather (8)
sinónimo synonym
sintético/a synthetic
sistema *m.* system
sitio place, location, site
situación *f.* situation
situado/a located, situated
soberanía sovereignty
sobre *m.* envelope
sobre *prep.* on, on top of; above; about; **sobre todo** above all, especially
sobrepoblación *f.* overpopulation (11)
sobresaliente *adj. m., f.* outstanding
sobresalir (*like* **salir**) to excel; to stand out
sobrevivir to survive
sobrino/a nephew, niece (2)
social *adj. m., f.* social; **asistente** (*m., f.*) **social** social worker; **ciencias sociales** social science (3); **trabajador(a) social** social worker (3)
socialista *adj. m., f.* socialist
sociedad *f.* society
socio/a partner

sociología sociology (3)
sofá *m.* couch, sofa (4)
sol *m.* sun; **tomar el sol** to sunbathe
solamente only
solar: energía solar solar energy (11)
soldado soldier
soledad *f.* loneliness; solitude
solemne *adj. m., f.* solemn
soler (ue) + *inf.* to be accustomed to (*doing something*)
solicitar to request; to apply for (*a job*) (8)
sólido/a solid; hard
sólo *adv.* only
solo/a *adj.* alone; lonely; sole; by itself; **a solas** alone; by oneself
soltar (ue) to release
soltero/a single, unmarried; **apellido de soltera** maiden name (2); **es soltero/a** he/she is single (2)
solucionar to solve
sombra shadow
sonar (ue) to ring, sound
sondeo poll
sonido sound
sonrisa smile
sonrojarse to blush
soñar (ue) (con) to dream (about) (1)
sopa soup
soportar to put up with, tolerate (10); to withstand
sórdido/a sordid, nasty
sorprendente *adj. m., f.* surprising
sorprender to surprise
sorpresa surprise
sospechar to suspect
sospechoso/a suspicious
soviético/a: Unión (*f.*) **Soviética** Soviet Union
su *poss. sing.* his, her; its; their; your (*form. sing., pl.*) (P)
subida climb
subir to climb; to get in or on (*a car, bus, train, etc.*) (3); to take up; **subir de peso** to gain weight
subjuntivo *gram.* subjunctive
subrayado/a underlined
subterráneo/a underground
suceder to happen, occur (12)
sucesor(a) successor
sucio/a dirty
sucursal *m.* branch office
Sudamérica South America
sudamericano/a *n., adj.* South American
sudar to sweat
suegro/a father-in-law, mother-in-law
suela sole (*of a shoe*) (13)
sueldo salary (8)
suelo ground (13); soil (13); floor; **barrer el suelo** to sweep the floor (4)
suelto/a (*p.p. of* **soltar**) loose

sueño dream; sleep; **tener** (*irreg.*) **sueño** to be sleepy (6)

suerte *f.* luck; **por suerte** luckily (3); **tener** (*irreg.*) **suerte** to be lucky

suéter *m.* sweater

suficiente *adj. m., f.* enough, sufficient

sufrimiento suffering

sufrir to suffer

sugerencia suggestion (10)

sugerir (ie, i) to suggest (10)

suicidarse to commit suicide

Suiza Switzerland

sumamente extremely

sumar to add, sum up (5)

superlativo *n.* superlative (2)

supermercado supermarket (6)

supervisado/a supervised

suplicar (qu) to beg, implore (10)

suprimido/a suppressed

supuestamente supposedly

supuesto: por supuesto of course (3)

sur *m.* south; **Cono Sur** Southern Cone (*Argentina, Paraguay, and Uruguay*)

sureste *m.* southeast

surgir (j) to arise, come forth

suroeste *m.* southwest

suspender to suspend

sustantivo *gram.* noun

sustentarse to sustain oneself, subsist

sustituir (y) to substitute

suyo/a(s) *poss. sing.* your, of yours (*form. sing., pl.*); his, of his; hers, of hers; their, of theirs (4)

T

tablero board

tabú *m.* (*pl.* **tabúes**) taboo

taco *dish made of rolled or folded tortilla filled with meat, beans, etc.* (*Mex.*)

tal such, such a; **con tal de que** *conj.* provided that (11); **¿qué tal?** how's it going? (P); how are you?; **tal como** such as; **tal vez** maybe

talentoso/a talented

talla size (*clothing*) (9)

tamaño size

también also (1)

tampoco neither (1); not either

tan so, as; such; **tan... como** as . . . as (2); **tan pronto como** as soon as (12)

tango *music and dance from Argentina*

tanto *adv.* so much, as much; **tanto como** as much as

tanto/a *adj.* so much; as much; such a; *pl.* so many, as many; **mientras tanto** meanwhile; **por lo tanto** therefore; **tanto... como** both . . . and . . . ; **tanto/a(s)... como** as much/many . . . as (2)

tarde *f.* afternoon; **buenas tardes** good afternoon (P); **de/por la tarde** in the afternoon (*specific*); **todas las tardes** every afternoon; *adv.* late; **más tarde** later

tarea homework; task

tarjeta card; **tarjeta de crédito** credit card (9); **tarjeta de identificación** identification card

tasa rate; **tasa de cambio** exchange rate

tatuaje *m.* tattoo

tauromaquia bullfighting

taxi *m.* taxi (7); **parada de taxi** taxi stand

taxista *m., f.* taxi driver (3)

té *m.* tea (5); **té helado** iced tea

teatro theater (3)

techo roof

técnico/a *n.* technician (3); *adj.* technical

tejado roof (*Sp.*)

tejido weaving; *pl.* woven goods

teleférico cable car

telefónico/a *adj.* telephone; **llamada telefónica** telephone call

teléfono telephone; **hablar por teléfono** to talk on the telephone; **llamar por teléfono** to call on the telephone (P); **teléfono celular** cellular telephone (8)

telegrama *m.* telegram

telenovela soap opera

televisión *f.* television (*medium*); **ver** (*irreg.*) **la televisión** to watch television

televisor *m.* television set (4)

tema subject, topic; theme

temático/a thematic

temer to fear (10)

temor *m.* fear

temperatura temperature

templado/a temperate

temporal *adj. m., f.* seasonal; temporary

temprano early

tendencia tendency

tender (ie) **a** + *inf.* to tend to (*do something*); **tender la cama** to make the bed (4)

tener *irreg.* to have (1); to hold; **tener... años** to be . . . years old; **tener buena suerte** to be lucky; **tener calor** to be (feel) warm (6); **tener celos (de)** to be jealous (of) (12); **tener confianza** to be confident; **tener cuidado** to be careful (6); **tener en mente** to keep in mind; **tener entendido** to understand; **tener envidia (de)** to be envious (of) (12); **tener éxito** to be successful (12); **tener frío** to be (feel) cold (6); **tener ganas de** + *inf.* to feel like (*doing something*); **tener hambre** to be hungry (6); **tener interés en** to be interested in; **tener lugar** to take place; **tener miedo** to be

afraid (6); **tener prisa** to be in a hurry (6); **tener que** + *inf.* to have to (*do something*); **tener que ver con** to have to do with; (no) **tener razón** to be right (wrong) (6); **tener sed** to be thirsty (6); **tener sueño** to be sleepy (6); **tener vergüenza** to be ashamed (6)

tenis *m.* tennis (13)

tenso/a tense

tentación *f.* temptation

tentado attempt

tepuy *m.* volcanic plug (*Venezuela*)

terapéutico/a therapeutic

tercer, tercero/a third (2)

terciopelo velvet

terminar to end, finish

término term

ternura tenderness

terraza terrace (4)

territorio territory

terrorismo terrorism

terrorista *adj. m., f.* terrorist

tertulia *regular informal gathering or discussion group*

testamentario/a testamentary, pertaining to a will

testamento will (*document*)

testigo witness

tiburón *m.* shark

tiempo time (*general*) (P); weather; tense (*gram.*); **a tiempo** on time; **al mismo tiempo** at the same time; **¿cuánto tiempo hace que... ?** how long has it been since . . . ?; **hace buen/mal tiempo** it's nice/bad weather; **llegar** (gu) **a tiempo** to arrive/be on time; **¿qué tiempo hace?** what's the weather like?; **tiempo libre** free time (13); **todo el tiempo** all the time

tienda store (9); **tienda de campaña** tent (7)

tierra earth; land; ground

tímido/a shy, timid

tinto: vino tinto red wine (5)

tintorería dry cleaner's (9)

tío/a uncle, aunt (2)

típico/a typical

tipo type, kind

tiranía tyranny

tirar to throw, fling

tiritar to tremble

titularse to be titled

título title; degree (*academic*); **título de propiedad** deed

toalla towel (4)

tocar (qu) to touch; to play (*a musical instrument*) (P); to knock (*at a door*); to ring (*a bell*); **te toca** it's your turn

tocino bacon (5)

todavía still (7); **todavía no** not yet (7)

todo *n.* everything

todo/a *adj.* all, all of, every; **de todas maneras** whatever happens; **por todos lados** everywhere, on all sides; **sobre todo** above all, especially; **todas las mañanas/noches/tardes** every morning/night/afternoon; **todo el día** all day long; **todo el mundo** everybody; **todos los años** every year; **todos los días** everyday

tolerancia tolerance

toma takeover; taking

tomar to take (P); to eat or drink (P); **tomar apuntes** to take notes (P); **tomar el sol** to sunbathe; **tomar en cuenta** to take into account; **tomar medidas** to take steps (*to solve a problem*); **tomar una decisión** to make a decision; **tomarle cariño a alguien** to start to have an affection for someone (12)

tomate *m.* tomato (5)

tónico/a *gram.* tonic, stressed

tono tone

tonto/a stupid, silly

torcido/a twisted

tormenta storm

toro bull; **plaza de toros** bullring

toronja grapefruit (5)

torre *f.* tower

tortilla *thin cake made of cornmeal or flour (Mex.)*

tortillería tortilla shop

tortuga turtle

tostador *m.* toaster (4)

total *n. m., adj.* total

tóxico/a toxic; **desechos tóxicos** toxic waste (11)

trabajador(a) *n.* worker; **trabajador(a) social** social worker (3); *adj.* hard-working (P)

trabajar to work (P); **trabajar en el jardín** to work in the garden (13)

trabajo work (8); job; paper (*academic*); **Día** (*m.*) **del Trabajo** Labor Day (14)

traducir *irreg.* to translate

traductor(a) translator (3)

traer *irreg.* to bring (1)

tráfico: tráfico de drogas drug trafficking

trágico/a tragic

traje *m.* suit

trama plot

tranquilidad *f.* tranquility

tranquilizar (c) to soothe, calm, reassure

tranquilo/a calm; easy-going

transparencia transparency

transporte *m.* transportation (7); **medio** (*sing.*) **de transporte** means of transportation (7)

tranvía trolley (7)

tras *prep.* after, behind

trasladar to move

tratado treaty

tratamiento treatment

tratar to treat, deal with; **tratar de** + *inf.* to try to (*do something*) (10); **tratar de** + *noun* to deal with + *noun* (10); **tratarse de** to be a question of, be about

trato deal, agreement; treatment

través: a través de through, by means of; across

tren *m.* train; **estación** (*f.*) **del tren** train station (7); **por tren** by train

tribu *f.* tribe

tributo tribute

trigo wheat

trimestre *m.* trimester, quarter (*school*)

triste *adj. m., f.* sad

tristeza sadness

triunfar to triumph

trono throne

tropa troop

trozo piece, chunk

truco: hacer (*irreg.*) **trucos** to play tricks

tu *poss. sing.* your (*fam. sing.*) (P)

tubo tube

tumba tomb, grave

túnel *m.* tunnel

turco/a *n.* Turk; *adj.* Turkish

turístico/a *adj.* tourist

turnarse to take turns

turquesa *n.* turquoise

tuteo *use of the* **tú** (*fam.*) *form of address*

tuyo/a *poss. sing.* your, of yours (*fam. sing.*); yours (*fam. sing.*) (4)

U

u or (*used instead of* **o** *in front of words beginning with* **o** *or* **ho**)

últimamente lately

último/a last; latest; **por último** finally

unos/as cuantos/as a few

único/a only; unique

unidad *f.* unit

unido/a close, close-knit (2); united; **Estados Unidos** United States

unión *f.* union; **Unión Soviética** Soviet Union

universitario/a *adj.* university, of or pertaining to a university

urgente *adj. m., f.* urgent

usar to use; to wear (*clothing*)

utensilio utensil

útil *adj. m., f.* useful (P)

utilizar (c) to use, utilize

uva grape (5)

V

vacaciones *f. pl.* vacation; **estar** (*irreg.*) **de vacaciones** to be on vacation; **ir** (*irreg.*)**/salir** (*irreg.*) **de vacaciones** to go on vacation

vacío/a empty

vagón *m.* car (*train*); **vagón comedor** dining car

valentía bravery

Valentín: Día (*m.*) **de San Valentín** Saint Valentine's Day (14)

valer *irreg.* to be worth; **más vale...** it is better . . . ; **valer la pena** to be worthwhile

valiente *adj. m., f.* brave

valioso/a valuable

valle *m.* valley

valor *m.* value

vamos a + *inf.* let's (*do something*) (1)

vanguardista *m., f.* avant-gardist

vapor *m.* steam; **al vapor** steamed (5)

vaporoso/a misty

vaquero/a cowboy, cowgirl

variar (varío) to vary

variedad *f.* variety

varios/as several, various

vasco Basque (*language*)

vasco/a *n., adj.* Basque

vascuence *m.* Basque (*language*)

vaso glass

¡vaya! *interj.* well!, there!

vecindad *f.* neighborhood

vecino/a neighbor

vedado/a forbidden, prohibited

vegetación *f.* vegetation

vegetal *m.* vegetable

vejez *f.* old age (12)

vela candle

velo veil

vencer (z) to expire

vendedor(a) salesperson (3)

vender to sell (6)

Venecia Venice

veneno poison

veneración *f.* veneration

venesoso/a poisonous

venezolano/a *n., adj.* Venezuelan

venir *irreg.* to come (1)

venta sale (9); **en venta** for sale

ventaja advantage

ventana window (P)

ventanal *m.* large window

ventilador *m.* fan (4)

ver *irreg.* to see (1); **a ver** let's see; **nos vemos** see you later; **tener** (*irreg.*) **que ver con** to have to do with; **ver una película** to see a movie (13); **verse** to look, appear; **ya verás** just wait and see

verbal *adj. m., f.* verb

verbo verb (P); **verbo de cambio radical** *gram.* stem-changing verb

verdad *f.* truth; **¿verdad?** right?, isn't it?

verdadero/a true (14)

verde *adj. m., f.* green (P)

verdulería vegetable store (9)

verdura (green) vegetable (5)

vergüenza shame, embarrassment; **tener** (*irreg.*) **vergüenza** to be embarrassed, ashamed (6)

verificar (qu) to check

versión *f.* version

verso line (*of poetry*)

verter (ie, i) to spill

vestido dress

vestigio vestige

vestimenta dress, clothes, garments

vestir (i, i) to dress; **vestirse** to get dressed (1)

veterinario/a veterinarian (3)

vez *f.* (*pl.* veces) time (P); **a la vez** at the same time; **a su vez** in turn; **a veces** sometimes; **alguna vez** once, ever; **algunas veces** sometimes; **cada vez más** more and more; **de vez en cuando** from time to time (P); **en vez de** instead of; **muchas veces** many times (6); **otra vez** again; **por primera vez** for the first time; **tal vez** maybe; **una vez (más)** once (more); **...veces a la / por semana . . .** times a week

vía road, route, way

viajar to travel (7)

viaje *m.* trip; **agencia de viajes** travel agency; **agente** (*m., f.*) **de viajes** travel agent; **estar** (*irreg.*) **de viaje** to be on a trip; **hacer** (*irreg.*) **un viaje** to take a trip (7)

viajero/a traveler (7); **cheque** (*m.*) **de viajero** traveler's check

víbora snake

vicio vice

víctima *m., f.* victim

victoria victory

vida life (12); **ganarse la vida** to earn a living

vídeo: sacar (qu) vídeos to videotape (13)

vidrio glass

viejo/a *n.* old person; *adj.* old (P); **Noche** (*f.*) **Vieja** New Year's Eve (14)

viento wind; **molino de viento** windmill

vigencia validity; **perder (ie) su vigencia** to go out of use/practice

vigor *m.* vigor, strength

villancico Christmas carol

vinculado/a linked

vino (tinto, blanco) (red, white) wine (5)

violar violate

violeto/a *adj.* violet, purple

Virgen *f.* Virgen (Mary)

virreinato viceroyalty

visado/a with a visa

visión *f.* vision

visita visit; **de visita** visiting

visitar to visit (1); **visitar un museo** to visit a museum (13)

vista view; **punto de vista** point of view

vistazo: echar un vistazo to take a glance at

visto/a (*p.p. of* ver) seen

vitae: currículum (*m.*) vitae résumé (8)

viudo/a: es viudo/a he/she is a widower/widow (2)

vivienda housing

vivir to live (P)

vivo/a alive; **está vivo/a** he/she is alive (2); **ser** (*m.*) **vivo** living creature

volar (ue) (*p.p.* vuelto) to fly

volcán *m.* volcano

vólibol *m.* volleyball (13)

voluntad *f.* will; **fuerza de voluntad** will power

volver (ue) (*p.p.* vuelto) to return (*to a place*) (1); to turn around; **volver a** + *inf.* to (*do something*) again; **volverse** to become

vos *subj. pron.* you (*fam. sing.*) (*Argentina, Guatemala, etc.*); *obj. of prep.* you (*fam. sing.*)

voseo *use of the* vos *form of address*

votar to vote (11)

voto vote

voz *f.* (*pl.* voces) voice; **en voz alta** aloud, out loud; **voz pasiva** *gram.* passive voice

vuelo flight; **asistente** (*m., f.*) **de vuelo** flight attendant

vuelto/a (*p.p. of* volver) returned

vuestro/a *poss. sing.* your, of yours (*fam. pl.*) (*Sp.*) (P); yours (*fam. pl.*) (*Sp.*) (4)

vulgar *adj. m., f.:* latín (*m.*) vulgar popular or spoken Latin

Y

y and; plus; **y media** half past (*time*)

ya already (7); finally (7); now; **¡ya basta!** that's enough!; **ya era hora** it was about time; **ya murió** he/she already died (2); **ya no** no longer (7); **ya que** *conj.* since, because; **ya verás** just wait and see; **ya voy** I'm coming

yerno son-in-law

yogur *m.* yogurt (5)

yungas *f. pl.* warm valleys (*Peru, Bolivia*)

Z

zanahoria carrot (5)

zapatería shoe store (9)

zapato shoe

zona area, zone

Índice

a, personal, 67
  + verbs of preference, 131–132
  prepositional phrase with, 196–197, 236
accent marks
  demonstrative pronouns, 64
  interrogative words, 5
  omission of, 64*n*
adjectives
  demonstrative, 63–64
  descriptive, 15–16
  gender and number, 15–16
  nationality, 16
  past participle used as, 177
  possessive, 18, 111–112
adverbial clauses, subjunctive in, 275
agreement in demonstrative adjectives, 63–64
agreement in gender and number
  adjectives, 15–16, 111–112
  nouns, 13–14
  possessive adjectives, 111–112
aquel, 63–64
articles, number and gender, 13–14
-**ar** verbs
  commands, 211–212
  conditional, 293
  future tense, 291
  imperfect, 152
  past participle, 176
  present tense, 20
  preterite, 83–84

bueno/a, 16*n*

casar(se), 62, 62*n*, 269
commands
  defined, 211
  formal direct (**Ud., Uds.**), 211–212
  forms of, 211–212
  informal (**tú**), 238–239
  irregular forms, 212, 238
  negative informal, 239
  object pronouns with, 212–213
comparisons
  of equality, 68–69
  of inequality, 68
  irregular, 68, 69
conditional
  formation of, 293
  irregular, 293
  uses of, 293–294
  versus imperfect, 294
conditional perfect, 314

conjunctions, use of subjunctive after, 255
contrary-to-fact statements, 311–312

dar (*irreg.*), 36
demonstrative adjectives, 63–64
demonstrative pronouns, 63
descriptive adjectives, 15–16
direct object pronouns, 196–197
direct objects, 66
  pronouns, 66–67
do, 21

encontrar (ue), 35
enfoque cultural
  Almodóvar, Pedro 81–83
  Andean nations, 149–150
  Argentina, 126–128
  Aztecs, 289–290
  Bolivia, 151
  celebrations, 307
  Colombia, 170–172
  Cuba, 232–234
  Ecuador, 149–150
  families, 59
  Hispanics in the U.S., 32–33
  male-female relationships, 191–193, 272–274
  maps, 11, 149, 210, 232, 289
  Mexico, 252–254, 289–290
  Peru, 150
  Puerto Rico, 210–211
  Spain, 104–105
  Spanish language origins, 10–11
  Venezuela, 169–170
entender (ie), 34
-**er** verbs
  commands, 211–212
  conditional, 293
  future tense, 291
  imperfect, 152
  past participle, 176
  present tense, 20
  preterite, 83
estar (*irreg.*), 36
  family relationships expressed, 61–62
  present progressive with, 61
  uses and forms, 60–62
  with past participle, 177
  with progressive, (+ -**ndo**), 156
expressions
  family relationships, 61–62
  frequency, 29
  impersonal used with subjunctive, 216–217

likes and dislikes, 42
  of certainty, 236
  of doubt, 236
  of emotion, 235–236
  of preferences, 42, 131–132
  of wishes, 234–235
  time, 29
  with **tener,** 158

frequency, expressions of, 29
future tense, 44
  followed by subjunctive, 275
  forms and uses, 291
  immediate future, 44
  ir forms, 44
  irregular, 291
  versus present subjunctive, 291

gender and number
  adjectives, 15–16
  nouns, 13–14
gustar, 42
  verbs similar to, 131–132

haber (*irreg.*)
  + past participle, 277, 314
  as auxiliary, 193–194
  forms of, 193, 194
hace... que, expressions with, 86–87
hay
  imperfect, 152
  present subjunctive, 277
  subjunctive, 215
  use and forms, 8*n*, 62
hypothetical situations, 311–312

imperative. *See* commands
imperfect
  irregular, 152
  regular verbs, 152
  uses and formation, 152–153
  versus conditional, 294
imperfect indicative
  progressive forms of, 156–157
  uses of, 173
  versus preterite, 173–174
imperfect subjunctive, 311–312
impersonal expressions, 216–217, 236
  negative, 236
impersonal **se,** 134
indirect object pronouns, 128–130
  common verbs requiring, 129–130
  indicating possession, 130

position in sentence, 196–197
prepositional phrases with a, 129
-*ing* form, 155–157
interrogative words, 5
ir, commands, 239
    future tense, 44
ir + a, present indicative, 37
ir (*irreg.*) + a + *inf.*, 44
irregular verbs
    conditional, 293
    future tense, 291
    imperfect, 152
    preterite, 85, 108–109
    stem-changing, 36–37
    See also Apéndice 1
-ir verbs
    commands, 211–212
    conditional, 293
    future tense, 291
    imperfect, 152
    past participle, 176
    present tense, 20
    preterite, 83

lectura
    «Continuidad de los parques», 138–139
    «Cuadros y ángulos», 180
    «El recado», 262–263
    «El viaje definitivo», 93
    «En paz», 299–300
    «Me gusta cuando callas», 221
    «Ohming instick», 48–49
    «Peso ancestral», 181
    «Proverbios y cantares XXIX», 93
    «Puedo escribir los versos más tristes
        esta noche», 222
likes and dislikes, expressing, 41

malo/a, 16*n*
mucho/a, 158

nationality, 16, 60
-ndo form, 155–157
negative
    commands, 239
    double, 29
    expressions, 29
    impersonal expressions, 236
    informal commands, 238–239
    statements, 21
neuter, demonstrative adjectives, 63–64
nota cultural
    Argentina, 126
    at home, 103
    bargaining, 208
    celebrations, 307
    city life in Hispanic nations, 147
    education, 80
    Hispanic nomenclature, 56
    La Llorona, 247

leisure time, 286
meals, 126
Mexico, 166
personal relationships, 272
Spain, 166
supermarkets, 206
surnames, 56
terms of endearment, 230
transportation, 166
Tuesday the 13th, 43
use of titles in business, 189
voseo, 133
number
    and gender of nouns, 13–14
    ordinal numbers, 57

object pronouns
    direct, 196–197
    double, 196–197
    indirect, 128–129, 196–197
    with commands, 212–213
ojalá (que), 216

para, 61
    uses of, 89
passive voice, 176–177
    with se, 134–135
past participle
    formation of, 176
    irregular verbs, 176
    used as adjective, 177
    with estar, 177
past (perfect) participle, with haber,
        193–194, 314
past progressive, 156–157
past subjunctive
    formation of, 311*n*, 312
    uses of, 312
pedir (i, i), 36
perfect subjunctive, forms and uses, 277
perfect tenses
    past perfect (pluperfect), 194
    present perfect indicative, 194
    See also Apéndice 1
personal pronouns, 19–20
plural, noun spelling changes, 14
poetry, 48–49, 93, 181, 222–223,
        299–300
por, expressions with, 88
    uses of, 88
possessive
    adjectives, 18, 111–112
    indirect object pronouns to indicate,
        130
    pronouns, 112–113
prepositions
    de, 61
    para, 61
    por and para, 88–89
    possession indicated, 61

prepositional phrase with a, 196, 236
prepositional phrase with gustar, 42
prepositional phrase with object
        pronouns, 129
present participle, in progressive forms,
        155–157
present perfect indicative, 194
present perfect subjunctive, 277
present progressive, 61, 155–156
present subjunctive
    forms of, 215, 255, 257, 275
    of irregular verbs, 215
    uses of, 215–216, 234–236
present tense
    English equivalents, 20
    radical change, 34–37
    regular verbs, 20
preterite, 83–85
    irregular, 85, 108–110
    stem-changing verbs, 84
    verbs with special meaning, 109–110
    versus imperfect, 172–174
probability, expressed with conditional,
        293–294
progressive
    past, 156–157
    present, 61, 155–156
    uses, 155–156
progressive indicative
    formation of, 155
    uses of, 156
pronouns
    demonstrative, 63
    direct object, 66–67
    personal, 19–20
    possessive, 112–113
    reflexive, 39–41
    with commands, 212–213

radical change verbs
    present tense, 34–37
    preterite, 84
reflexive
    progressive, 155
    verbs, 39–41, 106–107
refrán, 30, 39, 43, 56, 68, 88, 106, 134,
        152, 176, 189, 193, 214, 238, 291

saber (*irreg.*) + *inf.*, 37
se, with haber, 194
    impersonal, 134
    reflexive, 194
ser (*irreg.*)
    + de, to show possession, 18
    definite articles with, 112*n*
    family relationships expressed, 60
    formation of, 15, 177
    passive voice with, 177
    uses and forms, 60–61
si clauses, 312

spelling changes
  formal commands, 211–212
  nouns, 14
  preterite, 84
  See also Apéndice 1
stem-changing verbs
  commands, 211–212
  irregular, 36–37
  present indicative, 34–37
  preterite, 84
  progressive, 155
  See also Apéndice 1
subjunctive
  after certain conjunctions, 255
  after expressions of desire or wishes, 234–235
  after expressions of doubt, 236
  after expressions of emotion, 235–236
  after expressions of persuasion, 234
  after impersonal expressions, 216–217, 236
  expressing contrary-to-fact statements, 311–312
  expressing hypothetical situations, 311–312
  expressing speaker's unknown, 255, 257
  future tense, 291
  imperfect, 311–312

in adverbial clauses, 275
  past, 311–312
  perfect, 277
  present, 215
superlatives, 69
suyo/a(s), 112

tan(to), 68
tener (*irreg.*), 158
time, 61
time expressions, 29, 86–87, 153
to be, **tener** expressions, 158
tú versus **usted** (**Ud.**), 19

usted (**Ud.**) versus **tú**, 19
  versus **vosotros**, 19

ver (*irreg.*), commands, 239
verbs
  changing meaning when nonreflexive, 107
  of communication, 129–130
  of exchange, 129
  of preference, 131–132
  reflexive, 39–41, 106–107
vocabulary
  academic, 79
  at home, 99–100, 101
  celebrations, 305–306

city life, 146
classroom, 7–8
daily activities, 28
ecology, 248–249
family and relatives, 54
food, 122, 124
greetings and leavetakings, 4
interrogative words, 5
leisure activities, 285–286
lodging, 167
negative expressions, 29
numbers, 54
office, 188
personal relationships, 269–270
shopping, 205, 207
social and political issues, 250
suggestions and advice, 229
time expressions, 29
transportation, 165
work-related, 77–78
voseo, 133
vosotros forms, 19

would, 294

Sobre la autora

Cynthia (Cindy) B. Medina received her B.S. and M.A. in Spanish at The Pennsylvania State University. She continued her studies there, earning an M.Ed. in Counselor Education and a Ph.D. in Curriculum and Instruction, with an emphasis in Bilingual Education. A native of Pennsylvania, Dr. Medina has also lived in Argentina, Ecuador, Panama, and Mexico. Since 1986, she has taught Spanish at York College of Pennsylvania at all levels, from beginning to advanced. She currently serves as foreign language coordinator at York. She has also written numerous articles and reviews and has presented workshops on developing oral and written skills in Spanish. *Nuevos Destinos* is her first book.